普通高等教育“十三五”规划教材
国家级精品课程配套教材

经管华信 创优系列·管理学

U0837821

消费者行为学
（第2版）

Consumer Behavior, Second Edition

主　编　王德胜
副主编　荣　梅　辛　杰

電子工業出版社
Publishing House of Electronics Industry
北京·BEIJING

内容简介

本书是山东大学国家级网络教育精品课程《消费者行为学》的建设成果。当前，随着“互联网+”与移动互联网时代的到来、网络信息技术的突飞猛进，各种商业模式、商业形态层出不穷，中国的市场环境和消费环境都发生了前所未有的变化。这些变化和消费者行为出现的新特征，对企业的管理者和研究者提出了新课题。因此，在2011年版《消费者行为学》的基础上进行了修订再版。全书分为4篇(共12章)。第1篇(第1章)，主要介绍消费者行为学的研究对象和研究内容，消费者行为学的沿革与发展，消费者行为学的研究方法及意义；第2篇(第2~6章)，分析了消费者心理与消费者行为的构成，包括消费者心理活动过程，需要与购买动机，学习与态度，个性、自我概念与生活方式，购买决策与购买行为；第3篇(第7~9章)，分析了影响消费者行为的环境因素，包括经济文化因素，群体因素，网络因素和情境因素；第4篇(第10~12章)，分析了企业市场营销与消费者行为，包括企业营销战略，企业营销组合策略，企业营销创新。本教材此次修订重点突出三个视角：一是立足于互联网背景、电子商务、O2O、新媒体等带来的新变化，进行企业营销策略与消费者行为之间的关系探究；二是从目的上侧重培养学生运用理论知识解决实际问题的能力，根据消费环境和消费行为的变化更新已有的知识体系，增强对消费者行为学知识的动态把握；三是从趋势上重点分析当前市场环境变化及消费者行为演变的内在与外在逻辑关系，提出对企业营销创新的新思考。本书为教师提供电子课件等教辅资源，读者可登录华信教育资源网免费注册下载。

本书立足于高等院校应用型人才培养，适用于本科及高职高专院校经济管理类各专业学生，同时也可供相关从业人员学习参考。

图书在版编目(CIP)数据

消费者行为学 / 王德胜主编. —2版. —北京：电子工业出版社，2016.6
(华信经管创优系列)
ISBN 978-7-121-29021-3

I. ①消… II. ①王… III. ①消费者行为论—高等学校—教材 IV. ①F713.55

中国版本图书馆CIP数据核字(2016)第128743号

策划编辑：王志宇
责任编辑：王志宇
印　　刷：北京京师印务有限公司
装　　订：北京京师印务有限公司
出版发行：电子工业出版社
　　　　　北京市海淀区万寿路173信箱　　邮编：100036
开　　本：787×1092　1/16　印张：22　字数：578千字　插页：1
版　　次：2011年9月第1版
　　　　　2016年6月第2版
印　　次：2020年7月第6次印刷
定　　价：45.00元

凡所购买电子工业出版社图书有缺损问题，请向购买书店调换。若书店售缺，请与本社发行部联系，联系及邮购电话：(010)88254888，88258888。

质量投诉请发邮件至zlts@phei.com.cn，盗版侵权举报请发邮件至dbqq@phei.com.cn。

本书咨询联系方式：(010)88254523，wangzy@phei.com.cn。

第 2 版前言

目前，中国的经济发展正处于重要的战略机遇期，经济发展呈现出新常态，从高速增长转为中高速增长，经济结构优化升级，从要素驱动、投资驱动转向创新驱动。“工业 4.0”、“互联网+”、物联网等概念的普及应用日渐加深，中国的市场环境和消费环境都发生了前所未有的变化。消费者的消费价值观、消费行为、购买方式伴随着这一变化也出现了很多新特征、新变化，这些变化和特征对企业的管理者和研究者都提出了新的课题。

对于企业而言，市场的主体与核心永远是消费者，企业的一切活动都应该围绕市场和消费者来进行。大数据时代背景下互联网平台的应用以及消费者行为习惯的数据整合和分析已经是企业的必修课。在这样一个新时期，只有掌握了市场消费环境和消费者消费行为的新规律，才能制定有效的营销策略和取得最佳的营销效果。可以说，在以消费者为导向的现代市场经济条件下，消费者日益成为影响市场运行的支配力量和决定性因素。因此，研究消费者行为已成为企业营销策略发展提升的基础。

对于研究者而言，如何将消费者的心理与行为理论与中国企业的营销实践相结合，与当前“互联网+”、“社会化媒体时代”、“场景时代”等市场新环境相结合，是迫切需要进行研究的新课题。不论是“天猫双 11”，还是“电商大战”，这些消费环境的新现象都会对消费者行为产生影响。85 后、90 后乃至 00 后新型消费者群体出现，他们热衷网购，喜欢参与，注重体验，为消费行为的研究提供了新的载体；微信、微博、QQ 等信息通路的建立，为企业品牌文化、营销活动的传播打开了新的路径。授课者在教学过程中，应侧重培养、启发学生分析问题、解决问题的能力，使他们运用理论知识透视实践中的问题，学以致用，提升未来职业的实际能力，适应企业对高素质市场营销专业人才的需求。

鉴于以上的思考，我们在 2011 年版《消费者行为学》的基础上进行了修订。第 2 版仍保留着第 1 版的以下特点。一是选编最新案例，注重实验应用。比如，选用 2014 年、2015 年最新的企业和品牌的案例，编写与时俱进的实验设计，从学术的角度进行分析和解剖新问题。二是注重整体设计，力求内容体系严密。在原有的理论体系和知识框架中进行修订，保留原版知识体系的完整性和逻辑性。

在《消费者行为学》第 2 版中，主要做了以下完善和创新。

第一，更新替换了部分理论知识。由于互联网时代的骤变、电商的崛起，经济社会发展呈现多元化，消费行为亦表现出新的形态。与此同时，借助新媒体这一工具，不少企业在品牌推广的实践中运用了具有创新性的营销策略；一些管理学、经济学领域的新名词、新概念需要被释义，运用已有的理论知识对新的企业实践和消费行为进行诠释的需求更加迫切。因此，在原有知识框架内，我们对部分理论知识进行了更新替换。

第二，更新了大量的案例和实验。新的变化和实践才能更好地解释和分析消费行为的变迁及趋势，基于此，书中涉及的案例和实验，在第 2 版中用更新、更典型的内容进行了替换。

比如，分析的案例有“90 后新消费主义时代”、“《舌尖上的中国》”、“哈根达斯”、“天猫双11”、“O2O 场景时代”等，希望读者因为熟知而更容易理解。

第三，突出了消费心理与消费行为的演变趋势以及营销创新的策略制定。研究与探讨消费者行为，其根本目的在于满足消费者的需求，制定合理有效的营销策略。本书第 2 版继续凸显了企业市场营销与消费者行为的关系探究，增加了诸如事件营销、情感营销、时尚营销、角色营销、戏剧性营销等具体策略，以利于读者能够从创新中营利这一战略高度把握消费者行为理论。

在第 2 版修订过程中，由刘旭彤负责分工协调，周小兵、李孟栖、王茂彬、刘晓旭、胡盼弟、宋金倩、刘晗分别参与了不同章节的修订编写工作以及案例资料的整理和提供，全书最终由王德胜审读修改和定稿。

本书修订过程中，编者参考和借鉴了国内外许多相关研究成果，在此向有关作者和单位致以诚挚的感谢。电子工业出版社的相关编辑为本书的出版倾注了大量心血，感谢他们的工作和辛勤付出。由于水平有限，书中疏漏、不足在所难免，敬请广大读者提出宝贵意见和建议，以便进一步完善。

王德胜

2016 年 3 月于山东大学

第 1 版前言

改革开放 30 多年来，中国的市场环境、消费环境都发生了前所未有的变化，消费者的消费观念、消费方式、消费行为伴随着这一变化也出现了一些新的特征。这些变化及其特征对企业的管理者和理论工作者提出了两个方面的课题。

对于企业而言，市场经济的主体与核心是消费者，企业的一切活动都应该围绕市场和消费者来进行。如果不了解目标市场消费者的心理与行为特征，就无从制定有效的营销策略和取得最佳的营销效果。可以说，在以消费者为导向的现代市场经济条件下，消费者日益成为影响市场运行的支配力量和决定性因素。因此，研究消费者行为已成为企业开展营销活动的基础。

对于理论工作者而言，如何将消费者的心理与行为理论与中国企业的营销实践相结合，将西方消费者行为理论结合中国式情境案例，体现中国消费者行为特点，在教学过程中侧重培养、启发学生分析问题、解决问题的能力，使他们运用所学理论提升未来职业的实际能力，以适应企业对高素质市场营销专业人才的需求，就成为一项艰巨而富有使命感的任务。

正是基于以上的思考，我们在多年教学与科研的基础之上，借鉴国内外学者已有的研究成果，阅读和参考了大量的文献，着手编写了这本教材。教材编写的过程也是重新学习与思考的过程，这其中我们对以下几个方面有了更深入的认识。一是学科发展的迅速与普及。消费者行为学虽然是一门新兴学科，但从其诞生以来，一直受到理论界和企业界的高度重视。在西方，大部分商学院在 20 世纪 70 年代开始开设消费者行为学课程，现已成为市场营销专业学生的必修课。而在我国的高等教育中，2003 年教育部才将消费者行为学列入市场营销专业的必修课。自此以后，随着我国市场营销专业的发展和与国际接轨过程的不断加快，消费者行为学在我国的研究、应用和传播进入了一个快速的发展时期。二是消费者心理与行为的复杂多变。今天的消费者拥有比以前更好的教育、更强的消费能力和更大的灵活性；有更广泛的选择消费的机会与实施消费的途径；有更复杂的评判标准和更多元化的价值取向。所有这一切都要求企业必须认真研究消费者心理与行为的变化以及影响这种变化的因素，把消费者视为企业内部的重要资源和影响市场运行的关键因素，根据市场环境的变化，研究不断涌现的新的消费心理与行为现象，结合消费者行为的演变趋势进行营销的创新。三是西方消费者行为理论的本土化。目前，探索中国情境下的管理理论与实践已成为学术界和企业界的共同使命，将西方消费者行为理论结合中国情境下的案例，体现中国消费者的心理与行为特色，构建中国特色的消费者行为理论体系，尚待进一步的努力。

编写一本消费者行为学教材，可以说是我多年的愿望。从 1992 年起，我每年都要给我所在的山东大学市场营销专业的本科生讲授“消费心理学”或“消费者行为学”。1996 年，我编写了一本《新编消费者心理学》，曾被定为山东省自学考试指定教材，至今已过去了十几年。恰好山东大学赵炳新教授主持组织申报网络教育国家级精品课程《消费者行为学》并获批准，我作为第二位成员和本书的两位副主编一起参与了此项工作。在此基础上，我们充分吸收了国内外最新研究成果，并将自己多年来的研究心得、教学实践经验与同行的成果整合在一起，编写了这本教材。

在教材的编写过程中，我们特别凸显了三个视角：一是从内容上立足于企业市场营销的管理与实践，剖析企业如何根据消费者心理与行为实施战略和策略；二是从目的上侧重培养学生运用理论解决实际问题的能力，使学生真正了解市场，了解消费者，掌握专业知识的应用技能；三是从趋势上重点分析了消费者的市场环境变化及消费行为的演变，增加了新的知识与资料。

在教材的风格上，我们力求做到以下几点。

1.整合最新观点，博采众家之长。本书编写过程中，充分吸收借鉴了国内外消费行为研究的基本理论和最新成果,根据相关因素的变化，整合了本学科的新观点、新思想、新方法，以便充分反映消费者行为学科的发展全貌，特别突出了消费心理与消费行为的演变趋势以及营销创新的策略，以利于读者能够从较新的领域和较高的视野把握和应用消费者行为理论。

2.系统设计内容，构建逻辑体系。本书编写过程中，注重了整体设计，力求内容的系统和严密，尽可能全面地涵盖消费者行为学这一研究领域的各个方面。在此基础上，构建了本书的基本逻辑框架：导论—消费者心理与行为的基本过程—影响消费者心理与行为的因素—消费者心理与行为在营销实践中的应用。

3.选编最新案例，注重实验应用。本书编写过程中，选编了企业实践操作的最新案例，贴近市场营销管理的实践活动；在每章中都设计了实验环节，以利于读者加深对消费者行为基本概念和基础理论的理解。同时，本书特别强调了企业如何根据消费者行为的变化制定和创新营销的战略与策略，体现了消费者行为研究的价值。

4.编写体例多样，强调深入浅出。本书编写过程中，每章开头提出了学习目的与学习要求，以引导案例导入全章内容；在章节中增加了“相关知识”和小案例，用事例诠释消费者行为学的理论与知识；在每章的最后选编了应用案例，并提出了思考要求，以利于读者进行延伸思考。

全书分4篇共12章。第1篇(第1章)导论，第2篇(第2～6章)消费者心理与消费者行为的构成，第3篇(第7～9章)影响消费者行为的环境因素，第4篇(第10～12章)企业市场营销与消费者行为。

本教材由王德胜拟定编写大纲并担任主编，主持整个编写工作，荣梅、辛杰担任副主编。各章的编写人员是：王德胜(第1、10～12章)、辛杰(第2～6章)、荣梅(第7～9章)。王建金、刘文博、吴丽丽、高翠田、王晨、董瑞参与了部分章节的资料收集与编写工作，全书最后由王德胜通读和修改定稿。

在本教材的编写过程中，编者参考和借鉴了国内外许多相关研究成果，在此向有关作者和单位致以诚挚的谢意！电子工业出版社的相关编辑为本书的出版倾注了大量的心血，感谢他们的辛勤付出。由于水平有限，书中疏漏和不足之处在所难免，敬请广大读者提出宝贵意见，以便进一步完善。咨询、意见和建议可反馈至本书责任编辑邮箱：wangzy@phei.com.cn。

王德胜
2011年于山东大学110周年华诞之际

目　录

第1篇　导　论

第2篇　消费者心理与消费者行为的构成

第3篇 影响消费者行为的环境因素

第 4 篇 企业市场营销与消费者行为

第1篇

导　　论

第1章　消费者行为学概述

【学习目的】

通过本章的学习，首先要掌握消费者及消费者行为的含义；其次，要掌握消费者行为学的研究对象与研究内容，了解消费者行为学的沿革与发展；最后，要理解、掌握消费者行为学的研究方法与研究意义。

【学习要求】

学习内容	知识要点	相关概念
消费者行为学的研究对象和研究内容	消费者及消费者行为的含义 消费者行为学的研究对象与内容	狭义、广义消费者 消费者行为 消费者心理
消费者行为学的沿革与发展	消费者行为学科的形成与发展历史	萌芽与初创时期 应用与发展时期 变革与创新时期
消费者行为学的研究方法	消费者行为学的研究范式与具体方法	实证主义、阐释主义、行为主义范式 实验法、调查法、观察法、深度访谈
消费者行为学的研究意义	消费者行为学与企业竞争力、市场营销的关系 消费者行为学与消费决策的关系 消费者行为学与宏观调控的关系	消费决策 企业竞争力

【引导案例】　行为学的典型意义

一天早上，你看到了你的同事手里拿着一款新型的苹果手机，刚好正是你喜欢的那种，你会即时产生许多不同的念头，以下的几种想法，你是哪种呢？

为她感到高兴，她的表情使你感到高兴；

很想下午就去购买这款手机；

因为她在炫耀，而产生一种厌恶的感觉；

决心不买这款手机，因为你不想与她相同；

有点自卑，因为你还没有能力购买；

对你的男友不满，因为他没有送给你这款手机

……

人类的行为可以简单归纳为刺激与反应的过程，作为最高等生物的人类，具有最复杂的刺激与反应系统。由于复杂而且动态，人类的行为学很早就成为一门正式的科学。

作为营销者，你的使命就是改变消费者的行为，上面描述的心理反应与过程发生的时间仅为 0.2~1 秒。不同的个体可能产生完全不同的反应，每天每个消费者要处理数以万计的各种信息，并做出相应的反应。

如果你面对的是一个果汁的市场，那么你的目标消费群是以亿人计算的。这样庞大数量的人的心理过程，一个营销人员怎样才能把握主流，从而应用正确的方法去改变人们的行为呢？答案只有一个——研究消费者的行为。

消费行为在许多情况下是非理性的。例如，如果问你为什么会去购买一瓶“农夫山泉”矿泉水，你能讲出一个合理的解释吗？大部分人可以讲出原因，但并不一定符合逻辑。营销最让人着迷而又感到困惑的就是——消费者不可捉摸的心思。

那么，你的产品是什么呢？

是“金龙鱼”食用油还是一种智能管理软件？是一种配电系统还是一种洗衣粉呢？也许是一间餐馆，一家立体影院。无论你的产品是什么，行为学都可以成为开启你营销心灵的钥匙。

也许你现在正是一位啤酒公司的市场总监，每天都要与竞争对手展开艰苦卓绝的价格战，你的专业知识告诉你，啤酒都是一样的，闭着眼睛喝基本没有什么差别。你甚至正在考虑广告要不要做。

让我们从行为学的角度讨论一下这件事情。首先有一个基本的问题：人为什么要喝啤酒呢？因为它比水解渴？因为它比牛奶有营养？因为它比果汁更健康？好像都不是，从行为学的角度来说，这是一种需求在起作用。一位经常喝啤酒的朋友曾经说过，“因为喝啤酒感到舒服，每次只尝一口冰凉的青岛纯生，感觉自己就进入了一种轻松的状态”。他的需求是改变态度，进入轻松状态。而另外一位朋友说，“我和朋友在一起一定要喝啤酒，因为不喝酒显得关系较为陌生”。他的需求是表示一种亲近感。还有一位朋友说，“在 KTV 娱乐时我会喝很多啤酒，因为在那种场合一定要有氛围”。他要的是融入环境！

你也许会问：“谈论这些话题有什么用呢？”

如果我是你，我会开发一种新的啤酒，名字叫做“青岛纯熟”，口号是“老朋友专用啤酒”。

当然，这只是一种想法，不过你应该可以感受到，当我们从行为学的角度去看我们的产品，许许多多无法解决、没有思路的事情，会变得有趣而富于新意。行为学就是这样让我们将封闭的心灵展开，插上创造的翅膀。当然，行为学是一门复杂的科学，它所涉及的领域不仅涵盖了营销中 90%的内容，而且在我们的生活中也广泛地涉及它。

在行为学的学习过程中，你不是在记忆或理解什么高深的概念，而是正在学会睁开你的第三只眼！

（资料来源：http://www.gdpx.com.cn/news/200619955.shtm.）

1.1　消费者行为学的研究对象和研究内容

市场的主体是消费者，正是从这一命题出发，企业营销管理的实质是对消费者需求的管理。在市场经济条件下，企业的一切生产经营活动，包括市场营销活动，都是以消费者的购买行为为前提的。因此，对消费者行为规律、特征、影响因素及其发展趋势的全面、系统、深入的研究，已成为营销工作者的基础性工作。

1.1.1　消费者与消费者行为

1. 消费者的含义

广义的消费者是指所有从事物质产品或精神产品消费活动的个人或组织。狭义的消费者概念是从市场需求的角度界定的，是指对某种产品或服务具有现实的或潜在的需求的个人或组织。由于其对商品需求的表现不同，狭义的消费者又可以相应地分为现实的消费者或潜在的消费者。

现实的消费者指对某种商品或服务有现实需要，并实际从事商品或使用活动的消费者。

潜在消费者指当前尚未购买、使用或需要某种商品，但在未来可能产生需求并购买及使用该商品的消费者。通常，消费者需求的潜在状态是由于缺乏某种必备的消费条件所致，诸如需求意识不明确、需求程度不强烈、购买能力不足、缺乏有关商品信息等。而一旦所需条件具备，潜在消费者随时有可能转化为现实消费者。

2. 消费者行为与消费者心理

美国市场营销学会把消费者行为定义为：感知、认知、行为以及环境因素的动态互动过程，是人类履行生活中交易职能的行为基础(彼得和奥尔森，2000)。[①]

恩格尔(1986)等把消费者行为定义为“为获取、使用、处置消费物品所采取的各种行动以及先于决定这些行动的决策过程”。

莫温(1993)从消费者行为学角度界定了消费者行为。他认为，消费者行为学研究的是购买单位(包括个人和团体)及其在获取、消费和处置商品、服务、经验和观念时发生的交换过程。他强调消费者行为学作为一门学科所要研究的对象，它包括“购买单位”及其发生的交换过程。

所罗门(1998)与莫温的定义比较接近，他认为，消费者行为学是对一系列过程的研究，而这一系列过程正是由于个人或团队的选择、购买、使用或处置商品、服务、计划和经验以满足需求和欲望时所引起的。他更强调消费行为的目的，即为了满足需求和欲望，这使他的定义和市场营销的顾客导向理念具有了一致性。[②]

其实，无论是广义的消费者还是狭义的消费者，都是作为独立的人而存在的，因而必然具有人类的某些共有属性，例如，有思想、感情、欲望、喜怒哀乐，有不同的兴趣爱好、性格气质、价值观念、思维方式等。所有这些特性构成了人的心理，也称为心理活动或心理现象，表现在消费活动上，便是消费者的消费心理。所谓消费者心理，是指消费者在各种消费环境的影响下，调节、控制自身消费行为的心理现象以及在使用商品过程中的一系列心理活动。它处在内在的隐蔽状态，不具有可直接观察的现象形态，但可以支配人的消费行为，因而观察一个人的行为表现，即可间接了解其心理活动状态。同样的，人作为消费者在消费活动中的心理活动都会影响到其消费行为。所谓消费者行为，是指消费者在购买、使用及消费各种商品或服务的过程中，所采取的各种行动。

应当指出的是，在消费过程中，通过人的消费行为活动才能把商品或服务从市场上转移到消费者手中，所以消费行为比消费心理更具有客观性和现实性。仅当消费者的心理活动作用于消费行为时，才能实现商品或服务的交换及流通，才能使经营者的活动获得经济效益。任何一种消费活动都既包含了消费者的心理活动，又包含了消费者的消费行为。消费者行为学不仅注重研究消费者的具体活动，也注重研究消费者的心理活动。准确把握消费者的心理活动，是准确理解消费行为的前提，企业经营者只有针对消费者心理采取有效的营销策略，使消费者产生消费欲望，才能取得理想的营销效果。[③]

▶相关知识：工业 4.0

“工业 4.0”概念包含了由集中式控制向分散式、增强型控制的基本模式转变，目标是建立一个高度灵活的个性化和数字化的产品与服务的生产模式。在这种模式中，传统的行业界

---

① 吴斌.我国零售商自有品牌消费者行为影响因素实证研究[D]. 同济大学，2008.

② 杨树青.消费者行为学[M]. 广州：中山大学出版社，2009.

③ 王曼,等.消费者行为学.北京：机械工业出版社，2007.

限将消失，并会产生各种新的活动领域和合作形式。创造新价值的过程正在发生改变，产业链分工将被重组。

德国学术界和产业界认为，“工业 4.0”概念即以智能制造为主导的第四次工业革命或革命性的生产方法。该战略旨在通过充分利用信息通信技术和网络空间虚拟系统——信息物理系统相结合的手段，将制造业向智能化转型。

“工业 4.0”的项目主要分为三大主题。一是“智能工厂”，重点研究智能化生产系统及过程，以及网络化分布式生产设施的实现；二是“智能生产”，主要涉及整个企业的生产物流管理、人机互动以及 3D 技术在工业生产过程中的应用，该计划将特别注重吸引中小企业参与，力图使中小企业成为新一代智能化生产技术的使用者和受益者，同时也成为先进工业生产技术的创造者和供应者；三是“智能物流”，主要通过互联网、物联网、物流网，整合物流资源，充分发挥现有物流资源供应方的效率，而需求方则能够快速获得服务匹配，得到物流支持。

工业 4.0 有一个关键点，就是“原材料(物质)”=“信息”。具体来讲，就是从工厂采购的原材料，被“贴上”一个标签：这是给 A 客户生产的某产品中的原材料。准确地说，是智能工厂中使用了含有信息的“原材料”，实现了“原材料(物质)”=“信息”，由此发展，制造业终将成为信息产业的一部分。

在工业 4.0 时代，未来商业模式就是以解决顾客的需求和问题为主。未来企业将不仅仅进行硬件的销售，而是通过提供售后服务和其他后续服务，来获取更多的附加价值，这就是软性制造。而带有“信息”功能的系统将成为硬件产品新的核心，这就意味着个性化需求、批量定制的制造模式将成为新的商业潮流。

因此，在“工业 4.0”时代，企业家在其产品的制造生产过程中，要尽可能多地增加产品附加价值，拓展更全面细致的服务，提出更科学、更完备的售后解决方案，充分满足消费者的个性化需求，走好“软性制造+个性化定制”的发展道路。

(资料来源：1.工信部王喜文. 中国企业如何迎接工业 4.0 的到来[J]. 中国信息界 e 制造，2015-2-12. 2.德国，工业 4.0 的真相. 中国物联网，2015-03-11.)

1.1.2　消费者行为学的研究对象和研究内容

消费者心理与行为作为一种客观存在的经济现象，如同其他经济现象一样，有其固有的活动方式和内在运行规律。消费者行为学就是研究消费者在各种环境因素影响下在消费活动中的心理与行为的特点及其规律，以便适应、引导、改善和优化消费行为的一门现代经营管理学科。

消费者行为学以消费者在消费活动中的心理和行为现象作为研究对象。这些心理和行为现象表现形式多样，涉及消费者个人心理特征、行为方式、消费群体、市场营销、社会文化环境等诸多方面和领域。为此，消费者行为学的研究对象在具体内容上又可分为以下几个方面。①

1. 消费者的心理活动基础

心理活动基础是消费者赖以从事消费活动的基本心理机制及其作用方式，包括消费者心理活动的一般过程、消费者的个性心理特征、消费者的需要和动机等。消费者行为学运用心理学有关原理和要素分析法对上述方面进行系统研究，通过对心理过程中认识过程、情感过程、意志过程等基本活动过程，以及知觉、注意、记忆等心理要素的分析，解释消费者心理现象的一般规律。

① 江林.消费者行为学.北京：科学出版社，2007.

另外，通过研究消费者的能力、气质、性格、自我概念等个性心理特征，了解消费者心理现象的个别性或特殊性，进而解释不同消费者在行为表现上存在的种种差异。同时，对影响消费者行为的诸多心理要素中最重要、最直接的因素——需要和动机加以深入研究，系统分析现代消费者的需求内容、动机类型及其发展变化趋势，进而为购买行为的研究奠定基础。

2. 消费者的购买行为

购买行为是消费者心理活动的集中体现，是消费活动中最有意义的部分。在消费者行为学的研究中，将影响消费者的心理因素与其行为表现紧密联系起来，深入探讨消费者的购买行为过程，购买决策的制定，以及态度、偏好、逆反心理、预期心理等对购买决策与行为的影响。通过对购买过程中产生的消费需求、驱动购买动机、收集有关信息、进行比较选择、制定购买政策、实际从事购买、评价购买商品等若干阶段的重点考察，抽象出消费者购买行为的基本模式。

3. 消费者心理、行为与环境因素

在现实当中，消费者及其所从事的消费活动都被置于一定的社会环境之中，在某种特定的环境条件下进行。因而，一方面，消费者个人抑或消费者群体，其心理活动的倾向及其行为表现，在很大程度上受到环境因素的影响和制约；另一方面，消费者在适应环境的同时，也会以不同方式影响和作用于环境。具体分析各种环境因素，诸如社会文化和亚文化、社会阶层、消费者群体、从众行为、网络信息、情境因素等与消费者心理及行为的相互影响和作用方式，对了解消费者心理与行为的成因，掌握其运动规律具有重要意义。

4. 消费者行为与企业市场营销

现代市场经济条件下，消费者与之大量接触的，受其影响最深刻、最直接的环境事物就是企业的市场营销活动。企业开展市场营销活动的目的在于通过满足消费者的需要，激发购买动机，促成购买行为，来实现商品的最终销售。因此，一方面，一切市场营销活动都是围绕消费者进行的，会对消费者心理及购买行为产生直接影响；另一方面，企业所采取的全部营销战略、策略、手段及创新又必须以消费者的心理与行为为基础，最大限度地迎合消费者的需求、欲望、消费习惯、购买能力等。换言之，企业市场营销活动的效果大小和成功与否，主要取决于企业对消费者心理及行为的适应程度。

▶相关知识：行为经济学的营销原理

早在行为经济学成为一门学说之前，营销者就已经在使用它了。如今一种更系统的做法能为营销商开发出巨大的价值。

减轻人们花钱购买商品时的心痛感。零售商都知道，让消费者推迟付款的安排能极大地提高买家的购买意愿。推迟付款之所以有效，其中的一个原因，就是金钱的时间价值使得将来付款比立即付款更便宜。另一个能够最大限度减轻付款痛苦的办法是，了解“心理会计”影响购买决策的各种方式，消费者会将他们从不同来源获得的钱划分到不同的“心理账户”中。

利用默认选择的力量。有压倒多数的证据表明，如果提供一种选择作为默认选择，会提高这种选择被选中的可能性。默认选择是人们不用费心劳神就能得到的选择，它让人们在任何购买发生之前产生一种拥有感。当我们被默认地“给予”某样东西时，它就变得比原来没有被“给予”时更有价值。

切勿让选择压垮消费者。如果不可能给出一项默认选择，营销商必须警惕“选择超载”，这会降低消费者购买的可能性。店内品种繁多至少在两个方面对营销商不利。首先，太多的选择让消费者更难找到自己喜欢的品种，对购买造成潜在障碍。其次，大量的品种会增加每个选择都被“负面光环”笼罩的可能性，“负面光环”是一种被强化的感觉，好像每种选择都会让你放弃一些你想要的而且其他某个产品可以提供的功能。

精心定位首推品种。经济学家认为，每种东西都有一个价格，你的花钱意愿也许比我强，但我们每个人都有一个愿意支付的最高价格。然而，营销商定位一个产品的方式却有可能打破这个公式。相对定位的力量解释了为何营销商有时候能够从提供几种明显低劣的产品选择中获益。即使这些品种卖得不好，但他们可以增加那些稍微好一些产品的销量。除此之外，另一种定位各种选择的方式与企业提供哪些产品无关，而是与产品的陈列方式有关。

(资料来源：新营销，2011.(3).)

1.2 消费者行为学的沿革与发展

消费者行为学作为一门系统研究消费者行为的应用性学科，是在资本主义工业革命后，市场经济充分发展、商品供过于求的矛盾日益尖锐、企业竞争日益加剧的过程中形成和发展起来的。它的形成和发展大体上可以分为三个时期。

1.2.1 萌芽与初创时期

消费者心理与消费者行为是客观存在的现象，但人们对消费者心理与行为的重视和研究却是随着商品经济的发展而逐渐加深的。

消费者行为研究始于 19 世纪末 20 世纪初，工业革命以后，资本主义经济进入繁荣发展阶段。随着大机器生产体系的确立和生产社会化程度的提高，企业的劳动生产力水平和生产能力迅速上升，产成品数量大幅度增加。与此同时，资本主义经济固有的生产能力相对过剩与有支付能力的需求相对不足之间的矛盾日益突出。市场需求的有限性使得产品能否销出成为决定企业赢利与否的关键。为此，一些企业主开始把注意力转向寻求开拓市场的途径。其中，了解消费需求，引起消费者对商品的兴趣和购买欲望，促成购买行为等问题，日益引起工商企业的兴趣。至此，对消费者心理和行为进行专门研究的必要性才变得十分明显。

这一时期，心理学的迅速发展也为消费者行为学的产生提供了可能性。自 19 世纪末，德国心理学家冯特在莱比锡创立了第一个心理学实验室之后，心理学领域出现了众多流派，如结构学派、功能学派、行为学派、格式塔学派等。各种学术观点的激烈争论促成了认知理论、学习理论、态度改变理论、个性理论、心理学分析方法等各种理论和方法的创立。正是这些理论和方法为消费者行为学的产生奠定了坚实的科学基础。

伴随着理论研究的深入，心理学在应用方面也有了长足发展。越来越多的心理学家不满足于在实验室从事纯学术研究，纷纷把目光投向工业、军事、教育、医学等社会领域，尝试运用心理学的理论和方法来解释与指导人们的社会实践。有关消费者心理与行为的研究也在这一潮流的推动下应运而生。1901 年，美国心理学家斯科特首次提出将心理学应用到广告活动中。其后，斯科特将有关理论进一步系统化，出版了《广告心理学》一书。后人认为，广告心理学的诞生标志着消费心理学前身的出现。

这一时期，还有许多学者在市场营销学和管理学的著作中研究了消费心理与消费行为问题，从各个侧面涉及消费心理与行为问题，为消费者行为学的产生奠定了基础。总的来看，这一时期研究的重点是促进企业的产品销售，而不是满足消费需求；研究的范围比较狭窄；研究方法是从经济学和心理学中简单地移植过来；研究主要局限于理论层面，在市场营销实践中的应用较少，尚未引起社会和企业界的广泛重视。

1.2.2 应用与发展时期

20 世纪初以来，有关消费者行为学的研究经历了不断丰富、发展和完善的过程。成为这一过程现实推动力的是市场结构和企业营销观念的变化。

20 世纪 20 年代以前，在物资紧缺、商品供不应求的卖方市场形势下，多数企业受以生产为中心的“生产观念”的束缚，不重视产品的推销。因而这一时期关于消费者心理与行为的研究进展缓慢，仅仅局限于有关广告心理的零散实验与调查，研究成果也微乎其微。

20 世纪 20 年代初至第二次世界大战期间，西方主要资本主义国家处于由“卖方市场”向“买方市场”过渡阶段。由于产品积压，销售不畅，多数企业突破重生产轻销售的传统思想，转而遵从“推销观念”，即认识到如果企业采取适当的推销措施，消费者有可能购买更多的产品。受这一观念驱使，越来越多的企业求助广告宣传和其他推销手段，努力探索如何引起消费者的兴趣，争取潜在顾客。此外，一些学者围绕推销人员的心理素质，如何针对消费者心理特点进行推销等问题进行了探讨。

1929—1933 年的世界性经济危机，使得商品市场完全转变为供过于求的市场。为了促进销售，企业纷纷加强了广告、促销等方面的力度，市场逐步成为企业关注的焦点。产业界对运用消费者行为研究成果表现出越来越浓厚的兴趣。在广告界，运用心理学原理与方法探讨广告对顾客行为的影响日益普遍，由此使广告心理学得以繁荣。与此同时，关于顾客心理和销售心理的各种专门研究不断展开，一个多角度、多侧面研究消费心理的趋势逐步形成，为第二次世界大战以后消费者行为研究的进一步发展奠定了基础。

第二次世界大战后 50 年代以来，以美国为首的资本主义国家相继进入发达阶段。随着战争结束和经济增长，以商品供过于求、卖主之间竞争激烈、买方处于优势地位为特征的“买方市场”逐步形成。为在买方市场下扩大销售，增加赢利，企业纷纷开始奉行“市场观念”，即以消费者及其需要为中心，集中企业的一切资源力量，千方百计满足顾客需要。在经营方式上，也由“以产定销”改为“以销定产”。

上述形式推动了消费者心理与行为研究的全面展开。首先取得进展的是消费者动机研究。一些心理学家尝试把心理分析理论和心理诊疗技术应用于该研究中，试图揭示出隐藏在各种购买行为背后的深层动机，研究方法也从直接询问法逐步转为投射技术。最具代表性的研究是 1950 年由 E·迪德等人主持的销售速溶咖啡的研究。1953 年，美国广告研究基金会公布了 80 多个商业机构的购买动机研究结果，引起了各方关注，从而使得消费者动机研究盛行一时。

这一时期，一些工程师、制造商在新产品研制过程中发现，产品的外观、造型、性能等对消费者心理有重要影响。为此，他们运用心理学中有关知觉的理论和方法，开展了“新产品初步设计研究”“产品定位研究”等，从而为消费者心理与行为研究开辟了一个新的领域。

在消费需求调查方面，社会学、社会心理学等有关理论和概念被相继引入，由此推动了一系列新的研究发展，如社会群体、社会阶层、家庭结构等对消费行为的影响；意见领袖在新产品推广中的作用；信息传递中的群体影响等。

进入 20 世纪 60 年代，随着市场的高度繁荣和人们生活水平的提高，消费者的心理和行为趋向复杂，企业间争夺买主的竞争空前激烈。与此相适应，对消费者心理与行为的研究进入蓬勃发展阶段。1960 年，美国心理学会(APA)成立了消费者心理分会，标志着消费心理学作为一门独立的学科正式诞生。20 世纪 60 年代中期，消费者行为学课程开始在美国一些大学出现，一些学者就态度因素及个性特点与消费者行为的关系开展研究，进一步拓宽了消费者心理与行为的研究范围。

消费者行为学研究在 20 世纪 60 年代后得到蓬勃发展，这一方面是学术界对 20 世纪 50 年代起越来越多的企业逐步采用现代市场营销观念从事经营活动的自然反应，另一方面也得益于各种学科在研究方法和研究成果上的交融、综合。

1.2.3　变革与创新时期

20 世纪 70 年代以来，有关消费者心理与行为的研究进入全面发展和成熟阶段。前人的研究成果经过归纳、综合，逐步趋于系统化，一门独立的消费者行为学学科体系开始形成，有关的研究机构和学术刊物不断增多。除大学和学术团体外，美国等发达国家的一些大公司也纷纷附设专门研究机构，从事消费者心理和行为的研究。有关消费者心理与行为理论和知识的传播范围日益广泛，并且越来越受到社会各界的高度重视。

进入 20 世纪 80 年代后，除了已有研究在深度和广度上得到进一步发展外，还出现了一些备受关注的新的研究领域和主题，如关于消费者满意与不满意的研究、关于发展品牌资产和建立长期客户关系的研究等。

纵观近年来消费者心理与行为的研究现状，可以发现如下一些新的发展趋势。

1. 研究角度愈加多元化

长期以来，人们只从商品生产者和经营者的单一角度研究消费者心理与行为，关注点集中在帮助工商企业通过满足消费需要来扩大销售，增加赢利。目前，这种单一局面已被打破，许多学者无论从研究热点还是研究趋势上，都呈现出多样化发展的态势，开始把消费者心理及行为同更广泛的社会问题联系在一起，从宏观经济、自然资源和环境保护、消费者利益、生活方式等多种角度进行研究。

当今，不同学科领域的研究人员，基于不同的研究视点，对消费者行为纷纷展开了研究，如实验心理学对产品在消费者感知、学习和记忆过程中的作用，临床心理学对产品在心理调节中的作用，微观经济学对产品在人类生态学、个人或家庭资源分配中的作用，社会心理学对产品在作为社会群体成员的个人行为中的作用，社会学对产品在社会机构和群体关系中的作用，宏观经济学对产品在消费者与市场关系中的作用等进行的研究。这些研究领域取得的成果对于营销决策有着借鉴意义。

2. 研究范围愈加广泛

当今，消费生态、消费文化、信息处理、消费者的感情与认知、消费者的记忆、消费者的产品知识与品牌忠诚度之间的关系、消费信用、外部环境及个体因素对消费者行为的影响、消费者的外在行为及其管理模式、消费者权益保护的政策与法律等，统统纳入了消费者行为分析的视野。由于研究范畴过于庞大、复杂，近年来一些学者试图将消费者行为研究的已有成果和理论综合成一个全面、系统的理论体系，但未得到实质性的进展。目前为止，在消费者行为领域尚未形成一个被普遍接受或被大多数人认同的理论体系。因此，消费者行为学还是一门不成熟的学科，它有着非常广阔的发展空间与前景。

3. 研究内容愈加具体化

一是考察特定行业或产品的购买和消费，而不是一般的行为，如房地产购买行为研究、汽车购买行为研究、手机消费行为研究、烟草消费行为研究等；二是更加重视网络环境下消费者行为的研究，数字化、网络化、信息化是21世纪的时代特征，日益完善而普及的现代信息技术及其社会化、商业化运用，造就了一个以互联网为主要媒介的消费市场。企业界和理论界在研究网上商店的环境设计、信息结构设计等问题时，必须重视网络环境下消费者行为的研究。①

4. 研究方法愈加定量化

新变量的加入使各参数变量之间的相互关系更加复杂，单纯对某一消费现象进行事实性记述和定性分析显然是不够的。为此，当代学者越来越倾向于采用定量分析方法，运用统计分析技术、信息处理技术，以及运筹学、动态分析等现代科学方法和技术手段，揭示各变量之间的内在联系，如因果关系、相关关系等。定量分析的结果，使建立更加精确的消费行为模式成为可能；而各种精确模型的建立，又进一步推动了对消费现象的质的分析，从而把消费者行为学的研究提高到了一个新的水平。

以上趋势表明，有关消费者心理与行为的研究已经进入更成熟的发展阶段。

▶相关知识：不同学科对消费者行为的研究

消费者行为学是市场营销学的重要分支学科，同时也是一门边缘学科，各学科从不同角度对消费者及消费者行为进行了研究，如图1-1所示。

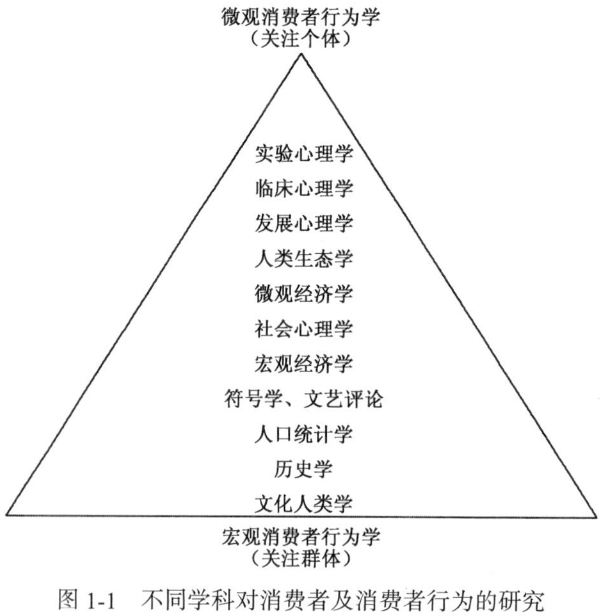

图1-1 不同学科对消费者及消费者行为的研究

(资料来源：迈克尔·所罗门.消费者行为(第5版).张硕阳，尤丹蓉，等译.北京：经济科学出版社.2003.)

① 胡维平.都市消费者行为.上海：上海财经大学出版社，2006.

1.3　消费者行为学的研究方法

消费者行为学是一门应用性较强的综合性学科。研究消费者行为学的方法和范式也带有综合性、边缘性特点，其方法以心理学研究的一般方法为基础，同时借鉴行为学、社会学、经济学、人类学和营销学等相关学科的研究方法。

1.3.1　消费者行为研究的范式

范式是指研究者看待研究对象的方式和视角，也就是研究者对于“研究什么、如何研究”的基本假设。在不同学科参与的条件下，消费者行为学研究形成了不同的方法论体系。不同的方法论体系都会提出关于消费者行为研究内容与研究方法的基本假设，这些假设的集合在理论上被称做“范式”。在目前的消费者行为研究中，实证主义、阐释主义和行为主义的研究范式最具影响力，见表 1-1。

表 1-1　消费者行为研究的范式

	研 究 角 度	侧　重　点
消费者行为研究范式	实证主义范式	消费者是理性的，可以用科学来发现所存在的唯一客观真理
	阐释主义范式	强调消费者行为的主观性、象征性，研究重点在产品所提供的情感利益或消费体验上
	行为主义范式	坚持观察和量化记录，消费者在外部环境因素的刺激下，可能直接产生购买行为反应

1. 实证主义范式

实证主义也称为现代主义。这一观点的研究者强调人类理性至高无上，认为存在单一的客观真理，可以用科学来发现。实证主义鼓励人们关注客体的功能，拥有技术，把世界看成理性的、有秩序的场所，具有可清晰界定的过去、现在和未来。根据这一范式，消费者一般被视为问题的解决者或决策者。从这一假设出发，消费者的购买行为被看做一个理性的问题解决过程，并将这一过程区分为认识问题、收集信息、评估筛选、购买和购买后行为等几个阶段。其重点在于了解消费者如何形成购买决策、在不同产品和品牌之间做出选择的过程。因此，这一范式也被称为信息处理范式。采用这一范式研究消费者行为，需要大量吸取认知心理学的研究成果，也部分地依赖实验心理学和经济学的研究成果。它的研究方法则主要来自自然科学领域，包括实验方法、调查技术和观察方法。其研究结论是描述性和经验性的，并被推广应用于较大规模的人口群体。

2. 阐释主义范式

阐释主义又被称为后现代主义或经验主义。阐释主义范式对实证主义范式提出了质疑，它认为社会中的科学技术被过度强调了，实证主义范式对于行为的有序的、理性的观点否认了社会与文化世界的复杂性。因此，阐释主义强调消费者行为的主观性和象征性，把研究重点放在产品所提供的情感利益或消费体验之上。

阐释主义者认为，消费者的购买决策过程有时并不一定是理性思维的结果，相反，消费者为了获得某种情绪或情感上的体验而购买产品。对于寻求多样性的购买行为，阐释主义研究范式的解释是：消费者为了消除厌烦感或得到新鲜感而移情于其他品牌。阐释主义研究范式主要采用人种学、符号学和深度访谈方法，研究者参与研究过程，因而研究结论取决于研究者与消费者的互动效果。

实证主义与阐释主义的比较见表 1-2。

表 1-2　实证主义与阐释主义的比较

比较项目	实证主义	阐释主义
研究目的	预测消费者行为	理解消费者行为
有关消费者的假设	消费者是理性的问题解决者	消费者并不总是理性的
对现实世界的看法	存在客观、现实、单一的现实世界	由社会构成,存在不同的现实世界
知识的特性	永恒的、独立的	受时间、环境的限制
调查方法	定量方法为主	定性方法为主
重点	关注购买、强调认知	关注消费，强调情绪和情感
对因果关系的看法	因果关系可被认知	原因是多重的、同时发生的,不能被分离
研究者的作用	研究者与被研究者分离	研究者与被研究者相互作用
研究结果的应用	结果被推广应用到较大的人口群体	结果一般不被大范围推广

(资料来源：王长征. 消费者行为学. 武汉：武汉大学出版社，2003.)

3. 行为主义范式

行为主义由华生创立，后经斯金纳发展而形成行为主义心理学，该研究范式基本否定了对人类意识、情绪、情感等心理过程和状态的研究，坚持只有能被观察到的、可以客观记录和量化的行为才是心理学的研究对象，强调消费者在外部环境因素的刺激下，可能直接产生购买行为的反应，而不一定在经过了理性的决策过程之后才采取购买的行动。因此，从行为主义的立场出发，研究人员在分析消费者行为时更强调通过哪些营销工具或刺激手段，直接影响消费者行为，而不一定采取先影响情感、认知和态度，再通过这些中间变量来影响消费者的行为的一种比较简洁的影响方式。

实证主义、阐释主义和行为主义的方法对于消费者行为研究都是有价值的。实际上，上述三种研究范式相互之间并不矛盾，而是相互补充的。对于系统性营销策略的形成来说，三种角度的研究都是必要的。例如，实证主义的研究使预测消费者的行为反应成为了可能，阐释主义的研究则为更深刻地洞察、理解消费者行为提供了帮助，行为主义的研究则在改变和维持消费者的行为方面起到良好的指导作用。

1.3.2　消费者行为研究的具体方法

消费者行为研究方法正是围绕对消费者行为的描述、预测、控制和解释目标逐渐在营销实践中产生的，目前任何一种研究方法都难以实现所有的目标，都有自己分析问题、解决问题的重点，也都有自身的适应对象。

调查法、实验法、观察法、深度访谈等都是目前广泛采用的消费者行为研究方法。下面分别对这些方法做简要介绍。

1. 调查法

调查研究法是指研究人员通过询问获得消费者的购买偏好和消费体验的一种研究方法。它一般使用结构性或半结构性问卷。调查可以采用人员访问、网络问卷和邮寄问卷等方式。人员访问法可以运用复杂的问卷和产品展示，适合于从消费者中收集大量信息。同时，它也可以在相对短的时间内完成。然而，人员访问费用较高而且存在很大偏差。网络问卷的优点是样本数量大，而且被调查者身份、年龄、收入层次等属性呈现多样性、可调控选择性，有更大的数据价值，成本低，是当前采用较多的一种方式。邮寄问卷花的时间最长，所问问题一般应比较简短。这种方法可用来收集中等复杂程度的数据，其优点是费用较低，访问者偏见或偏差能够在较大程度上得到消除。调查法的一个主要问题是拒绝所引起的偏差比较大。

我们可以通过电话或人员再访方式提高调查反应率。再访应安排在不同的日子和同一天的不同时段。可以通过馈赠小礼品，附上贴有邮票的信封等，提高回收率。如果调查反应率不是百分之百，即计划的被访者中有一部分没有接受调查或拒绝接受调查，我们必须对这些没有反应的被调查对象与实际接收了调查并给予了反应的被调查者之间是否存在差别给予足够关注。

2. 实验法

实验研究法也称为因果研究，是控制一个或者一个以上的自变量，其他因素保持不变的情况下，探究自变量与因变量之间关系的一种研究方法。例如，可用它来研究包装设计、价格、促销手段、广告文案主题等变量与销售吸引力之间的关系。实验法需选出相对应的受试者的配对(如实验组与控制组)，分别给予不同的变化或处理，并控制其他变量，然后检测所观测到的因变量是否具有显著的统计差异。

实验研究法可以分为实验室实验法和实地实验法两种。实验室实验法是在受控的实验室环境或非真实的商业或实际环境下进行，例如，可以将教室布置成卖场，来进行卖场布置对购买意图的实验研究。实地实验法是指在真实的商业环境或实际环境下所做的实验，如市场测试。新产品投放市场之前，在对其销量与可能的市场反应进行测量时，包装、价格、促销都是可控的因素。

如今，随着技术的进步，很多研究者开始采用虚拟现实的方法进行研究。研究人员设计出一种虚拟的购物环境，消费者可以在计算机中“走入”商店的通道，“拿起产品”，“放进”购物篮，通过变换包装色彩、空间设计、布局设计和产品特色，以及对比不同商店环境下消费者行为和注意力的改变，研究人员可以确定零售环节中最有效的影响因素是什么。

3. 观察法

观察法是研究人员凭借自己的观察能力而非与被访者的直接交流获取信息的一种研究方法。研究人员直接观察消费者搜寻、购买、消费和处置商品的行为，通过记录和分析，可以了解消费者行为反应的特点，用以分析消费者心理活动的规律，还可直接为刺激消费者的行为反应提供策略选择的依据。

观察法可以分为两种：参与观察和非参与观察。参与观察是观察者实际融入被观察者中来进行观察，如研究者以店员或顾客的身份来观察消费者在零售店里的选购行为；非参与观察是观察者并不融入被观察者之中，如运用机械或电子设备在商店、商业街或消费者家里进行录像，跟踪消费者行为。这种方法只是单纯的观察，研究者与被研究者之间没有互动关系，却能够看到消费者真正做了什么，而不是消费者报告自己做了什么。

如今，当消费者越来越多地使用高便利性的技术，如信用卡、自动取款机、购物卡、自动电话系统与在线购物时，也就有了更多关于他们消费方式的电子记录。例如，研究人员运用大数据技术观察分析消费者在网络上做了什么，如消费者访问了哪些网站，浏览了哪些网页，在每个网站停留了多长时间等。基于大数据技术，通过分析消费者的浏览习惯，可以确定如何令网站变得更具吸引力以及制作更准确的在线广告，开展其他基于网络的营销活动。

4. 深度访谈

深度访谈是由专业的访谈者通过促使受访者自由畅谈他自己对于所研究的主题(如产

品类别或品牌)和相关活动的态度及兴趣，以了解受访者本身的观点的一种研究方法。深度访谈是一种非结构化的访谈，通常历时 30 分钟到 1 个小时。专业访谈者在确立要讨论的主题之后，应该尽量减少自己的参与过程。在某些访谈中，研究人员希望了解消费者做出购买决策的过程，例如，可以派专业访谈人员陪同消费者在百货店里购物，了解他们的想法。

记录访谈过程的手稿、录像以及受访者用来传达其态度和动机的情绪、手势或“肢体语言”，如抽搐、烦躁、视线转移、音调变化等，事后都要被仔细地研究。这种研究给市场营销者提供许多有价值的信息。

此外，还有许多方法，如符号学方法、态度测量表等，都在消费者行为研究中得到运用和体现，随着研究方法的不断丰富和发展，必将对消费者行为研究产生深远的影响。

1.4 消费者行为学的研究意义

消费者行为学是市场经济条件下为使企业经营和消费者需求双方都达到最佳效果的重要途径之一，研究消费者行为学具有重要的现实意义。

1.4.1 有利于企业增强市场营销效果，提高企业竞争力

伴随着经济和社会的发展，人们的收入水平不断提高，一方面，广大消费者的消费需求日趋复杂多样，不仅要消费各种数量充足、质量优良的商品，而且要求享受周到完善的服务；不仅要满足生理的、物质生活的需要，而且希望得到心理的、精神文化生活等多方面的满足。另一方面，随着市场经济的快速发展，所有企业都不可避免地参与到激烈的市场竞争之中，而市场供求状况的改善和多数商品买方市场的形成，使企业间的竞争无疑聚焦于消费者的争夺上来。因此，企业为在激烈的竞争中求得生存和发展，必须千方百计地开拓市场，借助各种营销手段争取消费者，满足多样化的消费需求，不断巩固和扩大市场占有率。

提高企业市场营销活动的效果是消费者行为研究的首要价值。市场营销是企业通过市场媒介向消费者提供商品和服务，在满足消费者需要的基础上获取最大经济效益的经济活动。其实质是将各种营销手段或诱因作用于消费者，以引起其心理反应，激发购买欲望，促进购买行为的实现。企业要使营销活动取得最佳效果，必须加强市场调研和市场预测，掌握消费者需求变化的信息，研究影响消费者行为的内外因素，同时必须加强消费者心理研究，了解和掌握消费者心理和行为活动的特征及其规律，以便为制定营销战略和策略组合提供依据。例如，在研发新产品时，可以根据目标消费者群的心理需求和消费偏好来设计产品的功能、款式、使用方式和期限等，针对消费者对产品需求的心理周期及时改进或淘汰旧产品，推出新产品。同时，企业营销策略的制定，如市场细分策略、广告策略、商品命名策略、商标策略、商品包装策略、商品定价策略等，都必须建立在消费者心理特征与行为规律的基础上，顺应消费者多样化的需求，这样才能以需定产，按需经营和销售，促进产品的更新换代，扩大产品销量，从而提高企业的应变能力和竞争能力。

实践表明，只有加强对消费者行为心理与行为的研究，根据消费者心理活动的特点与规律制定和调整营销策略，企业才能及时满足消费者的消费需求，在瞬息万变的市场环境中占据主动，立于不败之地。

1.4.2 有利于消费者科学地进行消费，改善消费行为

当今社会经济发达，在人们收入不断提高的同时，竞争也越来越激烈，信息资源纷繁复杂，作为个体消费者正感受到了前所未有的压力，不仅面临工作、收入、失业、住房、医疗等压力，也面临广大企业不计其数的广告轰炸，有些时候不自觉地就成了善于营销炒作的公司的“俘虏”。生活在这样一个时代，人们不仅要善于以生产劳动创造财富，也需要花相当多的时间从事消费活动。

消费就其基本形式而言，是以消费者个人为主体进行的经济活动。消费活动的效果如何，不仅受社会经济发展水平、市场供求状况及企业营销活动的影响，而且更多地取决于消费者个人的决策水平和行为方式。而消费决策水平及行为方式又与消费者自身的心理素质有着直接的内在联系。消费者的个性特点、兴趣爱好、认知方法、价值观念、性格气质、社会态度、消费偏好等，都会不同程度地对消费决策的内容和行为方式产生影响，进而影响消费活动的效果乃至消费者的生活质量。

现实生活中，成千上万的企业投入巨大的公关费用，试图影响消费者及其家人和朋友。各种尝试包括广告、包装、促销活动、商场环境等众多方面，也反映在电视节目、电影里所使用的产品及网络环境中。而消费者由于商品知识不足、认知水平偏差、消费观念陈旧、信息筛选能力较低等原因，造成决策失误、行动盲目、效果不佳甚至损害了个人利益。为此，从消费者角度而言，加强对消费者心理与行为的研究也是十分必要的。通过传播和普及有关消费者心理与行为的理论知识，可以帮助消费者掌握科学的消费决策程序和方法，学会从庞杂的信息中筛选有用信息，懂得如何用较少的花费获取更多的价值，从而提高生活质量，使消费行为更加合理化、科学化。

此外，在消费变革的时代大潮中，面对丰富多彩的商品世界、变化多端的流行时尚，以及外来生活方式的冲击，某些畸形的消费心理和行为也开始在个别消费者中蔓延，如盲目模仿、攀比消费、超前超高消费、挥霍消费、人情消费等，这些不良的消费观念正日益形成严重的危害。为此，有必要加强消费者心理与行为研究，指导消费者形成健康、文明、科学的价值观、消费观，促进消费者身心健康发展。

1.4.3 有利于提高宏观经济决策水平，改善宏观调控效果

在市场经济条件下，市场作为经济运行的中枢系统，是国民经济发展状况的晴雨表。企业和消费者是整个市场和社会的基本单位，是社会经济活动的主体。处于买方地位的消费者，对市场的稳定运行，进而对国民经济的协调发展具有举足轻重的作用。消费者心理与行为的变化会直接引起市场供求状况的改变，从而对整个国民经济产生连锁式的影响。因此，消费者行为学研究的宏观意义，表现在如下三个方面。

首先，当广大消费者的消费取向普遍地发生在同一方向的变动时，就必然会影响社会需求的总量平衡和市场繁荣，这就给政府宏观经济部门提供了非常重要的信息。

其次，随着生产力水平、收入水平的提高，消费者的需求结构会发生有规律的变化，而在消费示范和其他因素的影响下，需求结构还会出现一些非常规的变动，产业结构、产品结构必须符合消费者的需求结构和消费结构，才能实现消费品供求的结构性平衡。

再次，不同国家的自然资源和生产能力都有其差异和特点，社会政治制度和民族传统也有区别，这就需要形成符合本国国情的合理的消费结构和消费方式。为了宏观经济和整个社

会稳定健康的发展，政府需要采取措施，调节需求总量，建立合理的消费体制，维护消费者权益，进行消费引导。这一切，都必须以充分了解消费者的心理和行为为基础。

1.4.4 有利于开拓国际竞争市场，增强企业和产品的国际竞争力

当今时代，开放、合作已成为社会发展的主旋律。随着社会主义市场经济的发展和世界经济全球化趋势的加强，以及我国加入世界贸易组织(WTO)，成为其成员国，越来越多的企业将直接进入国际市场，加入到国与国之间的竞争行列。为使本国产品顺利打入和占领国际市场，有关企业必须研究了解其他国家、地区、民族的消费者在消费需求、习惯、偏好、禁忌以及道德观念、文化传统、民俗风情等方面的特点和差异，对世界消费潮流的动向及变化趋势进行分析预测，在此基础上确定国际市场营销策略，使产品在质量、性能、款式、包装、价格、广告宣传等方面更符合销往国特定消费者的心理特点。唯有如此，企业和产品才能在激烈的国际竞争中立于不败之地。反之，忽略不同社会文化条件下的心理差异，则往往会遇到某些意想不到的销售障碍，甚至引起消费者的反感和抵制。因此，加强消费者心理与行为研究，为企业进一步开拓国际市场，增强企业及产品的国际竞争力具有十分重要的现实意义。①

本章小结

本章首先从狭义和广义两个不同角度解释了消费者的含义，进而介绍了国外学者对消费者行为学的定义，并进一步延伸到消费者行为、消费者心理的界定与关系的探讨。消费者行为学是以消费者在消费活动中的心理和行为现象作为研究对象，其研究的主要内容包括：消费者的心理活动基础、消费者的购买行为、消费者心理行为与环境因素的关系，以及企业市场营销活动与消费者行为等。

到目前为止，国内外专家和学者对消费者行为学的研究经历了三个阶段：萌芽与初创时期、应用与发展时期、变革与创新时期。消费者行为学的发展不是孤立的，它与心理学、市场营销学有着十分密切的联系。消费者行为学研究的范式到目前为止出现了实证主义、阐释主义和行为主义三种研究范式。在研究方法上，消费者行为的研究主要有实验法、调查法、观察法、深度访谈等。

对消费者行为进行研究具有重要意义，主要体现在以下几个方面：有利于企业增强市场营销效果，提高企业竞争力；有利于消费者科学地进行消费，改善消费行为；有利于提高宏观经济决策水平，改善宏观调控效果；有利于开拓国际竞争市场，增强企业和产品的国际竞争力。

案例分析

哈根达斯，赋予冰淇淋一个新的意义

1961 年，哈根达斯的创始人马特斯先生在太太露丝的支持下，成立了新公司，从而实现了他的冰淇淋梦想。他将公司正式命名为“哈根达斯”，用来表达他对传统工艺和品质价值的崇尚与追求。当时哈根达斯公司只生产三种口味冰淇淋，即香草、巧克力和咖啡，冰淇淋制作选料是来自比利时的黑巧克力、马达加斯加的香草，通过马特斯先生对于品质的坚持和热

① 杨树青.消费者行为学[M]. 广州：中山大学出版社，2009.

忱，哈根达斯迅速吸引了一大批忠实的粉丝。最初的成功，完全归功于顾客们口口相传的赞誉，在没有广告宣传的情况下，这个关于奶香味浓的甜品的故事，被广泛而迅速地传播。当时，哈根达斯仅在纽约市的美食店有售，但很快就遍布了美国的东海岸地区。

1973 年，哈根达斯已经在美国追求高品质生活的顾客中家喻户晓。

1976 年，马特斯先生的女儿多丽丝在纽约市开设了第一家哈根达斯的门店。首家专营店立刻获得了巨大成功，哈根达斯的门店迅速扩展至全美各地。

1996 年，美国通用磨坊旗下的哈根达斯进入中国市场，在上海南京路上开设了第一家专卖店。在此之前，中国市场上的冰淇淋虽然也有着多种多样的口味和品牌，但人们始终把冰淇淋仅仅定位于冷饮食品。所以，在当时中国国民经济水平的前提下，一个单球冰淇淋以 25 元的价格出售，足以让中国消费者瞠目结舌、充满好奇，但与此同时，对于哈根达斯在中国的销售，并没有被大多数人看好。然而，时至今日，哈根达斯在中国已经开设了 200 多家门店。

哈根达斯，在中国市场上成功的关键就在于对消费者需求的充分关注。换言之，哈根达斯从设计到生产，从生产到销售，在每个环节和每个细节上都投入了大量的精力，为的就是给予消费者从消费环境到产品品质等一系列“与众不同”的消费体验和精神感知。与此同时，充分调研中国市场和消费者的消费习惯，在互联网、电商迅速崛起发展的时代，哈根达斯也迅速加入其中，在天猫商城上线，提供“二维码”消费服务，迎合消费者当下的消费习惯。

在中国，哈根达斯的门店均选址在城市最繁华的地段，人流量大，红色为主调的 logo 广告牌的传播效果显而易见。哈根达斯的每家门店都是经过精心设计的，视觉识别度高，为消费者竭力营造一种轻松浪漫有质感的舒适氛围，例如，在杭州，哈根达斯将烟雨江南的西湖美景作为专卖店的背景，中西合璧、宜情宜景的设计创意成功吸引了很多的消费者前来光顾。

除了坚守对冰淇淋品质的高追求，在其产品设计方面，哈根达斯也是竭力追求“与众不同”，目前推出的四种系列分别是“当季甄选”“创意经典”“爱・蛋糕”“香醇咖啡”，比如，在冬季的“当季甄选”中，就会推出“冰火撒哈拉”等系列产品，这是一款以非凡的创意调制而出的绝妙的冰火冰淇淋，广告语是这样写的“冰火撒哈拉，一半似火，一半似冰。层层叠置的冰川华丽、迤逦，美不胜收。 在那美艳之上，火红炙热的柑曼怡柑橘味力娇酒烘托出一席烈焰，如梦似幻，无法自拔。”仅仅是一小段广告语，就让一款冬季冰淇淋充满诱惑和魅力。随着冰淇淋的销售成功，哈根达斯还利用自己的优势资源和美味原料，推出了蛋糕冰淇淋，不论是从尺寸设计还是到蛋糕口感，都充分地考虑到消费者的需求，价格相对比较平民化，420 g 的“香草恋人”等蛋糕冰淇淋，正好足够三口之家或者三两好友共同分享，600 g 的蛋糕酸奶冰淇淋则可以在家庭朋友聚会中选择，除了好看的外观，纯正的奶香更令人的味蕾为之雀跃。

哈根达斯在细节上的倾注是其成功奠定品牌价值的重要因素，不论是产品外观、宣传手册海报、产品包装，还是店面、官方网站的设计都力求传递其愉悦的消费体验，在广告语上不吝惜地使用丰富的形容词，让哈根达斯这个品牌完美呈现出了饱满的情感诉求，给予了冰淇淋食品一个全新的定义。显然，消费者对于哈根达斯的品牌也逐渐产生了深深的认同，甚至是共鸣。哈根达斯的冰淇淋产品，于是也就被赋予了更多的附加价值和功能，比如身份标识、情感交流和礼品定位，或者仅仅是消费者对于自己的一种馈赠。

（资料来源：1. 唐健盛. 再造消费者关系[M]. 上海：三联书店，2010. 2. 哈根达斯官方网站：https://www.haagendazs.com.cn/Website/index.html（2015-11-24）.）

思考题：

哈根达斯在中国市场上成功的原因是什么？给我们怎样的启示？

思考练习题

1. 试比较狭义与广义消费者的不同。
2. 简述消费者行为与消费者心理的含义及关系。
3. 消费者行为学的研究对象与内容是什么？
4. 简述消费者行为学的沿革与发展。
5. 消费者行为研究的范式主要有哪几类？
6. 简要说明消费者行为学研究的方法。
7. 消费者行为学研究的意义是什么？

实验一　零售店面形象指标与测量

一、实验目的

1. 了解消费者的购买前评价过程及标准。
2. 了解服务选择中所运用的评价标准。
3. 掌握零售店面形象指标评价的基本方法与程序。
4. 通过对实物零售店面的观测与体验，使学生建立零售店面形象指标评价的感性认识。

二、实验内容

1. 聆听实验指导教师的总体介绍。
2. 在××市选择3家大型零售店，了解这些店面的形象设计思路和经营思想。
3. 设计一张问卷，对这3家大型零售店的形象进行测量。
4. 调查样本不少于150份。
5. 对调查结果数据进行整理、录入、统计、分析，并撰写《××市××零售店形象评价研究报告》，总结调研结论。
6. 组成小组讨论研究报告的主要结论以及其所具有的营销意义。
7. 撰写实验报告。

三、实验设备与材料

调查问卷、SPSS统计软件。

四、实验步骤

1. 零售店面形象指标的确定。阅读课本及其他文献的相关知识，对××市 1~2 家大型零售店面进行访谈研究，了解这些店面在形象方面的设计思路和经营思想，分析店面形象与营销战略之间的匹配关系。

2. 设计零售店面形象评价指标与测量问卷。可根据店面的外观美观性、店面便利性、设计人性化、店员服务水平、店员形象、产品陈列等方面设置一级指标，并在一级指标的基础上进行更为细化的二级指标的确定，如店员服务水平可从顾客身份识别能力、推荐主动性、亲和力、业务熟练程度等方面进行二级指标的确定。在指标确定的基础上设置 5 级或 7 级李克特量表调查问卷，问卷内容包括甄别部分、主体问卷部分、消费者背景资料部分。

3. 对××市 3 家大型零售店面形象进行调查研究。采取随机拦访抽样的方式对××市 3 家大型零售店面的顾客进行问卷调查，问卷数量不低于 150 份，对回收的问卷进行整理、编码、录入、统计、分析，撰写调查研究报告，总结调查的主要结论。

4. 对调查结果进行研讨。小组对每个组员的调查过程与调查主要结论进行研究讨论，分析大型零售店面形象的构成纬度，探讨这些构成纬度与营销策略之间的对应关系，提出有针对性的营销建议。

5. 对本次实验课程撰写报告。

五、实验数据整理与分析

1. 对调查数据进行编码和录入，注意在录入之前需要纠正回收问卷中的技术性错误。

2. 采用 SPSS、Excel 等统计软件对调查数据进行统计分析，统计方法为频数分析、交叉列连表、因子分析、聚类分析、结构方程分析等，数据结果以图表形式展现。

3. 用因子分析法和结构方程分析法确定大型零售店面形象的构成纬度，在探索性分析和验证性分析的基础上确定一级指标与二级指标的权重，搭建大型零售店面形象的指标体系。

4. 提出您对本次实验训练效果的感受和改进建议，不少于 1 500 字。

六、思考题

1. 不同购物导向的消费者在大型零售店面选择方面有什么行为差异?

2. 不同类型和不同竞争定位的大型零售店面在店面形象的构成纬度方面有什么差异?如何有效地利用这种差异形成核心竞争力?

第 2 篇

消费者心理与消费者行为的构成

第 2 章　消费者的心理活动过程

【学习目的】

通过本章学习，首先了解消费者心理活动的认识过程、情感过程和意志过程，准确掌握感觉与知觉、记忆与注意、想象与思维等基本概念的含义及其在营销活动中的作用，掌握消费者心理活动的认识过程、情感过程和意志过程的具体内容和三者之间的关系。

【学习要求】

学习内容	知识要点	相关概念
消费者的认识过程	感受性和感觉阈限 记忆的过程与分类 联想、思维的过程与分类	感觉、知觉的含义 注意与记忆的含义 想象、联想与思维的含义
消费者的情感过程	情绪和情感的关系与分类 情绪和情感的相关理论 情绪和情感的影响因素	情绪、情感的含义 詹姆士-兰格情绪学说 情绪的动机-唤醒理论 情绪的认知理论
消费者的意志过程	消费者意志过程的基本特征消费者意志过程分析	意志与意志过程的含义

【引导案例】色彩营销：心随“色”动

美国营销界总结出了“7 秒定律”，即消费者面对琳琅满目的商品，只要 7 秒钟，就可以确定对这些商品是否有兴趣。在这短暂而关键的 7 秒之中，色彩的作用达到了 67%。

瑞士雀巢公司的色彩设计师曾为此做过一个有趣的试验，他们将同一壶煮好的咖啡倒入红、黄、绿三种颜色的咖啡罐中，让几十个人品尝比较。结果，品尝着一致认为：绿色罐中的咖啡味道偏酸，黄色罐中的味道偏淡，红色罐中的味道极好。由此，雀巢公司决定用红色罐包装咖啡，果然赢得消费者的一致认同。可见，产品、品牌的颜色都能给消费者留下鲜明、快速、深刻和非同寻常的印象，从而提升消费者对产品、品牌的认知，促使其购买。

世界两大饮料巨头可口可乐和百事可乐的营销大战中，色彩营销被他们演绎得淋漓尽致。无论是从产品的外观设计，还是广告的情节设计，甚至各种印刷品广告，都必须要用红色和蓝色。“红色旋风”和“蓝色旋风”的品牌大战，见证了强势品牌的成功过程。

心理学的研究表明，人的视觉器官在观察物体时，最初的几秒钟内色彩感觉占 80%，而形体感觉只占 20%。两分钟后色彩占 60%，形体占 40%，5 分钟后各占一半，并持续这种状态。可见产品的色彩给人的印象鲜明、快速、客观、明确、深刻。

商品营销战跟随着五彩缤纷的世界在迅速变化，色彩营销成为品牌整合营销传播攻略中的核心策略，色彩的魅力难以抵挡，它是一把迅速开启消费者心智的钥匙。

（资料来源：兰之象. 色彩营销进行时[J]. 东方企业文化，2009(4).）

2.1　消费者的认识过程

在市场营销活动中，消费者千差万别的行为都是建立在一定心理活动的基础之上的。因此，研究消费者行为必须从消费者的心理现象出发，研究其心理活动的一般规律。心理过程是指消费者在进行消费活动时，心理的发生、发展和完成的过程，它是消费者对客观现实的动态反映。根据心理过程的不同形态和作用，可以把消费者的心理过程分为认识过程、情感过程及意志过程。

消费者购买商品的消费活动，首先是从其对商品的认识开始的，它是消费者购买行为的前提，也是其他心理活动的基础。消费者对商品的认识过程是通过人的感觉、知觉记忆思维等心理活动来完成的。

2.1.1　消费者的感觉与知觉

心理学研究结果表明，人脑对客观世界的认识是从感觉和知觉开始的。感觉和知觉是人的心理活动的基础，也是消费者对商品认识的形成阶段，是营销心理的基础。

1. 感觉

(1) 感觉的内涵

感觉是人们对客观事物个别属性(如物体的颜色、形状等)进行反映的过程。由于客观事物直接作用于人的感觉器官，人脑中就产生了对这些事物个别属性的反映。由于人对客观世界的认识过程是从感觉开始的，从这个意义上说，感觉是人了解世界一切知识的源泉。

一切较高级、较复杂的心理现象，如记忆思维、情感、意志等，都是在感觉的基础上产生的。所以根据客观刺激物的来源和反映特点，可以把消费者的感觉分为两大类。

一是外部刺激，是人对外部事物个别属性和特征的反映，属于外部感觉，包括人的视觉、听觉、嗅觉、味觉和触觉。

二是人体内部刺激，反映身体位置、运动和内脏器官状态及其变化的内部感觉，包括动觉、静觉和机体觉。

感觉是一种最简单的心理现象，消费者通过感觉获得的只是对商品属性的表面、个别的认识。因此，不能据此对商品做出全面评价和判断。感觉是消费者一切知识和经验的基础，离开了对消费对象的感觉，消费行为也就无从谈起。

(2) 感受性和感觉阈限①

感受性是人体对外界刺激强度及其变化的感觉能力。刺激引起相应感觉，必须具有一定的量，人的各种感官并不是对任何刺激都会发生反应，刺激强度太弱或者太强均不能引起感觉。感官只有在一定强度作用下，才能引起人的感觉。例如，电视广告的持续时间若少于 3 秒，就不会引起消费者的视觉感受。心理学中把感觉的强度对刺激的依赖关系称为感觉阈限，即恰好能引起感觉或恰好不能引起感觉的界限。刺激强度只有达到或超过这个界限，方能引起感觉。心理学是用感觉阈限值来度量感受性的。感觉阈限值越低，说明感受性越高；相反，感觉阈限值越高，说明感受性越低。两者为反比例关系。

每种感觉都有两种感受性和感受阈限，即绝对感受性、差别感受性和绝对感觉阈限及差别感觉阈限。

绝对感受性，即指人能察觉出的外界最小刺激量的能力，差别感受性则指人能察觉出的同类刺激物之间的极微小差别的能力；与之对应，绝对感觉阈限指刚好能引起某种感觉的刺激量，差别感觉阈限是指人能察觉出的同类刺激物之间刚好能引起差别感觉的最小差异量。

---

① 张理.消费者行为学[M]. 北京：清华大学出版社,北京交通大学出版社，2008.

同类刺激物之间的最小差异量不是指它们相差的绝对数值，而是指刺激变化的增量同原来刺激量之间的比值。在刺激物引起感觉之后，如果刺激物数量发生变化，但变化极其微小，则不宜被消费者察觉。只有增加到一定程度，才能引起人们新的感觉。例如，一台冰箱价格上调10元，消费者可能毫无察觉；一斤盐价格上调几角，消费者就十分敏感。这一规律解释了一个带有普遍性的心理现象，即各种商品因效用、价格等特性的不同，而有不同的差别阈限值，消费者对其有不同的差别感受性。

(3) 感觉的适应性

由于人体感受器官受到外界刺激物的持续作用而发生机体感受性的一系列变化及现象叫做适应。消费者的感觉会受到时间、强度等因素的影响。随着刺激物作用持续时间的延长，消费者因接触过度而造成感受性的下降，这种现象叫做感受适应或感觉的适应性。在消费实践中，人们连续观看同一款服装，会失去新奇感；连续看到同一内容的一则广告会变得迟钝而丧失新鲜感。要使消费者保持对信息刺激具有较强的感受性，就要调整消费信息刺激的作用时间，经常变换刺激物的表现形式。

(4) 感觉对比

同一感受器接受不同刺激从而使感受性发生变化的现象称为感觉对比。感觉对比有同时对比和先后对比两类。几个刺激物同时作用于同一感受器时产生同时对比。例如，白色对象在黑色背景中要比在白色背景中容易辨别出，红色对象置于绿色背景中则更显红。刺激物先后作用于同一感受器时产生先后对比现象。例如，吃糖后再吃苹果，觉得苹果很酸；吃了苦药之后，喝白开水也觉得甘甜。因此，在广告设计和商品陈列中，要充分考虑感觉对比规律，亮中取暗、淡中有浓、动中有静正是对比效应的应用。

人们只有在感觉的基础上，才能对事物的整体和事物之间的关系做出更复杂的反应，获得更深入的认识。

▶相关知识：人体感觉的心理研究

人的感觉是多种多样的，主要有视觉、听觉、嗅觉、味觉和触觉等。心理学家研究的结果是：人们凭感觉接收的外界信息中，83%的外界印象来自眼睛，11%来自听觉，3.5%来自嗅觉，1.5%来自触觉，1%来自口感和味觉。这些不同的感觉，使人们在认识事物时，能够从各个方面了解事物的属性、特点。

(资料来源：张理. 广告心理学[M]. 北京：清华大学出版社，2011.)

2. 知觉

(1) 知觉的内涵

知觉是指消费者对外界事物各个属性之间有机联系并进行综合性、整体性反映和认识的心理过程。知觉是在感觉的基础上形成的，是在知识、经验的参与下，对感觉到的信息加以加工解释，反映出事物个别属性之间的相互联系，把感觉到的个别属性结合为整体形象，从而把当前事物知觉为某个确定的事物。知觉的形成与否决定消费者对商品信息的理解和接受程度，经知觉形成的对商品的认识，是购买行为发生的前提。

(2) 知觉的基本特征①

①整体统一性。这是知觉与感觉的重要区别。知觉对感觉而言并不是一种简单的复加关系，

① 江林.消费者行为学[M]. 北京：科学出版社，2007.

而是将外界输入的各种信息刺激通过人的感觉器官传导后，分别加以理解、分辨、选择、归纳的认识过程。在认知商品的过程中，消费者经常根据消费对象各个部分的组合方式进行整体式知觉。之所以如此，是由于通过整体知觉可以加快认知速度，同时获得完整、稳定的心理感受。

②主观选择性。感觉和知觉是消费者认识事物的初始心理过程，外界刺激信号过多、感知时间过长，也会造成心理疲劳。因此，面对各种各样的事物和信息，知觉具有主观选择的能力。人们并不是感知所有的对象，而只是对其中某些事物有比较清晰的知觉。例如，消费者每天会接收到大量广告信息，但并不是对每一条信息均“来者不拒”，而只是接受那些对自己最有价值或最感兴趣的极少信息。有研究表明，平均每天潜在地显现在消费者眼前的广告信息达 1 500 个，但被感知的广告只有 75 个，而产生实际效果的只有 12 个。

③综合理解性。人们总是根据过去的知识和经验来解释感知到的客观事物，这就是知觉的综合理解性。不同的经历和知识会产生不同的理解和反映，从而形成知觉上的差异，知识经验的不足，会导致消费者对商品属性的片面理解。因此对于一些新产品，就需要商家进行有力的宣传和解释，引导消费者正确认知该商品。

④知觉的恒常性。当物体的基本属性和结构不变，只是外部条件发生一些变化时，自己的印象仍能保持相对不变，这就是知觉的恒常性。知觉的恒常性主要表现在：亮度恒常性、大小恒常性、形状恒常性、声音恒常性。知觉的恒常性使消费者对质量优良的商品、名牌企业的名牌商品形成良好的印象。这种良好的印象会转化为他们的购买行为，并成为品牌的忠诚消费者。

2.1.2　消费者的注意与记忆

1. 注意

(1) 注意的内涵

注意是指人的心理活动集中指向某一事物的过程。注意的中心，就是人心理活动集中指向的对象。注意并不是一种独立的心理过程，而是伴随着感觉、知觉甚至记忆、想象、思维等心理过程产生的共同特征。

指向性和集中性是注意的两个基本特征。注意的指向性显示了认识过程的对象及所选择的目标。注意的集中性则说明消费者排除外界干扰将心理活动集中于某一事物，说明了消费者的自身调节功能。

在心理学中，注意被分为有意注意和无意注意。有意注意也称主动注意，是人们自觉、有目标的注意，这需要倾注一定的努力，在积极主动的状态下才能达到有意注意。而无意注意，也称被动注意，它不是人的自觉性、目的性的反映，也无须任何努力地去注意某一事物。

(2) 注意的功能

①选择功能。注意是人的心理活动有选择地指向那些符合自身需要、与当前活动相一致的事物，而避开或抑制、排除那些与己无关的事物和影响。当心理活动指向一定事物时，注意就把有关的信息检索出来，并把它与各种无关的信息加以区分，使心理活动按照人的需要和愿望进行集中或者转移。

②保持功能。保持功能就是使注意对象的映像或内容在主体意识中保持并延续至达到目的时为止。由于注意的作用，消费者在对消费对象做出选择后，能够把这种选择贯穿于认知商品、制定决策及付诸实施的全过程中，而不致中途改换方向和目标，以使消费者心理与行为的一致性与连贯性得到保证。

③加强功能。在注意的情况下，消费者可以自动排除无关因素的干扰，克服心理倦怠，对错误和偏差及时进行调节和矫正，从而使心理活动过程更加准确和高效率地进行。

(3) 注意在市场营销活动中的作用

注意在消费者的心理活动中具有重要作用，它可以维持和增加心理活动的强度，也可以降低或弱化心理活动的效率。为此，在商品设计、包装、广告宣传等营销活动中，应有针对性地采取多种促销手段，以引起和保持消费者的有效注意。正确的运用和发挥注意的心理功能，可以使消费者实现从无意注意到有意注意的转化，进而引发消费者的需求。实践证明，在广告设计中巧妙地利用刺激物的大小、强度、色彩、位置和间隔等的对比及变化，可以增强消费者的注意，收到事半功倍的效果。

2. 记忆

(1) 记忆的含义

记忆是过去的经验在人脑中的反映。凡是人们感知过的事物、体验过的情感以及练习过的动作，都可以以映像的形式保留在人的大脑中，在必要的时候又可把它们再现出来，这个过程就是记忆。记忆既不同于感觉，又不同于知觉。感觉和知觉反映的是当前作用于感官的事物，离开当前的客观事物，感觉和知觉均不复存在。记忆总是指向过去，它出现在感觉和知觉之后，是人脑对过去经历过的事物的反映。

(2) 记忆的过程

记忆是一个复杂的心理过程，包括识记、保持、再认或回忆三个基本环节。

①识记。识记是记忆的开端，是主体识别和记住事物，进而积累知识和经验的过程。

②保持。保持是巩固已获得的知识和经验的过程。

③再认或回忆。再认或回忆是主体从头脑中提取知识和经验的过程。凡经历过的事物再度出现时，能把它认出来称为再认；凡经历过的事物不在面前，能把它重新回想起来，则称回忆或再现。

从信息加工的观点看，记忆就是对输入信息的编码、储存和提取的过程。其中，对信息的编码相当于识记过程，信息的存储相当于保持过程，信息的提取则相当于再认或回忆过程。记忆过程中的三个环节是相互联系和相互制约的，没有识记就谈不上对经验的保持，没有识记和保持，就不可能有对经历过的事物的再认或回忆。

从理论上讲，虽然消费者的记忆容量很大，对信息保持的时间也可以很长，但在现代市场条件下，消费者接触的信息实在太多，能够进入其记忆并被长期保持的实际上只有很小的一部分。正因为如此，企业需要对消费者的记忆予以特别的重视。一方面，要了解消费者的记忆机制，即信息是如何进入消费者的长时记忆，有哪些因素影响消费者的记忆，进入消费者记忆中的信息是如何储存和提取的；另一方面，要了解已经进入消费者长时记忆的信息为什么和在什么条件下可能被遗忘，企业在防止或阻止消费者遗忘方面能否有所作为。

(3) 记忆的分类

①感觉记忆，又称瞬时记忆。它是指个体凭视、听、味、嗅等感觉器官，感应到刺激时所引起的短暂记忆，其持续时间往往按几分之一秒计算。感觉记忆只留存在感官层面，如不加以注意，转瞬间便会消失。乘车经过街道，对街道旁的店铺、标牌、广告和其他景物，除非有注意，否则，大多是即看即忘，此类现象即属感觉记忆。感觉记忆按感觉信息原有形式

储存，它反映的内容是外界刺激的简单复制，尚未经过加工和处理，因此，感觉记忆的内容最接近于原来的刺激。

②短时记忆，是指记忆信息保持的时间在一分钟以内的记忆。例如，我们从电话簿上查一个电话号码，然后立刻就能根据记忆去拨号，但事过之后，再问这个号码是什么，就记不起来了。此类记忆，就是短时记忆。

感觉记忆中的信息如果被注意和处理，就会进入短时记忆，而且这些信息可以保持在一种随时被进一步处理的状态。也就是说，短时记忆中的信息可以自动而迅速地被提取，一旦需要对新输入的信息予以解释，长时记忆中的信息也可带到短时记忆中来。实际上，短时记忆是这样一种即时的信息处理状态，它从感觉记忆和长时记忆中获取的信息被带到一起同时处理。短时记忆中的信息经过适当处理，一部分会转移到长时记忆系统，另一部分则会被遗忘。

③长时记忆，是指记忆信息保持在 1 分钟以上，直到数年乃至终生的记忆。人们日常生活中随时表现出的动作、技能、语言、文字、态度、观念，以至有组织、有系统的知识等，均属长时记忆。

长时记忆系统被认为是语意和视听信息的永久储存所。各种事件、物体、处理规则、事物的属性、感觉方式、背景资料等，均可储存在长时记忆中。与短时记忆相比，长时记忆的容量是相当大的，甚至被认为是无限的。不仅如此，长时记忆中的信息是以类似网络结构的方式有组织地储存的。[①]

在了解消费者记忆类型及其特点的基础上，企业在传递商品信息时，首先要考虑消费者接受信息的记忆极限问题，尽量把输出的信息限制在记忆的极限范围内，避免因超过相应范围而造成信息过量，使消费者无法接受。例如，在电视的“5 秒标版广告”中，播出的信息应尽量安排在 7～8 个单位内，超出这一范围，就会大大降低广告的宣传效果。

其次，从记忆类型的效果看，情绪与情感因素对记忆效果的影响最为明显。消费者在愉快、兴奋、激动的情绪状态下，对商品及有关信息极易形成良好、鲜活、深刻的记忆表象，并将这一表象保持较长时间。例如，消费者在某商店受到售货员热情周到的服务，由此形成良好的心理感受，这一感受会长久地保存在他的记忆中。所以，企业在营销活动中应特别注意发挥情绪记忆的作用。[②]

▶相关知识：遗忘及其影响因素

遗忘是对识记过的内容不能再认和回忆，或者表现为错误的再认和回忆。从信息加工的角度看，遗忘就是信息提取不出来，或提取出现错误。

最早对遗忘现象进行实验研究的是德国心理学家艾宾浩斯（H.Ebbinghaus）。艾宾浩斯以自己为被试者对象，以无意义音节作为记忆材料，用时间节省法计算识记效果。艾宾浩斯曲线表明了遗忘变量与时间变量之间的关系：遗忘进程不是均衡的，在识记的最初一段时间遗忘很快，以后逐渐缓慢，过了一段时间后，几乎不再遗忘。可以说，遗忘的发展历程是先快后慢，呈负加速型。

除了时间以外，识记材料对学习者的意义、识记材料的性质、识记材料的数量、学习程度、学习材料的系列位置等，均会对遗忘的进程产生影响。下面将对这些因素分别予以讨论。

(1)识记材料对消费者的意义与作用。凡不能引起消费者兴趣，不符合消费者需要，对消

① 张理.消费者行为学[M]. 北京：清华大学出版社,北京交通大学出版社，2008.

② 江林.消费者行为学[M]. 北京：科学出版社，2007.

费者购买活动没有太多价值的材料或信息，往往遗忘得快；相反，则遗忘得较慢。同是看有关计算机的宣传材料，对于准备购置计算机的消费者与从未想到要购置的消费者，两者对所记信息的保持时间将存在明显差别。

(2)识记材料的性质。一般来说，熟练的动作遗忘得最慢。贝尔(Bell)研究发现，一项技能在一年后只遗忘29%，而且稍加练习即能恢复。同时，有意义的材料较无意义的材料，形象的和特点突出的材料较平淡、缺乏形象性的材料遗忘得慢。莱斯托夫效应(Restoff Effect)从一个侧面反映了学习材料的独特性对记忆和遗忘的影响。所谓莱斯托夫效应，就是指在一系列类似或具有同质性的学习项目中，最具有独特性的项目最易获得保持和被记住。对于广告主来说，要使广告内容被消费者记住，并长期保持，广告主题、情境、图像等应当具有独特性或显著性，否则，广告内容可能很快被遗忘。广告中经常运用对比、新异性、新奇性、色彩变化、特殊规模等表现手法，目的就是为了突出宣传材料的显著性。

(3)识记材料的数量。识记材料数量越大，识记后遗忘得就越多。试验表明，识记5个材料的保持率为100%，10个材料的保持率为70%，100个材料的保持率为25%。

(4)识记材料的系列位置。一般而言，系列性材料开始部分最容易记住，其次是末尾部分，中间偏后的内容则容易遗忘。之所以如此，是因为前面学习的材料受后面学习材料的干扰，后面学习的材料受前面材料的干扰，中间材料受前、后两部分学习材料的干扰，所以更难记住，也更容易遗忘。

(5)学习的强度。一般来说，学习强度越高，遗忘越少。过度学习达150%时，记忆效果最佳。低于或超过这个限度，记忆的效果都将下降。所谓过度学习，是指一种学习材料在达到恰好能背诵时仍继续学习的状况。

(6)学习时的情绪。心情愉快时学习的材料，保持时间更长，而焦虑、沮丧、紧张时所学习的内容更易遗忘。戈德伯格(M.Goldberg)和戈恩(G.Gorn)所做的一项试验中，一些被试者看喜剧类电视片，另一些被试者看悲剧类电视片，两则电视片中均插播同一内容的广告。结果发现，看喜剧片的被试者较看悲剧片的被试者能更多地回忆起广告的内容。对这一结果的一种可能解释是，积极的情绪状态会使消费者从记忆中提取出更为广泛和更加完整的各类知识，从而有助于对当前输入信息的编码。

(资料来源：余禾. 消费者行为学[M]. 成都：西南财经大学出版社，2010.)

2.1.3 消费者的想象、联想与思维

1. 想象的内涵和作用

想象是指对原有的感性材料进行加工改造，在头脑中形成新形象的心理过程。有人称想象是思维的特殊表现形式，想象是思维的升华。想象带有生动、形象、间接概括的特点。想象同其他心理现象一样，也是人脑对客观现实的反映。想象活动要具备三个条件：

①想象的依据必须是过去已经感知过的经验，这种经验可以是个人的感知，也可以是前人、他人积累的经验；

②想象必须依赖人脑的创造性，须对表象进行加工；

③想象必须是新形象，是主体没有感知过的事物。

想象对于发展和深化消费者的认识，推动消费者的购买行为具有重要作用。消费者在评价和选购商品时，常常伴随着想象活动。例如，女性消费者在选购衣料时，会把衣料搭在身上照着镜子一边欣赏，一边想象这块布料做成衣服穿在身上的情境；在模拟居室环境中展示

成套家具，易激发消费者对居室美化效果的想象。当消费者在购买过程中遇到自己从未使用过的商品时，就需要借助营销人员的介绍，通过想象来加深对商品功能的理解。

2. 联想的含义和分类

联想是回忆的一种形式，由正在经历的事物或想起的某一事物所引起，回想起与之相关联的另一事物，从而形成神经中的暂时联系，并使这种联系活跃起来。在开展营销活动时，可以通过控制消费者所处的购物环境，使用各种方法来激发消费者的有益联想。

联想可以分为以下不同类型。

①接近联想，从时间或空间上比较接近的两件事物容易在回忆中产生联系。比如，一说起烽火台就容易想到长城，这就是空间接近联想。从时间上也有比较接近的人或事，北京有家“老插餐厅”，店名和内部陈设别具一格，使许多原来的返城知青在就餐时回忆起所经历的难忘岁月，这就是典型的时间接近联想的应用。

②相似联想，指两件事物具有相似特征和性质，容易将其所产生的现象同时回忆起来。比如看到莲花，就想起“出污泥而不染”的品质。消费者在评价、挑选商品时，也容易产生这种由此及彼的相似联想，比如，由宝石首饰联想到雍容华贵，导购人员若给以适时指点和引导，会加深消费者的印象和联想，促进购买的实现。

③对比联想，指把两种具有相反特点的事物或现象联系在一起。对比联想既要反映事物的共性，又要突出相对立的个性特征。比如，化妆品的广告宣传会使消费者产生皮肤的黑与白、细腻与粗糙、年轻与衰老的对比联想。在炎热的夏季，如果口渴难耐，就会产生喝一杯冷饮后舒适的对比联想。

④因果联想，两种事物之间存在一定的因果关系，由一种原因会使人联想到另一种结果，或由事物的结果联想到它的原因。例如，外地旅游者会从游览地居民的喜形于色联想到当地人生活富足，从市容市貌的整洁有序联想到当地政府的管理有方。

3. 思维

(1) 思维的内涵

思维是在大量感知材料的基础上，对感知材料进行分析、综合、判断、推理，并借助一定的反映方式(如语言)，对客观事物间接、概括的反映。思维是人脑对客观事物本质及规律的认识。

间接性和概括性是思维的重要特征。间接性是指通过其他媒介的传导来认识客观事物。概括性就是将同类事物的共同特征和本质集中起来并加以分析、概括，对有关客观事物的内在联系做出规律性的总结。

根据不同的分类标准，思维有不同的分类。

①根据思维活动的形式不同，可分为形象思维和逻辑思维。形象思维是指利用直观形象对事物进行分析判断的思维；逻辑思维是指利用概念、推理和理论知识来认识客观事物，达到对事物的本质特征和内在联系的认识的思维。

②按照思维的品质不同，思维可以分为常规思维与创造性思维。常规思维即利用已经获得的知识和经验，依照原来的模式进行的思维；创造性思维，就是具有独特、变通、逆向、求异和创新特点的思维。

(2) 思维的一般过程

消费者对商品的外形、颜色、口感、气味等是通过感觉器官了解的，继而还要了解其内在质量、功能、产地、价格和其他内在属性，这些都是思维的基本内容。

消费者的思维过程一般分为三个步骤。

①分析过程。消费者对商品的分析过程是在掌握了一定量的感性材料的基础上进行的，这需要尽量将消费者的购买目标范围缩小，从中选出少数几个目标进行比较。

②比较过程。消费者通过初步分析确定所购买的目标范围后，还会在几个优选品牌中进行选择。

③评价过程。在确定了商品的购买目标后，消费者会对其进行购前预测评价，运用判断、推理的思维方式，对商品的内在属性及其本质进行概括，为购买决策做好心理活动的准备。当购买了这种商品后，消费者仍会对其进行购后分析、比较及评价，加深这种思维过程。在反复的感知中对商品加深理性认识。①

2.2 消费者的情感过程

情感过程是认识过程与意志过程的中介，是消费者心理活动的一种特殊反映形式，对购买行为心理有重要的影响。消费者的消费活动实际上是充满情感体验的活动过程。

2.2.1 情绪、情感的概念及分类

1. 情绪和情感的概念

情绪或情感是人们对客观事物是否符合自己的需要所产生的一种主观体验。消费者在从事消费活动时，不仅通过感觉、知觉、注意、记忆等认识了消费对象，而且对它们表现出一定的态度。凡是能满足消费主体需要的，就引起肯定态度，产生喜悦、满意、愉快等内心体验；凡是不能满足消费主体需要的，或违背消费主体意愿的，就引起否定的态度，产生悲哀、愤怒、憎恨、回避等内心体验。这些内心体验就是情绪或情感。

情绪和情感，既有区别又有联系。它们的区别如下。

首先，情绪是同生理需要和较低级的心理过程(感觉、知觉)相联系的内心体验。如果消费者选购某品牌的小轿车时，会对它的颜色、造型、性能、价格等可以感知的外部特征产生积极的情绪体验；情感是指与人的社会性需要和意识紧密联系的内心体验，包括理智感、荣誉感、道德感、审美感等。其次，情绪一般是由当时特定的条件引起的，并随着条件的变化而变化。所以情绪表现的形式是比较短暂和不稳定的，具有较大的情境性和冲动；而情感是人们在长期的社会实践中，受到客观事物的反复刺激而形成的内心体验，因而与消费者情绪相比，具有较强的稳定性和深刻性。在消费活动中，情感对消费者心理和行为的影响相对长久和深远。例如，对美感的追求，会驱使消费者重复购买符合其审美观念的商品，而排斥其他商品。

情绪和情感又有着密切的联系。一方面，情感依赖于情绪。人的情感总是在各种不断变化的情绪中表现出来的，离开人的具体情绪，人的情感及其内容就不可能存在和表现。另一方面，情绪也依赖于情感。情绪的不同变化，一般都受已经形成的社会情感的影响。从某种意义上可以说，消费者的情绪是情感的外在表现，情感是情绪的本质内容。因此，这两个概念有时可以互相通用。

▶相关知识：情绪、情感的两极性

情绪和情感的两极性是指处于两种极端状态的、性质相反的情感。几乎每种情绪和情感，

---

① 李晓霞.消费心理学[M]. 北京：清华大学出版社，2010.

都有两个可以分化并极端对立的方面，表现为肯定与否定的对立统一性质，也称情感的对比性。一般有四个方面的表现：在快感度方面，两极为“愉快—不愉快”；在紧张度方面，两极为“紧张—轻松”；在激动水平方面，两极为“激动—平静”；在强度方面，两极为“强—弱”。情绪和情感的两极性也有两方面的作用。

(1) 情绪和情感的两极性相互联系，互相转化，推动着人们的认识过程和意志过程不断深化和巩固。消费者在认识过程中有时不仅仅体验着单纯性情感，如喜怒哀乐等，同时也体验着双重性情感，例如，在购物后的欣喜之余，发现商品有质量问题，就会很懊恼；如果发现是伪劣商品，愤怒的情绪就会油然而生。这就经过了由高兴到愤怒的双重体验。这种情感体验会加深消费者对商品的内在了解和认识，促使其在下次购买中给予意志的控制，不会盲目行事。

(2) 情绪和情感的两极性可以对人们的实践活动能力产生影响并形成反馈。例如，具备一种快乐、安逸的情绪或情感能促使人们提高工作效率，效率的提高会得到别人的肯定和赞扬，对自身产生积极的反馈，促使人们在一种积极稳定的情绪中保持良好的工作状态，由此形成良性循环。相反，如果情感向另一个极端发展，就会降低人的承受能力和工作效率。营销人员可以据此来引导消费者积极的情感状态，给他们营造舒适的购物体验，来增加消费者的满意度和忠诚度。

(资料来源：张理. 消费者行为学[M]. 北京：清华大学出版社，北京交通大学出版社，2008.)

2. 情绪和情感的分类

(1) 按照情绪发生的速度、表现的强度和持续的时间，可以把情绪分为：心境、激情、热情和挫折。

①心境。心境是一种微弱、持久而又具有弥漫性的情绪体验状态，通常称为心情。心境并不是对某一事件的特定体验，而是以同样的态度对待所有的事情，让所遇到的各种事情都具有当时心境的性质。在消费活动中，消费者的良好心境会提高消费者对商品、服务、环境的满意程度，推动积极的购买行为；不良的心境会使消费者对诸事感到厌烦，或拒绝购买任何商品，或专买用于消愁解闷的商品。

②激情。激情是一种强烈的、爆发式的、持续时间较短的情绪状态，这种状态具有明显的生理反应和外部行为表现。它是人们受到了外界事物的强烈刺激后产生的情绪状态。激情既有积极的，也有消极的。在激情状态下，人能做出平常做不出来的事情，发挥自己意想不到的潜能；但也能使人的认知范围变窄，分析能力和自我控制能力降低。消费者处于激情状态时，经常会做出非理性的冲动式购买举动。

③热情。热情是一种掌握着人的整个身心，决定者一个人的心理和行为基本方向的较强烈、稳定而又深刻持久的情感。它虽然不如激情那样热烈，但又比激情深厚持久；它虽然不像心境那样广泛地影响人的情绪体验，但又比心境强烈、深刻而稳定。热情不是一种简单的情绪体验，而是一种情感状态。热情之中蕴藏着坚强的意志，热情能给人以鼓舞和激励。消费者购物时同样需要热情的推动。

④挫折。挫折是一种在遇到障碍又无法排解时的情绪体验，如懊恼、怨恨、意志消沉等。挫折具有破坏性、感染性的特点。消费者在挫折的情绪状态下，会对商品宣传、促销劝说等采取抵制态度，甚至迁怒于销售人员或采取破坏的行动。

(2) 根据情绪、情感表现的方向和强度，可以分为积极情感、消极情感和双重情感。

①积极情感，如喜欢、满足、快乐等，能增强消费者的购买欲望，促成购买行为。

②消极情感，如厌烦、不满、恐惧等，会抑制消费者的购买欲望，阻碍购买行为的实现。

③双重情感，在许多情况下，消费者的情感并不简单地表现为积极或消极两种，而是经常表现为既喜欢又怀疑，基本满意又不完全称心等双重性。例如，消费者对所要购买的商品非常喜欢，但由于价格偏高而感到有些遗憾。双重情感的产生是由于消费者的情绪体验主要来自商品和销售人员两个方面。当两者引起的情感反应不一致时，就会出现两种情感并存的现象。

(3) 根据情感的社会内容划分，还可以把人的情感分为道德感、美感和理智感。

①道德感。道德感是个人根据社会道德准则评价自己或他人行为时所产生的情感，是一种高级形式的社会情感，直接体现了客观事物与主体的道德需要之间的关系。在购物活动中，消费者总是按照自己所掌握的道德标准，按照自己的道德需求来决定自己的消费标准与消费行为。同时，营业人员应有严格的职业道德训练，有高尚的职业道德，热情礼貌地接待消费者，提供良好的销售服务活动，不能通过有失职业道德的手段，如掺假使假、以次充好、短斤少两等去获得利润。

②美感。美感是与人的审美需要相联系的对客观事物和对象的认识和体验。它是通过人们对客观事物美与丑的评价，并由此产生的肯定与否定、高尚与庸俗、喜欢与厌恶等的态度体验。它是人们对审美对象能否满足主体审美需要的反映。美感是一种积极的情感体验，他在人类社会中起到巨大的作用，它可以使人们的精神生活变得更加丰富多彩，更加优雅充实。美的商品可以刺激消费者的购买欲望，促进消费者的购买行为。

③理智感。理智感是人们的求知欲望是否得到满足而产生的高级情感。理智感与人的求知欲、好奇心、热爱真理等相联系，是一种热烈追求和探索知识与真理的情操。在购买活动中消费者对于某些商品的认识过程，需要得到一定的有关该商品的信息，如果他们的求知欲得到了满足，就会产生理智感，这对消费者的购物活动起着重要的推动作用。

【案例 2-1】怡宝：守住纯心，方为大成

随着夏天的到来，饮料市场硝烟四起，而占据其中半壁江山的瓶装水市场，战局则更加纷乱复杂。换包装、打概念、拼明星，各大品牌在销售旺季各出奇招，用互联网当下最流行的方式，吸引消费者的目光。然而，当各品牌忙着追逐潮流和热点时，怡宝却选择植根于中国传统文化的精髓，回归营销的根本，关注人、重视人、以人为本，打了一场漂亮的营销仗。

今年厄尔尼诺现象在全球肆虐，各地酷热、干旱。怡宝在7月推出“晒三分钟，捐一瓶水”的公益行动，整个公益活动有两个入口：一个是微博入口，另一个是微信入口。只要消费者用#美的人已经在晒了#为话题，附上创意影子照片并@怡宝，怡宝将会向需水地区捐出一瓶水，该话题在不到5天的时间，就有超过1.3亿的阅读量，逾10万网民参与讨论。怡宝用行动践行“心纯净，行至美”。不仅巧妙运用“互联网+”实现了技术本身，还承载了人文关怀，为社会奉献爱、汇集爱、传递爱。怡宝选择从最原点的人文角度来为消费者考虑，让消费者的情感回归，以不变应万变，在浮躁动荡中守住纯心。怡宝不仅树立企业的社会公民形象，还让消费者在购买中体验尽社会责任的高尚感觉，刺激了消费者心理的积极取向。

(资料来源：周春燕.怡宝：守住纯心，方为大成—— 一瓶纯净水的人文营销[J]. 销售与市场. 2015(10).)

2.2.2　情绪、情感的相关理论

情绪体验同时伴有生理和心理两种过程，情绪理论试图对这两个过程以及它们的关系做出系统的解释，因而产生了许多不同的观点，形成了各种情绪理论。

1. 詹姆士-兰格情绪学说

在情绪的早期理论中，有代表性的是詹姆士-兰格情绪学说。美国心理学家威廉·詹姆士和丹麦生理学家卡尔·兰格(C.Lange)于 1884 年和 1885 年分别提出了相似的情绪理论：情绪产生于植物性神经系统的活动。他们把情绪的产生归因于身体外部活动的变化。按照常理，人们习惯地认为，先受到某种刺激，产生了某种情绪，才会引发机体的变化和反应。但詹姆士和兰格的见解却与此相反，他们认为，在客观情境之后首先发生身体内部的生理变化，然后才引起情绪的自觉体验。"没有生理变化，就没有情绪体验"。所不同的是，詹姆士认为情绪的大部分或主要部分是由内脏变化引起的，而兰格认为所有的情绪都是由内脏的变化引起的。

2. 情绪的动机-唤醒理论

这种理论认为，情绪是唤醒、激活、动机的一种持续状态，将情绪与动机相提并论。主要的代表理论是美国心理学家扬的理论。1961 年扬通过实验研究指出，情感过程与感知过程的不同就在于它产生动机作用并影响行为。他认为，情感的作用主要有以下四个方面：①激发或诱发行为；②维持并结束行为；③调整行为，决定其是否继续与发展；④组织行为，决定神经活动模型的形式。扬的理论着重于情绪的动机作用，大量引用了唤醒概念，将情感看成"愉快不愉快"两极间的享乐序列，享乐程度不同其唤醒功能也不同，对行为施加了不同的影响。

虽然扬对情绪的动机作用给予了高度重视，但与其他心理学家不同的是，他更多地看到了情绪的破坏性。他认为，情绪的唤醒作用会干扰行为正常有序地进行。扬在 1961 年出版的《动机与情绪》一书中写道："当人们被周围情境(即情绪性地)激励到他的大脑控制减弱或失去的地步，那么，这个人就有了情绪。"扬的理论夸大了情绪的破坏性，忽视了情绪的适应性，因而受到了人们的质疑。

3. 情绪的认知理论

现代心理学的研究认为，情绪的发生受到环境事件、生理状态和认知过程三种因素的影响，其中，认知过程是决定情绪性质的关键因素。在这个理论中比较有名的是沙赫特和辛格的三因素论。

美国心理学家沙赫特和辛格在 20 世纪 60 年代初由一系列情绪实验的结果提出了情绪的三因素论。这个理论的基本观点是：认知的参与以及认知对环境和生理的评价过程是情绪产生的机制。他们认为，情绪的产生是刺激、生理、认知三种因素整合作用的结果。

▶相关知识：实验——"知实情者"更坦然

美国心理学家沙赫特和辛格设计了这样一个实验。

沙赫特告诉被试者，他们参与的实验是通过注射一种新型药物，考察其对人视觉的影响。事实上，是要考察人情绪的影响。对照组被试者接受的是生理盐水注射，对人体没有任何影响；实验组被试者接受的是肾上腺素注射，能使人出现心悸、颤抖、兴奋等反应。

药物注射后，沙赫特将实验组分为三个小组：第 1 小组是"告知组"，告诉被试者药品会导致心悸、颤抖、兴奋等反应；第2小组“未告知组”，即告诉他们药物是温和的，不会有副作用；对第3个小组“误告知组”，告诉他们药物会导致全身麻木、发痒和头痛。

然后，将这三个小组被试者分别置于“欢快”和“愤怒”的情境中。

“欢快”情境中，有人在室内唱歌、跳舞，十分快乐，并邀请被试者同玩儿；而“愤怒”情境中，一个人正对一张调查表发怒、咒骂、跺脚，并最后撕毁调查表，而被试者也被要求填写同样的调查表，表上的题目带有人身攻击和侮辱性，会引起人极大的愤怒。

实验结果是，对照组和实验组中的告知组被试者，在室内安静地等待并镇静地进行他们的工作，毫不理会别人的古怪行为；而未告知组和误告知组被试者则倾向于室内同伴的行为，变得欢快或愤怒。

实验证明，对照组被试者未经受生理唤醒，告知组被试者能正确解释自身的生理唤醒，他们都不会受环境中的情绪影响，因此没有任何情绪反应；而未告知组和误告知组对自身的生理唤醒没有现成的解释，从而受到环境中同伴行为的暗示，表现出了与情境相应的情绪行为。

所以，无论生理唤醒还是环境因素都不能单独决定情绪，情绪发生的关键取决于认知因素，而“情绪起因三因素学说”也应运而生——情绪的产生归之于环境刺激、生理因素和认识因素的整合作用，其中，认知因素中对当前情境的评估和过去经验的回忆，在情绪的形成中起着重要作用。

(资料来源：晓庄.是谁“导演”了抢盐风潮[J]. 中外管理，2011(5).)

2.2.3 情绪、情感与消费者行为

1. 影响消费者情绪、情感的因素

购买活动中，消费者情绪、情感的产生和变化主要受下列因素的影响。

(1) 消费者的心理状态背景

消费者生活的遭遇、事业的成败、家庭状况等现实状况，对消费者的情绪过程有重要的影响，从而影响他的购买决策过程。

(2) 消费者不同的个性特征

消费者的个性特征主要包括个人的气质类型、选购能力、性格特征。这些个人的个性特征也会影响消费者购买活动的情绪体验。例如，某消费者选购能力差，在众多的商品中就会感到手足无措，这时候，麻烦的情绪袭上心头，就会产生放弃购买的心理。

(3) 商品特性的影响

人的情绪和情感总是针对一定的事物而产生的。消费者的情绪首先是由于他的消费需要能否被满足而引起和产生的，而消费需要的满足是要借助商品实现的。所以，影响消费者情绪的重要因素之一，是商品的各方面属性能否满足消费者的需要和要求。具体表现如下。

①商品命名中的情感效用。厂家在商品命名中给商品取一个具有独特情绪色彩的名称，符合消费者某方面的需要，容易激起他的购买欲望。例如，白玉牌牙膏、乐口福麦乳精等，符合我国消费者图吉利的思想，很容易被消费者所接受。

②商品包装中的情绪效果。消费者选购商品时，首先看到的是商品的包装，包装对消费者购买商品起到很大的作用，影响他的购买意愿。例如，有一种药品酒的包装造型像坦克，配以适当的说明，能给人以形象的暗示。

③购物环境的影响。在前面已经谈到，心理学认为，情绪不是自发的，它是由环境中多种刺激引起的，从消费者购买活动来分析，直接刺激消费者感官引起其情绪变化的主要有购

物现场的设施、照明、温度、声响以及销售人员的精神风貌等因素。购买现场如果宽敞、明亮、整洁，整体环境优雅，售货员服务周到热情，会引起消费者愉快、舒畅、积极的情绪体验；反之，则引起消费者厌烦、气愤的情绪体验。

2. 情绪和情感在消费者行为中的作用

人的情感是多种多样的，有喜、怒、哀、乐、爱、恶、惧等多种。但是这些情感最终可归为两类：积极的情感和消极的情感。喜、乐、爱等都可归为积极的情感。怒、哀、恶、惧等都可以归为消极的情感，积极的情感通常产生积极的态度，消极的情感通常产生消极的态度。它们分别增进或抑制消费者的购买欲望，促进或阻碍购买行为。

企业在经营活动中要处理好买卖双方的情绪和情感，可以从以下几个方面着手：

①努力创造良好的购物氛围，激发消费者的购买欲望；

②提高营业人员的业务素质和服务素质，以优质的服务来感染顾客；

③在宣传、销售产品的同时，注重树立良好的企业形象，引发消费者对企业的积极的情感。①

【案例 2-2】 戴尔计算机采用情感策略

乔治·赫伯特成功后，布鲁金斯学会在表彰他的时候表示：金靴奖已空置了 26 年，26 年间，布鲁金斯学会培养了数以万计的推销员，造就了数以万计的百万富翁。这只金靴子之所以没有授予他们，是因为我们在寻找这样一个人：这个人从不因有人说某一目标不能实现而放弃，从不因某件事情难以办到而失去自信。戴尔计算机正在用新的策略来推广它的产品——情感性品牌。戴尔最近进行了“更多的你”广告宣传。在“更多的你”广告宣传中，戴尔强调使用者的自我认可，努力使品牌代表一种生活方式。戴尔说：我们意识到应该与消费者建立深厚的感情联系。大多数竞争者忽视了科技正在改善人们的生活，它使人们认为“这与我有关”。

这不是戴尔第一次尝试定位感情性品牌。根据市场研究调查，戴尔 2010 年的“你能触碰戴尔”和“你有能力做得更多”的宣传活动提高了销量。最近，英国的一项研究发现，情感促销能够创造的利润回报是理性促销的两倍左右，因此不会使用情感的力量，是一个十分严重的问题。情感促销可以降低消费者的价格敏感度，原因在于它们将该品牌与其他竞争者差异化。当品牌间具有高度竞争性的时候，情感营销十分重要。竞争者可以轻易地窃取产品的任何功能和有形特征，让营销人员缺少独特的理性诉求。然而，竞争者无法复制消费者看到某品牌情感性广告或者购买某产品时的感受。戴尔意识到：别在广告中只谈论计算机本身。反而，他们注重于品牌为消费者创造的个性、生活方式和感受。

（资料来源：德尔 L.霍金斯.消费者行为学[M].北京：机械工业出版社，2014：283-284.）

2.3　消费者的意志过程

消费者的心理活动并不只限于对商品和劳务的认识过程和产生一定的情感体验，更主要的是要有计划地实施购买决策。消费者在购买活动中有目的、自觉地支配和调节自己的行动，

① 甘瑁琴，等.消费者行为学[M]. 北京：北京大学出版社,中国农业大学出版社，2009.

努力克服各种困难，从而实现既定购买目的的心理过程，就是消费者的意志过程。如果说消费者对商品认识活动是由外部刺激向内在意识转化，那么，消费者对商品的意志活动就是内在意识向外部行动的转化。消费者的意志过程同认识过程、情感过程一样，是消费者心理活动不可或缺的组成部分。

2.3.1 意志过程的特征

1. 有明确的购买目的

消费者在购买过程中的意志活动是以明确的购买目的为基础的。因此，在有目的的购买行为中，消费者的意志活动体现得最为明显。通常为满足自身的特定需要，消费者经过思考预先确定了购买目标，然后自觉地、有计划地按购买标的去支配和调节购买行动。

2. 与排除干扰和克服困难相联系

现实生活中，消费者为达到既定目的而需要排除的干扰和克服的困难是多方面的。例如，时尚与个人情趣的差异、支付能力有限与商品价格昂贵的矛盾、售货方轻慢和服务质量差所造成的障碍、申请消费信贷与贷款利息高的矛盾等。这就需要消费者在购买活动中，既要排除思想方面的矛盾、冲突和干扰，又要克服外部社会条件方面的困难。所以，在购买目的确定后，为达到既定目的，消费者还须付出一定的意志努力。

3. 调节购买行动的全过程

意志对行动的调节，包括发动行为和制止行为两个方面。前者表现为激发起积极的情绪，推动消费者为达到既定目标而采取一系列行动；后者则抑制消极的情绪，制止与达到既定目标相矛盾的行动。这两方面的统一作用，使消费者得以控制购买行为发生、发展和结束的全过程。

2.3.2 意志过程的阶段

尽管消费者的意志过程具有明确的购买目的和调节购买行为全过程的特征，但这些特征总是在意志行动的具体过程中表现出来的。通常，消费者意志过程可以分为三个行动阶段。

1. 做出购买决定阶段

这是消费者购买活动的初始阶段。这一阶段包括购买动机的取舍、购买目的的确定、购买方式的选择和购买计划的制订，实际上是购买前的准备阶段。消费者从自身需求出发，根据自己的支付能力和商品供应情况，分清主次、轻重、缓急，做出各项决定，即是否购买和购买的顺序等。

2. 执行购买决定阶段

在这一阶段，购买决定转化为实际的购买行动，消费者通过一定的方式和渠道购买到自己所需的商品或劳务。当然，这一转化过程在现实生活中不会是很顺利的，往往会遇到一些障碍需要排除。所以，执行购买决定是消费者意志活动的中心环节。

3. 体验执行效果阶段

完成购买行为后，消费者的意志过程并未结束。通过对商品的使用，消费者还要体验执行购买决定的效果，如商品的性能是否良好、使用是否方便、外观与使用环境是否协调、实际效果与预期是否接近等，在上述体验的基础上，消费者将评价购买这一商品的行动是否明智。这种对购买决策的检验和反省，对今后的购买行为有着重要意义，它将决定消费者今后是重复购买还是拒绝购买、是扩大购买还是缩小购买该商品。

2.4　消费者心理活动过程的统一性

消费者心理活动在购买商品时所发生的认识过程、情感过程和意志过程，是消费者购买心理过程的统一的、密切联系的三个方面，在消费者购买心理活动中，认识、情感、意志这三个过程彼此渗透、相互作用，不可分割。情感依靠感知、记忆、联想、思维等活动，同时，情感又左右着认识活动。

积极的情感可以促进消费者认识的发展，消极的情感可能抑制认识活动。认识活动是意志的基础，认识活动又离不开意志的努力，对待商品的情感可以左右意志，可以推动或者阻碍购买的意志和行为。意志又能够控制情绪，使消费者进行客观冷静的分析。当消费者对某一商品的购买完成之后，又将根据新的需要，进入新的认识过程、情感过程、意志过程，如此循环。[①]

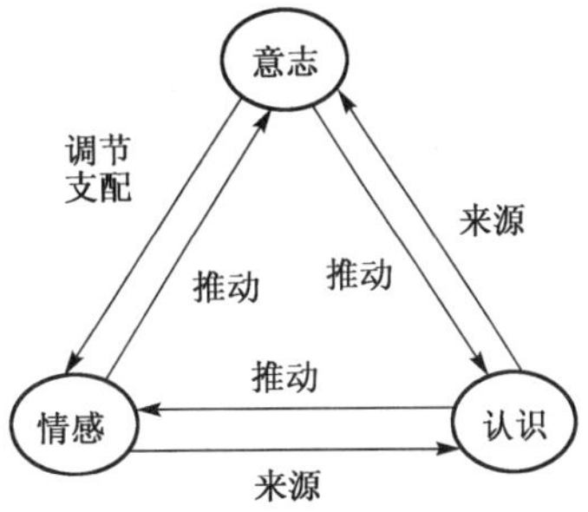

图 2-1　认识、情感、意志过程关系示意

认识过程、情感过程及意志过程三者关系如图 2-1 所示。

本章小结

本章论述了消费者心理活动过程的三个方面：认识过程、情感过程和意志过程。

消费者的认识过程由感觉与知觉、注意与记忆、想象联想与思维三大部分组成。

在认识商品或劳务的过程中，消费者会产生满意或不满意等情感体验过程。认识过程反映的是客观事物的本质属性，而情绪或情感是人们对客观事物是否符合自己的需要时所产生的一种主观体验。消费者在进行消费活动时，会产生喜悦、满意或不满意等内心体验，这些内心体验就是情绪或情感。

在心理学中，情绪一般与生理的需要和较低级的心理过程(感觉、知觉)相联系；而情感是指与人们的社会性需要和意识紧密联系的内心体验。根据情绪发生的强度、速度、持续时间的长短，可以将消费者的情绪划分为四种类型：心境、激情、热情和挫折。根据情绪情感表现的方向和强度可以划分为：积极情感、消极情感和双重情感。根据情感的社会内容可以划分为：道德感、理智感和审美感。

研究情绪和情感的学派很多，本章介绍了詹姆士-兰格情绪学说。他们认为，在客观情境之后首先发生身体内部的生理变化，然后才引起情绪的自觉体验。“没有生理变化，就没有情绪体验”。

情绪的动机-唤醒理论认为，情绪是唤醒、激活、动机的一种持续状态，将情绪与动机相提并论。美国心理学家扬通过实验研究指出，情感过程与感知过程的不同就在于它产生动机作用并影响行为。

① 李晓霞.消费心理学[M]. 北京：清华大学出版社，2010.

在情绪的认知理论中，介绍了沙赫特和辛格的三因素说。沙赫特和辛格通过实验证明，情绪状态，事实上是认知过程、生理状态和环境因素共同作用的结果。

影响消费者情绪的主要因素有：消费者的心理状态背景、消费者不同的个性特征、商品特性和购物环境。消费者在购买过程中，不仅要用认识心理过程了解商品和服务，还有情绪情感体验，而且更主要的是要有计划地实施购买决策。

为实现预定的购买目标而采取的一系列心理活动，就是消费者的意志心理过程。消费者意志过程的基本特征有：有明确的购买目的、与排除干扰和克服困难相联系以及调节购买行动的全过程。消费者意志过程可以分为三个行动阶段：①做出购买决定阶段；②执行购买决定阶段；③体验执行效果阶段。在上述阶段的基础上，消费者完成了从“认识到情绪再到意志”的整个心理活动过程。

案例分析

大俗大雅动人心弦——解读《舌尖上的中国》

从《舌尖上的中国》播出第一集开始，它就径直成为“黑马”，风头盖过同时段播出的电视剧。在电视节目泛娱乐化倾向凸显的今天，这样一部深夜播出的纪录片能这般挑起观众和市场久违了的热情，在中国实属罕见。《舌尖上的中国》节目受欢迎程度空前，似乎观片之余仍然唇齿留香，这不禁勾起人们对于这部纪录片成功的思索。《舌尖上的中国》何以走红?

一、借助新媒体，无缝式网络营销带来持续效应

《舌尖上的中国》将纪录片从小众引向了大众，成为人们茶余饭后津津乐道的话题，实现了中国纪录片的重大突破。除了主题“接地气”外，最不能忽略的是该片在营销策略上运筹帷幄，借助新媒体便捷、快速、平民化交流与推广等优势，实现了纪录片与新媒体的巧妙结合。

无论是微博、网络专题，还是论坛、博客等社会化媒体营销平台，到处都布满了网友关于《舌尖上的中国》的讨论。该片的成功，网络推动功不可没。在第一集《自然的馈赠》播出后，“舌尖上的中国”便成了微博热门关键词，并成为连日来的微博“刷屏利器”且高居话题榜，“舌尖体”也顺势走红。地方版的“舌尖”系列如“舌尖上的家乡”、“舌尖上的母校”在网上以图文播出的方式流传。《舌尖上的中国》上线当日，在土豆网的播放量就破百万，是近年来少数收视能超过同期电视剧的纪录片，也是第一部能够在视频网站创下如此佳绩的国产纪录片作品。

《舌尖上的中国》在现实世界亦点燃起了人们对传统美食的怀旧情结和品尝欲望。该片引发的蝴蝶效应仍在继续，无论是淘宝还是实体店，该片中出现的土特产搜索量呈爆炸式增长，土特产的销量也或多或少有了提升。淘宝网于5月24日零点顺势推出美食专辑“舌尖上的淘宝”，网罗《舌尖上的中国》中出现的几十种美食特产。该专辑一上线，在短短24小时内就有超过31万人关注，浏览量高达1千万次，成交7万多件。

二、唯美式的碎片化剪辑成就了精美画面

真实、质朴、唯美，是《舌尖上的中国》给人的印象，赏心悦目的画面语言抓住了人们的眼球，而每个画面的图片语言又给人妙不可言的审美享受，呈现给阅者一种“随风潜入夜，润物细无声”的境界。导演陈晓卿认为，他们自始至终是“带着对食物的敬意和感情做这个纪录片”。《舌尖上的中国》每集采用了碎片式的剪辑手法，将天南地北的同一种食材，进行了不同地域之间的组合和嫁接，引发了荧屏前的观众垂涎三尺。

该片既不同于走技术路线的、宏大叙事的《故宫》，也不同于专注食物烹饪方法的其他美食节目，更不同于纯粹科普性质的节目。《舌尖上的中国》坚持去繁化简，避开“大而全”的叙述方式，更多采用国外纪录片的记录手法，以原汁原味的食材为主，通过客观还原和展示食材生长、采集、加工过程，以剪接流畅的画面、精炼有力的旁白，呈现出食物最原始的状态。画面里的天、地、阳光、森林、河流、海洋是生命的源头，而对食物朴素的描述在细腻的情感中娓娓道来。画面的信息量大，充满动感。如第六集《五味的调和》，导演邹虹说:“食物要冒着热气。拍摄在玻璃器皿中烹饪的画面，食材一定要沸腾。这是我的拍摄诀窍。”第二集《主食的故事》分集导演胡迎迎更为直白:“一切为了视觉。那么多人觉得馋，靠的是设备、灯光到位，两者必不可少。”在拍摄时，导演将这种意念灌输到每个微距镜头、长焦的运用，用他们的专业语言说故事。《舌尖上的中国》以人带物讲述每类食物，一般都以人和食物和谐统一的画面定格结束。画面中的人总是笑得那么灿烂，正如宣传片一贯采用的手法，传递的是幸福的情感、温馨的基调。

《舌尖上的中国》给观众造成悬念的同时，镜头一转又跳到其他地方，继续吸引观众收看。既找到了平衡点，又抓住了观众的眼球。如讲述海南人林红旗出海捕鱼的故事，先是在多处铺垫捕鱼会出现一无所获的情况，制造出一连串的悬念，但画面最终还是跳转到鱼儿“丰收”的场景，使观众舒了一口气。

三、以大俗大雅拨动起人们内心深处的那一根弦

有人说，《舌尖上的中国》引发了一个民族的情感共鸣。在添加剂泛滥、“皮鞋很忙”、食品安全堪忧的今天，国人对美食压抑已久的激情被重新点燃。而强调传统饮食的安全观念，恰好契合了当今人们在食品安全危机下对食物返璞归真的心理需求。

有不少观众认为，《舌尖上的中国》唤回了他们“儿时的记忆”，使他们想起了“家乡的味道”和“妈妈的手艺”。综观该片全集，唯美的画面语言确实带给观众极大的视觉享受，而对心灵的冲击更为强烈，画面外的意蕴萦绕心头。

《舌尖上的中国》给人们呈现的是在现代社会的文化背景下人们对于传统的怀旧情绪。在高速现代化的当代中国，传统的文化价值正在遭遇市场经济快速发展的破坏，导致人们内心的焦躁和无归属感。可以说，人们欣赏《舌尖上的中国》，既有美食的因素，但更多的或许是美食背后所承载的人、自然、劳动、传统等元素。

《舌尖上的中国》将“引发共鸣”这一纪录片常用手法发挥到极致。该片依托于一个个普通家庭，每一道食物都能勾起观者的浓浓思乡之情，每个观众都能在该片中找到情感寄托。《舌尖上的中国》中的人是温和的，他们的生活是从容的，他们的故事是感人和动情的。该片正是以与大众生活息息相关的食材为媒介，引发大众热情讨论，从而提炼出传统价值观、人的生存状态以及一系列生活哲理。正如片中旁白“这些味道，已经在漫长的时光中和故土、乡亲、念旧、勤俭、坚忍等等情感和信念混合在一起，才下舌尖，又上心间，让我们几乎分不清哪一个是滋味，哪一种是情怀”。

(资料来源：吴茜. 大俗大雅动人心弦——解读《舌尖上的中国》[J]. 视听界，2012(4).)

思考题：

1．结合感觉、知觉，注意、情绪、情感等因素分析《舌尖上的中国》成功的原因。

2．试述《舌尖上的中国》播出的成功给营销者带来了哪些启示?

思考练习题

1. 试比较感觉与知觉、注意与记忆、想象联想与思维。
2. 什么是情绪与情感？它们之间有哪些区别与联系？
3. 情绪和情感的分类有哪些？
4. 情绪和情感的特征有哪些？了解这些特性对营销人员分析消费者行为有什么作用？
5. 简述主要的情绪和情感理论。
6. 影响消费者情绪变化的因素有哪些？
7. 试就某一产品的成功销售，分析消费者的情绪与情感心理过程的变化。
8. 意志过程有哪些基本特性？
9. 消费者意志行动过程分为哪几个阶段？

实验二　强劲音乐对人喝下更多饮料的影响

一、实验目的

1. 了解不同形式与风格的音乐对人情绪的影响。
2. 分析不同形式与风格的音乐对消费行为的影响。
3. 掌握营销过程中有效把握和改善消费者情绪的方法。

二、实验内容

1. 聆听实验指导教师的总体介绍。

2. 选取学校附近或商业休闲区的小型饮料店(吧)、酒吧等场所作为实验场所，在被试者场所内播放轻柔型、强劲型两种不同形式与风格的音乐，每种风格音乐分别连续播放一个星期，观察这两个星期店内饮料消费量的大小，比较两种不同形式与风格的音乐对饮料消费的影响。

3. 撰写实验报告。

三、实验设备与材料

小型饮料店(吧)、酒吧，音响设备，“理查德·克莱德曼钢琴曲”碟片/“安德蒙轻音乐”碟片/“班得瑞轻音乐”碟片任选其一，“迈克·杰克逊”摇滚碟片/“极品飞车”音乐碟片/“One love”音乐碟片任选其一。

四、实验步骤

1. 确定实验场所

将学校附近或自己比较熟悉的商业休闲区的小型饮料店(吧)、酒吧作为实验场所，跟店主表明来意，征得店主同意，在店内播放不同形式与风格的音乐。

2. 在实验场所播放不同音乐

分两个星期在店内分别播放不同形式与风格的音乐，第一个星期连续播放轻音乐，“理查德·克莱德曼钢琴曲”碟片/“安德蒙轻音乐”碟片/“班得瑞轻音乐”碟片任选其一；第二个星期连续播放强劲音乐，“迈克·杰克逊”摇滚碟片/“极品飞车”音乐碟片/“One love”

音乐碟片任选其一。注意，选取播放音乐的两个星期时间内应保证该店客流量的稳定性，避免重大节日、店内促销、学生考试期间或放假期间等消费量骤增或骤减的干扰因素。

3．观察、比较店内销量

在这两个星期内，每天记录店内饮料的消费量，两个星期过后对播放轻柔音乐期间的销量和播放强劲音乐期间的销量进行加总。比较店内播放音乐的这两段时间内，哪一段时间的饮料消费量更大。

4．撰写实验报告

对记录的销量数据进行统计、分析，撰写调查研究报告，重点解析不同形式与风格的音乐与饮料消费量之间的相关性，检验强劲音乐是否会影响人喝下更多饮料，以及进一步分析、检验强劲音乐与不同种类饮料(碳酸类饮料、果汁类饮料、功能性饮料、啤酒、乳品饮料等)消费量的关系大小。

5．对实验结果进行研讨

以小组为单位，对每个组员的实验过程与实验主要结论进行研究讨论，分析音乐对人的情绪产生怎样的影响？消费者在怎样的情绪状况下会实现更多的消费或购买？除了音乐之外，色彩、店员形象、店员仪容、店内装饰等是否也具有消费者情绪的改善能力？如何在营销过程中有效地实施消费者情绪改善和提升的方法?

五、思考题

1．本次实验探讨的是强劲音乐对饮料消费的影响，请你思考高档商务会所或高档商务休闲场所(如名典咖啡厅、两岸咖啡厅、上岛咖啡厅)该播放什么风格的音乐？音量该如何控制？为什么？

2．如果你是某家啤酒公司的营销员，假设现正值世界杯足球比赛期间，请你为世界杯足球比赛期间的啤酒产品广告设计与之匹配的音乐风格。

第 3 章 消费者需要与购买动机

【学习目的】

通过本章学习，首先了解并掌握消费者需要的含义、特性，同时了解消费者需要的分类及基本内容，重点掌握消费者购买动机的含义、类别和相关动机理论，并能根据消费者的不同购买动机制定和调整企业及产品的营销策略。

【学习要求】

学习内容	知识要点	相关概念
消费者的需要	消费者需要的含义和特征 消费者需要的分类和基本内容	消费者需要 马斯洛的需要层次论
消费者购买动机	购买动机的含义、分类与特性 消费者动机的诱发机制 购买动机的理论	动机 驱动理论 诱因理论 需要层次论 双因素理论
购买动机与市场营销策略	消费者购买动机的发现和测量 基于消费者购买动机的营销策略的制定	显性动机、隐性动机 动机冲突

【引导案例】 大白——触动消费者的心理之弦

好莱坞大片《超能陆战队》上映后，片中的卡通角色大白一下子火了。其呆萌的造型、贴心的言行，尤其赢得了女性观众的喜爱，被她们视为一个可以在任何时候满足需要、对自己无微不至的“暖男”。无论是陪聊、逗笑，还是近身防卫、飞行作战、治愈内外创伤，大白都堪称“完美男友”的代表。大白火了之后，相关的衍生品也骤然兴起，诸如大白公仔、大白服装、大白沙发、大白水壶、大白 LSD 灯、大白 U 盘等数千款产品蜂拥而出，而且售价不菲，销售却十分火爆。.

大白何以如此火?为什么一个偶尔诞生的卡通人物将营销之海搅得风生水起?

原因是大白满足了消费者的一种精神层面的需求。大白虽然只是一个机器人，说话平平淡淡，没有音调的起伏，但却让人深感舒服和放松。而且，无论刀山火海，他永远都把朋友放在第一位，奋不顾身地加以保护，让人深感暖意。大白具有无限不间断地提供安全感及抚慰感的“暖男特质”(秒杀现实生活中的一切真人)。感触良多的女性们自然将自己内心对于美好情感的向往与匮乏，投射到了大白身上，大白自然就成了万众热盼的情感之靶了。

(资料来源：陈禹安.疗愈式营销:消费者也需要抚慰.销售与市场[J].2015(09).)

3.1 消费者的需要

需要是消费者个体由于缺乏某种东西而产生的生理或心理上的不平衡的状态，它是消费行为的基础，没有需要就不会产生相应的消费行为。当消费者希望满足的需要被激活时，动机就产生了，动机是行为的原因。需要决定动机，动机支配行为。

3.1.1　消费者需要的含义

消费者需要是指消费者生理和心理上的匮乏状态，即感到缺少些什么，从而想获得它们的状态，并直接表现为消费者对获得以商品或服务形式存在的消费对象的要求和欲望。个体在其生存和发展过程中会有各种各样的需要，例如，饿的时候有进食的需要，渴的时候有喝水的需要，在与他人交往中有获得友爱、被人尊重的需要等。

需要是和人的活动紧密联系在一起的。人们购买商品，接受服务，都是为了满足一定的需要。一种需要满足后，又会产生新的需要。因此，人的需要绝不会有被完全满足和终结的时候。正是需要的无限发展性，决定了人类活动的长久性和永恒性。消费者需要是推动消费者进行各种购买行为的内在原因和根本动力。

需要虽然是人类活动的原动力，但它并不总是处于唤醒状态。只有当消费者的匮乏感达到了某种迫切程度，需要才会被激发，并促使消费者有所行动。例如，很多消费者可能都有拥有和消费奢侈品的需要，但由于受经济条件和其他客观因素制约，很多消费者的需要只是潜伏在心底，没有被唤醒，或没有被充分意识到。此时，这种潜在的需要或非主导的需要对消费者行为的影响力自然就比较微弱。

需要一经唤醒，可以促使消费者为消除匮乏感和不平衡状态采取行动，但它并不具有对具体行为的定向作用。在需要和行为之间存在着动机、驱动力、诱因等中间变量。例如，当饿的时候，消费者会为寻找食物而活动，但面对面包、馒头、饼干、面条等众多选择物，到底以何种食品充饥，则并不能为人们为什么购买某种特定产品、服务或某种特定牌号的产品、服务提供充分解答。

3.1.2　消费者需要的特征

1. 多样性和差异性

多样性和差异性是消费者需要的最基本特征，它既表现在不同消费者之间多种需求的差异上，也体现在同一消费者多元化的需要内容中。

消费者需要作为消费者与所需消费对象之间的不均衡状态，其产生取决于消费者自身的主观状况和所处消费环境两方面因素。而不同消费者在年龄、性别、民族传统、宗教信仰、生活方式、文化水平、经济条件、个性特征、所处地域的社会环境等方面的主客观条件千差万别，由此形成了多种多样的消费需要。

就同一消费者而言，消费者需要也是多元的。每个消费者不仅有生理的、物质的需要，而且还有心理的、精神方面的需要：不仅要满足衣、食、住、行方面的基本要求，而且希望得到娱乐、审美、运动健身、文化修养、社会交往等高层次的需要满足。上述各方面的需要，要求有多种具有特定功能的商品或服务与之相适应。这都体现了消费者需要的多样性和差异性。

【案例 3-1】　中国城市消费文化的差异

成都：市民文化是愉悦的、享受的、散漫的。迷恋于尘世生活的人，在成都能找到一应俱全的享受：美食、美女、低物价和同步时尚。这块号称“天府之国”的盆地对悠闲是纵容的，对文化是亲切的，速度感在这里几乎不存在；成都人善摆龙门阵，练就了口腔文化的发达，且有足够的时间将对社会时事的看法用做谈资，一句“重庆崽子砣子硬，成都娃儿嘴巴狡”点出了成都人的能言善辩。

长沙：作为消费主义城市的性格开始展露。这个城市有点“辣”——像成都一样不缺美女，但更泼辣多情；像成都一样不缺美食，且更劲更爽；成都有茶馆，长沙有歌厅；成都有悠闲生活，长沙有超前消费；对成都人而言，生活就是享受，对长沙人来说，生活就是娱乐。

北京：人人有一张自来水般的嘴，或能侃，或能喝。一圈一圈的人聚在一起，聊着、侃着、喝着渐渐就HIGH了，接下来的事情就是勾兑感情和机会。玩另类的在艺术村、酒吧乐队、环保组织、DV小团体、赛马俱乐部和高尔夫球场。北京人买私家车最火爆，是最早自驾车去游玩的。每天都会上演各种名目的Party，只要愿意，总有这样展示礼服的机会。大多数北京人的穿着舒适而随便，走在街头的几乎满是身着牛仔裤、T恤衫的人。

上海：越来越美丽。饮食充满异国风情的浓浓刺激和多元享受，不仅有16帮主打菜，更有各地风味，世界各地的美食竞相登陆上海，宝莱纳的日耳曼肉肠、自制啤酒，“一千零一夜”餐厅里有阿拉伯风味菜，美人迟暮的红房子西餐厅，伊藤家的日式料理……这个刻意打扮的城市显得魅力无限。人的气质在穿着上一览无遗，地铁里汹涌的人流中也很少会发现穿着同样服饰的两个女人。上海女人前卫，又近似清贫。她们大多来自小康家庭，不结婚就一直跟父母住，哪怕已经30岁。

深圳：吃得五花八门，穿得内敛而精致，玩得长袖善舞。聚集全国美食，有西藏、新疆风味店，还有日本菜、韩国菜、法国菜、意大利菜、泰国菜、印度菜……深圳人的衣服绝不华丽，但讲品位和舒适。很少人穿正装，但你不要小看了坐在那个角落里的男人，一件看似普通的T恤，实际上就要一两千元；女人的衣服，往往是品牌和普通的混穿，从几万元穿到几十元都有。外出旅游的人数最多，闲聊的人最少。

（资料来源：城市玩乐榜.新周刊，2003(166).）

2. 层次性和发展性

消费者的需要是有层次的。按照不同的划分方法，可以把消费者需要划分为若干高低不同的层次。例如，充饥、御寒属于较低层次的需要，而受人尊重、实现自我属于较高层次的需要。在通常情况下，消费者必须首先满足低层次的需要，在低层次需要得到有效满足的基础上才能追求高层次需要。但在特殊情况下，需要层次的顺序也可以改变，即消费者可能跨越低层次需要去首先满足高层次需要，也可能在高层次需要满足之后，转而寻求低层次需要的满足。

就发展性而言，消费者的需要是一个由低级向高级、由简单向复杂不断发展的过程。这一过程与人类社会的历史进程密切相关，是随着满足需要的消费对象在内容、范围、方式上的改变而发展变化的。生产力水平低下的年代，人们仅能提供和获取少量而简单的物质产品，其需要也只限于果腹、御寒、生命安全等基本的生理要求。随着生产力水平的提高，商品日益增多，人们的需要内容也日益扩展。现代社会，在高度发达的科学技术先进生产力的推动下，随着产品的极大丰富和新的消费领域、消费方式的不断涌现，人们的消费需要在内容、层次上不断更新和发展。现代消费者不仅把“吃得营养、穿得漂亮、住得舒适、用得高档”作为必须满足的基本需要，而且要求通过商品和服务消费满足社交、尊重、情感、审美、求知、实现自我价值等多方面的高层次需要。

3. 伸缩性和周期性

伸缩性又称需求弹性，是指消费者对某种商品的需要会因某些因素的影响而发生一定程度的变化。当客观条件限制需要的满足时，需要可以抑制、转化、降级，可以停留在某一水平上，也可以在较低数量上同时满足几种需要，还可以放弃其他需要而获得某一种需要的满足。消费者需要的伸缩性，既可能是由消费者需求欲望及货币支付能力等内因引起的，也可能是由市场商品供应、企业促销活动、销售服务、价格、储蓄利率等外因引起的。

除了伸缩性之外，消费者需要的变化还具有周期性特点。一些消费者需要在获得满足后，在一定时期内不再产生，但随着时间的推移还会重新出现，并显示出明显的周期性。重新出现的需要不是对原有需要的简单重复，而是在内容、形式上有所变化和更新。因此，消费者需要的周期性循环出现不仅是需要形成和发展的重要条件，也是社会经济发展的直接推动力。消费者需要的周期性主要由消费者的生理运行机制及某些心理特性引起，并受到自然环境变化周期、商品生命周期和社会时尚变化周期的影响。在上述因素的共同作用下消费者需要的周期性呈现多种不同的表现形式。例如，对食品的需要周期具有间距短、循环快、重复性高的特点；服装的需要周期直接受气候变化的影响，表现出明显的季节性；而某些流行时尚的变化周期则具有不确定性，一种着装方式可能在消退 5 年、10 年甚至更长时间后重新流行起来。

4. 可变性和可诱导性

消费者需要作为消费者个体与客观环境之间不平衡状态的反映，其形成、发展和变化直接受到所处环境状况的影响和制约，而客观环境包括社会环境和自然环境，无一不在变动、发展之中。因此，一定阶段社会政治经济制度的变革、伦理道德观念的更新、生活和工作环境的变迁、社会交往的启示、广告宣传的诱导、生态环境的变化等，都可能改变消费者需要的指向、潜显或强弱，使此项需要转变为彼项需要、潜在的需要转变为显现的需要、微弱的需要转变为强烈的需要。这说明，消费者需要不是一成不变的。无论是何种内容层的需要，都会因环境的变化而发生改变。也正由于此，消费者需要具有可诱导性，即可以通过人为地、有意识地给予外部诱因或改变环境状况，诱使和引导消费者需要按照预期的目标发生变化和转移。在实践中，许多企业正是利用消费者需要的可变性和可诱导性这一特点开展广告宣传，倡导消费时尚，创造示范效应，施予优惠刺激，从而有效地影响诱导消费者形成、改变或发展某种需要。①

3.1.3　消费者需要的分类

作为个体的消费者，其需要是丰富多彩的。这些需要可以从多个角度加以分类。②

1. 根据需要的起源分类

(1) 生理性需要

生理性需要又称自然需要，是指个体为维持生命和延续后代而产生的需要，如进食、饮水、睡眠、运动、排泄、性生活等。生理性需要是人类最原始、最基本的需要。

(2) 社会性需要

社会性需要是指人类在社会生活中形成的、为维护社会的存在和发展而产生的需要，如求知、求美、友谊、荣誉、社交等需要。社会性需要是人类社会历史发展过程中形成的，并且受到社会生产和社会生活条件的制约，是人类特有的高级需要，它往往被打上时代、阶级、文化的印记。

---

① 甘琍琴，等.消费行为学[M]. 北京：北京大学出版社,中国农业大学出版社，2009.

② 符国群.消费行为学[M]. 北京：高等教育出版社，2004.

2. 根据需要的对象分类

(1)物质需要

物质需要是指与衣、食、住、行有关的物品的需要。它是人类社会的基础，也是人最基本、最重要的需要。物质需要既包括生理性需要，也包括不断发展的社会物质生活需要。其需要的满足是通过物质对象完成的。

(2)精神需要

精神需要主要是指人们对精神生活和社会交往中所需的有形或无形产品的需要。它是人类所具有的心理需要，是人对其智力、道德、审美等方面条件需求的反映，如获得知识、提高技能、寻找爱情、社会交往、陶冶情操等。

3. 根据消费需要的实现程度分类

(1)现实需要

现实需要是指消费者目前具有明确消费意识和足够支付能力的需要，是消费者对某些商品和服务的购买欲望已经表现出来、通过购买可以得到实现的一种需要。这种需要也称为有效需要，它是企业制定当前市场营销策略的现实基础。

(2)潜在需要

潜在需要是指未来即将出现的消费需要，是消费者对某些商品或服务的购买欲望尚未表现出来或者已表现出来但不具有支付能力的需要。在商业活动中，企业应不断发掘消费者的潜在需要，采取适当的营销措施，诱导潜在需要转化为现实需要。

4. 马斯洛的需要层次论

美国人本主义心理学家马斯洛将人类需要按由低级到高级的顺序分成五个层次或五种基本类型，如图 3-1 所示。

相关产品	需要层次	例　　子
业余爱好、旅游、教育	自我实现的需要 实现自我价值、发挥个人潜能	美国军队：展现完整的自我
汽车、家具、信用卡、商店、乡村俱乐部、酒	自尊的需要 声望、地位、成就	威士忌酒：彰显尊贵
服装、服饰品、酒吧、饮料	爱与归属的需要 爱、友谊、他人认同	百事：你是百事新一代
保险、报警系统、退休、投资	安全的需要 安全、掩蔽、保护	好事达保险：交托在手，放心无忧
药品、日常用品、无商标产品	生理的需要 水、睡眠、食物	桂格麦片：正确的选择

图 3-1　马斯洛需要层次理论

①生理需要(Physiological Need)。维持个体生存和人类繁衍而产生的需要，如对食物、氧气、水、睡眠等的需要。

②安全需要(Safety Need)。在生理及心理方面免受伤害，获得保护、照顾和安全感的需要，如要求人身的健康，安全、有序的环境，稳定的职业和有保障的生活等。

③归属和爱的需要(Love and Belongingness)。希望给予或接受他人的友谊、关怀和爱护，

得到某些群体的承认、接纳和重视。如乐于结识朋友，交流情感，表达和接受爱情，融入某些社会团体并参加他们的活动等。

④自尊的需要(Self Esteem)。即希望获得荣誉，受到尊重和尊敬，博得好评，得到一定的社会地位的需要。自尊的需要是与个人的荣辱感紧密联系在一起的，它涉及独立、自信、自由、地位、名誉、被人尊重等多方面内容。

⑤自我实现的需要(Self Actualization)。即希望充分发挥自己的潜能，实现自己的理想和抱负的需要。自我实现是人类最高级的需要，它涉及求知、审美、创造、成就等内容。

▶相关知识：消费者需要的其他分类方法

表 3-1　其他学者对消费者需要的分类

划分方法	代表者	分类标准	分　　类
三分法	恩格斯	按照需要的形式	生存需要、享受需要、发展需要
三分法	戴维·麦克利兰	按照需要的社会性	成就需要、亲和需要、权利需要
七分法	贾尼丝·汉纳	按照需要的性质	自然安全的需要、物质保障的需要、物质舒适的需要、被他人接受的需要、他人认可的需要、影响他人的需要、个人成长的需要
十二分法	麦克高尔	按照需要的内容	和谐的需要、归因的需要、归类的需要、线索的需要、独立的需要、好奇的需要、自我表达的需要、自我防卫的需要、自我标榜的需要、自我强化的需要、归属的需要、模仿的需要
二十分法	亨利·默里	按照需要的表现方式	贬抑需要、成就需要、交往需要、攻击需要、自主需要、对抗需要、防御需要、恭敬需要、支配需要、表现需要、躲避伤害需要、躲避羞辱需要、培育需要、秩序需要、游戏需要、抵制需要、感觉需要、性需要、求援需要、了解需要

3.1.4　消费者需要的基本内容

1. 对商品基本功能的需要

基本功能是指商品的有用性，即商品能满足人们某种需要的物质属性。商品的基本功能或有用性是商品被生产和销售的基本条件，也是消费者需要的最基本内容。例如，小汽车要能高速、灵活驾驶，冰箱要能冷冻、冷藏食品，护肤用品要能保护皮肤，这些都是消费者对商品功能的最基本要求。在正常情况下，基本功能是消费者对商品诸多需要中的第一需要。如果不具备特定功能，即使商品质量优良、外观诱人、价格低廉，消费者也难以产生购买欲望。消费者对商品基本功能的需要具有如下特点。

①要求商品的基本功能与特定的使用用途相一致，即功为所用。例如，健身器材应当有助于强身健体，倘若附带办公、学习功能则纯属多余。因此，商品功能并非越多越好，而是应与消费者的使用要求相一致。

②要求商品的基本功能与消费者自身的消费条件相一致。就消费者需要而言，商品功能的一物多用或多物一用的优劣不是绝对的，评判的标准只能是与消费者自身消费条件的适应程度。

③消费者对商品功能要求的基本标准呈现不断提高的趋势。基本标准是指商品最低限度应具备的功能。随着社会经济的发展和消费水平的提高，消费者对商品应具备功能的要求标准也在不断提高。以小汽车为例，20 世纪 50 ~ 60 年代的功能标准是安全、高速、灵活和省油；21 世纪以来，人们不仅对原有功能的要求更加严格，而且要求同时具备娱乐、舒适、通信、适应流动性生活等多种功能。

2. 对商品安全性能的需要

消费者要求所使用的商品卫生洁净，安全可靠，不危害身体健康。这种需要通常发生在对食品、药品、卫生用品、家用电器、化妆品、洗涤用品等商品的购买和使用中，是人类追求安全基本需要在消费者需要中的体现。具体包括以下几方面。

①商品要符合卫生标准，无损于身体健康。例如，食品应符合国家颁布的《食品卫生法》《商品检验法》等法规和检验标准，在保质期内出售和食用，不含任何不利于人体健康的成分和添加剂。

②商品的安全指标要达到规定标准，不隐含任何不安全因素，使用时不发生危及身体及生命安全的意外事故。这种需要在家用电器、厨具、交通工具、儿童玩具、化妆品等生活用品中尤为突出。

③商品要具有保健功能，要有益于防病祛病，调节生理机能，增进身体健康。近年来，消费品市场上对健身器材、营养食品、滋补品、保健生活用品的需求强劲，形成了新的消费热点。这表明，现代消费者对商品安全的需要已不仅仅局限于卫生、无害，而是进一步上升为有益于健康。

3. 对商品消费便利的需要

这一需要表现为消费者对购买和使用商品过程中便利程度的要求。在购买过程中，消费者要求以最少的时间、最近的距离、最快的方式购买到所需要的商品。同类商品的质量、价格几近相同，其中购买条件便利者往往成为消费者首先选择的对象。在使用过程中，消费者要求商品的使用方法简单、易学好懂、操作容易、携带方便、便于维修。在实际生活中，许多商品虽然具有良好的性能和质量，但由于操作复杂、不易掌握、不便携带、维修困难，因而不受消费者的欢迎。

4. 对商品审美功能的需要

这一需要表现为消费者对商品在工艺设计、造型、色彩、装潢、整体风格等方面审美价值上的要求。对美好事物的向往和追求是人类的天性，它体现在人类生活的各个方面。在消费活动中，消费者对商品审美功能的要求，同样是一种持久性的、普遍存在的心理需要。在审美需要的驱动下，消费者不仅要求商品具有实用性，同时还要求具备较高的审美价值；不仅重视商品的内在质量，而且希望商品拥有完美的外观设计，即实现实用性与审美价值的和谐统一。这样，消费者通过商品消费一方面美化环境，为自己创造优雅宜人的生活空间；另一方面美化自身，塑造富有魅力、令人喜爱的个人形象。

当然，由于社会地位、生活背景、文化水准、职业特点、个性特征等方面的差异，不同的消费者往往具有不同的审美观和审美标准。每个消费者都是按照自己的审美观来认识和评价商品的，因此，对同一种商品，不同的消费者会得出完全不同的审美结论。

5. 对商品情感功能的需要

对商品情感功能的需要，是指消费者要求商品蕴含浓厚的感情色彩，能够体现个人的情绪状态，成为人际交往中感情沟通的媒介，并通过购买和使用商品获得情感的补偿、追求和寄托。情感需要是消费者心理活动过程中情感过程在消费需要中的独特表现，也是人类所共有的爱与归属、人际交往等基本需要在消费活动中的具体体现。消费者作为有着丰富情绪体验的个体，在从事消费活动的同时，会将喜、怒、哀、乐等各种情绪体验映射到消费对象上，即要求所购商品与自身的情绪体验相吻合、相呼应，以求得情感的平衡。例如，在欢乐愉悦的心境下，往往喜爱明快热烈的商品色彩；在压抑沉痛的情绪状态下，经常倾向于暗淡冷僻的商品色调。

此外，消费者作为社会成员，有着对亲情、友情、爱情、归属等情感的强烈需要，这种需要主要通过人与人之间的交往和沟通得到满足。许多商品，如鲜花、礼品等，能够体现某种感情，因而成为人际交往的媒介和载体，起到传递和沟通感情、促进情感交流的作用。有些商品，如毛绒玩具等，因其具有独特的情感色彩，可以帮助消费者排遣孤独和寂寞，获得感情的慰藉和补偿，从而也具有满足消费者情感需要的功能。

6. 对商品社会象征性的需要

所谓“商品的社会象征性”，是指消费者要求商品体现和象征一定的社会意义，使购买、拥有该商品的消费者能够显示出自身的某些社会特性，如身份、地位、财富、尊严等，从而获得心理上的满足。在人的基本需要中，多数人都有扩大自身影响、提高声望和社会地位的需要，有得到社会承认、受人尊敬、增强自尊心与自信心的要求。对商品社会象征性的需要，就是这种高层次的社会性需要在消费活动中的体现。

应当指出的是，社会象征性并不是商品本身所具有的内在属性，而是由社会化了的人赋予商品特定的社会意义。通常，希望满足社会象征性需要的消费者，对商品的实用性、价格等往往要求不高，而特别看重商品所具有的社会象征意义。这类需要在珠宝首饰、高级轿车、豪华住宅、名牌服装、名贵手表等商品的购买中，表现得尤为明显。例如，人们通常把汽车看成个人身份、地位和个性特征的一部分。人们普遍认为，“奔驰”和“宝马”的车主通常具有较强的经济实力和保守的政治倾向；如果经济实力相当而选择了美国的“凯迪拉克”或“林肯”，那么车主不仅持有保守的政治观点，而且有强烈的爱国或民族情结；开“波尔舍”的加州人多半持有享乐主义的人生观，并且喜欢冒险；开瑞典“富豪”的加州人则生活态度严肃，政治倾向开放。

7. 对享受良好服务的需要

在对商品实体形成多方面需要的同时，消费者还要求在购买和使用商品的全过程中享受到良好、完善的服务。良好的服务可以使消费者获得尊重、情感交流、个人价值认定等多方面的心理满足。对服务的需要程度与社会经济的发达程度和消费者的消费水平密切相关。在商品经济不发达阶段，由于商品供不应求，消费者首先关注的是商品的性能、质量、价格以及能否及时买到所需商品，因而对服务的要求降到次要地位，甚至被忽略。随着市场经济的迅速发展，现代生产能够充分满足人们在商品质量、数量、品种方面的需要和选择，消费者可以随时随地购买到自己所需要的各种商品，因此，服务在消费需要中的地位迅速上升，消费者对在购买和使用商品过程中享受良好服务的需要也日益强烈。在现代消费中，商品与服务已经成为不可分割的整体。消费者支付货币所购买的已不仅仅是商品实体，同时还购买了与商品相关的服务，其中包括各种售前、售中、售后服务。从一定意义上说，服务质量的优劣已经成为消费者选择、购买商品的主要依据。①

【案例 3-2】乐友：致力于满足消费者需求

2014 年，乐友——中国最大的孕婴童零售连锁企业，推出了乐友手机 APP，并在业内率

---

① 甘瑁琴，等.消费行为学[M]. 北京：北京大学出版社，中国农业大学出版社，2009.

先提出“连锁店+网上商城 APP”线上线下全渠道的一站式解决方案。由于母婴行业的特殊性，实体店承载着体验和社交的双重功能。年轻的妈妈需要专业的母婴知识，乐友为此推行“育婴师导购制度”，帮助消费者做出理性的消费决策，并让她们获得更多的母婴知识。在商场里，母婴店一般和游乐场、幼儿教育等业态相邻，构成“亲子乐园”，是妈妈和孩子们娱乐和休闲的必去之地。

为了更好地满足消费者的需求，乐友在门店均设立了网购台。如果消费者在门店里没有找到合适尺码或者颜色的商品，则可以通过网购平台购买。乐友遍布于全国的七个大仓和所有供应商的库存，都可以汇集在小小的门店里，为消费者提供超值的服务体验。让消费者更受益的是，他们还能利用 APP 获得辅助决策的商品信息。只要用手机扫描商品的条形码，即可看到商品的视频和详细文字介绍以及网友评论，消费者可便捷地完成“自助式购物”。

面对中国这个全球最大、最复杂的消费者市场，乐友能“无论时代如何变迁，都以消费者最期待的方式，随时随地地满足她们的需求”，得到了消费者的认同。其实，更让妈妈们青睐的是“育婴师导购制度”和“亲子乐园”，以及乐友的灵魂——打造全球供应链体系(可追溯质量源头)。致力于满足消费者便利、情感和享受良好服务等各方面的需求，乐友的未来必然很精彩。

(资料来源：谢丹丹.乐友：揭开 O2O 母婴店运营的面纱.中外管理[J].2015(3).)

3.2 消费者购买动机

购买动机是在消费需要的基础上产生的引发消费者购买行为的直接原因和动力。相对消费者需要而言，动机更为清晰显现，与消费者行为的联系也更加直接、具体。

3.2.1 动机的含义

1. 动机的定义

动机(Motivation)一词，源自拉丁文 Movere，即推动的意思。如果说需要(Need)作为某种活动的最初原动力，需要的缺乏给行为指出方向的话，那么，动机则是在心理强化之下给需要方向定位，并推动有机体朝着预期的目标运动。因此，心理学将动机定义为引发和维持个体行为并导向一定目标的心理动力。

2. 动机的诱发

动机是一种基于需要而由各种刺激引起的心理冲动。动机的产生由三个因素构成：①需要驱使；②足够的需要强度；③刺激诱因。因此，动机的强度大小取决于三个变量：第一，需要的强度，即有机体内的生物与本能的空缺状况；第二，刺激物的激活效能，即外界环境所提供的条件对有机体的激活效能；第三，目标诱发力的大小，即在众多刺激中能够构成行为目标对人的诱发力。

首先，动机的形成是以需要为基础的，当个体产生某种迫切的需要或愿望，并且达到足够的强度时，才有可能产生驱使行为发生的动机。但并不是所有的动机都由需要这种内部驱动力产生。例如，某人并无饥饿感，但当他面对美味佳肴时，仍会引起购买食物的欲望和动机。消费者行为学把这种能够引起个体需要或动机的外部刺激(或情境)称为刺激诱因，其作用如图 3-2 所示。

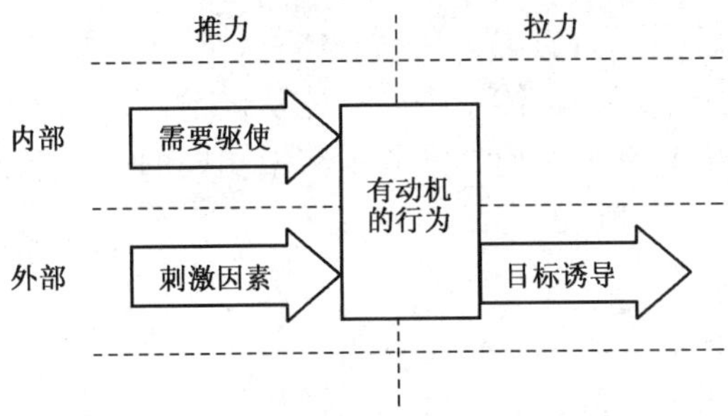

图 3-2　动机的诱发过程

刺激诱因按性质可以分为两类：凡是消费者趋向或接受某种刺激而获得满足的，称为主诱因；凡是消费者逃避某种刺激而获得满足的，称为负诱因。例如，某则产品广告连续播两次可能会给观众留下深刻的印象，但若连续播上五六遍，可能就使观众反感了。可见，刺激诱因的这一特性，使消费者需要的形成原因更加复杂化。

3. 消费者动机的特性

由于购买动机是最终购买行为的直接驱动力，因而与需要相比，消费者的动机较为具体直接，有着明确的目的性，但同时也具有更加复杂的特性。具体表现在以下 6 个方面。

(1) 主动性

消费者对于引起动机的刺激物的接受往往是自觉和主动的。动机的形成可能源于消费者本人的内在因素，如需要、消费兴趣或消费习惯等；也可能源于外部因素的激发，如广告宣传、购物场所提示等。而当消费者对于需要有了明确清楚的认知和强烈的满足欲望后，就会非常主动地接受外部刺激，自觉地收集与商品有关的信息，有选择性地加以利用。

(2) 内隐性

消费者的真实动机并非能从外部直接观察到，而是隐藏在内心深处。另外，动机的内隐性还可能由于消费者对自己的真实动机缺乏明确的意识所致，即动机处于潜意识状态，消费者自己也没有很清晰地意识到左右自身行为的真正动机。

(3) 组合性

消费者在购买某种或某件商品时，可能是出于一种动机，也可能出于多种不同的动机，这种现象称为动机的组合性。换句话说，动机与消费行为之间并不完全是一一对应的关系。同样的动机可能导致不同的行为，而同样的行为也可以由不同的动机所引起。一个复杂多样的动机往往以其特定的相互联系构成动机体系。消费动机和行为二者之间的关系如图 3-3 所示。

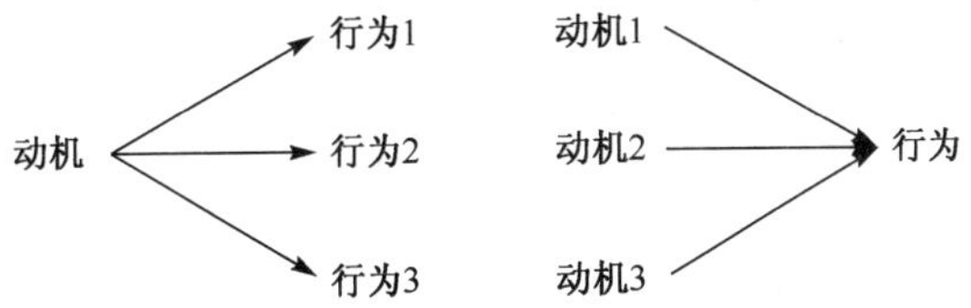

图 3-3　消费动机与行为的关系

(4) 主导性

动机是很复杂的，每个消费者都同时具有多种动机。这些复杂多样的动机之间以一定的方式相互联系，构成完整的动机体系。在动机体系中，不同的动机所处的地位和所起的作用是不相同的。有些动机比较强烈而稳定，在动机体系中处于支配性地位，称为主导动机；有的动机表现得微弱、不稳定，在动机体系中处于依从性地位，称为劣势动机。主导动机具有较大的激活作用，并对行为起支配作用。在其他因素相同的情况下，当多种动机之间发生矛盾时，个人行为往往受到主导动机的支配。

(5) 可转变性

可转变性是指消费者在购买决策过程中，由于新的消费刺激出现而发生动机转移，原来处于从属地位的劣势动机可能从潜在状态转入显现状态，上升为主导性动机。现实中，许多消费者改变预定计划，临时决定购买某种商品的行为现象，就是动机发生改变的结果；另外，有时消费者之所以改变动机，是由于原有动机在实现过程中受到阻碍。例如，由于售货员态度恶劣，使消费者的自尊心受到伤害，其购买商品的主导性动机被压制，从而诱发了维护个人自尊的动机，结果导致购买行为的终止。

(6) 冲突性

当消费者同时具有两种以上的动机且它们共同发生作用时，动机之间就会发生矛盾和冲突。这种矛盾和冲突可能是源于动机之间的指向相悖或相互抵触，也可能源于各种消费条件的限制。①

3.2.2 消费者购买动机的分类

1. 消费者一般的购买动机

由于消费者需要和外在影响因素的多样性，购买动机的表现十分复杂和细微，但在现实生活中，消费者的购买动机又呈现一定的共性和规律性。不论购买个体在购买动机上表现出多么大的差异，共性和规律性却始终存在。在这个问题中，把消费者在各种消费活动中普遍存在的购买动机概括为生理性购买动机和心理性购买动机两种类型。

(1) 生理性购买动机

生理性购买动机指消费者为保持和延续生命有机体而引起的购买动机。这种购买动机都是建立在生理需要的基础之上的。具体可以分为 4 种类型，见表 3-2。

表 3-2 消费者生理购买动机类型

动　机	需　要	实　例
维持生命的购买动机	满足衣、食、住等基本生理需要	购买食品、衣服、矿泉水等
保护生命的购买动机	满足保护生命安全的需要	购买建材建房子、购买药品治病等
延续生命的购买动机	满足组织家庭、繁衍后代、哺育儿女的需要	孕妇接受产前检查、购买婴儿产品等
发展生命的购买动机	满足让生活舒适、愉快等方面的需要	购买书籍、健身器材、接受职能培训等

(2) 心理性购买动机

心理性购买动机指由消费者的认知、情感、意志等心理过程引起的购买动机，具体包括情绪动机、情感动机、理智动机和惠顾动机。

①情绪动机。情绪动机是由人的喜、怒、哀、乐、欲、爱、恶、惧等情绪引起的购买动机。情绪动机推动下的购买行为，一般具有冲动性、情境性和不稳定性的特点。

②情感动机。情感动机是由人的道德感、理智感和审美感等人类高级情感引起的购买动机。这类动机推动下的购买行为，一般具有稳定性和深刻性的特点。

---

① 甘瑁琴，等.消费行为学[M].北京：北京大学出版社，中国农业大学出版社，2009.

③理智动机。理智动机是建立在消费者对商品客观、全面认识的基础上，对所获得的商品信息经过分析、比较和深思熟虑以后产生的购买动机。理智动机推动下的购买行为，具有客观性、周密性和控制性的特点。

④惠顾动机。惠顾动机是建立在以往购买经验基础之上，对特定的商品、品牌、商店等产生特殊的信任和偏爱，使消费者重复地、习惯地前往购买的一种购买动机。消费者个人的购买活动体验对惠顾动机的形成有重要影响，惠顾动机推动下的购买行为，具有经验性、稳定性和重复性的特点。

2. 消费者具体的购买动机①

消费者一般的购买动机在每次具体购买中是通过具体的购买动机表现出来的。在市场营销实践中，常见的具体购买动机有以下几种。

(1) 求实购买动机

求实购买动机是以追求商品或劳务的使用价值为主要目的的购买动机。具有这种购买动机的消费者在选购商品时，一方面比较注重商品的功用和质量，要求商品具有明确的使用价值，讲求经济实惠、经久耐用；另一方面，比较重视所购买的商品能为使用者带来更多的实际利益，如方便、适用、省时、省力、减轻家庭负担、增加休闲娱乐时间等。他们不过多强调商品的品牌、包装和新颖性。从现在看，具有这种购买动机并不一定与消费者收入水平有必然联系，而主要取决于个人的价值观和消费态度。

(2) 求新购买动机

求新购买动机是以追求商品的时尚、新颖和奇特为主要目的的购买动机。具有这种购买动机的消费者非常重视商品的外观造型、款式、色彩、装潢及时尚性，喜欢那些别出心裁、标新立异、与众不同的商品，而不太重视商品的实用程度和价格高低。这些消费者通过搜寻新的、特殊的产品来保持一种与众不同的感觉。

(3) 求美购买动机

求美购买动机是以追求商品的欣赏价值和艺术价值为主要目的的购买动机。具有这种购买动机的消费者，一方面重视商品本身存在的客观的美的价值，如色彩美、造型美、艺术美等；另一方面，重视商品能为消费者创造出的美和美感，如美化了自我形象、美化了个人生活环境等。因此，这些人选购商品时，特别重视商品的外观造型、色彩和艺术品位，而不大看重商品的价格。

(4) 求廉购买动机

求廉购买动机是以追求商品价格低廉，希望以较少货币支出获得较多利益为主要目的的购买动机。具有这种购买动机的消费者在选购商品时，特别注重“价廉”和“物美”，非常注意商品的价格变动，他们宁肯多花体力和精力，多方面了解有关商品的价格信息，并对商品之间的价格差异进行详细的比较、反复衡量。他们喜欢选购优惠价、特价、折扣商品，不太计较商品的外观质量和包装。这类购买动机与消费者的经济条件有关，但节俭成性的人即使收入较高也会保持求廉购买动机。

(5) 求名购买动机

求名购买动机是以追求名牌、高档商品和仰慕某种传统商品的名望，借以显示或提高自己的身份、地位和威望为主要目的的购买动机。具有这种购买动机的消费者特别重视商品的

---

① 江林.消费者行为学[M].北京：科学出版社，2007.

品牌、产地、声誉及象征意义。他们对商品的使用价值不太注重。崇尚名牌产品已成为现代消费市场的一大趋势。

(6) 求便购买动机

求便购买动机是以追求商品使用方便、购买方便或维修方便为主要目的的购买动机。具有这种购买动机的消费者对时间、效率特别看重，厌烦反复地挑选比较，希望能快速方便地买到中意、适合需要的商品。同时，他们也希望购买的商品便于携带、使用及维修，减少麻烦。随着人们生活节奏的加快和社会竞争的加剧，具有求便购买动机的消费者在社会各阶层中，尤其在城市人口中会越来越多。

(7) 从众购买动机

从众购买动机是以在购买某些商品方面要求与别人保持同一步调为主要特征的购买动机，所以也叫模仿购买动机。具有这种购买动机的消费者，购买动机是在参照群体和社会风气的影响下产生的。从众动机驱使这类消费者购买和使用别人已经拥有的商品，而不充分顾及自身的特点和需要。因此，这类消费行为往往有盲目性和不成熟性。

(8) 储备购买动机

储备购买动机是以储备商品的价值或使用价值为主要目的的购买动机。一是表现为购买金银首饰、名贵工艺品、名贵的收藏品等进行保值储备。这类商品的价值较稳定，不仅能保值，还能在收藏期间出现增值的情况。二是购买有价证券进行保值储蓄。三是若市场出现不正常的现象，如商品供不应求、社会动乱时，尽可能多得购买商品以备将来需要。

(9) 攀比购买动机

攀比购买动机是一种以争强好胜或为了与他人攀比并胜过他人为目的的购买动机。消费者购买商品主要不是为了实用而是为了表现比别人强，在购买时主要受广告宣传、他人的购买行为所影响，对于高档、新潮的商品特别感兴趣。如有些人看见邻居和亲戚买了跑步机，为了不甘落后，不顾是否有实际需要，千方百计地设法买了回来，结果有可能由于用处不大而成为无用商品。

(10) 偏爱购买动机

偏爱购买动机是一种以某种商品、某个商标和某个企业为主的购买动机。消费者由于经常地使用某类商品中的某一种，渐渐产生了感情，对这种商品、这个商标的商品或这个企业的商品产生了偏爱，经常指名购买。比如，有人喜欢购买进口货，有人喜欢购买国产货，等等，这些都属于偏爱动机。企业注重服务、注重树立产品形象和企业形象往往有助于培养、建立消费者的偏爱动机。

(11) 成就动机

成就动机是指追求良好表现的情感动力。然而，以个体为导向的成就动机意味着为自身利益而努力工作，以社会为导向的成就动机则是为了满足其他人的期望。一些研究将这两种类型的动机区分开来，表明达成目标的动机可以出自社会和集体的原因。例如，中国儿童会努力实现别人的目标，如家庭的、老师的。

(12) 补偿性动机

补偿性动机是指有些当时的动机不能转化为现实的消费行为，经过较长时间当消费者具备了相应的条件再次出现的消费动机。消费者这些当时被压抑的动机，在其条件具备的时候再次出现，其购买行为表现为不一定去买当时所需要的商品，而有可能购买当前环境消费下所允许消费的商品。每一位消费者或多或少都会有消费动机被压抑的现象，当消费条件好转的时候，大都会有一定的补偿行为。

以上列举的仅是现实购买活动中常见的一些购买动机。需要指出的是，消费者的购买动机是一个复杂的动机体系，实际上人们的消费行为往往不是由一种动机引发的，而常常是多种动机共同作用的结果。

3.2.3　有关购买动机的理论

1. 早期动机理论

(1) 本能理论

本能说是解释人类行为的最古老的学说之一。按照本能说的解释，人生来具有特定的、预先程序化的行为倾向，这种行为倾向纯属遗传因素，无论是个人还是团体的行为，均源于本能倾向。换句话说，本能是一切思想和行为的基本源泉和动力。

本能行为必须符合两个基本条件：第一，它不是通过学习而获得的；第二，凡是同一种属性的个体，其行为表现模式完全相同。像蜜蜂将蜂巢筑成六角形、蝙蝠倒挂着睡觉、候鸟定期迁徙，都属于本能行为。人类也有很多本能行为，如婴儿天生就有对母亲的特殊反应倾向、有对黑暗的恐惧感等。从市场营销角度来看，本能行为的价值在于，它能使针对这些行为的特定的营销刺激更具有效性。例如，在广告宣传中以母爱为诉求，容易唤起成年人对某些儿童用品的好感，从而有助于这些产品的销售。

相对于多样、复杂的人类行为，本能行为只是很小的一部分，而且许多被视为具有“人类天性”的行为也可以通过学习来加以改变。基于此，现在很少有学者坚持用人的天性或本能作为人类复杂行为的动因。

(2) 精神分析理论

弗洛伊德的精神分析学说在西方社会生活、思想意识和科学文化等领域均产生了广泛而深远的影响。

弗洛伊德认为，人的精神由三部分构成：意识、潜意识和前意识。意识是与直接感知有关的心理部分，即出现在人们的意识中、为人们所感知的要素或成分。潜意识是指个人的原始冲动和各种本能以及由这种本能所产生的欲望，它们为传统习俗所不容，被压抑到意识阈限之下，是人的意识无法知觉的心理部分。前意识是介于意识与潜意识之间、能从潜意识中召回的心理部分，是人们能够回忆起来的经验，它是意识与潜意识之间的中介环节与过渡领域。弗洛伊德进一步认为，如果把人的精神比做一座冰山，意识只是露出水面之冰山一角；前意识是介于水面的部分，随着海水的起落时隐时现；潜意识则是深藏在水面之下的冰山主体，在人的精神生活中处于基础性地位。精神分析理论提出人格结构由三大系统组成，即本我、自我和超我。“本我”是人心理体系中最原始、最基本的部分，它包括人本能的冲动、欲望和要求。“自我”是从本我中分离出来的，其动力来源于本我，但是它与外界有很多接触，不是单纯追求本能欲望的合理满足，而是根据现实的原则来行动。“超我”是人格中最终形成的部分，它反映着社会中的各项准则，是个体根据是非善恶的原则行事，并指导自我去控制本我的冲动。三大系统作为一个整体，只有相互协调，才能使人有效地与外界交往，使人的基本需要和欲望得到满足。

由此可知，人不是随心所欲地行事，而是基于一定的道德伦理、价值观来进行选择。即使最原始的需要，也可能因为种种原因而被压抑、隐藏起来。因此，理解人类行为背后隐藏的动机，只分析意识和前意识层次是不充分、也是不恰当的，而应当深入到潜意识的层次。

(3) 驱力理论

本能理论认为人的一切行为均是由与生俱来的、特定的、预先程序化的行为机制所控制。这种观点很难解释人类习得的行为等，越来越受到人们的质疑和挑战。1918 年心理学家伍德沃斯提出用驱力概念代替本能概念，认为驱力是促使个体采取行动的内部刺激，这种刺激源于个体的被剥夺感和与被剥夺状态相伴随的机体内某些物质的过剩或匮乏。行为主义心理学家霍尔(Hull)提出的驱力减少理论，进一步促进了驱力理论的发展。

总的来说，驱力理论(Drive Theory)是建立在体内平衡原理基础上的，当个体因物质和能量失衡产生内在需求时，驱力促使他采取行动满足需求，消除紧张。一旦某种行为能有效地消除紧张，该种行为便为个体所习得，从而使个体在下一次面临同样紧张的状态时，会产生类似的行为反应。根据驱力理论，剥夺感或匮乏感越强烈，机体寻求消除这种紧张状态的动机越强烈，活动水平越高。

霍尔将驱力分为了原始驱力和获得性驱力，其中原始驱力是由消费者内部生理需要引发的，无须习得，如饥饿、口渴、性和避免痛苦所产生的驱力；获得性驱力又叫衍生驱力，是经由学习、条件作用而获得的驱力，如寻求他人的赞同、希望与人交往、获得权力、追求成就等产生的驱力。霍尔认为，人类的行为主要由获得性驱力支配。在经济发达的社会，获得性驱力比原始驱力更普遍。

相对于本能理论，驱动理论更加强调经验和学习在驱力形成中的作用，能够很好地解释人类的很多动机。然而，驱力也有一定的局限性。这突出表现在两个方面：一是在缺乏驱力的情况下，有机体仍可能从事某种行为，这一点似乎是驱力理论无法解释的，例如，在并不感到饥饿的情况下，仅仅闻见食物的香味，或听到电视里对美味的描述就可能导致吃喝动机；二是生活中的大量证据表明，生物有机体，尤其是人有一种不懈追求外部刺激的倾向，如登山、探险、猎奇等，这类现象也是驱力理论难以解释的。迄今为止，针对上述两个问题分别发展起了各式各样的理论，其中诱因理论和唤醒理论最具有代表性。①

(4) 诱因理论

诱因理论(Incentive Theory)是 20 世纪 50 年代提出来的动机理论，该理论认为，不仅内驱力引起行为，而且诱因这样的外部刺激也引起行为。驱力理论没有回答为什么有机体在同样的匮乏状态下，会因为是否出现奖赏物或刺激而表现出不同的活动状态。

持诱因论的学者采用两个概念，即感受-激励机制(Sensitization-Invigoration Mechanism，SIM)和预期-激励机制(Anticipation-Invigoration Mechanism, AIM)来处理前面叙述的问题。感受-激励机制用来解释个体对特定刺激物的敏感性，以及由此对行为产生的激励作用或激励后果。例如，当闻到食物的香味或看到刚出炉的橙黄色面包时，会顿生饥饿之感。此时，饥饿感可能并非源自于通常意义上的生理需求，而是由于另外的生理机制在起作用。这类特定生理机制并不对个体产生驱动作用，而只是使个体对某些类型的刺激物特别敏感。

预期-激励机制是指因对行为结果的预期而产生的行为激励后果。诱因论者认为，个体关于行为奖赏的预期将直接影响其活动状态。如果行为预期的奖赏效果好，个体将处于较高的活动水平，反之，将处于较低的活动水平。这实际上隐含着个体受目标导引，而且知悉行为后果这一基本假设。

---

① 李开，张中科，消费者行为学[M]. 北京：高等教育出版社，2015.

诱因论与驱力论的一个很大的不同点是，前者侧重从外部刺激物对行为的影响能力来分析行为动机，后者则主要从个体的内部需求寻求对行为和动机的解释。需要注意的是，诱因论并没有否定个体内在动机的地位与作用，而只是关注潜伏于个体身上的内在动机在多大程度上能够被特定的外在刺激物所激活。从这个意义上讲，诱因论并不是对驱力论的排斥，而应视为对后者的补充与发展。

将动机研究的侧重点放在外部刺激上，对市场营销有重要的现实意义。营销人员是无力对消费者的原始驱力或衍生驱力予以控制的，然而却可以通过对刺激物的操纵达到影响消费者行为的目的。例如，生产企业可以通过对消费者的测试来决定产品应具有哪些特征，以便更好地适应目标市场需求。经营高档时装的零售企业，可以通过各种方式创造一种气氛和环境，使买者产生激动人心的预测。总之，营销人员可以通过营销变量的有效组合，引发消费者对购买产品的收益预期，从而促使消费者采取购买行动。

(5) 唤醒理论

依照传统驱力理论，人的行为旨在消除因匮乏而产生的紧张，但人类某些追求刺激的冒险行为，如登山、探险、观看恐怖电影等，恰恰是为了唤起紧张而不是消除紧张，这类现象是驱力理论无法解释的。为此，一些学者提出了唤醒理论（Arousal Theory），认为个体在身心两方面，各自存在自动保持适度兴奋的内在倾向：缺则寻求增高，过则寻求减低。

所谓唤醒或激活，是指个体的激活水平或活动水平，即个体是处于怎样一种警醒或活动反应状态。人的兴奋或唤醒程度可以很高，也可以很低，从熟睡时的活动几近停止到勃然大怒时的极度兴奋，中间还有很多兴奋程度不等的活动状态。

刺激物的某些特性，如新奇性、变动性、模糊性、不连贯性、不确定性等均可以引起人们的兴奋感。唤醒理论包括三个原理。一是最佳唤醒水平原理。每个人都有自己的最佳唤醒水平。高于该水平，个体会逃离刺激；而低于该水平，个体又会寻求刺激。例如，每天工作非常繁忙的人很渴望有假期，而每天无事可做的人又会希望找个工作使自己忙起来。大部分人偏好中等程度的刺激，因为它会引起最佳状态。二是简化原理。重复的刺激会降低唤醒水平。所以在企业宣传产品时，隔一段时间对广告版式和文案做一下变动，广告效果会更好。三是经验的作用。研究表明，富有经验的个体偏好复杂的刺激。例如，一些卓越的领导人喜欢风云变幻的复杂政治局面。

从唤醒理论来看，个体的兴奋水平与刺激物的模糊性之间有一定的关系。在图 3-4 中，竖轴代表兴奋水平或唤醒状态，横轴代表刺激物的模糊性。在 $O \sim X_1$ 区间段，刺激物的模糊性很低，消费者的兴奋水平呈下降趋势。此时，消费者对刺激物有某种乏味感，因而需求使购买趋于复杂的新方式与途径。例如，选择某个不知名的品牌或购买某种新产品。在 $X_1 \sim X_2$ 区间段，模糊性处于中等水平，此时消费者被激起从事诸如搜寻信息、对不同品牌进行比较等活动。当兴奋水平达到很高的程度，刺激物的模糊性进一步提升时，只会招致兴奋水平的下降和购买搜寻过程的中止。

唤醒理论可以解释很多有关营销与购买的现象。例如，对某一品牌形成忠诚度的消费者在连续选择该品牌一段时间后，往往会由于对该品牌的“饱和感”而尝试选择新的品牌。如果后者没有特别的吸引力，该消费者又会恢复到选择原来的品牌。又如，适度兴奋理论可以很好地解释消费者有时大量搜寻信息，以降低购买风险，从而使决策简单化的这种现象，而在其他情况下，则存在使购买决策复杂化的倾向。一些企业发现，在宣传企业产品时，隔一段时间对广告版式或文案作稍许变动，广告效果会更好，这实际上也运用了唤醒理论。

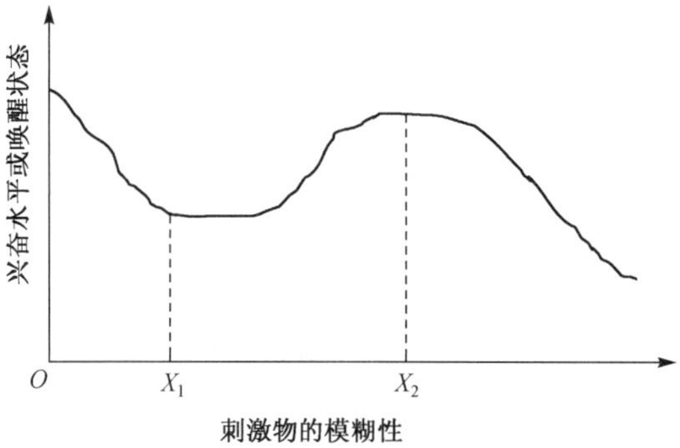

图 3-4　刺激物的模糊性与兴奋水平或唤醒状态之间的关系

2. 现代动机理论

(1) 马斯洛的需求层次论

正如本章前面在消费者需要的分类所述，马斯洛认为，人的需求可分为生理需求、安全需求、爱与归属需求、自尊需求、自我实现需求 5 个层次。上述 5 种需求是按从低级到高级的层次组织起来的，只有当较低层次的需求得到了满足，较高层次的需求才会出现并要求得到满足。一个人生理上的迫切需求得到满足后，才去寻求保障其安全，也只有在基本的安全需求获得满足之后，爱与归属的需求才会出现，并要求得到满足，以此类推。

马斯洛需求层次论提出的许多观点与结论无法在实证水平上予以证实或反驳，其科学性经常受到争论。从消费者行为分析的角度看，这一理论对理解消费者行为动机，对企业针对消费者需求特点制定营销策略，具有重要价值。

首先，它提醒人们，消费者购买某种产品可能是出于多种需求与动机，产品、服务与需求之间并不存在一一对应的关系。在现代社会，如果认为消费者购买面包仅仅是为了充饥，那将大错特错了。

其次，只有低级需求获得充分满足后，高级需求才会更好地得到满足。因此，企业在开发、设计产品时，既应重视产品的核心价值，也应重视产品为消费者提供的附加价值，因为前者可能更多地与消费者的某些基本需求相联系，后者更多地与其高层次需求相联系，用产品的附加功能取代其核心功能是注定要失败的。

再次，越是涉及低级需求，人们对需求的满足方式与满足物就越明确；越是涉及高级需求，人们对如何满足这类需求越不确定。饿了要吃食物，渴了要喝水和饮料，对此，消费者十分明确。但对如何才能获得别人尊重，如何获得友谊，如何使生活更加美好，对于这一类高级需求如何满足或以何种方式满足，消费者并不完全清楚。这实际上也意味着，越是满足高级需求的产品，企业越有机会和可能创造产品差异。

最后，越是高级需求，越难以得到完全满足，原因在于在满足需求的愉快体验中又会产生更高的需求。一听“可口可乐”或许已大部分平息了个体由于口渴所产生的不舒适感，而人们对爱、尊重和知识的渴望与追求几乎是无限的。一位真正的画家不会由于创作了一幅好画而就此满足，一位真正的音乐家不会由于创作了一首好曲而止步不前。过去的体验往往会成为人们进入更高境界的起点，促使他们去创作更好、更美的作品。“艺无止境”，消费者需求，尤其是高层次的需求同样没有终极的时候。

(2) 双因素理论

双因素理论是由美国心理学家赫茨伯格于 1959 年提出来的。20 世纪 50 年代末期，赫茨伯格和他的同事们对匹兹堡附近一些工商业机构的约 200 位专业人士做了一次调查，调查主要是想了解影响人们对工作满意和不满意的因素。结果发现，导致对工作满意的因素主要有 5 个：成就、认可、工作本身的吸引力、责任和发展。导致对工作不满意的主要因素有：企业政策与行政管理、监督、工资、人际关系及工作条件等。

赫茨伯格将导致对工作不满意的因素称为保健因素，将引起工作满意感的一类因素称为激励因素。保健因素，诸如规章制度、工资水平、福利待遇、工作条件等，对人的行为不起激励作用，但这些因素如果得不到保证，就会引起人们的不满，从而降低工作效率。激励因素，诸如提升、提职、工作上的成就感、个人潜力的发挥等，则能唤起人们的进取心，对人的行为起激励作用。要使人的工作效率提高，仅仅提供保健因素是不够的，还需求提供激励因素。一个单位固然要为员工提供具有吸引力的工资福利待遇和生产、生活条件，但如果这些待遇和条件采用平均分配的办法，不与个人的责任大小、工作业绩或成就挂钩，就只能起一种“保健”作用，起一种减少牢骚和不满的作用，而无法激励员工不断进取和努力做出新的成绩。

将赫茨伯格双因素理论运用于消费者动机分析，具有多重价值与意义。商品的基本功能或为消费者提供的基本利益与价值，实际上可视为保健因素。这类基本利益和价值如果不具备，就会使消费者不满。例如，保温杯如果不能很好地保温，收音机噪声较大，都会使消费者产生强烈的不满情绪，甚至导致对企业的不利宣传、要求退货、赔偿损失、提起法律诉讼等对抗行动的产生。然而，商品具备了某些基本利益和价值，也不一定能保证消费者对其产生满意感。要使消费者对企业产品、服务形成忠诚感，还需在基本利益或基本价值之外，提供附加价值。例如，使产品或商标具有独特的形象，产品的外观、包装具有与众不同的特点等。因为后一类因素才属于激励因素，对满足消费者社会层次的需求具有直接意义。

商品的哪些特征、利益具有保健因素的成分，哪些具有激励因素成分，不是固定不变的。另外，品牌所具有的保健因素与激励因素还会因目标市场的不同、因目标消费者生活方式和价值取向的不同而存在差别。

(3) 显示性需求理论

美国学者麦克利兰提出的显示性需求理论侧重分析环境或社会学习对需求的影响，因此，该理论又被称为习得性需求理论。马斯洛认为，尽管社会因素对个体如何满足其需求有重要作用，但就其本质而言，这些需求是人生来就具有的。与此不同，麦克利兰特别强调需求从文化中的习得性，所以，他的理论与学习、人格概念有着紧密联系。

麦克利兰特别关注以下 3 项需求，即成就需求、亲和需求和权力需求。

成就需求是指人们愿意承担责任，解决某个问题或完成某项任务的需求。具有高成就需求的人，一般设置中等程度的目标，并具有冒险精神，而且更希望有行为绩效的反馈。例如，具有高成就需求的购买代理商可能会花相当多的时间和精力去设法降低购买品价格，而成就需求较低的代理商通常只是被动地接受货品出售方的标准报价。

亲和需求是指个体在社会情境中，要求与其他人交往和亲近的需求。获得别人的关心，获得友谊、爱情，获得别人的支持、认可与合作，均可视为亲和需求。亲和需求很大程度上是经由学习形成的：个人目标的实现遇到困难时，学到求人帮助；遇到危险情境时，学到求人保护；对事物不了解时，学到求人指导。具有高亲和需求的人，特别关心人际关系的质量，友谊和人际关系往往先于完成某项任务或取得某项成就。高亲和需求的消费者，比较注重同事、朋友对自己购买行为的评价，因此，在购买决策过程中更容易受他人的影响。

权力需求是指个体希望获得权力、权威，试图强烈地影响别人或支配别人的倾向。麦克利兰发现，凡是对工作成就需求高的人均无领袖欲。换言之，成就需求和权力需求是彼此不同的两种需求。研究发现，凡是对社会事务有浓厚兴趣的人，其行为背后均存在强烈的权力需求。权力需求有两种类型：个人化权力需求与社会化权力需求。前者出于为一己之目的，后者出于为他人或为公之目的。麦克利兰认为，权力可以朝着两个方向发展：一是负面方向，强调支配和服从；二是正面方向，强调劝说和激励。

一些研究人员对麦克利兰的理论做了实证调查，其中一项研究发现，具有高成就需求的男性更多地购买诸如滑冰器具、游艇之类的室外运动产品，具有高成就需求的女性比低成就需求者更多地购买镇痛片、口腔清洗剂等产品。还有一些研究发现，高成就需求的男性喜欢从专卖店购买服装；高成就需求者更多地购买室外运动产品，较少购买流行与新潮服装；成就需求居于中游水平的人中，抽烟者比例很高。另外，女性高、低成就需求者在某些产品的购买时机上存在明显差别。①

3.3 购买动机与市场营销策略

企业制定营销策略时必须先了解目标消费者的需要和购买产品的动机，然后才能有针对性地制定营销策略。

3.3.1 发现消费者的购买动机

动机代表了消费者对产品和品牌需求的强烈程度，如果能够测量消费者对于某种产品或品牌的需求动机，则有可能通过营销策略来强化或削弱消费者的动机。消费者的购买动机可以用两个指标来衡量：动机的方向和动机的强度。前者是指消费者会选择哪种行为方式以及选择这种行为方式的理由。后者是指个体在满足某一特定需要上的意愿强度。

如果问一位消费者为什么买“凯迪拉克”轿车，他很可能会说：“它是有上佳表现的高品质轿车”“开起来很舒服”“我很多朋友都开‘凯迪拉克’轿车。”然而，也许还有他不愿承认或没有意识到的原因：“它能显示我有钱”“它能显示我的成功”“它能使我显得强有力和性感”。

消费者意识到并承认的动机被称为显性动机，消费者没有意识到或不愿承认的动机被称为隐性动机。一般而言，与一个社会占统治地位的价值观相一致的动机较与其相冲突的动机更容易为人所意识和承认。图3-5说明了这两种动机是如何影响消费者购买行为的。

显性动机的测量，可以采用观察测量法和自陈测量法；而对于隐性动机，则一般采用投射技术来进行测量。下面将对这三种技术做一个简单介绍。

1. 观察测量法

观察测量法是营销人员在消费者实际的消费生活中，通过观察其行为表现推断其动机结构。例如，企业在征得消费者同意后，在其家中安装摄像机，记录他们在实际生活中使用、处置产品的全过程，分析产品是否能够满足他们的需要，并推测其消费动机。

2. 自陈测量法

自陈测量法是营销人员直接询问消费者选择、购买、使用某种产品的原因，从而了解消费者的动机。营销人员可以采用调查的形式，在调查问卷中设计相应的动机测量问题；也可以采用访谈的形式，与消费者深入交谈，了解其购买动机。自陈测量法的应用比较广泛也比

① 张理.消费者行为学[M]. 北京：清华大学出版社，北京交通大学出版社，2008.

较简单。当消费者清楚自己的消费动机，并愿意配合如实说明情况时，采用这种方法的效果比较好。但是很多情况下，消费者并不愿意或者不能向营销者透露其真实的消费目的，而且消费者对于自己的每次购物动机并不能做到心中有数。此时，通过自陈测量法就无法准确获得消费者真实的消费动机。

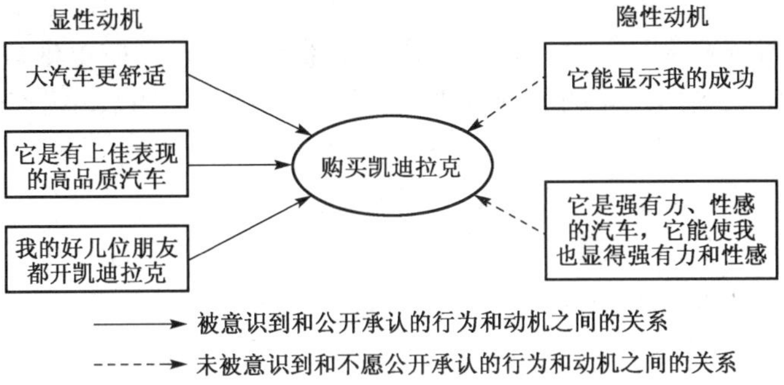

图 3-5　消费者购买“凯迪拉克”轿车的显性动机与隐性动机

(资料来源：HawkinsDL，RestRJ，ConeyKA．Consumer Behavior[M]．TheMcgraw-hill Company，1998:374.)

3. 投射技术

投射技术是一种间接的询问调查形式。投射技术的使用主要基于心理投射现象，即个人将自己的思想、态度、愿望、情绪、性格等个性特征，不自觉地反映于外界事物或者他人的一种现象。消费者通过联想、填空、构造情景等，会把自己内心一些隐蔽的想法、欲望和其深层的无意识心理表达出来。如表 3-3 所示，投射技术包括各种经过“伪装”的测试方法，包括“未完成的句子”“图片或卡通”“词语联想”等，通过让消费者完成句子、描述图片或卡通所表现的情形或意义，或者要求消费者对给出的词语进行联想，可以在一定程度上了解消费者的动机。这些方法的可靠性在很大程度上取决于研究者的能力和经验，尽管对这些方法能否真正揭示消费者行为深层动机还存在争议，但这些定性研究方法依然在实践中运用。[①]

表 3-3　动机研究技术

1. 联想技术	
词语联想	给消费者看一张文字表,然后要求他把反应过程中最初涌现在头脑中的那个词记录下来
连续词语联想	给出一张文字表,每念出表上的一个词,要求消费者将所联想到的词语记录下来,如此直到表上的每个词念完
分析与运用	消费者做出的反应被用来分析,看是否存在负面联想。对反应的延迟时间进行测量,以此估计某个词的情感性。这些技巧能挖掘出比动机研究更丰富的语意学含义,并被运用于品牌命名和广告文案测试中
2. 完形填空	
语句完成	消费者完成一个诸如“买凯迪拉克的人”的语句
故事完成	消费者完成一个未叙述完的故事
分析和运用	分析回答的内容以确定所表达的主题。另外,还可以分析对不同主题和关键概念的反应
3. 构造技术	
卡通技巧	让消费者看一幅卡通画,然后要求填上人物对白或描绘某一卡通人物的想法
第三人称技术	让消费者说出为什么“一个正常的女人”“大多数医生”或“大多数人”购买或使用某种产品。购物单方法(描述一个会购买这些东西的人具有哪些特点)、“丢失的钱包”方法(描述丢失这个钱包的人可能会有什么特点)都属于第三人称技术
看图说话	给消费者一张画着购买或使用某种产品的人物的图片,让他以此编一个故事
分析和运用	与完形填空相同

① 杨树青.消费者行为学[M]. 广州：中山大学出版社，2009.

3.3.2 基于多重动机的市场营销策略

企业在识别消费者购买其产品的各种动机之后，接下来就应针对这些动机制定相应的营销策略。例如，如果上边内容所列举的动机真实地反映了目标消费者的状况，那么“凯迪拉克”的营销者应采用什么样的传播策略呢?

很明显，由于消费者购买“凯迪拉克”具有多重动机，产品应提供多种利益，广告则应传递、反映这些利益。例如，它的一则广告声称：“从三重抛光的表面涂层(一重用水，两重用油)到极精致的‘凯迪拉克’坐椅，高品质在‘凯迪拉克’车上得到完美体现”。显然，这一广告直接迎合了消费者追求高品质产品的显性动机。

对于隐性动机，由于人们不愿公开承认，因此，需要采用间接的沟通方式。上面所说的“凯迪拉克”广告在画面上展现的则主要不是其产品的高品质；另一个画面，是一位看上去很富有的人驾车来到一家豪华的俱乐部门前。该广告实际上采用了双重诉求方式：一方面，广告文案中的直接诉求侧重于产品品质，另一方面，画面中的间接诉求则集中于消费者追求的地位。

在一则广告中，诉求重点只能放在一个或少数几个购买动机上，否则会冲淡广告主题。然而，在整个传播过程中，企业需要考虑目标顾客所追求的所有重要动机。换言之，应使各种传播活动与消费者的显性和隐性动机相配合，而不能对其中的一些动机视而不见。

3.3.3 基于动机冲突的营销策略

动机冲突实际上是指消费者面临两个或两个以上购买动机，其诱发力大致相等但方向相反。例如，消费者经常面临在几种同时欲求的产品、服务或活动中做出取舍的问题。消费者如何解决其面临的冲突，直接影响有关产品、服务的销售。许多情况下，企业可以对消费者面临的冲突进行分析，提供缓解的办法，以吸引消费者选择本企业的产品或品牌。通常，消费者面临3种类型的冲突。

1. 双趋冲突

双趋冲突是指消费者具有两种以上倾向选择的目标而只能从中选择其一时所产生的动机冲突。在这种情形下，被选目标或产品的吸引力越旗鼓相当，冲突程度就越高。获得一笔年终奖金后，是到“新马泰”一游还是添一套高级音响？星期天是和朋友一起郊游还是去看一场精彩的电影？此类抉择均是双趋冲突的典型代表。在广告宣传中强化某一选择品的价值与利益，或通过降价、延期付款等方式使某一选择更具有吸引力，均是解除双趋冲突的有效方式。

2. 双避冲突

双避冲突是指消费者有两个以上希望避免的目标但又必须选择其中之一时面临的冲突。当家里的洗衣机经常出故障时，消费者可能既不想花钱买一台新的，又觉得请人来修理不甚合算，处于不知怎么办的两难境地。此时，消费者就面临双避冲突。同样，一些人一方面害怕出现龋齿，另一方面又不敢去看牙医，此种矛盾心态反映的实际上也是双避冲突。企业应对或解除消费者双避冲突的方式很多。首先，消费者可能对冲突中的问题存在不正确的信念，如把看牙医看成十分可怕的事情。此时，就应通过宣传来消除或部分消除这种不全面或错误的信念。其次，双避冲突情形下可能恰恰为企业提供了新的市场机会，如在前述出故障一例中，通过推出以旧换新推销方式，或通过为新洗衣机提供更长时间保修承诺，均可能促使消费者采取购买行动来解除冲突。

3. 趋避冲突

趋避冲突是指消费者在趋近某一目标时又想避开而造成的动机冲突。当被购买的产品既有令人动心和吸引人的特征，又有某些不尽如人意的地方时，趋避冲突就会由此而生。在购买某些高档品、耐用品时，消费者可能对所选的商品爱不释手，但另一方面又嫌商品价格太高，或担心所选商品一旦出现质量问题会带来很多麻烦，一些消费者正是在这种游移不定的状态下放弃了购买。经验丰富的销售人员在发现这种趋避迹象后，常常会灵活地采用各种方法消除消费者的冲突。例如，提供保修承诺、保证在一定时期内如果消费者发现以更低价格出售同类产品的商家就返回差价甚至予以奖励等。美国米勒酿酒公司针对一些顾客既爱喝啤酒，同时又担心摄入酒精后影响身体健康的心理，开发出不含酒精的啤酒，就是对消费者趋避冲突的一种反应。①

本章小结

本章主要介绍了消费者的需要、消费者购买动机、购买动机与市场营销策略 3 个方面的内容。需要是指消费者生理和心理上的匮乏状态，具有多样性和差异性、层次性和发展性、伸缩性和周期性、可变性和可诱导性的特性。可通过不同的标准对消费者需要进行相应的分类。动机引发和维持个体行为并导向一定目标的心理动力，是一种基于需要而由各种刺激引起的心理冲动。引起动机的内在条件是需要，外在条件是诱因。动机理论包括本能理论、精神分析理论、驱力理论、诱因理论、唤醒理论、马斯洛的需求层次论、双因素理论和麦克利兰提出的显示性需求理论。

消费者购买动机可分为一般购买动机和具体购买动机，根据消费者是否意识和承认也可分为显性动机和隐性动机，前者可以采用观察测量法和自陈测量法了解，后者则需要通过投射技术来获得信息。消费者的多个动机还经常彼此发生冲突。企业可在了解这些冲突及其类型的基础上，通过发展合适的产品、服务和采取有效的营销手段帮助消费者缓解冲突。

案例分析

星巴克的菜单为什么越来越长

从早餐到晚餐，从果汁到酒，星巴克的菜单上不再只有咖啡，星巴克也越来越不像一家卖咖啡的，倒像是一家快餐店。这不是你的错觉。据德意志银行最近的一份报告显示，星巴克正在不断推出食品，从一家咖啡店朝着下一个麦当劳转型。

这并不奇怪。一方面，传统的快餐连锁店正在不断失去自己的市场领地；另一方面，随着“千禧一代”消费者越来越多地选择更为健康的食品，一些跟上潮流的新品牌，正迅速占领市场，成为新一代消费者的最爱。

市场的更迭，恰好给了星巴克一个千载难逢的机会。“家长们一方面喜欢传统快餐连锁店的快捷便利，一方面又担心快餐对孩子来说不够健康。而星巴克几乎是唯一一家让家长们既能得到快捷服务，又能比传统连锁快餐店更健康的所在。”高盛集团分析师说。

根据今年 3 月美国调研公司 Technomic 发布的“2015 年前 500 家连锁店报告”显示，星

① 李晓霞.消费心理学[M]. 北京：清华大学出版社，2010.

巴克2014年在美国的销售达到127亿美元，增幅为8.2%。首次超过赛百味，仅次于麦当劳，成为第二大餐饮连锁店。Technomic执行副总裁Darren Tristano表示，如果按照这个势头发展下去，不出15年，星巴克就要超过麦当劳，成为第一大餐饮连锁公司。而这一切，单靠卖咖啡是做不到的。

菜单越来越长

RBC Capital Markets的一项研究表明，“千禧一代”的消费者更加注重饮食健康，他们喜欢那些成分更新鲜、营养搭配更健康的快餐，不喜欢那些广告轰炸但做产品不够用心的品牌，而更喜欢那些把预算和精力都放在提高产品质量的品牌。

在市场潮流的转型期，星巴克也不满足于只是安静地做一个咖啡馆，而是通过转型，抓住这部分消费者，增加收入。所以，当人们走进一家星巴克会发现，它的菜单越来越长了。星巴克的菜单上主要增加了以下几类食品。

1．三明治、沙拉。2012年，星巴克就推出早餐和晚餐，除了咖啡外，主打三明治、沙拉、全麦燕麦等。例如它在夏季推出的午餐Bistro boxes，均为健康的食品，而且携带方便，便于夏季出去旅行的人随身携带。

2．零食。据2013年哈特曼集团的一份报告(Modern Eating: Cultural Roots, Daily Behaviors)显示，50%的美国人每天都吃零食。众所周知，儿童是吃零食的主力军，因此，星巴克在店内推出了一系列的零食，像奶昔、酸奶冻糕等健康又美味的零食，当孩子想吃零食的时候，星巴克就成为家长的首选。

3．有机果汁和茶。从2012年开始，星巴克就开设果汁店，向消费者提供健康的有机果汁，与此同时，星巴克还推出了瓶装果汁，进驻杂货商店销售。此外，茶也被列入星巴克的健康饮食菜单，它开设泰舒茶叶专卖店，出售绿茶提取物做成的能量饮料。

从星巴克的菜单来看，一日三餐、零食、饮料一应俱全，我们已经很难再将其定义为一家咖啡公司，它现在更像是一家倡导健康生活理念的快餐连锁公司。

小便利

在朝着一家快餐连锁公司转型的路上，星巴克不仅调整产品结构来满足消费者的需求，还提供各种便利方便消费者。

据一项调查显示，在过去7年中，“千禧一代”消费者去餐馆的次数有大幅下降，达到21%，而是转向网上下单。为了满足“千禧一代”消费者对快捷、方便的要求，星巴克在订餐方面做了很多改进，以提高消费者的体验。

例如，为了减少消费者的等待时间，星巴克推出移动下单，升级版的移动下单系统甚至可以帮助店员预测到哪个消费者何时会到店，这样等他们进到星巴克后，他们的咖啡就已经做好在那里等着他们。

咖啡车则是星巴克主动走出门店，带着咖啡去找有需要的消费者。这样如果一个消费者在公园里，想喝咖啡又懒得走，就可以手机下单，然后就等着星巴克的咖啡车把咖啡送到手上。

此外，在星巴克许多门店门口，都增加了免下车的服务口(Drive-thru)，方便赶时间的消费者就近取餐。

(资料来源：周润华. 星巴克的菜单为什么越来越长[J]. 成功营销，2015(9).)

思考题：

1．星巴克的菜单为什么越来越长？

2．“千禧一代”消费者的消费需求有什么特征？

3.星巴克所采取的销售策略迎合了消费者哪些购买动机？它是怎样满足消费者的各种需求的？

思考练习题

1．什么是消费者需要？消费者需要有哪些特性？

2．阐述马斯洛需要层次论的主要内容。在实践中分别找出体现马斯洛需要层次论中 5 种类型需要的广告，并说明广告是如何分别体现这 5 种需要的。

3．什么是购买动机？消费者常见的购买动机有哪些？

4．消费者需要与购买动机有何联系与区别？

5．购买动机冲突有哪些表现形式？动机冲突对营销经理有何启示？

6．阐述双因素理论、驱力理论、唤醒理论的主要内容。通过举例说明这些理论在企业制定营销策略中的应用。

7．如何测量消费者的隐性动机和显性动机？选一种同学们感兴趣的产品，调查询问测量消费者的显性动机，同时利用动机研究技术确定 10～15 名同学消费者的隐性购买动机，并谈谈你得到的启发。

8．营销者能创造和改变消费者的需要吗？试说明理由。

实验三　体验高档汽车销售员

一、实验目的

1．了解高档汽车消费者的购买动机。

2．掌握象征性消费行为理论在高档汽车销售中的应用。

二、实验内容

1．聆听实验指导教师的总体介绍。

2．选择学生所在高校当地的某一家高档汽车销售店作为体验场所，如宝马、奔驰、沃尔沃、雷克萨斯、宾利、捷豹、迈巴赫、劳斯莱斯等车行。

3．利用周末、假期或其他课余时间到该高档车行做最少一日的汽车销售员。

4．通过对来高档车行咨询或购买的消费者的访谈与推荐，记录、分析这部分消费者购买高档汽车的动机和需求。

5．撰写实验报告。

三、实验设备与材料

录音机或带录音功能的手机。

四、实验步骤

1．联系确定销售体验场所。由任课老师联系当地某一家高档汽车行，提出学生一日销售员体验的需求，确定学生一日销售员体验的时间和场所。

2．一日高档汽车销售员体验。学生接受高档车行基本销售规范培训后，开始实施一日高档汽车销售员体验。与来高档车行咨询或购买的消费者进行沟通，沟通内容主要涉及消费者购买高档车的意图或动机、消费者购买高档车的预算、消费者购买高档车的考虑因素、消费者的生活方式与兴趣爱好、消费者的特征(年龄、性别、收入、职业等)，沟通过程在经过消费者同意后进行录音记录。

3.对本次实验课程撰写报告。整理一日高档汽车销售员体验过程中与消费者的沟通内容，归纳分析来高档车行咨询或购买的消费者具有怎样的共同属性？(如具有怎样共同的价值观？具有怎样的生活态度与习惯？日常工作生活是怎样安排的？有没有什么共同的兴趣爱好？)分析高档汽车消费者的购买动机以及象征性消费行为理论在高档汽车销售中的应用。

五、思考题

1. 作为一名汽车销售员，对于高档汽车消费者来说，以下哪些推荐方式更有效(并分析原因)？①介绍汽车的发动机、油耗、空间等方面；②介绍“这是伊丽莎白女王专用座驾(举例)”，让您有无与伦比的尊贵感；③这是全球限量版，纯手工打造；④这款车的流线型设计夺得过全球设计最高奖；⑤这款车的每个细节都体现出对人的关怀，如座椅的按摩功能；⑥这款车的安全性能无与伦比，屡次公布的撞车实验结果证明这款车的安全性能全球第一，分析对于高档车消费者来说，准确有效的销售卖点的特点是什么。

2. 除了掌握必备的汽车销售技巧之外，一名优秀的汽车销售员还应具备哪些素质？(建议同学们读一下全球汽车销售冠军乔吉拉德的故事。)

第4章 消费者的学习与态度

【学习目的】

通过本章学习，首先了解并掌握消费者学习的含义、作用、方法，其次掌握消费者学习的有关理论和学习的基本特征，再次要了解消费者态度的含义、特征及其在消费者购买行为中的功能，最后要重点掌握改变消费者态度的霍夫兰德说服模式及说服模式当中的具体影响因素，同时了解消费者态度测量的各种方法，并能结合实践采用量表测量或非量表测量法对消费者态度进行测量。

【学习要求】

学习内容	知识要点	相关概念
消费者的学习	消费者学习的含义、作用 消费者学习的方法 消费者学习的有关理论和学习的基本特征	经典性条件反射理论 操作条件反射理论 观察学习理论 认知学习理论
消费者的态度	消费者态度的含义、特性和功能 消费者态度与行为的关系 消费者态度的说服模式 消费者态度改变的影响因素 消费者态度的量表测量法 消费者态度的非量表测量法	霍夫兰德说服模式 沙氏通量表 李克特量表 语意差别量表 行为反应测量 投射法测量

【引导案例】 飞利浦公司利用学习泛化原理设计品牌

消费者行为学研究发现，当消费者在某一刺激处境中学到了某一反应后，其他类似的刺激出现，便能获得对该刺激同一倾向性的反应。这就是学习理论中所讲的刺激的泛化。现在，这个理论被广泛地应用到企业的经营活动中。当企业把一种产品成功地推向市场，并取得了广泛的市场占有率后，再向市场推出系列产品时也采取类似的策略。荷兰的飞利浦公司从一般的家用电器到家具、乐器，以及工业上使用的电子集成电路都以“飞利浦”命名，其用意就是使消费者能从该公司某一产品的成功使用推广到其他未曾使用过的产品中去。虽然该公司的产品之间存在着巨大差异，但对产品的知名度、质量的可靠性的认知是很容易转移的。这种集中于某一单一刺激，较之采取分散的、为数众多的、昂贵的逐个命名品牌的策略的优点是：节省费用开支，减少推销新产品所冒的风险。

4.1 消费者的学习

学习是大脑的重要功能。从心理学的角度看，学习是某种经验所产生的相对持久的行为变化，是通过神经系统不断接受环境变化信息，以获得新的行为模式的过程。

4.1.1 消费者学习的概念与作用

1. 消费者学习的概念

学习是人们适应环境的动态过程，指人在生活过程中，因经验产生的行为或行为潜能的比较持久的变化。学习是一种十分复杂的心理现象，它不仅与感觉、知觉、注意、思维等认知过程有着直接联系，而且还涉及人的情绪、动机、个性和社会化等问题。从市场营销的角度来看，消费者学习是消费者在购买和使用商品的活动中，不断积累购买和消费的知识、经验和技能，完善其购买行为的过程。关于学习的定义有以下几点需要注意。

①消费者学习是一个过程，是消费者主观能动性不断发展变化的过程。这一过程开始于消费者的观察、认知、经验、练习等，经过大脑的分析、加工、处理，最后使消费者行为发生一定的变化。通过消费学习，消费者可以提高自己的消费水平，丰富自己的消费行为。消费者不断购买商品、使用商品的过程，也就是一个不断进行消费学习的过程。

②经验作为学习的一个要素发挥着重要的作用。虽然大多数人学习都是从书本上获取的，但也有相当一部分学习是通过日常生活或社会实践获取的。例如，一则比较新颖的广告介绍，会使一些消费者不自觉地获得学习机会。

③行为改变是学习的必然结果。学习是如此的基本和平常，以致我们几乎意识不到。只有当学习进程在某种程度上受到阻碍或行为有显著的改变时，才会使我们注意到学习。学习的显著特征就是行为的改变。

总的来说，学习是长期记忆和行为在内容或结构上的变化，是信息处理的结果。信息处理可能是在高介入状态下的有意识、有目的的活动，也可能是在低介入状态下的不集中甚至无意识的活动。高介入状态的学习是消费者有目的地、主动地处理和学习信息。例如，一个在购买计算机之前阅读《计算机指南》的人，可能有很大的驱动力去学习各种与品牌计算机有关的材料；低介入状态的学习则是消费者没有多少推动力去主动处理和学习信息。如果在电视节目中插播消费者不常使用的产品广告，消费者就没有动力去学习广告中的信息。很多消费者是在介入程度相对较低状态下进行学习。例如，阅读报纸的人通常注意报纸上的文章而对旁边的广告很少注意，然而这些广告展露在该读者面前(偶然展露)确是事实。研究发现，这种偶然展露，消费者尽管没有确切回忆，但的确增加了消费者认知该品牌的程度。偶然展露还增加了该品牌进入消费者品牌考虑域(消费者要达到一定购买目标所考虑选择的品牌组合)的可能性。很明显，在偶然展露时发生的低介入度学习，对营销者和消费者来说都很重要。

消费者的学习是商品、广告刺激与购买反应之间的一个中间变量，属于隐蔽部分。它是人们不能直接观察到的，只能通过消费者的行为表现推测他的学习情况。消费者在外界条件的作用下，其原有的行为发生了改变，就可以认为他经历了消费学习过程。

2. 消费者学习的作用

(1) 获取消费信息

消费者的购买决策是以获得有关购买问题的知识和信息为前提的。信息获取本身就是一种学习，而通过哪些渠道获取信息，获取哪些方面的信息，均需要借助学习这一手段。另外，现代社会消费者获取信息的内容越来越多、越来越广、越来越杂，消费者主动或被动地接触这些信息，而被消费接受并能够影响消费者行为或行为潜能的信息可能只有一小部分。但是，正是这一小部分信息，使消费者行为不同以往，使他的购买决策更富于理性和趋于优化。

(2) 触发消费联想

联想是指消费者由一事物而想到另一事物的心理过程。比如，人们一提到北京，就联想到首都；一提起教室，就联想到黑板；一提起冬天，就想到雪。

联想有两种类型，一是刺激对象之间的联想，如由教室联想到黑板，由冬天联想到寒冷；二是行为与结果之间的联想，如由饮料联想到解渴，由饼干联想到充饥等。联想在消费者行为中有着非常重要的作用，它既能触发消费者的购买行为，又能抑制或阻碍消费者的购买行为。很多企业在宣传其产品时都试图通过语言、文字、画面促发消费者的积极联想，从而激起消费者的购买欲望。同样的刺激或暗示，对于不同的人可能会激发不同的联想，其中一个重要原因就是学习与经验的不同。而且，企业营销人员发现，经由学习而产生的联想，经多次反复便会形成习惯。所以，企业营销人员应注意在产品、品牌、体验营销、学习、联想与购买之间寻找结合点，促使消费者长期购买本企业品牌的产品。

(3) 影响消费的态度和对购买的评价

消费者关于某种特定产品或服务的态度，也是经由学习逐步形成的。学习的过程常常贯穿于消费者购买决策的全过程，消费者通过学习获取所需要的信息，对所要购买的商品有了大致意向后，在确定方案阶段，还要通过学习进一步掌握新的信息，做出最后决策。消费者的学习还影响对产品或服务的评价，当消费者经过学习，具有更多的知识和经验后，他对产品的评价和选择标准也将发生变化。

4.1.2　消费者学习的相关理论

消费者如何学习？这里提供行为主义学派与认知学派的理论来解释这一过程。行为主义学派研究的是主体接触到刺激后所发生反应的变化，提出了条件反射理论和观察学习理论。认知学派强调学习所带来的心理状态(态度和渴求利益)的变化，紧密围绕复杂决策的框架展开。

1. 经典性条件反射理论①

经典性条件反射理论是由俄国生理学家伊万·巴甫洛夫(Ivan Pavlov)提出的。该理论认为，借助于某种刺激与某一反应之间的已有联系，经由练习可以建立起另一种中性刺激与同样反应之间的联系。这一理论是建立在巴甫洛夫著名的“狗与铃声”的实验基础上的。试验是这样做的：在每次给狗喂食之前都要打铃(称为条件刺激)，于是在狗的大脑皮层引起一个兴奋中心(称为无条件刺激)，经过多次反复后，狗听到铃声就会分泌唾液(称为条件反射)。这时，学习或条件的联系便产生了。具体地说，铃声由原来是一个中性的刺激物变成了食物的信号。

由这个实验可以得出结论，学习就是学会用一种新的方式对以前无关的刺激做出反应。同时，巴甫洛夫还提出，没有强化就根本不会发生条件反射。即便条件反射建立之后，这种神经联系也是有条件的，所以称为暂时联系。不仅暂时联系的形成依赖于强化，而且它的巩固也依赖于强化。如果无条件刺激不再同条件刺激结合，那么暂时神经联系就会消失，狗再听到铃声也就不再流出唾液来了。

一般来说，在低介入情境下，经典性条件反射比较常见，因为消费者对产品或产品广告可能并没有十分注意，也不关心产品或产品广告所传达的具体信息。然而，在一系列对刺激物的被动接触之后，各种各样的联想或联系可能会由此建立起来。在低介入的情境下，消费

① 王曼，等，消费者行为学[M]. 北京：机械工业出版社，2007.

者所学到的并不是关于刺激物的信息，而是关于刺激物的情感反应，将导致消费者对产品的学习和试用。

另外，经典性条件反射原理中的消退理论证明，知名度和美誉度的保持或巩固，同样必须不断用好的品质和优质服务来强化，否则知名度和美誉度就会消退，甚至走向反面。经典性条件反射理论也有它的不足，巴甫洛夫是通过不断重复条件刺激和非条件刺激，在条件刺激和条件反射之间建立刺激-反应(S-R)关系的。这是传统的学习方式，即只集中解释了大量的由于刺激而导致的非自愿性反应，而不能解释更为复杂的学习心理与行为之间的关系。

【案例 4-1】 经典性条件反射的应用

经典性条件反射在日常生活中随处可见。一项著名的实验证实了经典性条件反射在广告中的应用。在这项实验中，实验者选择了两段音乐：一段是被访者喜欢的，另一段是被访者不喜欢的。然后实验者放映了两种钢笔的广告，这两种钢笔除了颜色不同外其他方面完全相同，之前测试表明消费者对两种颜色的喜欢程度完全相同。一种钢笔的广告配以被访者喜欢的音乐，另一种配以被访者不喜欢的音乐。实验结果表明，更多的消费者偏爱配了他们喜欢的音乐的那则广告中的钢笔。另一项在超市中进行的实验则是在不同的日子配以节奏由慢到快的不同音乐。在音乐节奏较慢的日子里，购物者在超市中逗留的时间及购买的产品要多于音乐节奏较快的日子。

文化产品和服务的营销中常常运用经典性条件反射的原理。比如明星效应，在消费者心目中，明星的个人形象与他们扮演的角色之间存在各种联系，因此电影或戏剧在选择演员时要考虑演员的个人气质和形象与角色之间的合适度。

2. 操作条件反射理论①

操作性条件反射理论也称为工具性条件反射理论，它是由美国著名心理学家斯金纳(Skinner)提出来的。该理论认为，学习是一种反应概率上的变化，而强化是增强反应概率的手段。如果一个操作或自发反应出现之后，有强化物或强化刺激相尾随，则该反应出现的概率就会增加。经由条件作用强化了的反应，如果出现后不再有强化刺激尾随，该反应出现的概率就会减弱，直至不再出现。

该理论的基本思想归结到一点，就是强化会加强刺激与反应之间的联结。该原理可以解释产品或品牌形象难以改变的事实。因为品牌形象是建立在消费者对品牌的间断性体验的基础上的，是消费者在长期的消费体验中，经过点滴的积累逐步形成的，因此，构成品牌形象的各种联想和象征意义也需要经过很长的时间才可能逐步消退。

另外，斯金纳将强化分为正强化和负强化两种。正强化是一种积极刺激，它能引起消费者满意的体验。另一位美国心理学家金伯尔(Kimble)发现，如果给予连续强化，即在每次正确反应后就给以强化，个体对正确反应的消退速度也很快。相反，如果强化是间断性的或者部分的，即不是对所有正确反应，而只是对部分正确反应予以强化时，虽然最初对正确反应的学习速度较慢，但在强化物消失后，行为消退的速度也较慢。

强化学习原理为营销活动提供了支持。比如，通过发送样品、提供奖券、给予折扣、鼓励消费者试用产品；对消费者购买行为给予奖励，如通过发送赠品等强化刺激；进行用户访问，或在用户购买产品后给予信函或其他方式的祝贺；创造良好的购物环境以使购买场所成

① 符国群，消费者行为学[M]. 北京：高等教育出版社，2001.

为一种强化因素或强化力量；在广告宣传中，强调用户群的卓尔不凡，强调产品使用场合的独特性，以此对消费行为予以强化。

一般来说，操作性条件反射更适合高介入度的购买情境。因为在高介入情境下，消费者对购买回报将会有意识地予以评价。以购买高档西装为例，消费者将西装购买回家后可能会从象征性和功能性两方面对购买行为做出评价，在此情形下，强化无疑会在消费者心理上产生重要影响。比如，如果有人对消费者的西装予以赞许，或者在其他场合目睹他人穿同样品牌的西装时的风采，均会对消费者起到正面的强化作用。在低介入的购买情境下，除非产品的功效远远低于预期，否则消费者不会对购买做太多的评价，因此，低介入情境下的满意购买自然也对行为有强化作用，但相对而言，不如高介入情境下的作用大。

3. 认知学习理论

认知心理学认为，学习是一个解决问题的过程，而不是在刺激与反射之间建立联系的过程。在许多解决问题的情境中，并没有类似建立条件联系时那种可见的强化物，但并不意味没有任何强化。

最早研究认知学习现象的是德国心理学家柯勒(Kohler)。柯勒通过观察黑猩猩在目的受阻的情境中的行为反应，发现黑猩猩在学习解决问题的同时，并不需要经过尝试的过程，而是通过观察发现情境中各种条件之间的关系，然后才采取行动。柯勒认为，这就是对问题情境的一种"顿悟"，并且认为，黑猩猩解决问题是靠领悟了事物之间的关系，对问题的情境进行改组才使问题得以解决的，是突然实现的。在柯勒看来，顿悟是主体对目标和达到目标的手段之间的关系的理解，顿悟学习不必靠练习和经验，只要个体理解了整个情境中各部分之间的相互关系，顿悟就会自然发生。

继柯勒的顿悟学习实验后，美国心理学家托尔曼(Tolman)与霍齐克(Honzik)在 1930 年所做的关于潜伏学习的实验，对行为主义的强化学习原理做了进一步反驳。该项实验发现，在既无正强化也无负强化的条件下，学习可以采用潜伏的方式发生。关于这一点，现实生活中很多现象都可以对此提供支持。比如，在接触某种广告的过程中，消费者可能并没有有意识地对广告内容予以学习，在其行为上也未表现出受某则广告影响的迹象，但并不能由此推断消费者没有获得过关于该广告的某些知识与信息。当某一天消费者要达成某种目的时，会突然从记忆中提取源自该广告的信息，此时，潜伏的学习会通过外显行为表现出来。

关于认知学习的理论很多，这些理论虽然互有差异，但其共同点是强调心理活动，例如，思维、联想、推理等在解决问题、适应环境中的作用。简而言之，认知学派对学习的解释是立足于学习者对问题的解决和对所处环境或情境的主动了解。按照这一理论，消费者的购买行为总是先从认识需要开始，随后再评估满足需求的可选品牌，接着选出他们认为最可能满足他们的产品，最后评估产品满足需求的程度。

4. 观察学习理论

观察学习理论又称社会学习理论，主要是由美国心理学派图纳(Bandura)所倡导的。根据观察学习理论，人的许多行为是通过观察学习而获得的。所谓观察学习是经由对他人行为及其强化性结果的观察，一个人获得某些新的反应，或使现有的行为反应得到矫正，同时在此过程中观察者并没有外显性的操作示范反应。根据这个定义，观察学习有以下特点：

①观察学习并不必然具有外显的行为反应；

②观察学习并不依赖直接强化，在没有强化作用的情况下，观察学习同样可以发生；

③观察学习不同于模仿。模仿是学习者对榜样的简单复制，而观察学习则是从他人的行为及其后果中获得信息，它可能包含模仿，也可能不包含模仿。

利用观察学习理论可以诱导消费者特别是潜在消费者的反应。首先，通过榜样说明产品的肯定的结果，演示产品的使用方法，就可以引起潜在消费者的注意，使他们模仿榜样使用该产品。例如，保洁公司的不同洗发水用明星做形象代言人，其目的就是通过这些明星使用产品，引起潜在消费者的注意；或者消费者通过对别人行为的观察，熟悉产品的使用方法。这些都会影响消费者的重复购买行为，或扩大口碑效果。其次，消费者可以通过观察别人体验营销、体验刺激时情感上的表现，决定自己的行为。

5. 学习迁移理论

我们在研究消费者学习理论时，曾提到消费者如果对某一商店所经营的某种商品印象好，或是对该商店的服务很满意，那么，他就会经常光顾这一商店购买某种商品。同时，消费者也会对商店经营的其他商品感兴趣，甚至扩大到喜欢、偏爱，这种现象在学习理论上称为学习迁移。

学习迁移有两种情况：一种是水平迁移；另一种是垂直迁移。水平迁移是指个人把所学的经验推广应用到其他类似的且难度相同的情况中去。而垂直迁移是指个人把学得的经验因情境而重新组合，形成比原有的经验更高一级的学习。在学习理论中，学习迁移的这两种形式都是很重要的，水平迁移使学习知识的范围扩大，垂直迁移使学习的能力提高。但任何一种迁移都不是单纯学习行为的重复表现，而是学习经验的扩大或重新组合。因此，从消费者角度来讲，学习迁移理论对提高购买行为水平也十分重要。

4.1.3 消费者学习的特征和方法

1. 消费者学习的特征

了解学习的一些基本特征，可以帮助营销人员掌握消费者心理活动的特点和规律，以便有针对性地采取措施，强化消费者对产品、广告、品牌、服务等营销活动的认知度。在学习的基本特征中，对营销人员最有价值的是学习强度、消退、刺激泛化、刺激辨别和反应环境。

(1) 学习强度

学习强度是指习得行为或反应不被遗忘，能够持续的程度。学习强度受四个因素的影响：学习内容或被学习事物的重要性、强化的水平或程度、重复的水平和产品或品牌的表象。一般而言，接受的信息越多，过程中接受的强化(或惩罚)越多，刺激重复(或练习)的次数越多，信息内容中包含的意象成分越多，学习就越快而且记忆也越持久。

①被学习事物的重要性。所学事物对消费者越重要，消费者的学习就越有效率和效果，其持续时间也越长。一般而言，在高介入情形下，消费者会主动获取信息。因此，此时所获得的信息比低介入情形下更为完整。同时，在高介入情形下，消费者学习时对强化、重复等因素的依赖程度减弱。但是，在现实企业营销中，企业面对的更多的是处于低介入状态学习的消费者。因此，如何使企业的信息传播更切中要害，更能满足消费者的需要，如何采取有效手段引起消费者对学习对象的注意和注视，是企业营销重点研究的课题。

②强化的水平或程度。强化指能够增加某种特定反应在未来重复发生的可能性的任何事物或活动。虽然在缺乏强化的情况下，消费者学习也常常发生，但强化能极大地影响学习的速度和学习的效果。强化分为正强化和负强化。好的结果和积极的体验，对人的行为具有积

极的强化作用；坏的结果或消极的体验，对人的行为就具有负强化的作用。

③重复的水平。重复能增加学习的强度与速度，即接触某种信息次数越多，人们掌握它的可能性就越大。重复的效果还直接与信息的重要性和所给予的强化有关。学习的内容越重要，并得到了积极的强化，则重复就可以减少；反之，则应提高重复的次数，以强化学习的效果。

(2) 消退

消退也可以称为自然消退，是指撤销对原来可以接受的行为的正强化，即对这种行为不予理睬，以表示对该行为的轻视或某种程度的否定。心理学的研究证实，一旦对于习得的反应所给予的强化减弱，习得的反应不再被运用或消费者不再被提醒做出反应，消退或遗忘就会发生。

遗忘发生的速度与最初的学习强度呈负相关关系，学习的内容越重要、强化越多、重复越多、意象越多，学习对遗忘的抵制就越强。营销人员通常希望消费者能对本企业产品品牌、广告等保持长久的记忆和深刻的印象，就应注意强化，否则这种期望是不现实的。

(3) 刺激泛化

刺激泛化是指由某种刺激引起的反应可经由另一种不同但类似的刺激引起。例如，一个消费者知道伊利的冰激凌很好吃，就认为新推出的伊利酸奶也好喝，这种情况就是刺激泛化。

在巴甫洛夫的实验中，曾经表征过这种泛化现象。研究表明，泛化的程度与两个刺激的相似性有密切关系，即新刺激与原有条件刺激越相似，泛化越明显；相反，两者差异越大，泛化越小。

现在，刺激泛化原理被广泛地运用到企业的经营活动中，特别是在品牌策略、包装策略和广告策略方面。学习中的这种泛化现象对消费者的品牌学习的影响在于，消费者不必对每个刺激做出反应，只要熟悉名牌中的某个产品，就可能随之认识它的系列产品。这也是名牌商品的市场价值所在。世界大多数公司，据粗略统计，大约有 80%的新产品品牌名称是优良品牌或生产线的拓延。美国宝洁公司在 20 个月的时间内推出近 90 种新产品，没有一个品牌是全新的。

然而，对于企业来说，刺激泛化是一把“双刃剑”。一方面，企业可以利用刺激泛化将消费者形成的关于本企业或产品的一些好的情感和体验传递到新产品上去，以此促进消费者对新产品的接受和购买；另一方面，关于企业或其产品的不好的信息经由刺激泛化以后，会对企业的营销活动产生不利影响。

还有一个值得注意的问题，刺激泛化现象的存在，为营销中的不法行为提供了机会。其表现为：某些经营者在市场活动中采用不正当手段，在包装、装潢、商标、品牌名称等方面使自己的产品仿冒名牌产品，以其消费者对名牌产品的好感泛延到他们的产品上去，从而诱骗消费者上当受骗。

(4) 刺激辨别

刺激辨别是指人们将某一刺激与另一类刺激相区分的学习过程，或者说，是指消费者对相互类似的刺激予以不同反应的学习过程。

刺激辨别与刺激泛化都是具有紧密内在联系的学习现象。消费者对新刺激的最初反应通常接近于对以往类似刺激所做的反应。只有经过这样一个泛化阶段以及随之而来的对有关线索的学习之后，才开始学会将新刺激与旧刺激相区别。消费者接受新产品的过程基本上也是这样的。一般，这是因为购买者对新产品的第一反应就是弄清楚与该产品相似的产品是什么。

只有弄清这一问题，购买者才会将已知产品的某些特性赋予到新产品上，也就是对刺激予以泛化。当然，新产品获得成功后仅仅停留在这一阶段还不够，还要使购买者感觉到它具有某些不同于已有产品的独特性。正是这种独特性，使新产品和原来同属于一类的其他产品相区分。

另外，刺激辨别要求消费者在品牌学习中避免出现泛化的现象。因为相似性越来越小的刺激都被同样对待，不利于品牌的识别。这就必须对刺激予以区分，以使消费者对它们做出不同的反应。例如，拜耳(Bayer)的阿司匹林与其他品牌的阿司匹林不同，但消费者不是购买专家，难以清楚地辨别它们的差异。为了使消费者对拜耳的阿司匹林的识别，并形成品牌记忆，企业的首要任务就是教会消费者区分拜耳的阿司匹林与其他品牌的不同。

刺激辨别在市场中不是个别现象。随着市场竞争加剧，同类产品繁多，产品同质化现象日益突出，产品之间的差异变得越来越小，要让消费者对不同产品做出准确判断不是一件容易的事情。目前，广告宣传是大多数企业用于帮助消费者进行刺激辨别的主要手段。通过各种传播渠道，引导消费者注意本企业产品的特征，强化差别认识，如产品的一些外部特征，包括品牌、品名、色彩、外观、包装等，最终把自己的产品从同类产品中区分出来。

(5)反应环境

现实中常常出现这样的情况，在需要的时候我们找不到存储在记忆中的相关信息。影响信息提取能力的因素有两个：最初的学习强度与回忆时所处的环境是否与最初的学习环境具有相似性。反应环境对消费者的品牌学习有着基本的意义，通过反应环境有助于唤醒和强化品牌记忆。企业利用反应环境强化品牌记忆时，首先要研究消费者的购买习惯，理解他们购买决策发生的时间与地点，便于营造能唤起消费者记忆的环境线索。例如，一个企业在其口香糖的电视广告中将一幅有趣的画面与该口香糖品牌的发音配对出现，以使消费者对于该品牌产生正面情感(经典条件反射)，但是广告中没有清楚地显示该口香糖的包装和品牌字样。当消费者在购买环境中面对众多品牌的口香糖时，由于只能看到各种口香糖的外观与包装，而没有与品牌相对应的声音刺激，这样的购买环境很难唤起消费者对特定品牌的记忆。正确的做法是广告在提供品牌声音刺激的同时，还应在画面中显示产品品牌的包装画面，这样才能为消费者提供一个完整的刺激环境，帮助消费者唤起记忆。

2. 消费者学习的方法

人们从事社会实践活动的过程就是学习的过程。同样，消费者从事购买活动的过程也是学习的过程，是不断积累知识、丰富经验的过程。消费者购买活动的每一步都是在学习，从感知商品到购买决策及使用的体验，都是学习的过程，可见学习对消费者的重要性。这种重要性体现为三个方面：一是增加消费者购买的商品知识，丰富购买经验；二是进一步提高消费者的购买能力，促进购买活动的完成；三是有助于促发消费者重复性的购买行为。根据这三个特点，消费者可以采取不同的方法进行学习。

(1)模仿法

模仿就是仿效和重复别人行为的趋向，它是消费者学习的一个重要方法。一些明星发型、服饰，甚至生活方式，之所以能很快在一些人群中流行开来，就是模仿心理的作用。

模仿可以是有益的、主动的，也可以是无意的和被动的。当被模仿行为具有榜样作用，社会或团体又加以提倡时，这种模仿就是自觉进行的。在社会生活中还有很多模仿是无意识的，如小孩模仿大人的行为，经常接触某个群体的成员，就会不自觉地带有该群体的行为特征。

模仿可以是机械的模仿，也可以是创造性的模仿。前者，如穿和明星一样的衣服、理一样的发型、开一样品牌的车等；后者，如世界杯比赛期间，有很多国家球迷们的装束是既模仿又创新的，让现场其他观众和电视机前的观众大开眼界。

(2) 试误法

试误法又叫尝试错误法，它是消费者通过尝试，从而在一定的情境和一定的反应之间建立起联结。消费者渴了的时候，可以喝茶、咖啡、可乐或者矿泉水等，也就是说，可以做出许多不同的反应，发现做出某种特定反应能获得最满意的效果，于是此种反应与这一情境的联结就会得以保存。如果在今后的行为练习中，做出此种反应之后总是伴随着满足，则联结的力量会增强；反之，若做出反应之后伴随的是不满和烦恼，联结的力量将减弱。

(3) 观察法

观察法是指消费者通过观察他人的行为，获得示范行为的象征性表象，并做出或避免做出与之相似的行为的过程。在消费过程中，消费者或自觉或不自觉地观察他人的消费行为，并以此指导自己的消费实践。比如，当发现同事买的某种牌子的手提计算机质量好，效果也好，就可能在头脑中留下印象，在自己需要购置手提计算机时，就会不自觉地想到同事那台手提计算机，并形成购买意向。反之，如果经过观察发现同事所买的那台手提计算机不那么理想，则在购买手提计算机时，可能会避免选择该品牌的产品。观察学习使个体突破直接经验的限制，获得很多来自间接经验的知识、观念和技能，这也是消费者所采用的十分普遍的学习方法。

4.2　消费者的态度

消费者在了解、接触企业所提供的产品与服务的过程中，会对这些产品、服务及提供这些产品、服务的企业形成某种态度。这种态度不仅决定着消费者如何看待企业及其提供的产品与服务，而且在很大程度上影响着消费者的购买行为。所以，研究消费者的态度，对了解、引导消费者行为具有十分重要的意义。

4.2.1　消费者态度概述

1. 消费者态度的含义

不同的研究学者对态度有不同的理解。美国社会心理学家瑟斯顿和奥斯古德将态度视为评价或情感性反应；奥尔波特将态度看做心理的、神经的准备状态；认知论者将态度看做由认知的、情感的、行为的 3 种成分构成的一个整体，是对态度对象的理解、情感和行为的相互关联的比较持续的、某个人内部的系统。

简单地说，态度 (Attitude) 就是对人、事、物、观念等的评价，具体由 3 部分组成，三者共同形成对态度对象的评价。

(1) 认知成分

认知成分是主体对态度对象的认识和评价，是人对于对象的思想、信念及其知识的总和，是主体根据主要相关事实而形成的态度。例如，一辆汽车的客观价值：一升汽油能跑几千米路，它是否有安全气囊，外形是否美观，价格如何等。

(2) 情感成分

情感性成分是主体对态度对象的情绪的或情感性体验，是主体根据感觉和价值观形成的态度。例如，人们对吸毒、安乐死、婚前性行为等的态度。

(3) 行为成分

行为成分包括人们对态度对象采取的行动或可观察的行为，是主体根据人们对某一对象所表现出来的行为的观察而形成的。在某些情境下，人们要等到看见自己的行为之后才知道自己感觉如何。例如，你问你的一个朋友是否喜欢咖啡，如果她回答，“我喜欢，因为我经常在家煮咖啡和光顾咖啡店”，就说她有一种“以行为为基础的态度”。她的态度更多的是基于对行为的观察，而不是她的认知或情感。

这三种成分各有自己的特点：认知成分是态度的基础，其他两种成分是在对态度对象的了解、判断基础上发展起来的；情感成分对态度起着调节和支持作用；行为成分则制约着行为的方向性。

基于此，可以将消费者态度定义为：消费者对某一事物或观念所持有的正面或负面认识上的评价、情感上的感受和行为上的倾向。

2. 消费者态度的特性

态度作为消费者的一种复杂的、复合型的心理活动，具有以下特性。

(1) 社会性

消费者对某类商品或服务的态度并非与生俱来的，而是在长期的社会实践中不断学习、不断总结，由直接或间接经验逐步积累而成的。离开社会实践，离开与其他社会成员、群体、组织的互动，以及将社会信息内化的过程，则无从形成一定的态度。因此，消费者的态度必然带有明显的社会性和时代特征。

(2) 对象性

态度是针对具体的观点和事物所形成的，这种对象可以是具体的事物，也可以是某种状态。态度是主体和客体的一种反应。谈到态度必须要谈到态度的对象，例如，对某种产品的印象如何，就涉及产品质量、服务等一系列具体的条件。可以说，没有对象的态度是不存在的。

(3) 价值性

在消费活动中，消费者之所以对某类商品和服务持有这样或那样的态度，无不取决于该商品或服务对自己具有的价值大小。凡价值大的，消费者就具有积极的态度倾向；反之，实现价值小或无价值，则具有消极的态度倾向。因此，在一定意义上，价值成为决定消费者态度的最根本的原因。

(4) 差异性

消费者态度的形成受多种主客观因素的影响和制约。由于各种因素在内容、作用强度和组合方式上千差万别，因此消费者的态度也存在众多的差异。不仅不同的消费者对待同一商品可能持完全不同的态度，而且同一消费者对待同一商品在不同的年龄阶段和生活环境中的态度也可能截然不同。态度的差异性对区隔和细分消费者市场具有重要的意义。

(5) 相对稳定性

由于消费者的态度是在长期的社会实践中逐渐积累形成的，因此，某种态度一旦形成，便保持相对稳定，并逐步成为个性的一部分。例如，对某种名牌的偏爱，对某家老字号的信任。态度的稳定性使消费者的购买行为具有一定的规律性、习惯性，从而有助于降低决策风险，实现某些购买决策的常规化、程序化。

(6) 调整性

态度的一个重要特点就是它的调整功能。在购买活动中最常见的是人们根据他人或社会的奖惩来调整或改变其态度。例如，消费者购买了一件她自认为很漂亮的衣服，如果其他同事或朋友表示不同看法时，她的态度很可能由喜欢转变为讨厌。实践证明，来自外界的评价对于消费者态度的调整十分有效，很多情况下消费者对一些商品并没有积极地态度，但在赠品或者有奖销售等促销方式下，使消费者对商品产生积极态度而踊跃购买。

3. 消费者态度的功能

在日常的购买行为中，消费者何时、何地、以何种方式购买何种商品，取决于多种因素，其中态度具有极其重要的影响和作用。消费者对产品或服务形成某种态度，并将其储存在记忆中，一旦需要就会从记忆中提取出来，应付或者帮助解决当前面临的问题。通过这种方式，态度有助于消费者更加有效地适应环境，使之不必对每一新事物或新的产品、新的营销手段都以新的方式做出解释和反应。学术界被广泛注意的有卡茨的四功能说，即态度有适应、自我防御、认知和价值表达四种功能。

(1) 适应功能

适应功能又称功利功能，是指态度能使人更好地适应环境和趋利避害。人是社会性动物，他人和社会群体对人的生存、发展有重要的作用。只有形成适当的态度，才能从某些重要的人物或群体那里获得赞同和奖赏。

(2) 自我防御功能

自我防御功能是指形成关于某些事物的态度，能够帮助个体回避或忘却那些严峻或难以正视的现实，从而保护个体的现有人格和保持心理健康。当消费者的个别行为与所属群体的行为相左，或与社会通行的价值标准发生冲突时，消费者可以通过坚持固有态度以保持自身个性的完整，或适当调整和改变态度，求得与外部环境的协调，从而减缓心理紧张，保持心理平衡，同时增强对挫折的容忍力与抗争力。

(3) 认知功能

认知功能是指形成某种态度，更有利于对事物的认识和理解。态度可以作为帮助人们理解世界的标准或参照物，有助于人们赋予变幻不定的外部世界某些意义。态度就是在纷繁的商品世界中，将消费者的意念直接导向能满足其需要的商品，使购买行为和消费需要相互衔接和适应。

(4) 价值表达功能

价值表达功能是指通过态度表现出消费者的性格、志趣、文化修养、价值观念及生活背景等，同时反映消费者可能选择的决策方案和即将采取的购买行动。

4.2.2 消费者态度与购买行为

1. 消费者态度对购买行为的影响

传统上很多学者认为，消费者一般是先形成关于产品的某些信念或对产品形成某种态度，然后受信念和态度的影响，再决定是否购买该产品。现在很多人认为，购买行为并不必然受信念或态度的直接支配，在有些情况下，消费者可能是受环境或情境的影响(例如，在朋友的压力下、在促销的引诱下)，先采取购买行动，然后再形成关于产品或服务的态度。总之，消费者态度与购买行为之间并不必然是一种指示和被指示的关系。

20 世纪 30 年代，美国社会心理学家拉皮尔做过一项著名的试验。拉皮尔偕同一对年轻的中国留学生夫妇在美国西海岸旅行，住宿了 66 家旅社，在 184 家餐馆用餐，并受到很好的接待。当时，美国普遍存在对黑人和亚洲人的歧视，拉皮尔的此次旅行使他颇感意外。6 个月后，他将上述光顾过的餐馆、旅店作为试验组，将未光顾过的一些餐馆、旅店作为控制组，分别向它们寄送内容类似的调查问卷，以了解它们是否愿意接待华人顾客。结果，在光顾过的 250 家餐馆、旅馆中收回了 128 份答卷，其中回答不愿接待约有 118 家，占总数的 93.4%，而且这一结果与对照组的结果没有显著差别。由此说明，行为与态度之间的关系并不像人们通常想象的那样简单。

虽然如此，态度与行为之间确实又存在密切的联系。在西方的政府选举中，民意测验往往成为某个政党候选人能否当选的有效预示器，而且民意测验日与选举日越接近，民意测验的预示效果越准确。所以，通过态度测量，了解人心向背，在不少情况下对预示行为具有特殊的价值。一般而言，消费者态度对购买行为的影响，主要通过以下 3 个方面体现出来。

(1) 态度影响消费者对产品、品牌的判断与评价

哈斯托夫和坎特里尔将普林斯顿大学和达特茅斯大学两校校队足球赛录像分别放映给两校学生看，结果，普林斯顿大学的学生发现达特茅斯球队犯规次数比裁判实际判处的多两倍，达特茅斯大学的学生则恰好相反，更多地指出普林斯顿球队犯规而未遭处罚的次数。显然，这是两校学生维护各自学校荣誉的立场和期望本校球队获胜的积极态度造成认识判断上的偏差。这种现象，在消费者选择、购买产品时也会经常出现。例如，现在一些国产化妆品、家用电器不比外国产品差，但一些消费者长期形成了外国产品质量更好的信念和态度，由此在一部分人中形成了宁愿多花钱选择进口产品的崇洋倾向。

(2) 态度影响消费者的学习兴趣与学习效果

琼斯等人做过一个试验。他们选择对“白人与黑人分校学习”有不同态度的两组大学生作为被试者，第一组为反对分校者，第二组为赞成分校者。两组被试者被要求分别阅读 11 篇关于“反对黑人与白人分校学习”的文章，然后要求被试者将所阅读的文章内容尽量完整地写出来。结果发现，第一组被试者所记忆的材料数量远多于第二组。也就是说，与读者态度相吻合的材料，易被吸收、储存和提取，而与读者态度不一致的材料，则更容易被忽视、曲解。显然，态度在学习过程中起着过滤器的作用。同样，消费者在接触各种来源的产品信息时，也会因对企业、产品的不同态度，产生先入为主的见解，从而影响他对这些信息的注意和理解。

(3) 态度通过影响消费者购买意向进而影响购买行为

佩里曾研究过可否根据消费者对商品的态度来预测购买意图与购买行为的问题。他的研究发现，态度与消费者购买意图存在直接联系：抱有最善意态度的被试者怀有明确的购买意图，抱有最恶意态度的被试者完全没有购买意图，漠不关心的消费者则对将来是否购买持观望和不确定状态。由此得出的结论是：意图是态度的直接函数，即态度能够在很大程度上预测意图。费希本和阿杰恩认为，消费者是否对某一对象采取特定的行动，不能根据他对这一对象的态度来预测，因为特定的行动是由采取行动的人的意图所决定的。要预测消费者行为，必须了解消费者的意图，而消费者态度只不过是决定其意图的因素之一。在稍后介绍的费希本合理行动模型或行为意向模型里，态度、意图和行为之间的关系将得到进一步说明。

2. 费希本客体态度模型

费希本客体态度模型是一个预测消费者态度的多属性模型。这一模型在消费者行为和市场营销研究领域受到广泛关注。客体态度模型认为，预测或决定消费者态度的因素主要有 3

个：一是消费者对客体的突出信念，这类信念主要是指客体所具有的、对消费者很重要或消费者很关心的客体属性；二是上述信念的强度；三是对前述每个重要的客体属性的评价。如果以 A_o 表示主体对客体 O 的整体态度，i 表示客体所具有的第 i 个重要属性，n 表示客体具有的重要属性的个数，b_i 表示消费者对客体具有属性 i 的信念强度，e_i 表示对属性 i 的好恶程度，则客体态度模型可以表述为以下公式：

$$A_o = \sum_{i=1}^{n} b_i e_i$$

上述公式中 b_i 即客体–属性信念强度，一般可以通过询问消费者来做出估计。询问时，通常采用的问题方式是“客体 X 多大程度上具有属性 Y”。例如，若要确定消费者对“海信彩色电视机具有很高的清晰度”这一信念的强度，可以询问消费者在多大程度上认为“海信彩电具有高清晰度”，并要求他在一个分值由 1 ~ 10 的量表上标明其确信度，量表上的 1 表示极不可能，10 表示可能性极大。

同样，e_i 即消费者对属性 i 的好恶评价，也可以通过类似方式做出估计。例如，可以询问消费者“电视机具有高清晰度”是一件极好的事情，还是一件极坏的事情，并要求其在一个从−3 ~ +3 的 7 级量表上对上述属性的好坏做出评价。在这里，“−3”表示“极坏的事情”，“+3”表示“极好的事情”。如此，就可获得消费者关于 e_i 的评价值。

3. 费希本行为意向模型

行为意向模型，也称为合理行动理论，是由费希本和他的同事们在前述客体态度模型的基础上发展起来的。这一模型在很多方面对客体态度模型做了扩展和改进。首先，该模型提出，行为是某种特定购买意向的结果，态度本身并不能用来直接预测行为，而是用来预测行为意向。其次，行为意向模型增加了主观规范这一决定行为意向的变量。所谓主观规范，是指行动者对别的消费者认为在某情境下他应采取何种行动的主观评价。主观规范的引进，将相关群体对行为的巨大影响引入了模型之中，这使得模型更接近于反映现实。最后，该模型不是要求消费者直接对产品或品牌表达态度，而是要求他对购买该产品或该品牌的行为表达态度和看法。态度评价上的这一差别，使消费者更多地集中考虑购买行为所带来的后果。当更多地考虑购买后果而不是产品具有哪些属性和对这些属性进行评价时，消费者将把与购买有关的更多的因素，如是否与其他购买相冲突、财务上是否存在困难、是否有更好的选择品等，纳入考虑范围，这样，可以大大提高模型预测购买意向的能力。

4. 行为与态度不一致的影响因素

消费者态度一般要透过购买意向这一中间变量来影响消费者购买行为，态度与行为之间在很多情况下并不一致。造成不一致的原因有以下因素。

(1) 购买动机

购买动机即是消费者对某一企业或某一产品持有积极态度和好感，但如果缺乏购买动机，消费者也不一定会采取购买行动。例如，一些消费者可能对苹果公司生产的笔记本计算机怀有好感，认为苹果笔记本计算机品质超群，但这些消费者可能并没有意识到需要拥有一台苹果笔记本计算机，由此造成态度与行为之间的不一致。

(2) 购买能力

消费者可能对某种产品特别推崇，但由于经济能力的限制，只能选择价格低一些的同类其他牌号的产品。很多消费者对奔驰、宝马汽车评价很高，但真正做购买决定时，可能选择的是其他牌号的汽车，原因就在于奔驰、宝马的高品质同时也意味着消费者需支付更高的价格。

(3) 情境因素

情境因素如节假日、缺少时间、生病等，都可能导致购买态度与购买行为的不一致。当时间比较宽裕时，消费者可以按照自己的偏好和态度选择某种牌号的产品；但当时间非常紧张，如要赶飞机时，消费者实际选择的产品与他对该产品的态度就不一定有太多的内在联系。

(4) 测度上的问题

行为与态度之间的不一致，有时可能是由于对态度的测量存在偏误。例如，只测量了消费者对某种产品的态度，而没有测量消费者对同类其他竞争品的态度；只测量了家庭中某一成员的态度，而没有测量家庭其他成员的态度；或者离开了具体情境进行测度，而没有测量态度所涉及的其他方面等。

(5) 态度测量与行动之间的延滞

态度测量与行动之间总存在一定的时间间隔。在此时间内，新产品的出现、竞争品的新的促销手段的采用，以及很多其他的因素，都可能引起消费者态度的变化，进而影响其购买意向与行为。时间间隔越长，态度与行动之间的偏差或不一致性就会越大。

4.2.3 消费者态度的改变与购买行为

1. 消费者态度的形成

西方学者对态度的形成提出许多理论解释，大多是基于这样的理由：消费者态度的形成过程具有内在一致性的要求，他们注重自己的认知、情感和行为的和谐，如果出现不一致和矛盾，便会产生一种压力感和紧张感。态度形成理论主要有学习论、诱因论和认知相符理论三种，这三种理论对态度形成所做的解释虽然各有其侧重点，但它们并不相互矛盾和冲突，而是相互补充的。

(1) 学习论

学习论认为态度是个体后天习得的。人的态度主要是通过联想、强化和模仿三种学习方式而逐步获得和得到发展的。

在学习论中最著名的是心理学家H.C.凯尔曼提出的态度形成的三阶段理论。凯尔曼认为态度的形成和改变要经历三个阶段：顺从、认同和内化。

第一阶段是顺从，即在社会影响下，个人仅仅在外显行为上表现得与别人一致，对于何以要如此行事并没有多少深刻的认识，也没有太多的情感成分。此时，个体对行为的态度主要受奖惩原则的支配，一旦外部强化或刺激因素消失，行为也可能会终止。因此，这种态度是表面的、暂时的和易变的。

第二阶段是认同，即表现为不是被迫而是自愿接受别人提出的观点、信念和行为规范，并努力使自己在这方面的想法与之相一致。这种态度带有较多的情绪和情感成分，虽然它不一定以深刻的认识为基础，但这种态度较服从阶段的态度更为深刻，也更为积极主动。

第三阶段是内化，即个体把情绪认同的东西与自己已有的信念、价值观等联系起来，使之融为一体，对情感、态度给予理智上的支持。此时，个体态度以认知性成分占主导，同时附有强烈的情感成分，因而比较持久和不易改变。

凯尔曼的理论不仅很好地解释了态度的形成从内到外、由浅入深的过程，并且使我们认识到态度的形成与改变是一个复杂的过程，并非所有人对所有事物的态度都必然经历上述过程。有时人们的态度也许仅停留在第一或第二阶段，所以，稳固、持久的态度的形成十分困难。这就要求企业注意消费者态度的形成与改变，设法进行消费引导、消费教育，促进态度的内化。

(2) 诱因论

诱因论是从趋近因素和回避因素的冲突来看态度问题，即将态度的形成看做权衡利弊之后做出抉择的过程。美国学者爱德华在 1954 年发表的一篇“论决策”的文章中，提出了“期望价值”概念，并以此为基础对诱因论做出解释。爱德华认为，由于诱因冲突的复杂性，人们在决策时，总是试图对每种可能出现的情况及其预期的价值做出评价，并尽可能趋利避害，使主观效用达到最大。

诱因论和学习论的共同点是，两者都认为是由肯定因素和否定因素的相对关系来决定的。不同点是，诱因论强调人不是被动接受条件作用的环境反应论者，而是主动、积极对诱因冲突进行周密计算然后做出选择的决策者。

诱因论把人的态度的形成看成有理性的、主动决策的过程，这较学习论对态度的解释是一种进步。但把人的态度视为追求得失而进行周密思考和计算的表现，似乎并不完全符合事实。不少研究表明，态度一旦形成，即使当时诱发态度形成时的诱因已被遗忘，人们原有态度仍倾向于保持不变，对人、对事的情感成分比认知成分往往更为持久和更加有力。

(3) 认知相符论

该理论的基本观点是：人的信念或态度如果与其他观点、自身行为发生矛盾，就会存在一种内在力量推动其进行自我调整，以达到或恢复认知上的相符和一致。主要有三种方式。

①平衡理论。由海德于 1958 年提出。这种理论认为，认知的平衡状态是一种理想的或令人满意的状态。如果认知上出现了不平衡，就会产生心理上的紧张、焦虑和不舒适、不愉快。为了从不平衡恢复到平衡状态，需要改变现有的某个认知或添加一种新的认知。

②认知情感理论。这种理论认为，人们总是试图使其认知与情感相符，即人们的信念或认识在相当程度上受其感情支配。

③认知失调论。由费斯廷格于 1957 年提出。这种理论认为，任何人都有许多认知因素，如关于自我、自己的行为以及环境方面的信念、看法等。这些认知因素之间存在着相互一致和协调、相互冲突和不协调以及相互无关三种。当两个认知因素相互冲突和不协调时，消费者就会不由自主地驱使自己去减少这种矛盾和冲突，力求恢复和保持认知因素之间的相对平衡和一致。

消除认知不一致或认同失调的途径很多，主要有：改变其中的一个认知，使之与自己持有的其他认知相一致；改变行为，使行为与其他认知相一致；在不改变原来两个认知因素的条件下，增加新的认知。

2. 消费者态度的改变

消费者态度的改变包括两层含义：一是指态度强度的改变；二是指态度方向的改变。消费者态度的改变，一般是在某一信息或意见的影响下发生的，从企业角度，又总是伴随着宣传、说服和劝导。从这一意义上说，态度改变的过程也就是劝说或说服的过程。

(1) 改变消费者态度的说服模式

霍夫兰德和詹尼斯于 1959 年提出了一个关于态度改变的说服模式，如图 4-1 所示。这一模式虽然是关于态度改变的一般模式，但它指出了引起态度是否和如何改变的过程及其主要影响因素，对理解和分析消费者态度改变具有重要的借鉴与启发意义。

霍夫兰德认为，任何态度的改变都涉及一个人原有的态度和外部存在着与此不同的看法。由于两者存在差异，由此会导致个体内心冲突和心理上的不协调。为了恢复心理上的平衡，个体要么是接受外来影响，即改变自己原有的态度；要么采取各种办法抵制外来影响，以维持原有态度。

这种模式将态度改变的过程分为 4 个相互联系的部分。

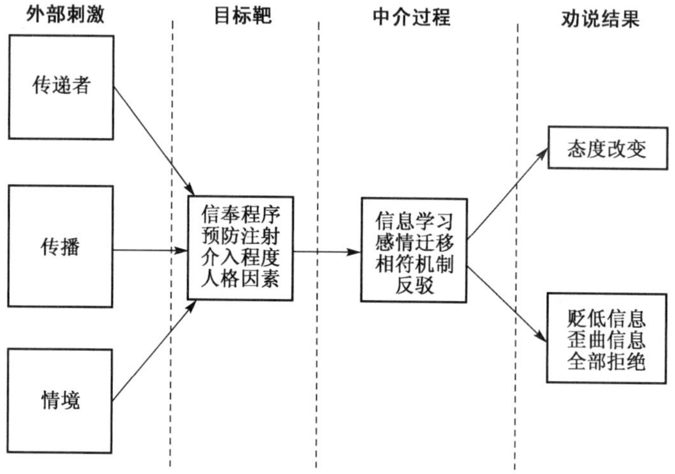

图 4-1　态度改变的说服模式

①外部刺激。外部刺激包括传递者或信息源、传播与情境 3 个要素。传递者是指持有某种见解并力图使别人接受这种见解的个人或组织。传播则是指以何种方式和什么样的内容安排把一种观点或见解传递给信息的接收者或目标靶。信息内容和传递方式是否合理，对能否有效地将信息传达给目标靶并使之发生态度改变具有十分重要的影响。情境因素是指对传播活动和信息接收产生影响的周围环境，如信息接收者对劝说信息是否预先有所了解，信息传递时是否有其他干扰因素等。

②目标靶。目标靶即信息接收者或企业试图说服的对象。说服对象对信息的接收并不是被动的，他们对于企业或信息传递者的说服有时很容易接受，有时则采取抵制态度，这在很大程度上取决于说服对象的主观条件。

③中介过程。中介过程是指说服对象在外部劝说和内部因素交互作用下态度发生变化的心理机制，具体包括信息学习、感情迁移、相互机制、反驳等。

④劝说结果。劝说结果不外乎两种：一是改变原有态度，接受信息传递者的劝说；二是对劝说予以抵制，维持原有态度。从劝说方的角度看，前述第一种结果当然最为理想。但在很多情况下，劝说可能并未达到理想目标，而是出现前述第二种情况。在此情况下，信息接收者或目标靶可能采用各种方式对外部影响加以抵制，以维护自己原有态度。常见的方法有：贬损信源，例如，认为信息发送者存有私利和偏见，其信誉很低，以此降低劝说信息的价值；歪曲信息，例如，对传递的信息断章取义，或者故意夸大某一论点使其变得荒唐而不可信；全部拒绝，即采用断然拒绝或美化自己的真实态度的方法抵御外部劝说和影响。①

① 甘琍琴，等.消费者行为学[M]. 北京：北京大学出版社，中国农业大学出版社，2009.

(2) 说服模式中的具体影响因素

①传递者对消费者态度改变的影响。一般来说，影响说服效果的信息源特征主要有 3 个：传递者的权威性、外表的吸引力和受众对传递者的喜爱程度。

传递者的权威性指传递者在有关领域或问题上的学识、经验和资历。在报刊、电视上，经常请有关专家、学者宣布某项消息或信息，目的就是为了增加信息的可信度和影响力。

传递者外表的吸引力指传递者是否具有一些引人喜爱的外部特征。传递者外表的魅力，能吸引人注意和引起好感，自然会增强说服效果。很多商业广告，用俊男靓女作为打动顾客的手段，就是运用了这一原理。另外，饭店和一些购物场所门口的接待一般都是相貌姣好的年轻人，目的就是希望能吸引顾客前来消费。

对传递者的喜爱程度是指受众或消费者对传递者的正面或负面情感。消费者对传递者的喜爱程度可能部分地基于后者的外表魅力，但更多的可能是基于其他的因素，如谈吐举止、幽默感等。喜爱之所以会引起态度改变，是因为人具有模仿自己喜爱对象的倾向，较容易接受后者的观点，受他的情趣的影响，学他的行为方式。

西方心理研究人员做过一项心理实验，研究人员给一所学校提供一些学生名单，并告诉校方，他们通过一项测试发现，该校有几名天才学生，只不过尚未在学习中表现出来。其实，这是从学生的名单中随意抽取出来的几个人，有的甚至是成绩很差的学生，不过这些校方人员根本不知道，他们以为这些学生真的都是天才。有趣的是，在学年末的测试中，这些学生的学习成绩的确比其他学生高出很多。研究者认为，这就是由于教师期望的影响。由于教师认为这个学生是天才，因而寄予他更大的期望，在上课时给予他更多的关注，通过各种方式向他传达“你很优秀”的信息，学生感受到教师的关注，并且在学生眼里教师是很有权威的，因而产生一种激励作用，学习时加倍努力，因而取得了好成绩。

喜爱程度和相似性有着密切关系。人们一般更喜欢和自己相似的人接触和相处，从而更容易受其影响。布罗克曾于 20 世纪 60 年代做过一个有趣的实验。他让一些化妆品柜台的售货员劝说顾客购买一种化妆品，有的售货员扮作有专长但与顾客无相似身份的劝说者，另一些则扮作与顾客有相似身份但无专长的劝说者。结果发现，没有专长但与顾客有相似性的劝说者比有专长而与顾客无相似性的劝说者对顾客的劝说更为有效。

②传播特征与消费者态度改变。传播特征主要包括：传达者发出的态度信息与消费者原有态度的差异；恐惧的唤起；单面与两面性论述。

一般而言，传递信息所维护的观点和消费者原来态度之间的差异越大，信息传递所引起的不协调感会越强，消费者面临的改变态度的压力越大。然而，在较大的差异和较大的压力之下，能否引起较大的态度改变则要看两个因素的相互作用：一个因素是前面说的差异或差距，另一个因素是信息源的可信度。差距太大时，信息接收者不一定以改变态度来消除不协调的压力，而可能以怀疑信息源的可信度或贬低信息源来求得不协调感的缓解。多项研究发现，中等差异引起的态度变化量大；当差异度超过中等差异之后进一步增大，态度改变则会越来越困难。

恐惧唤起是态度改变过程中常常运用的一种说服手段，近些年来，恐惧诉求在改变消费者态度方面越来越多地被视为有效的。人寿保险公司、防盗门生产商等日益增多地运用恐惧诉求唤起消费者对其产品的兴趣。正如很多研究人员所指出的，如果给予充分重视，高恐惧信息较陈述或事实性信息将产生更好的劝说效果。之所以如此，关键原因是恐惧诉求更易于激发情绪性反应，由此会使消费者更多地集中精力应付问题和在此基础上学会如何对威胁做出反应。

研究显示，在有些情况下，双面论述是一种有效的说服手段。双面论述给消费者一种客观、公正的感觉，可以降低或减少后者对信息和信息源的抵触情绪。霍夫兰德等人的研究表明：当听众与劝说者的观点一致，或前者对所接触的问题不太熟悉时，单面论证效果较好；如果听众与劝说者观点不一致，而且前者对接触的问题又比较熟悉时，单面论证会被看做传达者存在偏见，此时，采用双面论证效果将更好。

③目标靶的特性。研究说服过程或消费者态度改变的过程，除了要研究信息源、传播本身和情境因素外，另一个不容忽视的内容就是目标靶的特征。

a. 对原有观点、信念的信奉程度。如果消费者对某种信念信奉程度很高，如在多种公开场合表明了自己的立场与态度，或者根据这一信念采取了行动，此时，要改变消费者的态度将是相当困难的。相反，如果消费者对某种信念的信奉程度还不是特别强烈，而且也没有在公开场合表明过自己的立场，此时，说服消费者改变其原有的态度，相对会容易一些。

b. 预防注射。是指消费者已有的信念和观点是否与相反的信念和观点做过交锋，消费者是否曾经构筑过对相反论点的防御机制。一个人已形成的态度和看法若从未与相反的意见有过接触和交锋，就易于被人们说服而发生改变。相反，如果他的观点、看法曾经受过抨击，他在应付这种抨击中建立了一定的防御机制(如找到了更多的反驳理由)，那么，在以后他会有能力抵御更加严重的抨击。

c. 介入程度。消费者对某一购买问题或关于某种想法的介入程度越深，他的信念和态度可能就越坚定。相反，如果介入程度比较低，可能更容易被说服。在购买个人计算机时，消费者可能要投入较多的时间、精力，从多个方面搜寻信息，然后形成哪些功能、配置比较重要的信念。这些信念一经形成，可能相当牢固，要使之改变比较困难。而在低介入的购买情形下(如购买饮料)，消费者在没有遇到原来熟悉的品牌时，可能就会随便选择售货员所推荐的某个品牌。

d. 人格因素。包括自尊、智力、性别差异等。研究发现，低自尊者较高自尊者更容易被说服，因为前者不太重视自己的看法，遇到压力时很容易放弃自己的意见。与此相反，高自尊者往往很看重自己的观点与态度，在遇到他人的说服或攻击时，常会将其视为对自身价值的挑战，所以不会轻易放弃自己的观点。另一项人格因素是智力。一般认为，智力高的人比智力低的人难以被说服，但迄今还缺乏证据支持这种观点。调查表明，总体而言，高智商者和低智商者在被说服的难易程度上没有显著差异。但高智商者较少受不合逻辑的论点的影响，低智商者则较少受复杂论证的影响。总体上，智力和说服仍是有关系的，而且这种关系并不像人们想象的那样简单。就性别差异而言，有西方学者在回顾了有关这方面的大量实证研究后指出，从实验结果看，男性与女性在谁更容易被说服的问题上不存在明显差异。差异主要集中在双方各自擅长的领域。如在现实社会中，从事金融、管理等工作的大多是男性，女性在这方面可能缺乏自信，在与此有关的一些问题上可能较男性更易被说服。但在家务和孩子抚养上，女性较为自信，因此对与这些方面有关的问题，可能较男性更难被说服。

④情境因素与消费者态度改变。说服过程不是在说服方和被说服之间孤立进行的，而是在一定的背景条件下进行的。这些背景条件或情境因素对于说服能否达到效果有着重要的影响。

a. 预先警告。如果某一消费者在接触说服信息前，对劝说企图有所了解，他有可能发展其反驳的论点，从而增强抵御劝说的能力。弗里德曼和西尔斯于1965年做过一项关于警告、分心与对传播影响的抵制的研究。研究人员在一场报告开始前10分钟告诉一部分青少年被试者，他们将去听一个关于为什么不允许青少年开汽车的报告，而另一些孩子则在报告开始时才听到这一主题。结果得到预先警告的一组被试者受报告影响的程度比未受到预先警告的被试者要小得多。预先警告并不总是对信息接收者起抵制说服的作用。研究表明，如果一个人不十分信服他原来的观点，预先警告会起相反的作用，即能促进态度的转变。还有一项研究显示，警告的作用和意见内容是否涉及个人利益有紧密联系。对没有个人利益介入的人，预先警告能促进其态度转变；对有较深利益牵连的人，预先警告能阻挠其态度的改变。

b. 分心。是指由于内外干扰而分散注意力或使注意力不能集中的现象。在劝说过程中，若情境中存在“噪声”致使受众分心，就会影响劝说的效果。若引起分心的“噪声”太大，使目标靶听不到信息，则劝说等于没有发生。研究也发现，如果情境中有某些“噪声”适当地分散受众的注意力，不让受众集中精力去思考和组织反驳理由，劝说效果会更好。所以，分心对态度转变的影响，实际上应视分心程度而定。适度的分心有助于态度的改变，过度的分心则会降低劝说效果，从而阻碍态度改变。

c. 重复对消费者态度变化也会产生重要影响。双因素理论认为，当消费者接收重复性信息时，两种不同的心理过程将同时发生作用。一方面，信息的重复会引起不确定性的减少和增加对刺激物的了解，从而带来积极的和正面的反应；另一方面，随着重复增加，厌倦和腻烦也随之增长，在某一点上，重复所引起的厌倦将超过它带来的正面影响，从而引起消费者的反感。所以，为了避免或减少受众的厌倦感，企业在做广告时，最好是在不改变主题的条件下对广告的表现形式不时做一些适当的变动。

(3) 消费者态度改变的特点①

①信念比追求利益更容易转变。消费者通常先转变其品牌信念，进而转变其消费行为。企业可以通过转变消费者对品牌的价值观来转变消费者对产品的追求利益。然而，消费者追求利益比信念更持久、更根深蒂固和更内在化，因为它们与消费者的价值观联系得更为紧密。例如，一家止痛剂生产厂商生产一种被消费者认为药效更强、见效更快的药品。然而，消费者更看重的是得到医生首肯的产品温和性和安全性。一方面，该生产厂家可以试图使消费者相信，该止痛剂是一种非处方药品，无须得到医生的推荐，其安全性也无须考虑，并且它是一种药效更强的药品，完全可以被人们接受。另一方面，该生产厂家也可以调整广告宣传重点，在继续强调见效快的同时，指出其完全符合 FDA 标准的安全性。后一种策略将会比前者更有效，因为广告说服是在消费者现有价值体系下来转变其对该品牌的信念的。

▶相关知识：FDA

FDA 是美国食品药物管理局 (Food and Drug Administration) 的英文缩写，它是国际医疗审核权威机构，由美国国会即联邦政府授权，专门从事食品与药品管理的最高执法机关；是一个由医生、律师、微生物学家、药理学家、化学家和统计学家等专业人士组成的致力于保护、促进和提高国民健康的政府卫生管制的监控机构。

美国 FDA 隶属于美国国务院保健与服务部的公共健康服务署，负责美国所有有关食品、药品、化妆品及辐射性仪器的管理，它也是美国最早的消费者保护机构。FDA 不仅收集处理 80 000 项美国境内制造或进口的产品样品并施以检验，而且，每年派遣上千名检查员，奔赴海外 15 000 个工厂，以确认它们的各种活动是否符合美国的法律规定。其监管程序包括食品监管与膳食补充剂监管、药品监管、医疗设备和放射性设备监管、化妆品监管、兽医用品监管等。

（资料来源：http://baike.baidu.com/view/2306882.htm.）

① 江林.消费者行为学[M]. 北京：科学出版社，2007.

②品牌信念比品牌态度更容易转变。消费者对产品的认知程度(信念)要比情感(态度)更容易转变。消费者行为学研究表明：消费者在高介入(参与)的情况下，信念变化要先于品牌态度的变化，如果消费者对产品的信念抑制了其购买行为，广告策划就要试图在不转变其信念的情况下转变他们的态度。

③对享受性产品，态度转变比信念转变更重要。当消费者基于情感购买某一产品时，他们依靠的是情感(态度)而不是认知(信念)，对享受性产品来说这一点更重要。例如，沃尔沃试图将其冷酷、可靠的产品形象转变成一种欢乐与幻想结合在一起的形象，但其获得的成功相当有限。沃尔沃为了达到其目的，不得不求助于态度转变策略，而非转变信念。其相当有限的成功驱使沃尔沃回到更为注重实际的并强化消费者原有信念的主题上去。

④消费者对产品参与程度不高时，态度更容易转变。对于非参与产品的态度更容易转变，因为消费者对这种产品并不关心。对于当产品的个性色彩不浓，对产品没有什么感情，产品没有什么象征意义时，消费者的态度更容易转变。

⑤弱态度比强态度更容易转变。如果消费者对品牌的态度不那么坚定，营销人员就能够更容易地建立起与产品的新联系。例如，某一护肤品，在非用户当中形成了一种稠密、油腻的印象。非用户更多地把它看成治疗严重皮肤病的药品，而不是普通的化妆品。营销人员深知，要扩大该品牌的销路，就必须转变非用户的态度。该公司开始在广告中将其产品宣传成一种柔润皮肤的日常用品，并把尽可能多地免费样品抹在潜在用户手上以表明该产品并不油腻。非用户之所以认可这场宣传活动，就是因为他们对该产品态度的形成并非建立在直接使用经验基础上，而只是一种微弱的印象。但是，这种微弱态度也会使竞争者更容易地将用户吸引过去。当消费者对公司或产品态度很牢固时，要想改变这种态度就要难得多了。

⑥当消费者对品牌的评价缺乏信心时，其态度更加容易转变。对品牌评价缺乏自信的消费者更容易接受广告内容中的有关信息，其态度也更易转变。当消费者在评价某一品牌时对应采用的标准产生迷惑时，消费者在做出决策时就缺乏自信，在这种情况下消费者将会接受那些能提供一些关键属性的信息产品。

⑦以情动人的呈递方式可以获得消费者态度上的认同。在消费者态度的三种成分中，情感成分在态度的改变上起主要作用。消费者购买某一产品，往往并不一定都是从认识上先了解它的功能特性，而是从感情上对它有好感，看着它顺眼，有愉快的体验。广告如果能够从消费者的感情入手，往往能取得意想不到的效果。例如，纳爱斯集团的雕牌洗衣粉，以下岗女工为主题的广告，虽未提洗衣粉的优点，却给人以强烈的情感体验，诱发了消费者对爱的需要，产生了感情上的共鸣，在心中留下深刻美好的印象，对此洗衣粉有了肯定接纳的态度。

⑧奖励式的呈递方式可以引起消费者态度的变化。在广告中增加一些额外的奖励信息，使消费者在接受广告的同时可获得一些与广告无关的东西，如小礼品或其他信息等。奖励是一种外在的正强化刺激，行为主义理论认为，这种正强化刺激可以增加消费者对广告及广告宣传的产品的好感。心理学研究中的可口可乐效应就证明这一点。试验把被试者分成两组，让他们看某个广告传达。其中一组在发给广告传单时每人赠送一瓶可口可乐饮料，此组为实验组；而另一组则无任何奖励，称为控制组。最终可口可乐的食物奖励起了积极的作用，它帮助消费者接受了广告。这种奖励式呈递在应用时应格外注意，所强调的奖励一定要能兑现，否则适得其反。总之，广告说服策略不仅具有科学性，更具有独特的艺术性。无论广告信息呈递的方式如何，其基本原则是要在对消费者心理变化认知的基础上找到广告对象的态度变化新特点，这样才能有的放矢地选准诉求点，制定有效的广告说服策略。

(4) 消费者态度的改变与营销策略

如前所述，消费者态度的改变可分为两种。一是方向的改变，即原来反对的变成赞成，或原来喜欢的变成不喜欢。这种态度的改变也称不一致性改变。二是强度的改变，但态度的方向不变。例如，原来态度为赞成(或反对)，改变为强烈赞成(或强烈反对)，即指增加积极度(或消极度)，使之成为一种更加强烈的积极态度(或消极态度)，这种改变也称为一致性改变。

消费者在购买决策过程中、不仅会因态度产生偏爱，而且还会产生偏见。厂商从保护自身的利益出发，要改变消费者的消极态度，推广厂家的商品。除此以外，有的厂商为了在激烈竞争的市场上争取更多的消费者，也需要改变消费者原来的不积极(但不是偏见)的态度，形成积极的肯定的态度，使消费者对于该厂家的产品产生购买的兴趣。

改变消费者态度的营销策略主要有三种：改变认知成分、改变情感成分和改变行为成分。

①改变认知成分。

a．改变信念。指改变消费者对品牌或产品的一个和多个属性的信念，具体方法是提供有力的事实或描述。例如，消费者可能认为国内洗衣机没有国外产的洗衣机耐用，国内洗衣机厂家可以提供大量的实验数据证实其洗衣机连续运转时间已经达到世界先进水平，丝毫不逊于国外的洗衣机，也可向顾客承诺高于国外洗衣机的保修时间。

b．改变属性的权数。消费者认为产品的某些属性比另外一些属性更加重要，从而对本公司的品牌产生了较不利的认知，营销人员可以设法改变消费者的属性权数，强调本公司产品相对较强的属性是此类产品最重要的属性，以改变消费者的品牌认知。

c．增加新属性。指在消费者的认知结构中增加新的属性概念，使消费者原先没有认识到或没有重视而本公司或本产品相对较强的属性成为影响消费者产品认知的重要属性。例如，多数消费者购买台式计算机显示器时对辐射问题并未给予充分的重视，换言之，消费者关于显示器的品牌信念形成过程中没有考虑“辐射量”这项属性指标，如果这种情况不改变，消费者就不可能购买无辐射但价格昂贵的液晶显示器。营销人员可运用多种手段宣传辐射对人体造成的危害，促使消费者把辐射量作为显示器的重要属性来考虑，就能够改变其产品信念和购买行为。

d．改变理想点。指在既不改变消费者的属性权数，也不增加新属性的条件下改变消费者对属性理想标准的认识。例如，电视机尺寸大小是消费者选择产品所考虑的重要属性之一，许多人存在着单纯求大的倾向，导致许多中等尺寸的电视机销路不佳。营销人员可宣传电视机的尺寸应当与房间的大小相适应，改变消费者关于电视机理想尺寸的认识。

②改变情感成分。营销人员越来越多地试图在不直接影响消费者品牌信念和行为的条件下先影响他们的情感，促使他们对产品产生好感。一旦消费者以后对该类产品产生需要，这些好感会导致购买行为，或者好感会直接促进购买，在使用过程中建立对品牌的正面信念。营销人员建立消费者对产品的好感的方法有三种：经典性条件反射、激发对广告本身的情感和增加对品牌的接触。

a．经典性的条件反射。企业将消费者喜爱的某种刺激与品牌名称放在一起展示，多次反复就会将该刺激产生的正面情感转移到品牌上来。例如，极限挑战运动能够激发消费者感受力量，把极限挑战运动的镜头与某运动饮料的品牌多次在一道播放，就会将消费者对该项运动的喜爱转移到本品牌上来。

b．激发对广告本身的情感。消费者如果喜爱一则广告，也能导致对产品的正面情感，进而提高购买参与程度，激发有意识的决策过程。使用幽默广告、名人广告、比较广告、情感性广告等都能增加受众对广告的喜爱，这类广告中不一定要含有具体的认知信息。消费者对广告本身的态度(如喜欢或不喜欢)是营销成败的关键。

c．增加消费者对品牌的接触。研究表明大量的品牌接触也能增加消费者对品牌的好感。

对于低度参与的产品，可以通过广告的反复播放提高消费者的喜爱程度，而不必改变消费者最初的认知结构。这里，重复是以情感为基础的营销活动的关键。广告的传统测量方法侧重于信息的认知成分，而这些方法对以情感为基础的广告是不适用的。

③改变行为成分。消费者的行为可以发生在认知和情感之后，也可以发生在认知和情感之前，甚至也可以与认知和情感相对立。行为能够直接导致认知和情感的形成，消费者常常在事先没有认知和情感的情况下尝试购买和使用一些便宜的新品牌或新型号的产品。在改变消费者的认知或情感之前改变其行为的主要途径是运用操作性条件反射理论。营销人员的关键任务是促使消费者使用或购买本企业产品并确保产品的优异质量和功能，使消费者感到购买本产品是值得的。吸引消费者试用和购买产品的常用技巧有优惠券、免费试用、购物现场的展示、搭售以及降价销售等。此外，还要健全商品分销系统，保持适当的库存，避免脱销，防止现有顾客再去尝试竞争性品牌，因为这种尝试很可能引起消费者对竞争产品的好感并改变其购买选择。

4.2.4 消费者态度的测量

态度是一种内在的心理倾向，它无法被直接观察到，但可以通过某些方法和技术间接地推测出来。社会心理学家在一开始研究态度之时，特别是在态度能够预示行为的观点支配下，十分注重对态度的测量，热心于发现和确定态度，提出了许多态度测量的理论和技术。在这方面，社会学家和心理学家的合作与汇合体现得十分鲜明：先到者是社会学家博加德斯，接踵而至者是心理学家瑟斯顿。前者于1925年公布了著名的“社会距离量表”，后者不但在1926年提出了“态度能够被测量”的观点，而且于1929年在与蔡夫合作出版的《态度测量》一书中首次公布了一种测量宗教态度的量表。从那以后，各种态度测量的方法和技术纷纷出现，到目前为止已达数百种之多。这些测量方法主要包括量表测量和非量表测量两大类。

1. 量表测量

(1) 瑟斯顿等距量表

瑟斯顿和蔡夫在其1929年出版的《态度的测量艺术》一书中，提出了态度测量的等距量表法。这一方法的具体测定程序比较复杂，测定方法的基本思路如下。

①通过对消费者的初步访谈和文献分析，尽可能多地收集人们对某一态度对象的各种意见。一般应在100条以上，这些意见一般由一个个陈述语句来表述，其中，既有善意的意见，也有恶意的意见，既有肯定的，也有否定的。

②选定20人以上的评定者，按照各条语句所表明态度的有利或不利的程度，将其分别归入11个类别。第1类代表最不利的态度，以此类推……第6类代表中立的态度……第11类代表最有利的态度。

③计算每条语句被归在这11类中的次数分布。

④删除那些次数分配过于分散的语句。

⑤计算各保留语句的中位数，并将其按中位数进行归类，如果中位数是 n，则该态度语句归到第 n 类。

⑥从每个类别中选出 1 ~ 2 条代表语句(即各评定者对其分类的判断意见最为一致的)，将这些语句混合排列，即得到所谓的沙氏通量表。

瑟斯顿等距量表通常在设计时，一般将有关态度语句划分为 11 类，实际运用时也可划分为 7 类或 9 类，多些少些均可以，但最好划分成奇数个类别，以中点作为中间立场。运用瑟斯顿等距量表测试消费的态度，要求被试者给予积极、诚实的回答和合作，否则，调查结果会出现偏差。同时，它需要许多评审者对数目众多的陈述意见进行筛选，并分别计算每一陈述意见的量表分值。这是一项极为费时、费力的工作，由此也极大地限制了这一方法在实际中的运用。

(2) 李克特量表

李克特量表，又称总和等级评定法，是李克特于 1932 年提出来的。李克特量表在提出和确定陈述句的要求方面与瑟斯顿等距量表类似，但不像后者那样要求把所有陈述意见在一个分为 7、9 或 11 级的连续系统上进行均衡分类，而只采用肯定或否定两种陈述，并要求参加态度测试的被试者对各项陈述意见表明赞同或不赞同的程度。实际上，李克特量表是将沙氏通量表中的专家或评判人员分类转变为应答者的自我分类，由应答者在一个 1 ~ 5 级或 1 ~ 7 级的等级量表上自我报告他对陈述意见的赞同程度。

对于“海信电视机清晰度很高”的陈述意见，被试者可以在一个 5 点量表或 7 点量表上表明他赞同的程度。图 4-2 就是在态度调查中采用的 5 级和 7 级李克特态度量表。量表上取的分值越低，表明对陈述意见赞同的程度越高；反之，则越低。(当然，也可以规定量表值越低，赞同程度越低，这种规定完全是人为的)。由于每一态度范畴可以从多个层面来予以度量，即可以由被试者对多个陈述意见的赞同或反对程度予以刻画，所以，在实际测量中，需对被试者在各陈述意见上的量值加以汇总，以获得该被试者在此态度范畴上的综合得分，并以此反映他的总体态度。

极同意	同意	中立	反对	极反对
1	1	3	4	5

极同意	同意	有些同意	中立	有些反对	反对	极反对
1	1	3	4	5	6	7

图 4-2　李克特态度量表

在运用李克特量表测量消费者态度时，经常遇到的一个问题是如何确定所使用的陈述语句的合适性，即确定这些语句是否确实具有刻画或反映消费者的某一方面态度的潜力或能力。对于这一问题，迄今没有找到十全十美的解决办法。但在实际中，可以通过计算在某一项目或陈述意见上得分居前的 25 位被试者的平均得分和在该项目上得分居末的 25 位被试者的平均得分，并对这两部分被试者的平均得分进行比较，以平均得分的差异作为决定该陈述意见是否合适、是否应保留或删掉的判别指标。前述两部分被试者在某一项目上平均得分的差异越大，表明该项目越能深刻刻画人们在某一方面的态度，因而适合作为量表项目；否则，表明对消费者态度的刻画能力较低，不宜选做量表项目。

李克特量表操作简便，是目前应用最广泛的态度测量方法之一。较之瑟斯顿等距量表，李克特量表的工作量只及前者的几分之一到几十分之一，而用李克特量表所测得的结果与用沙氏通量表所得的结果相关度达 0.80，由此不难解释李克特量表受到普遍欢迎的原因。虽然如此，但这一量表也是局限性。由于采用态度等级的自我报告法，再加上它自身存在一种将问题简化处理的倾向，运用李克特量表测量较复杂的态度问题时，效果并不十分理想。此外，如同瑟斯顿等距量表一样，李克特量表依据直接询问被试者对态度客体的评价来赋予分值，在一些敏感问题上，被试者可能会存在顾虑而加以掩饰，由此可能影响最终的测试效果。

(3)语意差别量表

语意差别量表，又称为语意分析量表，是由奥斯古德等人于1957年提出来的一种态度测量方法。该量表的基本思想是，对态度的测量应从多个角度并采用间接的方法进行，直截了当地询问人们对某一主题或邻近问题的看法与态度，结果不一定可靠；人们对某一主题的态度，可以通过分析主题概念的语意，确定一些相应的关联词，然后再根据被试者对这些关联词的反应加以确定。例如，若想了解一个人对他父亲的态度，不必直接询问他对自己父亲的感觉，因为这样询问不一定能了解他的真实态度。你可以提出“父亲”这个词，要求被试者按语意差别量表中的各个评定项目画圈，由此即可推断出他对自己父亲的态度。具体测定消费者态度时，先给被试者提出一个关于态度对象的关键词，然后要求被试者按自己的想法在两极形容词间的7个数字上圈选一个数字，各系列分值的总和即代表他对所测事物的总的态度。得分越高，表示被试者对所测事物越具有积极和肯定的态度，否则，表明被试者对所测事物持有消极和否定的态度。

下面以消费者对 A、B 两个超市的评价来进一步说明语意差别量表的具体运用。图 4-3 给出了100位消费者对 A、B 两家超市评价结果的平均值。从图 4-3 可以看出，超市 A 位置较好，布置较新潮，选择余地较大，但价格较昂贵，服务态度不是太好。而超市 B 态度较好，价格也较适中，但所处位置不是十分理想，选择余地偏小，并有较为保守的形象。

语意差别量表构造比较简单，适用范围广泛，几乎可以用来测量消费者对任何事物的态度。其局限是，这种态度测量方法并未摆脱被试者自我报告程式，而且量表中各评价项目的确定仍带有一定主观性。

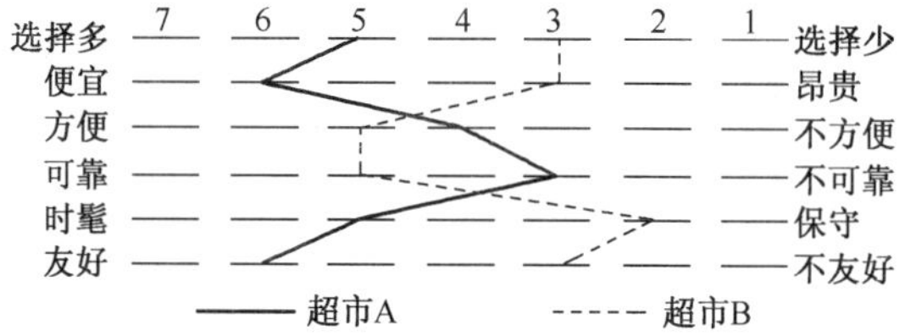

图 4-3 消费者对超市态度的语意差别量度

2. 非量表测量

量表测量方法有许多优点，但也有其自身的局限性。常常被人论述的局限之一是，量表基础是被测量者的自我报告，但是，如果被测量者对自己的真实态度进行掩饰，或量表测量不认真，量表的价值就有问题。为了避免这类问题，社会心理学家采取各种规定(如不记名)来说明测量的科学意义等，但有时仍难以克服上述局限。在这种情况下，研究者便在态度测量中发展了一些不使用量表的测量方法。

(1)行为反应测量

行为反应测量是指观察和测量被试者对于有关事物的实际行为反应，以此作为态度测量指标。常用的行为反应测量方法有距离测量法、生理反应测量法、任务完成法。

①距离测量法。距离测量法是通过观察人与人之间交往时的身体接近程度和亲切表现来

研究人的态度的一种方法。人与人交往时，保持较远的距离，目光较少接触，而且身躯后倾，则表明他持一种否定的态度，反之则表明对后者持肯定的态度。

人对事物尤其是人对人的态度除了可以从前面所说的这种物理距离反映出来外，也可以通过人与物、人与人之间的心理距离反映出来。博葛达斯(E.S.Bogardus)编制的“社会距离测量表”，最初是为分析种族之间的隔阂和距离而设计的，但对测定人与人之间的亲疏关系同样是适用的，现在经常用来测量人与人之间的心理距离。

②生理反应测量。通过测定瞳孔的扩张、心律、血压变化、皮电反应等来确定人的态度。例如，确定对某则广告的态度时，可以在他看了该则广告后立即对其做心律变动或皮电反应测量。心理反应测量也存在局限：一是它只能探测极端反应；二是它对所测态度的类型不一定能辨别清楚，如恐惧和愤怒的生理反应几乎相同，难以区分。

③任务完成法。它是指让被试者去完成某项任务，通过观察任务完成质量来确定他对这件事的态度。根据琼斯的研究，态度对学习具有过滤作用，因此，如果让被试者阅读几种不同倾向的材料并要求尽可能地予以回忆的话，他一般会对与自己态度相吻合的材料记得更多、更好，所以，若他对带有某一倾向的材料比另外的材料记得更多、更好，则表明他更倾向于这种态度。当然，对材料记忆的好坏还涉及材料的难度、排列次序等其他因素，在运用任务完成法探测消费者态度时，应设法对这些因素予以控制。

(2)投射法测量

投射评价理论认为，被试者对测验题材的解释可以反映其心理功能。编制投射测验心理学家认为，人类的日常反应固然决定于当时的刺激或情境，但个人本身当时的心理状况和他过去的经验以及对将来的期望等，对当时的知觉与反应的性质和方向都发生了很大作用。人们常将内心情感及感觉投射到环境里去，假定面对着空泛而无限制的刺激情境(测验题材)，个人可以自由想象或不自觉地对它做出种种反应，因而便会将一个人一些潜在的深层动机和人格特性投射出来。由于每个人的经验不同对刺激所知觉的内容不同，因此，所做的反应就不可能相同。所以分析反应的结果，可以揭示一个人的人格形态和深层动机，这就是投射设计的基本原理。在国外投射技术多用在职业兴趣测量、态度及人格测验中。常用的投射测验法有以下几种。

①联想法。通常要求被试者说出某种刺激(如字词、墨迹)所引起的联想，一般指首先引起的联想。

②构造法。要求被试者编造或创造一些东西，如故事、图画等。

③完成法。要求被试者完成某种材料，如语句完成法。

④选择或排列法。要求被试者依据某种原则对刺激材料进行选择或予以排列。

⑤表露法。要求被试者利用某种媒介自由地表露他的心理状态。

上述分类法较为实用，但必须注意各类之间的界限并不是十分绝对的，有许多测验可能兼有不同的形式。

值得指出的是，运用投射技术编制的测验原理简单，但记分和解释都比较困难，对主考人的理论修养和专业技术要求较高，故在国内很少使用。

本章小结

学习和态度是影响消费者购买行为的重要因素。学习是指人在生活过程中，因经验而产生的行为或行为潜能的比较持久的变化。有关学习的理论很多，与消费者行为分析联系特别密切的两种理论是经典性条件反射理论和操作性条件反射理论。

态度具有社会性、等级性、稳定性和价值性等特征。消费者态度的基本功能包括适应功能、防御功能、认知功能和表现功能。由于态度一旦形成便成为人们个性的一部分，影响其整个行为，所以，要改变态度并不像一般学习那么简单。国外许多心理学家提出了态度形成和改变的理论，在这些理论中尤以学习理论、诱因理论和认知相符理论比较有影响力。

消费者态度形成的一般特点：消费态度是消费者接受各种信息后经过思考判断而形成的；消费需要是形成消费者态度的一个重要因素；消费者所处的社会文化环境对消费态度形成有一定的影响；消费态度受消费经验和厂商促销策略的影响。

由于态度直接影响消费者行为，因此，厂商及相关人员十分重视研究态度的强度及变化，希望能够尽可能准确、具体地度量态度，这进一步促进了态度的测量方法和手段的多样化。常用的测量方法如量表测量法，一般需借助问卷。问卷的具体设计方法有瑟斯顿等距量表、李克特量表、语意差别量表和多重属性测量法。当对消费者态度进行测量以后，厂商从保护自身的利益出发，要改变消费者的消极态度，推广厂家的商品。除此以外，有的厂商为了在激烈竞争的市场上争取更多的消费者，也需要改变消费者原来的不积极(但不是偏见)的态度，形成积极的、肯定的态度，使消费者对于该厂家的产品产生购买的兴趣。

当前消费者态度改变有这样一些特点：

①信念比追求利益更容易转变；②品牌信念比品牌态度更容易转变；③对享受性产品，态度转变比信念转变更重要；④消费者对产品参与程度不高时态度更容易转变；⑤弱态度比强态度更容易转变，如果消费者对品牌的态度不那么坚定，营销人员就能够更容易地建立起与产品的新联系；⑥当消费者就他们对品牌的评价缺乏信心时，其态度更加容易转变；⑦以情动人的传递方式；⑧奖励式的传递方式。

改变消费者态度的营销策略主要从态度的三大构成要素上考虑问题。其一，改变认知成分。具体可以考虑改变信念、改变属性的权重、增加新属性和改变理想点。其二，改变情感成分。营销人员建立消费者对产品的好感的方法有三种：经典性条件反射、激发对广告本身的情感和增加对品牌的接触。其三，改变行为成分。在改变消费者的认知或情感之前改变其行为的主要途径是运用操作性条件反射理论。营销人员的关键任务是促使消费者使用或购买本企业产品并确保产品的优异质量和功能，使消费者感到购买本产品是值得的。

案例分析

耐克的发展之路

1972年，蓝飘带公司开始在韩国生产自己的产品，把品牌名称定为耐克，还确定了它的勾状商标(当时的设计费是35美金)。20世纪70年代，耐克看准了席卷整个美国乃至整个世界的跑步健身运动的狂热和人们日益增长的参与体育运动的兴趣和需求，借助这股浪潮，耐克找到了自己的位置——生产专业跑鞋。公司不断改进产品和功能，从而赢得了跑步团体的尊敬。1979年，耐克占美国跑鞋销售量接近一半，一年后它超过了长期主导美国运动鞋市场的阿迪达斯。但是，耐克在1983年陷入了危机，公司开始走下坡路。原因很多，其中之一是品牌开始模糊，出现了不明智的延伸。不过公司受挫最明显的原因还是耐克未加防备地遭到锐步的阻击。

1982 年，锐步敏锐地发现了新的市场潮流——女性健美操着装，它的产品迎合了当时的妇女尤其是美国妇女对舒适、合身和轻便服装的追求。1985 年，锐步的资产激增到 3 亿美元。

耐克决定东山再起，开始重新定义耐克到底是谁。耐克开始重新判断耐克究竟“是什么”和“不是什么”，休闲装、休闲鞋不是耐克，篮球和篮球鞋才是耐克。由此，耐克推出了举世闻名的“乔丹代言”运动，使耐克再度飞速成长。

(资料来源：江晓兴.中国商业模式创新路线[M].北京：中国财富出版社,2012.)

思考题：

1．简短地概括耐克品牌东山再起的原因。

2．企业如何把握品牌重新定位？积极的品牌态度如何影响消费者行为？

思考练习题

1．学习的作用是什么？

2．消费者学习的方法有哪些？

3．学习的基本特征是什么？

4．消费者学习的相关理论有哪些？

5．试述消费者态度的基本功能。

6．简述学习论、诱因论和平衡论的主要观点。

7．简述瑟斯顿等距量表的基本思想。

8．举例分析语意差别量表的运用。

9．举例分析多重属性测量法的运用。

10．简述当前消费者态度改变的几个特点。

11．影响消费者态度改变的因素有哪些？

实验四　学习对消费行为的影响

一、实验目的

1．培养学生运用消费者行为学中的学习理论进行分析与研究的能力。

2．分析学习与消费者购买的关联性。

3．体会在营销过程中有效提升消费者学习功能的策略。

二、实验内容

1．聆听实验指导教师的背景知识介绍。

2．聆听实验指导教师阐述实验内容。

3．选取功能较为复杂的产品(如数码摄像机、多功能手机等)作为实验产品。

4．测试功能复杂产品在消费者学习前和学习后的态度和购买倾向。

5．总结研究结论。

6．聆听并回答实验指导老师的提问。

7．思考实验结论的实际营销意义。

8．撰写实验报告。

三、实验设备与材料

数码相机或多功能手机等功能较为复杂的产品(该试验以数码相机为例)。

四、实验步骤

1．指导教师说明实验的步骤、要求及其注意事项

2．选择被试对象

选择对数码相机等产品有基本感知的消费者作为被试对象，要求被试对象之前没使用、不了解实验用的数码相机。

3．设计消费者学习与记忆调查测量问卷

问卷分 A、B 卷，题目完全一样，问卷涉及消费者对产品的认知、兴趣、购买可能性、推荐他人购买可能性等题目，用 7 级李克特量表实现。调查问卷 A 在实验者向被试者介绍数码相机功能之前使用，调查问卷 B 在实验者向被试者介绍数码相机功能之后使用。

4．实施实验与测量

实验者对被试者展示一款功能较为复杂的数码相机，给被试者半分钟的时间看基本外观，填写问卷 A。然后由实验者向被试者讲解说明该数码相机的功能以及给消费者所带来的价值，被访者可以参阅产品说明书学习该数码相机的功能和使用，整个消费者学习过程不少于 5 分钟，填写问卷 B。被试者数量不低于 20 个。

5．撰写研究报告

对回收的问卷进行整理、编码、录入、统计、分析。比较分析消费者在对数码相机的功能与使用学习前后对产品态度、使用的变化，总结消费者学习与消费者购买之间的关系。

五、实验数据整理

1．对调查数据进行编码和录入，注意在录入之前需要纠正回收问卷中的技术性错误。

2．采用 SPSS、Excel 等统计软件对调查数据进行统计分析，统计方法为频数分析、方差分析、联合分析等，数据结果以图表形式展现。

3．提出您对本次实验训练效果的感受和改进建议，不少于 1 500 字。

六、思考题

1．如何在营销活动中提高消费者的学习效果，从而拉动销售？

2．除了一对一的产品介绍之外，还有什么其他提升消费者学习效果的方式？

第 5 章 消费者的个性、自我概念与生活方式

【学习目的】

通过本章的学习，首先，要了解个性心理与消费偏好的含义，掌握个性的结构；其次，掌握气质学说和类型，理解气质与消费者行为的关系，掌握消费者的性格特征与行为之间的关系；再次，理解消费者自我概念的含义和构成，掌握消费者的自我概念与行为，了解自我概念的测量；最后，理解生活方式的含义，了解生活方式的测量。

【学习要求】

学习内容	知识要点	相关概念
消费者的个性	个性心理与消费偏好 个性的结构 气质、性格与消费者行为 气质学说与类型 性格的特征及理论	个性心理、个性倾向性、个性心理特征、消费者偏好、消费者气质、消费者性格
消费者的自我概念	自我概念的含义及影响因素 自我概念的构成 消费者的自我概念与行为 自我概念的测量	自我概念、物质自我、社会自我、精神自我、马赫塔量表
消费者的生活方式	生活方式与消费选择 生活方式的测量	生活方式、AIO 方法、综合测量法、VALS2 生活方式分类系统

【引导案例】 “90 后”：中国“新消费主义时代”

中国出生于 1990 年后的人口为 2.64 亿，其中在校生约 1 亿，他们是在社会物质丰富的时代长大，并在企业化浪潮的背景下，经历着中国强大、崛起的时代。因此“90 后”比“70 后”、“80 后”的消费欲望更强烈，已成为当今中国值得关注的最具消费潜力的人群。

时尚、全球化的消费主义一代

新生代市场检测机构中国市场与媒体(CMMS)研究发现，“90 后”群体比“80 后”更加喜欢流行和新奇，“90 后”的时尚比“80 后”的时尚更加自我和前卫，对于产品要求无论是在颜色、外观等方面都要有特色，要带给他们更酷的体验。“90 后”也是全球化的一代，对于国外品牌有很强的倾向性，想影响“90 后”的品牌，国际化风格和元素是必须具备的。

“90 后”奉行消费主义，“会花钱比多赚钱更重要”、“我想节约花费但是很难”在他们心中得到高度认同。“90 后”基本成长于中国独生子女家庭，生活在中国走向发达的历史时期，见证了中国在全球舞台的崛起，因此，“90 后”将会是中国“新的消费主义时代”。

数字化的一代

“90 后”是伴着高科技成长的一代，他们对于互联网熟悉的程度和亲切感远远超过上几代人，网络几乎是他们生存与交流的最佳平台。网络是“90 后”重要的生活元素，在网上聊天交友、听音乐、看视频都是“90 后”的典型行为，而网络游戏则是“90 后”区别于“70

后”、“80后”最为显著的网络行为，“不会玩网游就落伍了”是“90后”挂在嘴边的口头禅。对于企业而言，一定要善于借助互联网的互动性来和“90后”沟通，利用BBS、网络游戏、博客、QQ群和视频等多种形式来向“90后”传播营销信息，培养“90后”的意见领袖，进而通过他们的口碑宣传、病毒性营销效应和信息的相互影响来实现营销目标。

生活在网络中的“90后”，难以抵挡数码产品的诱惑，手机、计算机、数码相机、播放器成为“90后”必不可少的消费品，并且，“90后”更关注品牌和产品档次，更注重格调、品味和审美，注重产品和品牌中蕴含的能营造他们感官体验的思维认同，因此，苹果、索尼等品牌成为“90后”的最爱，iPod、索尼的PSP掌上游戏机等时尚娱乐产品在这个群体中几乎成为标志性的产品。对于企业而言，引领潮流的个性设计和创新理念是最激发“90后”消费者消费欲望的根本。

创造的一代，也是容易被影响的一代

如果说“70后”敢想、“80后”敢说，那么“90后”的特征则是敢做，或者说“90后”是最喜欢自我创造的一代人。“90后”成长于物质丰富的年代，接受了更为全面的教育，他们的视野并不狭窄、封闭，因此，喜欢用细腻的心灵勇敢地表达他们自己的看法。“90后”是具备充沛创造力的一代，更需要自我创造空间，他们更渴望被关注和认同。对于品牌而言，激发“90后”的创造热情，让“90后”卷入到营销活动中，将可以极大地提升品牌在“90后”群体中的形象和体验价值。

尽管“90后”人群消费欲望强烈、消费观念超前，但是由于还未完全踏入社会，易受环境中其他消费群体，比如朋友、网友、同学的影响。而这其中，“70后”和“80后”必然成为对于“90后”而言最具影响力的意见领袖群体。

一百多年前，思想家、政治家梁启超写下了大气磅礴的《少年中国说》：少年智则国智，少年富则国富，少年强则国强……“90后”群体，正在成为强大中国未来的希望，也是企业值得关注和培育的最具潜力的消费对象。

(资料来源：朱华锋.中国市场营销策划(第二版)[M].合肥:中国科学技术大学出版社,2013.)

5.1 消费者个性

消费者在购买商品时，会出现各种各样的消费行为，这主要是由消费者的不同个性所产生和决定的。个性是消费者选择不同的行为方式去实现自己的目标。个性是在个体生理素质的基础上，经由外界环境的作用逐步形成的。

5.1.1 个性心理与消费偏好

1. 个性心理

个性一词来源于拉丁语Person，开始是指希腊罗马时代戏剧演员在舞台上所戴的面具，它代表剧中人的身份，后来指演员——一个具有特殊性格的人。心理学中个性也称为人格，是指个体独有的、具有倾向性的、稳定的、本质的心理特征总和。

(1) 个性的特征

作为反映个体基本精神面貌的本质心理特征，个性具有倾向性、复杂性、稳定性、可变性、整体性、独特性等基本特征。

倾向性是指个性的形成过程中，表现出个体对外界事物的特有的动机、愿望、定式，从而发展为各自的态度体系和内心环境。

复杂性是指个性由多种心理现象构成的。一般而言，这些心理现象是显而易见的，别人可以感觉到，自己也可以察觉，如热情、急躁、直爽等；但有些心理现象不容易被人察觉，自己也无法清晰地分辨。

稳定性是指个性经常表现出来的心理特点和心理倾向，人的个性一旦形成，就具有相对的稳定性，但是个性的稳定性并不意味着一成不变。

可变性是指个性可以改变。个性是心理发展的产物，因此，随着个体年龄、心智的成长，个性会发生变化；同时，外部环境的改变也会作用于个体心理，从而改变个性。

整体性是指个性是个完整的统一体，个性倾向、个性心理特征及心理过程有机地结合在一起，紧密联系。

独特性是指每个人的个性都具有其自身的特点，不同于他人。正如自然界没有两片完全相同的树叶，世界上也不存在两个人具有完全相同个性的现象。

(2) 个性的结构

从系统论的观点看，个性的内部结构可以分为个性倾向性和个性心理特征两部分。

①个性倾向性。个性倾向性是指一个人具有的意识倾向性和对客观事物的稳定态度，主要包括需要、动机、兴趣、爱好、态度、理想、信念、价值观等。个性倾向性体现了人对社会环境的态度和行为的积极特征，对消费者心理的影响主要表现在心理活动的选择性、对消费对象的不同态度体验，以及消费行为模式上。

②个性心理特征。个性心理特征主要是指人的能力、气质、性格等心理特点的独特结合。其中，能力是指个体顺利完成某种活动的潜在可能性；气质是现实个体心理活动的能力特征；性格则反映个体对现实环境和完成活动的态度上的特征。上述三者的独特结合，构成个性心理的主要方面。研究消费者的个性心理与其行为的关系，主要就是研究不同消费者在能力、气质、性格方面的差异及其在消费行为上的反映。

2. 消费偏好

消费偏好是指消费者对特定的商品、商店或商标产生特殊的信任，重复、习惯地在一定的商店消费，或反复的购买同一品牌的商品。通常这种活动是在潜意识的支配下采取行动。

偏好的形式有多种，常见的主要有习惯、方便及品牌偏好。习惯是由于消费者行为方式已定型，经常消费某种商品或经常采取某种消费方式，使得消费者心里产生一种定向结果而形成的；方便偏好则是消费者为了尽可能节约时间，选择商品或服务的第一标准是方便与否，从而导致行为的反复发生；品牌偏好是消费者将产品或服务的品牌作为选择与否的第一标准，购买活动中，要求商品必须是某一个品牌或某几个品牌之一，为此可以接受较高的价格。

消费偏好是指消费者对于所购买或消费的商品和劳务的爱好胜过其他商品或劳务，又称为“消费者嗜好”。它是对商品或劳务优劣性所产生的主观的感觉或评价。偏好受文化因素、经济因素、社会因素等多种因素影响。偏好的重要性质是偏好的有序化，即消费者对于商品组织的偏好程度是有顺序的。

5.1.2 气质、性格与消费者行为

1. 消费者气质的概念

气质是个体心理活动的典型的、稳定的动力特征，它不以个人活动目的和内容为转移。这些动力特征主要表现在心理过程的强度、稳定性、灵活性、指向性及速度上。

气质作为个体的心理动力特征，是在先天生理素质的基础上，通过生活实践，在后天条件影响下形成的。由于先天因素不同以及后天生活环境的差异，不同个体之间在气质类型上存在多种差异。这种差异会直接影响个体的心理和行为，从而使每个人的行为表现出独特的风格和面貌。

气质是消费者固有特质的表现，消费者的气质一旦形成，便会长期保持下去，并对人的消费心理和行为持续地产生影响。但是，这种气质随着环境的变化、消费者年龄增长及所属群体的影响而发生改变。作为一种心理动力特征，消费者气质还可以影响个体进行购买和消费活动的效率和结果。

2. 气质学说与类型

(1) 气质学说

长期以来，心理学家从不同角度对气质进行大量的研究，提出了基于各种角度的气质学说和理论。主要的气质学说见表 5-1。

表 5-1 主要的气质学说

气质学说	提 出 者	主 要 观 点
体液说	古希腊的著名医师希波克拉底(Hippocrates)	体液类型有四种：血液、黏液、黄胆汁、黑胆汁。根据每种体液在人体内所占比例不同，可以形成四种气质类型。血液占优势的属于多血质，黏液占优势的属于黏液质，黄胆汁占优势的属于胆汁质，黑胆汁占优势的属于抑郁质
血液说	日本学者古川竹二等人	不同血型的人有不同的气质。其中 O 型气质的人意志坚强，指向稳定，独立性强，有支配欲，积极进取；A 型气质的人性情温和，老实顺从，孤独害羞，情绪波动，依赖他人；B 型气质的人感觉灵敏，大胆好动，多言善语，爱管闲事；AB 型气质的人则兼有 A 型和 B 型的特点。这种理论在日本较为流行
体形说	德国的精神病学家克瑞奇米尔(Kertschmer)	属于细长体形的人具有分裂气质，表现为不善交际、孤僻、神经质、多思虑；属于肥胖体形的人具有躁狂气质，表现为善于交际，表现活跃，热情；属于筋骨体形的人具有黏着气质，表现为迷恋、一丝不苟、情绪有爆发性
激素说	英国心理学者伯尔曼	人的气质是由甲状腺、肾上腺、脑垂体、副甲状腺和性腺等内分泌腺的活动水平决定的。例如，甲状腺型的人甲状腺分泌多时，精神饱满、意志坚强、任性急躁；甲状腺分泌少时，则精神易疲劳、反应迟钝
高级神经活动类型说	苏联心理学家巴甫洛夫	高级神经活动有四种类型：兴奋型、活泼型、安静型、抑制型。兴奋型的人表现为兴奋过程时常占据优势，且与抑制过程不平衡，情绪易激动，暴躁而有力，言谈举止有狂热表现。活泼型的人神经活动过程平衡，强度和灵活性都高，行动敏捷而迅速，兴奋与抑制之间转换快，对环境的适应性强。安静型的人其神经活动过程平衡，强度高但灵活性较低，反应较慢而深沉，不易受环境因素影响，行动迟缓而有惰性。抑制型的人其兴奋和抑制两种过程都很弱，且抑制过程更弱一些，难以接受较强的刺激，因胆小而容易伤感

(2) 气质类型

基于以上认识，我们可以把消费者的气质类型划分为以下四种基本类型。

①胆汁质。这种气质的人高级神经活动类型属于兴奋型。其情绪兴奋性高、抑制能力差、反应速度快、直率热情、精力旺盛，但不灵活、脾气暴躁、容易冲动，心境变化剧烈。

②多血质。这种气质的人高级神经活动类型属于活泼型。一般表现为情绪兴奋性高，外部表露明显，反应速度快而灵活、活泼好动、动作敏捷、喜欢交往、乐观开朗、兴趣广泛而不持久、注意力易转移、情感丰富，但不够深刻稳定。

③黏液质。这种气质的人高级神经活动类型属于安静型。他们的情绪兴奋性低，外部表现少、反应速度慢，一般表现为沉静安详、少言寡语、动作迟缓、善于克制忍耐、情绪不外

露、做事踏实、慎重细致，但不够灵活、易固执己见。

④抑郁质。这种气质的人高级神经活动类型属于抑制型。其特性为情绪兴奋性低、反应速度慢且不灵活，具有刻板性、敏感细腻、脆弱多疑、孤僻寡欢，对事物反应较强、情感体验深刻，但很少外露。

应当指出的是，上述四种类型是气质的典型形态。现实当中，大多是消费者的气质介于四种类型的中间状态，或以一种气质为主，兼有另一种气质的特点，即属于混合型气质。

3. 气质与消费者行为①

消费者不同的气质类型会直接影响和反映到他们的消费行为中，使之显现出不同甚至截然相反的行为方式、风格和特点。概括起来，大致有如下几种对应的表现形式。

(1) 主动型和被动型

在购买现场，不同气质的消费者其行为主动与否会有明显差异。多血质和胆汁质的消费者通常主动与营销人员进行接触，积极提出问题并进行咨询，有时还会主动征询其他在场顾客的意见，表现十分活跃。而黏液质和抑郁质的消费者则比较消极被动，通常要由营销人员主动进行询问，而不会首先提出问题，因而不太容易沟通。

(2) 理智型和冲动型

在购买过程中，消费者的气质类型差异对购买行为方式有显著影响。黏液质的消费者比较冷静慎重，能够对各种商品的内在质量加以细致的选择比较，通过理智分析做出购买决定，同时善于控制自己的感情，不易受广告宣传、外观包装及他人意见的影响。而胆汁质的消费者容易感情冲动，经常凭个人的兴趣、偏好，以及对商品外观的好感选择商品，而不过多考虑商品的性能与实用性，他们喜欢追求新产品，容易受广告宣传及购买环境的影响。

(3) 果断型和犹豫型

在制定购买决策和实施购买时，气质的不同会直接影响消费者的决策速度与购买速度。多血质和胆汁质的消费者心直口快，言谈举止比较匆忙，一旦见到自己满意的商品，往往会果断地做出购买决定，并迅速实施购买，而不愿花费太多时间去比较选择。抑郁质和黏液质的消费者在挑选商品时则优柔寡断，十分谨慎，动作比较缓慢，挑选的时间也比较长，在决定购买后易发生反复。

(4) 敏感型和粗放型

在购买体验方面，消费者的气质不同，体验程度会有明显差异。黏液质和抑郁质的消费者在消费体验方面比较深刻，他们对购买和使用商品的心理感受十分敏感，并直接影响到心境及情绪，在遇到不满意的商品或受到不良服务时，经常做出强烈的反应。相对而言，胆汁质和多血质的消费者在消费体验方面不十分敏感，他们不过分注重和强调自己的心理感受，对于购买和使用商品的满意程度不十分苛求，表现出一定程度的容忍。

4. 消费者的性格特征与行为差异

(1) 性格的含义

现代心理学中，性格是指表现在人对现实的态度和相应的行为方式上的比较稳定、具有核心意义的个性心理特征。性格主要体现在人对事物的倾向性态度、意志、活动、言语、外貌等方面，如豪爽、拘谨、活泼、文静、孤僻、刚强、自私、懒惰、懦弱等。

① 江林，消费者行为学[M]. 北京：科学出版社，2007.

人们有时容易将性格和气质混为一谈。实际上二者既有联系，又存在差别。气质主要指个体情绪反应方面的特征，是个性内部结构中不易受环境影响的比较稳定的心理特征；性格除了包括情绪反映的特征外，更主要地还包括意志反映的特征，是个性结构中较易受环境影响的可变的心理特征。美国心理学家麦克尔认为，“气质是先天的素质基础，性格是在这个基础上获得倾向的总体”。气质对人性格的情绪性和速度有明显的动力作用，而性格在一定程度上对气质起到掩盖作用。另外，性格与气质又相互影响，相互渗透，相互作用。气质可以影响性格特征的形成和发展速度，以及性格的表现方式，从而使性格带有独特的色彩。性格则对气质具有重要的调控作用，它可以在一定程度上掩盖或改造气质，使气质的消极因素受到抑制，积极因素得到发挥。

性格是带有一定社会倾向性的个性品质。性格虽然并非个性的全部，但它却是表现一个人的社会性及基本精神面貌的主要标志，因而具有社会评价意义，在个性结构中居于核心地位，是个性心理特征中最重要的方面。

(2)性格的特征

性格是十分复杂的心理构成物，包含多方面的特征。一个人的性格正是通过其性格特征表现出来的，各种特征有机地结合，从而形成独具特色的性格统一体。性格的特征主要包括四个组成部分：性格的态度特征、性格的理智特征、性格的情绪特征和性格的意志特征。

①性格的态度特征是处理各种社会关系方面的性格特征，即表现个人对现实的态度倾向性特点，如对社会、集体、他人、工作、学习和自己的态度等。

②性格的理智特征是指个体在感知、记忆、想象、思维等认知过程中表现出来的态度和活动方式上的差异。理智特征表现在四个方面：第一，在感知方面，能按照一定的目的任务主动地观察，属于主动观察型，有的则明显地受环境刺激的影响，属于被动观察型；第二，在思维方面，有独创型与守旧型、灵活型与呆板型之分；第三，在记忆方面，有主动型与被动型、善于形象记忆与善于抽象记忆之分；第四，在想象方面，有主动想象型与被动想象型、大胆型和拘谨型之分。

③性格的情绪特征是指个体受情绪影响或控制情绪程度状态的特点。具体包括情绪反应的强弱、快慢和情绪起伏波动的程度，以及主导心境的程度等方面，如情绪强烈与微弱、情绪波动起伏大小与稳定、持续时间长与短、乐观的心境与悲观的心境。

④性格的意志特征，即表现个人自觉控制自己行为及行为努力程度方面的特征，例如，是否具有明确的行为目标；是否自觉调试和控制自身行为；在困难情况下表现出的性格是勇敢还是惊慌等。

上述性格特征，作为一个相互联系、有机结合的整体，将个人与他人区分开，形成独有的“特征”、“标志”。这些反映到消费者对待商品的态度和购买行为上，就导致了消费性格的千差万别。例如，在消费观念上，是简朴节约还是追求奢华；在消费倾向上，是求新还是守旧；在认知商品上，是全面准确还是片面错误；在消费情绪上，是乐观冲动还是悲观克制；在购买决策上，是独立还是依赖；在购买行动上，是坚定明确、积极主动，还是动摇盲目、消极被动。这些差异都表现出不同的消费性格。

(3)性格理论

由于性格在个性结构中的重要地位，长期以来，心理学家对性格理论进行了大量的研究，尝试从不同角度对人的性格进行划分，比较有代表性的性格理论主要有四种。

①机能类型说。英国心理学家培因和法国心理学家李波特根据智力、情绪、意志三种心

理机能在性格结构中所占优势地位不同，把人的性格划分为理智型、情绪型和意志型。理智型性格的人善于进行冷静的思考，以推理而行事；情绪型性格的人情绪体验深刻，举止受情绪左右，不善于理性思考；意志型性格的人在各种活动中都具有明确的目标，行为积极主动。

②向型说。瑞士心理学家荣格把人的性格分为外向型和内向型两大类。外向型的人，心理活动倾向于外部世界，活泼、开朗，善于交际，待人热情、随和，适应能力强，不拘泥于小事；内向型的人沉静、多思、反应缓慢，待人接物小心，适应环境缓慢，喜欢单独工作但缺乏判断力。荣格的理论引起人们广泛的兴趣，导致了许多的相关研究。但是这种二分法不能够被广泛地应用，绝大多数人兼有两种类型的特点，处于两极之间，因此，不能以少数特质来解释全体的行为。

③独立-顺从说。美国心理学家勒温按照个体的独立性把性格分为独立型和顺从型两类。独立型表现为善于独立思考、发现问题，有主见，较少依赖他人，在紧急情况下沉着镇静，易于发挥自己的力量。顺从型表现出容易受暗示，行动易为他人左右，抉择问题时犹豫不决，往往不能应付紧急情况。

④文化-社会价值类型说。德国教育学家和哲学家斯普兰格从社会文化学的观点出发，将人的性格分为六种类型：理论型、经济型、审美型、社会型、权力型和宗教型，见表 5-2。

表 5-2 人的性格类型分类

类 型	特 点	代 表 人 物
理论型	以追求真理为目的,能冷静客观地观察事物,关心理论性问题,力图根据事物的体系来评价事物的价值,碰到实际问题时往往束手无策。对实用和功利缺乏兴趣	理论家和哲学家
经济型	以经济的观点看待一切事物,以经济价值为上,根据功利主义来评价人和事物的价值和本质,以获取财产为生活目的	实业家
审美型	以美为最高人生意义,不大关心实际生活,总是从美的角度来评价事物的价值。以自我完善和自我欣赏为生活目的	艺术家
社会型	重视爱,有献身精神,有志于增进社会和他人的福利	文教卫生、社会慈善等职业活动家
权力型	重视权力,并努力去获得权力,有强烈地支配和命令别人的欲望,不愿别人所支配	政治人物
宗教型	坚信宗教,有信仰,信奉上帝,富有同情心,以慈悲为怀	神学家

(4) 性格与消费者的购买行为

消费者的性格是在购买行为中起主要作用的个性心理特征。消费者之间不同的性格特点，同样会体现在各自的消费活动中，从而形成千差万别的消费行为。性格在消费行为中的具体表现可以从不同的角度划分为多种类型。

①从消费态度角度划分。[①]从消费态度上，可以分为节俭型、保守型和随意型。

节俭型——在消费观念和态度上崇尚节俭，讲究实用。选购商品过程中较为注重商品的质量、性能、实用性，以物美价廉作为选择标准，而不在意商品的外观造型、色彩、包装装潢、品牌及消费时尚，不喜欢过分奢华、高档昂贵、无实用价值的商品。

保守型——在消费态度上较为严谨，生活方式刻板，性格内向，怀旧心理较重，习惯于传统的消费方式，对新产品、新观念持怀疑、抵制态度，选购商品时，喜欢购买传统的和有过多次使用经验的商品，而不愿冒险尝试新产品。

随意型——在消费态度上比较随意，没有长久稳定的看法，生活方式自由而无固定的

① 王旭.消费者行为学[M]. 北京：电子工业出版社，2009.

模式。在选购商品方面表现出较大的随意性，且选择商品的标准也往往多样化，经常根据实际需要和商品种类不同，采取不同的选择标准和要求，同时受外界环境及广告宣传的影响较大。

②从购买行为方式角度划分。从购买行为角度，可以分为习惯型、理智型、挑剔型、被动型。

习惯型——在购买商品时，习惯型消费者往往参照以往的购买和使用经验，一旦对某种品牌的商品熟悉并产生偏爱后，便会重复购买，形成惠顾性购买行为，同时受社会时尚、潮流影响较小，自己的观念和行为不会轻易改变。

理智型——在性格上大多沉稳、持重，做事冷静、客观，情绪不外露。选购商品时，通常根据自己的实际需要并参照以往购买经验，进行仔细慎重的比较权衡，然后做出购买决定。在购买过程中，受外界影响小，不易冲动，具有较强的自我抑制力。

挑剔型——此类型消费者的性格特征表现为意志坚定、独立性强、不依赖他人。在选购商品时强调主观意愿，自信果断，很少征询或听从他人意见，对营业员的解释说明常常持怀疑和戒备心理，观察商品细致深入，有时甚至过于挑剔。

被动型——被动型消费者在性格特征上比较消极、被动、内倾。由于缺乏商品知识和购买经验，在选购过程中往往犹豫不决，缺乏自信和主见；对商品的品牌、款式等没有固定的偏好，希望得到别人的意见和建议。由其性格决定，这类消费者的购买行为常处于消极被动状态。

情绪型——此类型消费者购物时情绪、情感较为丰富，容易接受广告或他人劝说，易受环境气氛等因素的影响，往往表现为冲动性购买，事后可能会后悔。消费者情绪处于高涨或者低落中都有可能产生冲动型购买，当其较为平静时，此类型活动会减少。

▶相关知识：性格与个人成败

血型与性格

人们常听说血型影响性格，如 O 型开朗、A 型偏激、B 型激进之类。这种“血型性格”说，是否有根据呢?

专家认为，虽然具体结论仍有待证实，但血型对性格肯定有着一定程度的影响，因为那是生命科学的一部分，在心理医学上可以认同一种叫做“A 型”的性格，表象为比较好动、率直、进取、爱表现、爱说话。但这里说的 A 型并非指血型，而是医学上用来对比的名称。它的相对性格是“B 型”，就比较冷静，不好争辩，也比较内敛。心理医学上所指的 A 或 B，方便做相对分类，而不是血型。血型影响性格，目前还没确切根据。

遗传与性格

性格与遗传基因有关系，性格很多时候都有父母的部分遗传，这个遗传部分占 40%，一般称为孩子的天性，形成性格另外的 60%则根据生活环境、宗教信仰、教育程度、智商，还有父母模式的影响。至今还无法做出一个肯定的基因遗传比率，那是个变数，是生命的一个魔术化数字。

双重的性格

常听说双重性格，甚至多重性格，许多电影还利用多重性格来作为戏剧化题材。然而，双重或多重是一种混合，还是一种分裂?

人在性格形成后，都会有真我一面和面具一面，这种情况其实很普遍。面具那部分的形成常常因为是沟通的需要，也是因为“被要求”的关系。有被工作要求的，有被父母希望要求的，除此之外，还有特殊要求的因素。

假如“真我”和“面具”能够达到理性的平衡，那么问题不大。但要是“真我”与“面具”矛盾太大了，思维与举动之间常会陷于混乱，甚至会导致显著的分裂、不稳定、犹豫善变，人就难有成功。

天生的性格

社会上存在着许多不同性格的人，到底有没有天生的赢家的性格，有没有天生的失败者？当然，不是人人都能成功，比率是 2∶8。有两个成功的，就有八个做陪衬的。不过，就算天生比较消极的性格，也可以通过后天的培养得到改善。“人无完人”，性格本身并无好坏优劣之分。没有完美的个人，但可以有完美团队，社会上的各种性格可以互补。团队成功了，个人也一起成功。个人能否成功，首先要了解自己的性格类型擅长什么或不擅长什么。其实，没有天生胜者或失败者的性格，环境和教育才是决定条件。

区域的性格

既然个人能有自己的性格，从广义上说，某一地区的大环境里，有没有属于自己的显著的性格特征？尤其在处于竞争的时代，能否激发出富于信心和憧憬能力的积极性格？那种认识到自己能做什么，并且勇于接受挑战的进取性格，可以促进团队进步。各区域人民还是有一定程度的区域性格的，文化在性格影响上也占有着重要位置，所以世界上不同的民族都有着自己的特点。

（资料来源：王曼，等.消费者行为学[M].北京：机械工业出版社，2007.2(91).）

5.1.3　能力与消费者行为

心理学研究指出，人的知觉、思维等心理机能是在从事各种实际活动的过程中实现的。为了顺利、成功地完成这些活动，人们必须具备相应的能力。所谓能力，就是指能顺利完成某种活动所必须具备的并直接影响活动效率的个性心理特征。在实践中，任何单一能力都难以完全胜任某种活动。要成功地完成一项活动，往往需要具备多种能力。活动的内容、性质不同，对能力的构成要求也有所不同。此外，能力的水平高低会影响个人掌握活动的快慢、难易和巩固程度，从而直接影响活动的效率与效果。由此，在同一活动中，能力的综合构成与活动的要求相符，并具有较高水平的人往往可以取得事半功倍的效果；反之，则会事倍功半。

人的能力是由多种具体能力构成的有机结合体。其中根据作用方式的不同，可以分为一般能力和特殊能力。所谓一般能力，是顺利完成各种活动所必须具备的基本能力，如观察能力、记忆能力、思维能力、想象力等。具备一般能力，是从事各种活动的前提条件。特殊能力是顺利完成某些特殊活动所必须具备的能力，如创造力、鉴赏力、组织领导能力等，这些能力是从事音乐、绘画、领导等特殊或专业活动所必不可少的。

根据在能力结构中所处地位的不同，可以将各种能力区分为优势能力和非优势能力。所谓优势能力，是指在能力结构中处于主导地位、表现最为突出的能力。非优势能力则是处于从属地位、表现比较微弱的能力。优势与非优势能力在每个人身上相比较而存在。任何人都不可能是全才，但只要具备某一方面的优势能力，同样可以取得成功。

5.2　消费者的自我概念

消费者的多种持续的自我概念与消费者个性有密切的关系。研究表明，把消费者看做具有多重自我的人更有助于理解消费者及其行为。在不同的情境下，人们往往会表现出不同的自我，消费者在表现这些不同的自我时，就会对产品或服务提出不同的要求。

5.2.1 自我概念的含义与构成

1. 自我概念的含义

自我概念，即一个人对自身存在的体验，包括对自己的能力、气质、性格等个性特征的感知、态度和自我评价。“人贵有自知之明”，现实中每个人内心深处都有关于自我形象的看法，这一概念渗透到生活中，影响着日常行为活动。在消费活动中，消费者的自我概念影响着消费者购买行为和购买决策。一般而言，消费者倾向于选择与自我概念一致的产品。

自我概念是个人在社会化过程中，通过与他人交往以及与环境发生联系，对自己的行为进行反观自照而形成的。其中主要受到四个因素的影响。

①通过自我评价来判断自己的行为是否符合社会所接受的标准，并以此形成自我概念。例如，把有的行为归入社会可接受的范畴，把有的行为归入社会不可接受的范畴。

②通过他人对自己的评价来进行自我反映评价，从而形成自我概念。他人评价对自我评价的影响程度取决于评价者自身的特点和评价的内容。一般而言，评价者的权威越大，与自我评价的一致性越高，对自我概念形成的影响程度也就越大。

③通过与他人的比较来观察自己而形成和改变自我概念。人们对自己的评价还受到与他人比较的影响，比较的结果相同或不同，超过或者逊于他人，都会在一定程度上改变人们的自我评价，并驱动他们采取措施修正自我形象。

④通过外界环境获取有利信息，促进和发展自我概念。人们受趋利避害的心理驱使，希望从外界环境中寻找符合自己意愿的信息，而忽略与自己意愿相反的信息，以此来证明自己的自我评价的正确性，这证明了人们经常从自己喜欢的方面来看待和评价自己。

从上述影响因素中可以看出，自我概念是在综合自己、他人或社会评价的基础上形成和发展起来的。这其中包含四个基本组成要素：实际的自我，即我是如何现实地看待自己；理想的自我，即我希望如何看待自己；他人实际的自我，即我是如何现实地被他人看待的；他人理想的自我，即我希望如何被他人看待。四项要素之间存在着明确的内在联系。通常情况下，人们都具有从实际的自我概念向理想的自我概念转化的意愿和内在冲动，这种冲动成为人们不断修正自身行为，以求自我完善的基本动力。不仅如此，人们还力求使自己的形象符合他人或社会的理想要求，并为此而努力按照社会的理想标准从事行为活动。正是在上述意愿和动机的推动下，自我概念在更深层次上对人们的行为发生影响，制约和调节着行为的方式、方向和程度。[①]

2. 自我概念的构成

关于自我概念的构成，学者们从不同的角度进行了探讨，形成了众多的观点。这里介绍两种观点。

（1）威廉·詹姆士的自我概念构成观点

心理学家威廉·詹姆士认为，自我概念包括三个构成要素：物质自我、社会自我和精神自我。这三种构成要素均伴有自我评价的感情以及自我追求的行为。

①物质自我是对自己身体、衣着、家庭所有物的自豪或自卑，例如，衣着光鲜的人产生

---

① 江林.消费者行为学[M]. 北京：科学出版社，2007.

的自豪感等。这种自我所追求的是身体外表、欲望的满足，如装饰、打扮自己，爱护家庭中的事物等。

②社会自我是对自己在社会上名誉、地位、亲戚、财产的估计。这种自我主要评价自己的社交地位、社交圈子等，体现了人社交的愿望。在这种自我下，人们追求的是引人注目、名誉、竞争及野心等。

③精神自我是对自己智慧能力、道德水平的优越感或自卑感，评价的重点是人们的心灵及道德。这种自我所追求的是智慧上的积累，心灵的宁静，以及道德良知。

(2) 格伦·沃特的四部分构成

美国《消费者行为研究》的作者格伦·沃特认为，自我概念由四个组成部分。

①真实自我，是一个人实实在在的真实本质。消费者购买行为往往不是透彻地、客观地、全面地认识了自己之后才发生的，很多是不知不觉、自己没有意识到的，即潜意识所支配的。这是消费者的真实反映，属于真实自我。

②理想自我，是消费者希望自己成为什么样的人，而不是他本身是一个什么样的人。这种自我与一个人所崇拜、信仰的对象以及同追求、渴望的目标有关。理想的自我很难完全实现，因为人的追求与期望是无止境的。消费者实现理想自我可以在他购买“威望类”产品时表现出来，如高档服装、珠宝首饰、豪华汽车、私家游艇等。

③自我形象，是消费者对自己的看法与认识，是真实自我与理想自我的混合物。消费过程是自我形象表现的重要途径，消费者根据自我形象进行相应的消费。但也有少部分情况，消费者采取与自我形象不相符的消费活动。

④镜中自我，是消费者自己认为别人对自己的看法。这种自我同一个人对别人的看法有关，如别人的学识、年龄、地位等，因此是一个互动关系。

这四种自我之间存在着明确的内在联系。一般而言，人们都具有从实际的自我概念向理想的自我概念转化的意愿和内在冲动，这种冲动将不断地修正消费者行为。同时，人们也会极力地追求符合他人或社会要求的形象，这使得自我概念在更深层次上对人们的行为发生影响，制约和调节着行为的方式、方向和程度。①

5.2.2 自我概念与消费行为

1. 自我概念与产品的象征意义

由于自我概念涉及个人的理想追求和社会存在的价值，因而每个消费者都力求不断促进和增强自我概念。而商品和劳务作为人类物质文明的产物，除具有实用价值外，还具有某些社会象征意义。不同档次、品牌的商品往往蕴含着特定的社会意义，代表着不同的品味和风格，通过对这些商品的消费，可以显示出消费者与众不同的个性特征，突出自我形象，从而帮助消费者有效地表达自我概念，促进实现实际自我向理想自我的转化。

约翰·C·莫文在 1993 年出版的《消费者行为》一书中谈到，在很多状况下，消费者购买产品不仅仅为了获得产品所提供的功能效用，也是为了获得产品所代表的象征价值。一些学者认为，某些产品对拥有者而言具有特别丰富的含义，他们能够向别人传递关于自我的很重要的信息。贝尔克用“延伸自我”这一概念来说明这类产品与自我概念之间的关系。贝尔克认为，延伸自我由自我和拥有物两部分构成。换句话说，人们倾向于根据自己的拥有物来

① 王曼，等.消费者行为学[M]. 北京：机械工业出版社，2007.

界定自己的身份。某些拥有物不仅是自我概念的外在显示，它们同时也是自我身份的有机组成部分。从某种意义上讲，消费者是什么样的人是由其使用的产品来界定的。如果丧失了某些关键拥有物，那么，他就成了不同于现在的个体。

产品象征意义对个体的重要性可以从图 5-1 中得到进一步说明。如图 5-1 所示，消费者首先会购买某种能够向他人传递其自我概念的产品；然后，他希望参照群体体会到产品所具有的象征性；最后，他也希望参照群体将产品所具有的象征品质视为他人格的延伸部分或自我的一部分。概括地说，消费者购买产品是为了象征性地向社会传递关于自我概念的不同方面。

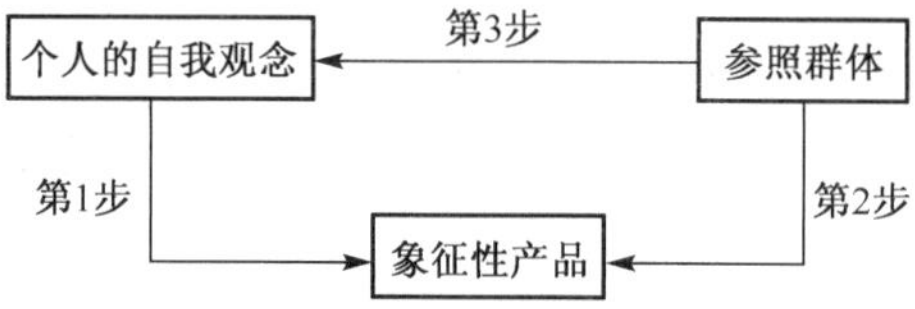

图 5-1　产品的象征意义

那么，哪些产品最有可能成为传递自我概念的符号或象征品呢？一般来讲，称为象征品的产品具有三个方面的特征：第一，应具有可见性，就是说，它们的购买使用和处置能够很容易被别人看到；第二，应具有变动性，换句话说，由于资源禀赋的差异，某些消费者有能力购买，而另一些消费者则无力购买，如果每人都可拥有一辆“奔驰”车，那么，这一产品的象征价值就丧失殆尽了；第三，应具有拟人性，就是说，产品在某种程度上体现一般使用者的典型形象，像汽车、珠宝等产品均具有上述特征，因此，它们很自然地被人们作为传递自我概念的象征品。①

2. 自我概念与品牌定位

自我概念可以作为解释定位理论的基础，定价可以理解为在品牌形象与消费者的自我概念中建立心理链接，并通过信息传递不断地强化这一心理形象。大量事实表明，消费者会倾向购买与自我概念相一致的品牌。营销的目标就是努力塑造品牌形象，并使它与消费者的自我概念一致，如图 5-2 所示。

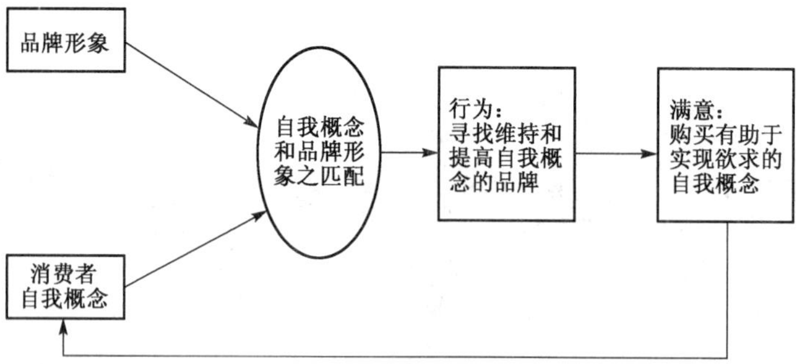

图 5-2　消费者自我概念与品牌形象

(资料来源：德尔·霍金斯.消费者行为学(原第 8 版)[M].符国群，等译.北京：机械工业出版社，2003:404.)

3. 自我概念与厂商的营销活动②

就生产厂商和销售商而言，关于消费者自我概念的研究，对于产品设计和销售具有重要的指导作用。新产品设计的主要依据，应当是符合消费者某种特定的自我概念。也就是说，

①② 王曼，等.消费者行为学[M]. 北京：机械工业出版社，2007.

当现有产品不能与消费者的自我概念相匹配时，才有必要设计和生产新产品。而新产品不仅要在质量、外观、性能上有别于老产品，更要具有独特的个性和社会象征意义，能够体现出尚没有特定商品与之相匹配的消费者的自我形象。在商品销售中，了解消费者的自我概念，告诉他们哪些商品与其自我形象一致，哪些不一致，向消费者推荐最能反映其形象特征的商品，可以有效地影响和引导消费者的购买行为，因而是销售商推销商品的重要方式和成功要诀。

5.2.3　自我概念的测量

市场营销中运用自我概念，要求相关人员对消费者的自我概念进行测量。对于自我概念的测量，最常用的测量方法是语意差别法。美国学者马赫塔开发了一种测量自我概念和产品概念的语意差别量表(见表 5-3)。该量表由 15 对彼此对立的形容词组成，每组形容词均被用来描述评价对象，消费者可以在 7 级量表上用每对形容词表明其中一个或另一个在多大程度上刻画了消费者自身、产品或品牌。例如，形容词的一极是“正式的”，与之对应的另一极是“非正式的”，消费者越是在靠近前面那极的一端做记号，表明被评价对象越是正式的，反之则是非正式的。如果消费者在量表的中间位置做记号，则表明被评价对象在是否产生正式反应方面的作用是中性的。

在营销实践中，运用马赫塔量表可以对目标市场的自我概念进行测量，并设法使之与产品代言人的形象、产品或品牌形象相匹配。

表 5-3　测量自我概念和产品形象的马赫塔量表

1.粗糙的	————————	精细的	9. 理性的	————————	情绪化的
2.激动的	————————	沉稳的	10.年轻的	————————	成熟的
3.不舒服的	————————	舒服的	11.正式的	————————	非正式的
4.主宰的	————————	顺从的	12.正统的	————————	自由的
5.节约的	————————	奢侈的	13.复杂的	————————	简单的
6.令人愉快的	————————	令人不快的	14.暗淡的	————————	绚丽的
7.当代的	————————	非当代的	15.谦虚的	————————	自负的
8.有序的	————————	无序的			

5.3　消费者的生活方式

在许多情况下，生活方式是一个人自我概念的外在表述。生活方式就是我们如何生活，它受消费者的个性和自我概念的影响，同时几乎影响到消费者行为的所有方面。

5.3.1　生活方式与消费选择

1. 生活方式的含义

生活方式又称生活形态，指的是人们如何生活。具体来说，它是个体在成长过程中，与社会诸因素交互作用下表现出来的活动、兴趣和态度模式。消费者生活方式是指消费者选择某种消费模式，包括消费观念、如何使用和分配时间、金钱等，它是消费者在各种环境因素的相互作用下，在生活过程中表现出来的活动、兴趣和态度的综合模式。

生活方式与个性既有联系也存在区别。一方面，生活方式受到个性的影响，一个保守的消费者，其生活方式不大可能包容诸如登山、跳伞之类的活动。另一方面，生活方式关心的是人们如何生活、花费、消磨时间等外显行为，而个性侧重从内部描述个体，两者是从不同的层面来刻画个体的。区分个性和生活方式在营销上具有重要的意义。一些研究人员认为，在市场细分过程中，过早地以个性区分市场，会使目标过于狭窄。因此，他们建议先根据生活方式细分市场，进而再分析每个细分市场内消费者的个性差异。这样可使营销者识别出具有相似生活方式特征的大量消费者。

研究消费者生活方式通常有两种途径：一种途径是研究人们一般的生活方式、模式；另一种途径是将生活方式分析运用于具体的消费领域，如户外活动或与公司提供的产品、服务最为相关的方面。在现实生活中，消费者很少明确地意识到生活方式在其购买决策中所起的作用。例如，在购买登山鞋、野营帐篷等产品时，很少有消费者想到这是为了保持其生活方式。然而，追求户外活动和刺激生活方式的人可能不须多加考虑就购买这些产品，因为这类产品所提供的利益与其活动和兴趣相吻合。

▶相关知识：BSBW 的全球性生活方式细分市场

BSBW 的“全球扫描”系统是基于每年在 14 个国家或地区对 15 000 名消费者进行调查所获数据基础上形成的。除了人口统计、媒体使用和购买偏好的数据以外，该系统对 250 多个价值观与态度成分进行了测量，结果发现了 5 种全球性生活方式细分市场。虽然这些细分市场或群体在这 14 个国家或地区中都存在，但迄今为止的研究表明，每一群体在人口总数中的百分比因国家或地区的不同而不同。

这 5 种全球性生活方式细分市场如下。

奋斗者（26%）：起步中的年轻人，人均年龄 31 岁，很忙。他们努力奋斗去获取成功，同时承受巨大压力去实现各种目标。他们是物质主义者，追求安逸，及时行乐。由于缺乏时间、精力和金钱，他们尽一切可能寻求便利。

成就者（22%）：年纪稍大并且在很多方面远远超越了奋斗者。富有、自信并处在事业高峰期。他们既是舆论领袖又是时尚倡导者。成就者塑造了社会主流价值观。他们重视地位，注重品质。

受压抑者（13%）：这一群体属于社会底层，面临超过其他群体的各种各样的问题。其中很大一部分是女性。受压抑者面临经济和家庭工作各种问题，由此耗尽了他们的精力和资源，也剥夺了他们很多的生活乐趣。

适应者（18%）：他们是年龄较大的一群，但这些人对新事物并不排斥。对自己和生活都很满意，尊重新思想同时又不放弃自己的标准。他们都准备参加新的活动以丰富其晚年生活。

传统者（16%）：浑身体现出所在国家和文化的古老价值观，传统、保守、留恋过去。传统者偏爱那些已经尝试过和被认为是真实的事物，喜欢过去那些好的思维方式、饮食和生活习惯。

（资料来源：甘瑁琴.消费者行为学[M]. 北京：北京大学出版社，中国农业大学出版社，2009.）

2. 生活方式在营销中的作用

企业基于消费者的生活方式进行的营销活动，可称为“生活方式营销”。生活方式营销的意义源自“产品是人们生活方式的基石”（Solomon, 1999）。消费者选择一个产品正是因为它与特定的生活方式相联系。因此，生活方式营销策略试图通过使产品与某种现存的消费模式相适应来为产品定位。了解消费者的生活方式，有助于选择目标消费者，进行恰当的市场定位。生活方式营销的目的是让消费者能够以他们选择的方式享受人生并表达自己的社会身份，这种策略的一个关键就是关注消费者在其所期望的社会情境下对产品的使用。对于企业的广告来说，将产品与社会情境相结合的目标是长期存在的，事实也证明了这种结合方式的重要性。无论产品是出现在餐厅，还是在运动场中都必须与特定的社会情境相结合才会产生明显的效果。因而，消费者、产品和情境结合起来表明了一种特定的消费模式。如图 5-3 所示，人们的生活方式是由产品、消费者和一定的社会背景共同创造的(3 个圆圈的重叠之处便是生活方式)，离开了 3 个要素中的任何一个要素，特有的生活方式便不能成立。

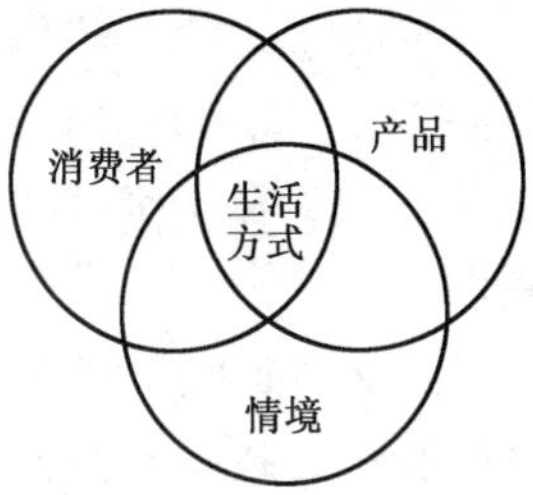

图 5-3　产品、消费者、情境共同创造生活方式

在现实生活中，很多服务和产品看起来都是“配套”的，这通常是因为这样容易被一类人选中。一个产品如果不跟配套产品一起出现的话，就显得不合理、不协调，如西装和领带。“所有物品都是有意义的，但仅有其自身便什么都不是……”，研究证实，即使相对来说吸引力较差的产品，当与其他受欢迎的产品一起接受评价时，也会变得比原来更具吸引力。因此，生活方式营销的一个重要内容就是识别一系列看上去在消费者观念中与特定的生活方式相关的产品或服务。消费者用这样一组商品来识别、沟通和扮演他的社会角色。例如，20 世纪 80 年代的雅皮士，购买、消费的商品包括罗莱克斯手表、宝马车、古奇公文包、软式网球、新鲜的绿色沙司、白酒和乳酪等，这些商品很容易让人们判断他是不是雅皮士。生活方式营销使产品可以进行联合品牌策略。

5.3.2 生活方式的测量

企业经常会面对这样的情况：两个性别、职业、受教育程度、专业背景相同、年龄相仿、收入相当的消费者，他们的生活方式却完全不一样。这意味着，人口统计特征相同的消费者依然是一个个不同的人。同时，统计特征不同的消费者，却可能拥有某种共同的生活方式。这种情况下，需要进一步探索和测量消费者的生活方式，以全面了解消费者。

1. AIO 分析法

AIO 分析法又称为活动、兴趣、意见测试法。其基本思想是通过问卷调查的方式了解消费者的活动(Activity)、兴趣(Interest)和意见(Opinion)以区分不同的生活方式类型。研究人员从消费者中抽取大量样本，以问卷的方式向调查者提出一系列问题和答案，请消费者以文字表述或选择答案的方式回答。提出的关于活动方面的问题是消费者做什么、买什么、怎么样打发时间等；兴趣方面的问题是消费者的偏好和考虑的事物；意见方面的问题是消费者的世界观、道德观、人生观、对经济和社会事务的看法等。表 5-4 列出了测量消费者的态度、兴趣和意见因素的主要指标以及回答者的人口统计项目。

表 5-4　消费者的态度、兴趣、意见和人口统计测试项目表

活　动	兴　趣	意　见	人口统计项目
工作	家庭	自我表现	年龄
爱好	住所	社会舆论	性别
社会活动	工作	政治	收入
度假	交际	业务	职业
文娱活动	娱乐	经济	家庭规模
俱乐部会员	时髦	教育	寓所地理区域
社交	食品	产品	教育
采购	媒介	未来	城市规模
运动	成就	文化	生命周期阶段

从表 5-4 中，我们可以看出，通过了解人们怎样支配时间，人们对什么感兴趣，什么对他们重要，他们如何看待自己及周围的世界等方面的问题，用统计数据“浓缩”出生活方式来。例如，在我国的一些大城市，很多消费者比较普遍的打发闲暇时间的途径是什么——逛商场。

那么，到底怎样编制一份 AIO 量表呢？首先，研究者应当尽量使用手机得到有关市场调研的资料，找出有意义的关键变量。其中，有关动机研究的资料可能尤为有用。因为消费者的经验和需要量最易从这里流露出来。其次，针对关键变量，研究者形成各种类型的陈述，以反映自己所想知道的消费者的活动、兴趣和意见。在建构陈述时，还要注意消费者是否能够明白无误地理解陈述的含义，还要注意消费者是否可能做出社会赞许性回答。最后，将诸多陈述排列起来，让消费者去回答他们对每条陈述的同意程度。生活方式量表涉及面广，陈述通常超过 100 条，但由于只要勾勾画画，也不会占用回答者太多的时间。

表 5-5 是美国电话电报公司用来研究消费者与电话有关的生活方式量表的一部分。

表 5-5　生活方式量表(举例)

请阅读以下每一陈述,在最符合您的同意或不同意程度的括号内打上一个“√”						
	非常同意	比较同意	有些同意	有些不同意	比较不同意	非常不同意
我是一个凡事都有计划的人……	( )	( )	( )	( )	( )	( )
我试图给每月的长途电话费设定一个限度……	( )	( )	( )	( )	( )	( )
在最近三年内,我可能会迁居……	( )	( )	( )	( )	( )	( )
在使用一种新产品之前,我很少征求他人的意见……	( )	( )	( )	( )	( )	( )
当我情绪低落的时候,给合适的人打个长途电话,便能振作起来……	( )	( )	( )	( )	( )	( )
亲密的朋友和亲戚在我给他们打了长途电话后总感到很高兴……	( )	( )	( )	( )	( )	( )
我会选择每月能给我省几块钱的长途电话公司……	( )	( )	( )	( )	( )	( )

生活方式量表在市场细分、产品定位和促销沟通活动中有着广泛的应用价值。例如，“我购买服装的时候，既看重款式又看重价格”，“我与朋友经常谈有关时尚的问题”，“我认为穿漂亮衣服是表现自己的一种重要方式”。在这样的有关时装方面的量表中，可以通过同意程度高低来判断消费者对时装的态度，从而可以根据这种消费者态度程度，细分为若干个市场，并采取相应的营销策略。

2. VALS 分析法

VALS 分析法又称为价值观和生活方式结构法(Value and Lifestyle, VALS)。这套方法是由美国的 SRI 国际公司开发出来的。它是根据 20 世纪 80 年代对大约 1 600 户美国家庭进行的全面询问，开始设计出一个把消费者放在 9 个生活方式群体中的系统，也称为 VALS 类型。VALS 系统现已被 200 多家公司和广告代理商运用于营销实际活动中，但是，许多企业经理仍觉得运用时有相当的困难。例如，VALS 将 2/3 的人口划分在两组里，这使得其他 7 组的人口数量太少，以致在某种程度上降低了这一分类系统的实用性。

由于这些原因，SRI 在 1989 年引进了被称为 VALS2 的新系统。VALS2 有着更为广泛的心理学基础，而且更加侧重于活动与兴趣。VALS2 试图更多地选择那些相对具有持久性的态度和价值观，用以反映个人的生活方式。要求被试者在 42 个陈述句上表明其同意或不同意的程度。以下是其中的一些陈述句。

①我往往对理论感兴趣。

②我经常渴望兴奋。

③我喜欢学校里的大部分科目。

④我喜欢使用木匠器具或机械工具工作。

⑤我必须承认我喜欢炫耀。

⑥我对周游世界兴趣不大。

⑦我喜欢负责领导一个小组。

⑧我憎恨双手沾满油垢。

这些问题是根据被试者各自的自我取向(Self Orientation)而设计出来并用以对其分类的。自我取向是 VALS2 要测量的两个层面之一。SRI 识别了三种主要的自我取向。

①原则取向：这些人在进行选择时主要由他们的信念和原则的指导而不是依赖情感、事件或获得认可的愿望而做出取舍的。

②地位取向：这些人的选择显著地受到行为、赞许和他人想法的影响。

③行动取向：这些人渴望社交或体能性活动，喜欢多样化和勇于承担风险。

VALS 所测量的第二个层面称为资源，反映了个人追求他们占支配地位的自我取向的能力，涉及心理、体能、人口统计特征和物质手段等方面。从青春期到中年阶段个体资源处于上升期，然后保持相对的稳定，随着个人的衰老，资源将逐步减少。

以资源和自我导向这两个概念为基础，SRI 识别出 8 个一般的心理细分市场，如图 5-4 所示。

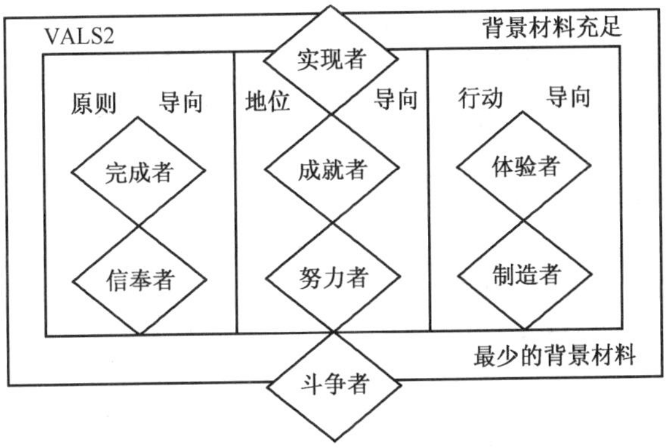

图 5-4　心理细分市场

①实现者：拥有很多资源和较高自尊的成功、积极和老练的消费者。具有广泛兴趣，关心社会事务，乐于接受变化，勇于面对挑战。他们相当在乎自己的形象。

②完成者：满意、成熟、舒服和思考的消费者。他们精于实践，会寻找他们所购买产品的功能、价值和耐用性。

③信奉者：保守和比较传统的消费者。他们信守传统的家庭、宗教、社会文化深处的道德规范，循规蹈矩。他们生活在很大程度上是以所属的家庭、社会或宗教组织为中心的。作为消费者，他们是保守的和可预测的，偏爱本国产品和有声望的品牌。

④成就者：以职业为导向，他们喜欢控制自己的生活，也喜欢预测，而不喜欢冒险和自我发现。他们的生活围绕着家庭、教堂和职业旋转。他们喜欢成功的、有影响力的品牌，而不喜欢其他品牌。

⑤努力者：在乎其他人的认可并寻求自我、安全和成功的形象。尽管他们想努力赶上他们奋斗的目标，但他们那时缺少达到目标的资源。

⑥体验者：喜欢冒险、变化和兴奋的年轻、热情而冲动的冒险者。他们喜欢新的和异常的产品和活动。因为他们的年龄，他们还没有形成生活的价值观、行为或政治联系。

⑦制造者：注重自足，生活在家庭中，对外面的世界很少关心。他们能自己修车和做事物，只羡慕功能强大的固定资产，如一个新工具或卡车。

⑧斗争者：生活窘迫，受教育程度低，缺乏技能，没有广泛的社会联系。一般年纪较大的人，常为健康担心，他们常受制于人和处于被动。他们是十分谨慎的消费者，并寻找着安全感。

VALS2 同样存在 VALS 系统所具有的某些局限，其中备受关注的是如下几个方面。

①VALS2 是针对个体进行的测量，但大多数消费者决策是以家庭为单位做出的，或很大程度上受家庭其他成员的影响。

②很少有人在自我取向方面是“纯而又纯的”。虽然 SRI 所识别的三个主题总有一个对消费者具有支配性影响，然而支配的程度以及处于第二位的自我取向的重要性会因人而异。

③由 VALS2 测得的价值观种类与人口统计数据也许不适用于特定的产品和情境。在此情况下，与产品或活动相关的生活方式的研究也许能提供更为有用的信息。

尽管存在这些问题，VALS2 仍是目前运用生活方式进行市场细分的最完整的系统，它被广泛地运用于市场营销活动的不同方面。

本章小结

本章着重论述了消费者的个性特征及其对消费者行为的影响。因为消费者的自我概念与个性有着密切的联系，而生活方式又是一个人自我概念的外在表述，所以本章对这两个方面的问题做了详细的论述。

个性指人的整个心理面貌，是个人心理活动的稳定的心理倾向和心理特征的总和。个性心理特征指区别于他人、在不同环境中表现出的一贯的、稳定的行为模式的心理特征，主要包括气质、性格和能力，取决于消费者气质、性格、消费能力诸方面个性心理特征的独特组合，集中反映了人的心理面貌的差异。消费者的购买决策取决于消费者气质、性格、消费能力诸方面个性心理特征的差异。正是由于消费者在个性心理特征方面的差异，可以将消费者分为不同的购买类型。

气质指一人在心理活动和行为方式上表现的强度、速度、稳定性和灵活性等动态方面的心理特点。有不同的气质类型说，消费者的气质可以分成胆汁质、多血质、黏液质和抑郁质。不同气质类型的消费者在购买决策、购买行为方面是有差异的。

性格指人对现实稳固的态度以及与之相适立的习惯化了的行为方式。性格特征主要有：性格的态度特征、意志特征、情绪特征和认知特征。关于性格的理论主要由机能类型说、向型说、独立顺从说和五分法说。典型的消费性格可以从消费态度方面看，有节俭型、自由型、保守型、傲慢型、顺从型。从购买方式看，有习惯型、慎重型、挑剔型、被动型；工商企业最欢迎的消费者性格有外向友善型、勇敢冒险型和时尚领导型。

能力专指人们顺利地完成某种活动所必须具备的，并且直接影响活动效率的个性特征。可以从不同的角度对能力进行分类，消费者购买能力包括对商品的识别能力、对商品的分析评价能力、购买商品时的决策能力和消费者对消费利益的自我保护能力。消费者的消费能力由高到低可分为成熟型、熟练型、平常型和缺乏型。不同的能力类型和能力水平影响消费者的需求和购买决策过程。

自我概念是指个人对自己的气质、性格和能力等个性特征的知觉、了解和感受的总和。自我概念由四个部分组成，即真实自我、理想自我、形象自我和镜中自我。营销人员主要运用语意差别量表法测试消费者的自我概念。由于消费者倾向于购买那些与自我概念相一致的产品。所以，营销人员应努力塑造产品形象并使之与目标消费者的自我概念相一致。

生活方式就是消费者如何生活，它通过一个人的活动、兴趣和意见反映出来。生活方式的形成很大程度上由一个人的内在个体特征决定。现在，相关人员把对生活方式的测量与对个体在价值观、态度、人口统计特性等方面的测试结合起来，运用 AIO 分析法和 VALS2 分析法，尽管这些方法存在一些问题。但是，仍是目前运用生活方式进行市场细分的最完整的系统，它被广泛地运用到市场营销活动的不同方面。

案例分析

"双 11"释放中国消费新趋势

用新的玩法，买新鲜东西

一昼夜的全民"剁手"，中国的消费实力再次震惊了世界。中国的消费市场已经从单纯的引爆进入到全面的扩容，如何玩转中国市场？不妨看看今年"双 11"里的中国消费新趋势。

消费升级

"出海""下乡"引爆消费热情

昨天，在各大电商屡屡刷新的新纪录中，中国消费市场升级的脉络也清晰可见。

对"海淘"业务的大举投入，让很多电商在今年"双 11"赚得盆满钵满。今年是阿里巴巴集团全球化元年，全球超过 200 个国家和地区加入到天猫"双 11"活动中来。仅 1 分 45 秒，天猫跨境交易额就超过 2014 年"双 11"全天跨境交易额。天猫国际总经理刘鹏预计，今年天猫国际"双 11"整体进口交易额将达到国内其他跨境进口电商平台一年的总成交当量。苏宁易购的数据也显示，其海外购商品一小时就售出 7.3 万件，美国保健品 11 个小时售出 3.7 万件。

"出海"之外，乡村同样蕴含着巨大的商机。今年，全国 8 000 多个村点的农民首次通过农村淘宝服务站平台参加"双 11"。其中，土豪村分别是沂涛镇东王庙村、陵阳镇大寺村、万全镇中镇村、吕格庄镇禄格庄村和浦坝港镇下洋墩村。

而从热门产品看，爆单的也不再只是服装和日用必需品。

"今年双 11'剁手'已经不够，'剁脚'必须跟上!"阿里旅行的相关负责人表示，到昨天中午，各类出境旅行产品已有过 50 万人次购买。目的地预定人数 TOP10 里，有 8 个是境外目的地。在未来的几个月里，"剁脚族"将浩浩荡荡走出国门。

"双 11"许多潜在的购车人群也不仅仅满足于对日常购物的"买买买"。在 11 月 11 日 1 点开始的"整车特卖"付尾款环节，阿里汽车平台的总交易额在 2 分钟内突破 3 亿元。其中，2014 款凯迪拉克 ATS-L 和别克 · 凯越这两款车型交易额在 1 分钟内分别突破 1 亿元。

迁徙移动端

动动手机，买辆汽车

"用计算机抢购，网速更快。"昨天，"剁手族"小姜向朋友们传授着"经验"。不过尽管如此，多家电商的数据还是显示，越来越多的人在手机上参与"双 11"。

苏宁易购相关负责人表示，今年“双11”大促呈现出两个特征：一是线下实体重新恢复活力，另一个就是移动端的迁移仍在继续，在“双11”的第一个小时，苏宁移动端销售同比增长1 371%。

来自阿里的数据显示，截至11月11日11时50分，天猫“双11”全球狂欢节交易额突破571亿元，打破去年“双11”全天交易额纪录，其中无线交易占比71%。而来自阿里汽车的数据称，截至11月11日8点45分，阿里汽车“双11”活动总交易额超10亿元，其中无线成交占比超半数。

国美在线的数据也显示，在10分钟内，国美在线全站流量暴增3倍，交易额同比去年猛增518%，移动端订单数占比高达65%，平均客单价超过2 000元。

借钱剁手

消费金融加入狂欢会

今年，无论是阿里巴巴还是京东，都极力推荐自家的消费金融产品作为“双11”购物付款的最佳方式，“双11”也首次成了消费金融的狂欢会。

数据显示，开场的第一分钟，阿里旗下蚂蚁金服花呗成功支付笔数达到52万笔，“双11”的前半个小时，蚂蚁花呗交易金额达到45亿元，蚂蚁花呗帮助整体支付成功率提升了2~3个百分点，每一个百分点的提升，意味着至少可以促进1.3亿元的消费。

京东金融旗下京东白条的表现也不错，35分钟实现京东白条交易额突破1亿元。截至昨日下午4点，京东白条占京东商城交易额的占比增长500%。据京东统计，消费者最爱打白条的5个商品品类依次为：手机、平板计算机、相机、奢侈品、笔记本计算机。

实际上，早在“双11”开始前，阿里和京东在消费金融上的较量就已经开始。京东白条在“双11”期间提供全场24期分期免息的优惠，每个用户最高2 000元的白条信用额度。蚂蚁金服则不仅为女性用户最多扩容5 000元花呗额度，同时也推出免息分期的服务。

此外，对于商户的金融支持，也为“双11”战绩烧了一把火。据网商银行副行长赵卫星介绍，早在9月中旬，网商银行就推出60亿元的淘宝天猫“双11”大促贷授信，并全面降低了贷款利率。京东金融则推出“京保贝”、“京小贷”等产品助力商户决战。数据显示，京东金融“双11”期间给予供应商和商家的授信总额达500亿。

晚会卖货

视频网站、O2O都成新玩家

“这哪里是让我们看晚会，分明是一场一线明星代言的电视购物大赛呀。”当阿里巴巴集团董事局主席马云以“007邦女郎”身份亮相时，连抽奖这么老土的方式都令人激动不已。这场被冯小刚誉为“最不像晚会的一场晚会”处处体现着互联网特色，也让阿里系、品牌、湖南卫视、明星和观众成为集体的赢家。

不同于“春晚”摇一摇的互动方式，晚会由明星队伍游戏对抗的方式来决定奖品的归属。“天猫双11狂欢夜”总策划应宏表示，消费者可以边看边玩边买，实现多场景互动。

全程网络直播的优酷也成为当然的赢家。优酷土豆官方数据显示，晚会在线观看直播总人数达到3 527万人。爱奇艺也借势推销VIP会员促销。

O2O也成为“双11”的新玩家，抓住了女性主力用户的心理特点，无论是做指甲、睫毛的河狸家，还是微整形的更美，都借势推出了“双11”促销活动。而在线下，还有微信支付的身影。据悉，微信支付于11月6日至12日携手全国超过10万家实体门店推出优惠活动，并通过技术手段将付款流程从超过1分钟变为3秒。

花絮

买家享用“忘穿秋裤险”

价格无疑最能挑动“剁手党”的神经。针对“双 11”网购，京东金融推出“买贵管赔价保险”，10 日至 12 日，用户在京东商城购买商品，30 日内若因市场等不可控因素导致商品价格降低，保险公司确认无误后将进行理赔。除了价格“保卫战”，京东金融还体贴地推出“忘穿秋裤险”，用户只需要 11.11 元购买，在 2015 年 11 月 22 日至 2016 年 2 月 4 日承保期内，若因意外伤残、冻伤、摔伤、感冒而产生相关的医疗费用，最高将获得 1 111 元的理赔。

即使在保险领域，天猫也不可能让京东给“比下去”。北京晨报记者了解到，阿里巴巴旗下蚂蚁金服针对天猫平台“双 11”网购推出退货运费险、物流破损险、天猫正品险、品质保证险四大保险品类。此外，平安、众安、人保、太保等各大保险公司针对资金安全、账户安全推出的盗刷险等险种也为“双 11”保驾护航。

（资料来源：http://news.cnfol.com/guoneicaijing/20151112/21765060.shtml.）

思考题：

1．现代人网络消费中呈现什么特征？

2．试分析“双 11”现象消费背后的消费心理、消费个性。

3．试分析在电子商务中消费者如何保持理性消费，营销管理者怎样影响和引导他们的消费行为？营销应该从何入手去满足网络消费者的需要？

思考练习题

1．简述个性的含义及其特征。

2．兴趣有什么特点？它对消费者的购买行为有什么影响？

3．气质有哪几种类型？它如何影响消费者的行为？

4．性格与气质之间的关系是什么？

5．简述主要的性格理论。

6．自我概念有哪几种类型？营销者如何运用关于自我概念的知识？

7．生活方式与个性有何联系和区别？

8．活动、兴趣、意见测量法(AIO)主要内容是什么？

9．VALS2 的构建是基于哪两个层面？请描述这两个层面。

10．为一个化妆品设计分别针对 VALS2 类型中的拥有者、成就者、体验者和制造者的广告实施方案，针对每一群体的基本诉求点会有什么差异？

11．收集近期出现的尝试将产品消费与特定生活方式联系起来的广告。这一目标通常是如何达到的？

12．消费者的个性对于购买行为有何影响？

实验五　手机消费者 U&A 实验

一、实验目的

1．培养学生综合运用消费者行为学知识进行分析与研究的能力。

2．体会心理学在消费者决策过程中的重要性与作用。

3．掌握消费者个性的形成原因，并理解消费者个性与产品个性之间的关联性。

二、实验内容

1．聆听实验指导教师的背景知识介绍。

2．聆听实验指导教师阐述实验内容。

3．参与手机消费者 U&A 焦点座谈会的座谈。

4．总结、提炼焦点座谈会实验的结论。

5．聆听并回答实验指导老师的提问。

6．思考实验结论的实际营销意义。

7．撰写实验报告。

三、实验设备与材料

录像机、白板、白板笔。

四、实验步骤

1．指导教师说明实验的步骤、要求及其注意事项。

2．将学生分成焦点座谈会小组，每小组 8～10 人。

3．指导教师作焦点座谈会的主持人，就小组成员各自的个性与使用手机的个性与特征展开讨论，各抒己见，自由发挥。

4．指导教师出示体现消费者个性特征的图片让小组成员选择。

5．指导教师出示体现手机品牌个性特征的图片让小组成员选择，做相关品牌联想。

6.指导教师组织大家探讨消费者自身个性特征与手机品牌的个性特征之间是否存在关联性，以及关联性的内在机理。

7．与学员共同观看焦点座谈会的录像，做深入讨论，分析消费者个性研究、品牌定位等的实际营销意义。

8．指导教师解释实验结果的基本原理。

五、思考题

1．如果运用消费者个性理论预测和解释消费者对多功能智能手机(如多普达)的购买行为?

2．消费者价值观细分变量一般包括哪些方面？对手机消费者的购买和使用产生怎样的影响?

第 6 章 消费者购买决策与购买行为

【学习目的】

通过本章的学习，首先，要理解购买决策的含义与特点，掌握购买决策的程序，了解购买决策的类型；其次，要掌握消费者购买行为的概念，理解消费者购买行为的分类及其影响因素；最后，了解主要的消费者购买行为模式。

【学习要求】

学习内容	知识要点	相关概念
消费者的购买决策	购买决策的含义与特点 购买决策的程序 购买决策的类型	购买决策 购买决定 购后评价
消费者购买行为模式	消费者购买行为的分类 影响消费者行为的因素体系 消费者行为模式的分类	消费者购买行为 尼科西亚模式 霍华德谢思模式 恩格尔科拉特布莱克威尔模式(EBK 模式) S-O-R 模式

【引导案例】 丽贝卡的生日

20 世纪 60 年代，丽贝卡的妈妈过生日，丽贝卡的姥姥亲手烤制生日蛋糕，她购买价值 1 角、2 角的制作蛋糕的原料，如黄油、糖、鸡蛋、面粉、牛奶和可可。

20 世纪 80 年代，丽贝卡的女儿过生日时，丽贝卡会把整个聚会交给“迪斯尼俱乐部”公司来举办。在一个旧式场所，丽贝卡的女儿和她的 14 个小朋友一起体验了旧式的情境生活。他们用水洗刷牛的身体，还放羊、喂鸡，自己制造苹果酒，还要背着干柴过小山，穿过树林，丽贝卡为此付给公司一张 146 美元的支票。丽贝卡女儿的生日祝词上写着：“生日最美妙的东西并非物品。”

（资料来源：约瑟夫·派恩，詹姆斯·基尔默.体验经济——丽贝卡的生日[J]. 销售与市场，2002(11)：13.）

6.1 消费者的购买决策

从这篇引导案例中可以看出，在丽贝卡的妈妈过生日的时代，她的姥姥只能购买蛋糕原料自己做个蛋糕，她姥姥所花费的只是原料的价钱，很便宜的花费就过了一个生日。在丽贝卡的女儿过生日的时候，丽贝卡是按照所得到的体验付费的，为了体验的花费是服务费的 N 倍，虽然花在体验上的费用多了，但是丽贝卡的女儿认为很值得，因为那种体验令她终生难忘。

消费者的购买决策过程，是一个极为复杂的过程，存在着众多的可变因素和随机因素，只有进行全面分析才有可能把握其中的规律，主要涉及购买决策的内涵、购买决策的类型和购买决策的过程。

6.1.1 购买决策的含义与特点

1. 购买决策的含义

决策是指从思维到做出决定的过程。一般意义上的决策是为了达到某一目标，在两种或两种以上的备选方案中选择最优方案的过程。消费者购买决策是指为了满足消费需求，消费者在购买活动中进行的评价、选择、判断、决定等一系列活动。

购买决策与消费者购买行为有着密切的关系。首先，购买决策的进行与否决定着购买行为的发生与否。当消费者做出购买的决定后，一次购买行为才实际发生；其次，决策的内容影响着购买行为的方式。消费者何时、何地、以何种方式购买商品都是经过决策来确定的；再次，决策的质量决定着购买行为的效用大小，正确的决策可以节省时间、费用，确保消费者购买到质价相符、称心如意的商品；反之，错误的决策会浪费消费者的时间、金钱、经历。因此，决策在购买行为中占据重要地位，对消费者来说非常重要。

2. 购买决策的特点

(1) 消费者购买决策具有过程性

消费者购买决策是一个从外部刺激、产生需求、形成购买动机到选择、实施购买方案的过程。虽然消费者存在冲动型购买决策，但这种决策也经过了完整的过程，只是由于消费者的个性缩短了决策过程的时间。

(2) 消费者决策范围的有限性

消费者购买决策范围相对有限，主要是在购买何种商品、购买时间、购买地点以及支付方式等方面的决策上。

(3) 消费者购买决策的复杂性

消费者购买决策是个复杂的活动过程，其中包含了众多的心理活动。消费者在做决策时不仅要开展感觉、知觉、注意、记忆等一系列心理活动，还要进行分析、推理、判断等一系列思维活动。此外，消费者的性格、气质、兴趣、生活习惯、文化水平等因素影响着消费者心理活动，使得决策更加复杂化。

(4) 消费者购买决策的情境性①

由于影响决策的各种因素不是一成不变的，而是随着时间、地点、环境的变化不断发生变化。因此，对于同一消费者的消费决策具有明显的情境性，其具体决策方式因所处情境不同而不同。由于不同消费者的收入水平、购买传统、消费心理、家庭环境等影响因素存在着差异性，因此，不同的消费者对于同一种商品的购买决策也可能存在差异。

6.1.2 购买决策的程序

消费者购买决策是一个复杂的过程，不同类型的消费者在购买行为中经历的阶段不尽相同。一般而言，从消费者产生需求到满足需求要经历认识需求、收集信息、评估选择、购买决策、购后评价五个阶段，图 6-1 显示了消费者购买决策的基本程序。

---

① 甘瑁琴.消费者行为学[M]. 北京：北京大学出版社，中国农业大学出版社，2009.

图 6-1　消费者购买决策的基本程序

1. 认识需求

消费者的购买行为始于认识需求。当消费者在现实生活中感觉到有了未满足的需求，并产生了要满足这一需求的意愿时，购买的决策就开始了。例如，一个人口渴时产生对水的需求，孤独时产生对友谊的需求，成功时希望与人分享快乐的需求等。

消费者的需求可以由内在原因引起，也可以由外部条件刺激而产生。比如，因饥饿而引发购买食品，天冷了需要购买衣服等需求，是由人体机能的感受所引发的。另外，看到电视广告展示的流行服装时，产生了购买欲，或者看到别人拥有最新款的数码产品，自己也感到动心，这些是由于外部条件引起的需求。

消费者的需求还可以分为功能性需求和心理性需求。功能性需求直接同产品的性能有关，例如，消费者购买冬衣满足了御寒的需求。心理性需求则是为了获得个人心理满足而产生的需求，例如，消费者购买新潮的服饰，虽然并不比普通衣服有更好的功能，但是可以满足消费者追求时尚的需求。

促使消费者需要产生的原因有以下几种。

①消费者已有的物品已用完或者对现有的东西产生不满意而引发新的需求，如衣服旧了，不符合潮流，要买新的。

②消费者收入状况的改变导致新需求的产生，消费者收入增加，可以考虑购买以前对自己来说是一种奢侈品的商品；而收入减少，会减少消费，使得原本的需求暂时被忽略。

③需求处境的变化会产生新的需求，例如，装修新的居室，消费者会重新购买家具及各种装饰品。

④新产品的不断涌现，会强烈刺激消费者的购买欲望。现在科学技术日益发达，拥有更多优越性能的产品不断出现，消费者总会对自己已有的产品感到或多或少的遗憾，会促使他们购买新产品。

⑤对配套产品的需求，如买了地毯就要配吸尘器等。①

市场营销的任务就是发现并帮助消费者认知自己的需求，同时引导消费者的需求，从而使消费者产生购买决策的过程。

【案例 6-1】　对如何点燃壁炉问题的认识

迪恩伯莱木材公司获许经营洪都拉斯油松，这是一种天然木材，即使在潮湿的情况下也能用火柴一点即燃，且持续燃烧 15～20 分钟。在燃烧的过程中，它不会爆出火花，因而安全性相对较高。这种木材可以加工成 15～18 英寸长、直径 1 英寸的小木棍，用于壁炉点火，也可以压成碎片用来引燃木炭。

在该产品推出市场之前，公司进行了一项市场调查，以预测需求和据此制定市场营销策略。两组潜在用户接受了调查。第一组被访问者被要求回答如何点燃壁炉，以及在此过程中会遇到哪些问题。几乎所有应答者都说是用报纸或类似的引火物，几乎没有人认为有什么问题。接着公司人员向他们介绍了用油松做的这种新产品，并询问他们购买该产品的可能性，结果只有很少一部分人表示有购买兴趣。然而，这些人在实际使用该产品几个星期后，纷纷

---

① 甘瑁琴，消费者行为学[M]. 北京：北京大学出版社，中国农业大学出版社，2009.

感到该产品是对现有引火方法的改进，并表示了继续使用该产品的强烈愿望。可见，在向“壁炉点火”市场销售这种点火棒时，要获得积极响应，公司必须唤起消费者对问题的认知。在第二组即关于点燃木炭的一组被调查者中，相当多的人表达了对液体点火器安全性的担忧，这些人对安全性能更高的点火产品有强烈的兴趣。在此情况下，公司不用担心消费者对问题的认知，而应将销售的重点放在向消费者描述该新产品是如何更好地解决消费者已认识到安全的问题。

（资料来源：符国群.消费者行为学[M]. 2版.北京：高等教育出版社，2001.）

2. 收集信息

认知需求后，消费者会通过广泛收集可靠、有效地产品及相关信息，了解市场上的产品及特性，以便进行评价工作。

消费者信息收集呈现出多样性。根据信息的需要程度，其积极性有高低之分，购买情况的复杂程度也影响着信息收集量的大小。一般而言，消费者对某些商品需求迫切，那么他收集有关信息的积极性就会很高，反之，则积极性低；当消费者对于商品完全不了解，则需要收集大量的信息，而对于经常性行为，消费者不需要收集信息。

(1) 消费者的信息来源

消费者的信息来源主要有四个方面。

①人际来源——从家庭、亲友、邻居、同事等个人交往中获得信息。

②商业来源——这是消费者获取信息的主要来源，其中包括广告、推销人员的介绍、商品包装、产品说明书等提供信息。

③公共来源——消费者从电视、广播、报刊等大众传播媒体所获得的信息。

④经验来源——消费者从以往对产品的使用或对企业的了解、积累的经验等。

四种信息源的相对重要性和影响力随着产品类别和购买者特征的不同而异。一般来说，消费者可以从商业来源收集到较多的产品信息，而最有效的信息则来自于人际来源。每种来源在影响购买决策上都具有一些不同的功能。商业信息通常执行告知的功能，而人际来源则执行认可或评估的功能。当消费者购买自己未曾使用过的产品时，人际来源的影响最强。①

市场营销人员应对消费者试用的信息来源认真加以识别，并评价其各自的重要程度。同时还应询问消费者最初是如何接触到品牌信息的；当时的感觉如何，而后又得到什么信息，不同信息的来源相对重要程度如何等。这些信息可帮助企业与目标市场进行有效的沟通。需要注意的是：由于受文化因素的影响，不同文化背景下的消费者在信息的收集(如寻求信息的来源、寻求信息的密度、寻求信息的持续时间和咨询的信息量等)和使用(如使用的信息量、信息类型、信息排序先后、信息来源的可信度、信息的挑选方式等)方面存在着明显的差异性。②

(2) 消费者选择信息的过程

消费者收集信息并非是越多越好，面对同样的情境，不同的消费者有不同的理解。通常状况下，消费者对信息选择的过程要经过3个步骤。

①选择性注意。人们日常生活中会接触到众多的刺激。仅以商业广告为例，一个美国人平均每天会接触到1 500多个广告。但他不可能注意到所有这些刺激，其中大部分会被过滤掉。所以问题的关键是营销人员应该弄清楚哪些因素能引起消费者的注意。研究发现，影响

① 王曼，等.消费者行为学[M]. 北京：机械工业出版社，2007.

② 甘瑁琴.消费者行为学[M]. 北京：北京大学出版社，中国农业大学出版社，2009.

消费者知觉选择的因素主要有以下 3 个方面：首先，消费者可能比较注意与当前需要有关的刺激。例如，王先生打算去外地度假，他会更多地注意有关旅游方面的广告，而对于轿车降价的广告可能不会去注意。其次，消费者可能比较注意他们所期盼的刺激。例如，王先生多半会注意旅行社里的旅游手册，而不会注意地图，因为他没有指望旅行社里会有地图。再次，人们可能比较注意超出正常刺激规模的刺激。王先生更可能去关注减价 200 元的旅游广告，而不是只减价 10 元的旅游广告。

②选择性曲解。即使是消费者注意到的刺激，也并不一定会产生预期的作用。每个人总是按自己现有的思维模式来接收信息。选择性曲解是指人们趋向于将所获得的信息与自己的意愿结合起来。旅行社可能向王先生介绍去某国旅游的优点与缺点，如果王先生已趋向于去该国旅游，则他就可能不去考虑其缺点而是维护其想法。例如，他把可能遇到的语言障碍或较高的费用与一次难得的参观世界著名景观的机会相比较，来坚定自己的选择，在很多情况下，人们是按照先入为主的想法来解释信息的。

③选择性记忆。人们往往会忘记大多数接触过的信息，而倾向于记住那些符合自己的态度与信念的信息。由于这种选择性记忆，王先生可能只记住了去某国度假的优点，而忘记了去别国度假的优点。他之所以能记住去该国的优点，是因为每当他考虑去那里度假时总是盘算着这些优点。

以上 3 种知觉因素的存在，意味着市场营销人员必须尽力把信息传递给消费者，同时也要求市场营销人员在向消费者传递这些信息时，尽可能地生动并多次重复，以加深消费者的印象。

3. 评估选择

消费者从不同渠道收集到有关信息后，便对可供选择的商品进行分析和比较，并对各种商品做出评价，以便于做出购买决定。

(1) 分析产品属性

产品属性是指产品具有的能够满足消费者需要的特性，这些属性往往表现为属性集合。对于不同的产品，他们关心的属性有所差异，如服装，主要是样式、颜色、面料、做工等；冰箱，主要是制冷效率、耗电量、噪声、耐用性等属性。消费者不一定对产品的所有属性都视为同等重要，而且不同消费者对各属性的关心程度也不尽相同。消费者最关心的是能满足当前需要的属性。市场营销人员应该分析本企业产品应该具备哪些属性，以及不同类型的消费者对哪些属性感兴趣，以便进行市场细分，对不同需求的消费者提供具有不同属性的产品。

(2) 建立属性等级

属性等级是消费者对产品有关属性所赋予的不同的重要性权数。消费者被问及如何考虑某一产品属性时立刻想到的属性称为特色属性。特色属性不一定是最重要的属性。在非特色属性中，有些可能被消费者遗忘，而一旦被提及，消费者就会认识到它的重要性。市场营销人员应更多地关心属性权重，而不是属性特色。

(3) 确定品牌信念

品牌信念是指消费者对某品牌优劣程度的总看法。根据建立的属性等级及各属性参数，消费者对品牌的每个属性给予评价，然后将这些评价汇总起来，就构成他对该品牌的看法。

(4) 形成“理想产品”

消费者的需求只有通过购买才能得以满足，而他们所期望的从产品中得到的满足，是随产品每种属性的不同而变化的。这种满足程度与产品属性的关系，可用效用函数描述。效用函数，即描述消费者所期望的产品满足感随产品属性的不同而有所变化的函数关系。消费者对于属性的满足程度不同，其形成的效用函数也不同。比如，消费者想买一台计算机，其配置越高，可以处理的项目越多效用越高，但价格的上升会使得效用降低。

(5)做出最后评价

消费者从众多可供选择的品牌中，通过一定的评价方法，对各种品牌进行评价，从而形成对它们的态度和对某种品牌的偏好。在这一评价过程中，大多数的消费者总是将实际产品与自己的理想产品进行比较。也就是说，偏好和购买意图并不总是导致实际购买，尽管二者对购买行为有直接影响。

4. 购买决定

消费者在对各种备选商品进行评价、比较的基础上，形成对某一品牌的购买意向。但是，消费者购买意向转换成实际的购买行动的过程中，还会受到两个方面的影响。

(1)他人的态度

消费者的购买意向会因为他人的态度而改变，增强或减弱。他人态度对消费者意向影响的强度取决于三个因素：第一，他人态度的强度，态度越强烈，对于消费者购买与否的影响性越大；第二，他人与消费者关系的密切程度，关系越密切，影响力越大；第三、他人的权威性，此人对产品的专业性知识了解越多，或者具有很强的影响力，对消费者的影响越大。

(2)意外情况

消费者购买意向是以一些预期情况为基础的，如预期收入、预期价格和期望从产品中得到的好处等因素。当消费者将要采取购买行动时，发生了一些意外的情况，如失业导致收入减少，涨价导致无力购买等情况，这将使消费者改变或放弃原有的购买意向。

决定购买是消费者购买行为过程中的关键阶段，营销者在这一阶段一方面要向消费者提供详细的商品信息，消除疑虑，鉴定其购买意向；另一方面，要通过各种销售服务，方便消费者选购，促进消费者做出购买行动。

5. 购后评价

消费者购买商品后，经过一段时间的使用，会产生对所购商品的评价，这种购后评价常常作为一种经验、反馈与购买活动的初始阶段，对消费者以后的购买行为产生影响。

消费者的购后评价主要表现在两个方面：一是购后的满意程度，二是购后行为。

(1)购后满意程度

消费者使用商品，并将实际效用与消费者期望相比，得出满意或者不满意的评价。如果购后的实际效用超过消费者预期，则感到十分满意；符合预期，则感到满意；未达到预期，则不满意或很不满意。

(2)购后行为

消费者的购后评价，最终要通过行为反映出来，不仅对他本人以后是否重复购买产生作用，还会影响其周围的消费者。如果消费者感到满意，他会继续或重复购买，并且积极地将这种体验推荐给他人；相反，如果不满意，不但消费者本身不会购买，也会阻止别人购买。

通过上述五个阶段，消费者就完成了购买决策。企业要根据消费者所处的阶段，制定不同的营销策略。同时应注意，上述五个阶段不是每个消费者所必须经过的，比如，消费者进行习惯型决策时，不需要收集信息。因此，营销人员要注意，一定要认真研究消费者购买决策的不同阶段，根据其每一阶段的特征施加营销影响。

6.1.3　购买决策的类型

1. 根据消费者在进行购买决策过程中的介入程度不同划分

根据消费者在进行购买决策过程中的介入程度不同，购买决策可以分为扩展型、名义型、有限型决策。

(1) 扩展型决策

扩展型决策(Extended Decision Making)是介入程度较高的情况下所进行的购买决策。当消费者对某类产品不熟悉，同时尚未建立起相应的产品或品牌评价标准时，消费者面临的就是扩展型决策。这类决策涉及广泛的内外部信息收集，由于消费者没有将选择范围限定在几个品牌上，因此，需要对各种备选产品做广泛而深入的评价、比较。

以购买个人计算机为例，如果购买者对计算机本身以及计算机市场的情况均不熟悉，那么，他就需要从各方面收集信息，了解市场上有哪些品牌的计算机，各种品牌计算机在性能、价格等方面的差异，以及应从哪些方面来评价计算机的好处、优劣等。也许他要花上几天甚至几个星期的时间才能决定选择何种规格、何种品牌和带有什么样配置的计算机。

(2) 名义型决策

名义型决策(Normal Decision Making)实际上不涉及购买决策的过程，当某个消费问题被认知后，消费者仅仅通过内部信息收集，在脑海里浮现出某个偏爱的产品或品牌，该产品或品牌随之被选择和购买。只有当被选择产品不能像预期的那样运行时，购后评价才会产生。这种类型的决策通常发生在购买介入程度很低的情况下。

一个纯粹的名义决策甚至丝毫不考虑选择其他的品牌。例如，你发现家里的“中华”牙膏快用完了，于是下次进商店时买一支，而根本没有考虑别的牌子来代替它。在商店里，你浏览货架寻找“中华”牙膏，看到后不假思索地拿起一支，对其他牌子的牙膏和它们的价格与功能特点则没有留意和考虑。

名义型购买决策又可进一步分为两种类型：品牌忠诚型决策和习惯购买型决策。品牌忠诚型决策是指消费者认定某一品牌较竞争品牌能更好地满足其需要，对该品牌形成忠诚，不去考虑其他品牌。例如，你曾经对选择牙膏有很高的介入程度，但在选定“中华”牙膏后，觉得它很不错。之后，你可能会不假思索地一再选择此品牌。由于你对该品牌形成了偏好和忠诚，竞争品牌很难赢得你的青睐。习惯购买型决策在表现形式上呈现一致性，即较长时间内重复选择某一品牌，然而与品牌忠诚型不同的是，消费者重复选择某一品牌是因为他认定不同品牌没有实质性差别，只是出于习惯购买同一品牌，一旦遇到竞争品牌降价或者促销活动，消费者可能会立刻转换品牌。比如，对盐的购买就是典型的习惯购买型决策，消费者走进商店随手拿起一种品牌就买下了，很少关注生产商等问题。

(3) 有限型决策①

有限型决策(Limited Decision Making)，又称解决限定问题的决策，通常是指消费者对某一产品领域或该领域的各种品牌有了一定程度的了解，或者对产品和产品品牌的选择建立了一些基本的评价标准，但还没有建立起对某些特点品牌的爱好。因此还需要进一步收集信息，以便在不同的品牌之间做出较为理想或满意的选择。当消费者认为备选品牌之间的差异不是很大，介入程度不是很高，解决需求问题的时间比较短时，消费者所面临的大多是解决限定

① 甘瑁琴.消费者行为学[M]. 北京：北京大学出版社，中国农业大学出版社，2009.

问题的决策。此时，消费者的决策也需要经过认识问题、收集信息、评价选择、采取购买行动、购后评价 5 个步骤。但在很多阶段，消费者花的时间、精力都非常有限。以购买速溶咖啡为例，当消费者意识到家里的速溶咖啡快用完了的时候，他就认识到了要买速溶咖啡这一问题，然后走进商店简单地咨询一下哪几种品牌的速溶咖啡出售，各自的价格如何，随即做出购买决策。将速溶咖啡买回家，如果没发现什么异常，消费者一般很少再做进一步评价。如果品质特别好或特别不好，消费者可能会偶尔向他人提及，或在下一轮购买中根据自身体验决定是否依然选择该品牌。总之，在有限型决策情形下，消费者对信息的收集、对品牌的评价、比较都是很有限的。

追求多样化的购买决策，以及在他人影响或在某种情绪影响下做出的购买决策，很多可以划入有限决策类型。有时，消费者对以前使用的产品并非不满意，但仍然变换产品，这被认为是受追求多样化的动机驱使所致。消费者长期使用某种品牌，可能会产生厌倦感，从而在求新、求变动机的驱使下转换品牌。消费者这种情况下的品牌转换，由于不是因为对原来使用的品牌不满所引起的，所以，只要企业一如既往地履行对消费者的责任，这些品牌转换者可能很快会转向他们以前所习惯或偏爱的品牌。追求多样化的购买，由于有大量以前的知识和经验作为基础，所以购买时不需要像在复杂购买情形下那样进行广泛的信息收集活动。另外，由于消费者对新的产品或产品不是十分熟悉，仍然需要进行某些比较、收集活动。在这一点上，消费者的购买决策过程又和上面介绍的名义型决策有着很大的不同。

有时，消费者的购买决策是在观察或模仿别人的基础上做出的，此时，信息搜寻和品牌比较等活动几乎不存在，但仍不能将其归入名义型类别，因为购买者在购买前对所购的物品知之甚少，尚谈不上有选择该产品或品牌的习惯。典型的例子是和朋友在外进餐，此时，对点什么菜，喝什么酒和饮料，很多人并未发展起特殊的偏好或习惯，而是根据对他人行为的观察或根据服务员的推荐而比较快地做出决定。

▶相关知识：选择的悖论

假如你走进一家餐厅，正为到底点一份健康的沙拉还是可能会堵塞你动脉的汉堡包而举棋不定时，是什么因素促使你最后选择了沙拉？新近的一份研究报告指出，最终的选择可能与医生的劝告或其他传统观念因素无关，起作用的是菜单的长短。

传统观念认为，备选商品越多将越有利于消费者做出购买决策，因为他们更容易找到称心如意的商品。“现在，消费者面对着比以往更丰富的商品选择”，博格说。以前商店里只有两种番茄酱，现在可能有 10 种；现在有 100 种杂志，而以前只有 25 种。

近期，另外一些学者通过研究指出，随着备选规模不断增大，消费者可能会招架不住，最终决定放弃选择。用博格的话说，这就是“选择的悖论”(Paradox of Choice)。

（资料来源：http://www.emkt.com.cn/article/455/45570.html.）

2. 根据消费者习惯分析划分

根据消费者习惯分析划分，可以分为习惯型、理智型、冲动型、不定型决策。[①]

(1) 习惯型决策

习惯型的购买行为是由信任动机产生的，消费者对某种品牌或对某个企业产生良好的信任感，忠于某一种或几种品牌，有固定的消费习惯和偏好，购买时心中有数，目标明确。

① 江林.消费者行为学[M]. 北京：科学出版社，2007.

(2) 理智型决策

偏于理性的消费者发生的购买行为往往是理智型的，他们做出购买决策之前一般经过仔细比较和考虑，不容易受到环境和他人的影响，不轻易做出决定。

(3) 冲动型决策

冲动型决策的消费者，其性格往往是情绪型的，其情感丰富，易受广告宣传或相关人员的影响，决定轻率，这类顾客是促销活动争取的对象。

(4) 不定型决策

不定型购买决策常常发生在那些没有明确购买目标的消费者中，表现为漫无目的、随意浏览。他们往往是一些年轻的、开始独立购物的消费者，易于接受新事物，消费习惯正在形成之中，没有固定的偏好。

3. 根据消费者行为的复杂程度和所购商品本身的差异划分

根据消费者行为的复杂程度和所购商品本身的差异，可以分为复杂型、和谐型、习惯型、多变型决策。

(1) 复杂型决策

复杂型决策是指消费者进行初次购买耐用消费品时发生的购买行为。这类决策往往要经过一个认真考虑的过程，消费者要收集各种信息，对备选商品反复评估，在此基础上形成对各个品牌的态度，慎重地做出选择。

(2) 和谐型决策

当商品的差异性不大时，消费者不必花费大量的时间收集并评估不同品牌的信息，这种情况属于和谐型决策。此时，消费者主要关心价格是否优惠，购买时间、地点是否方便。

(3) 习惯型决策

习惯型决策是一种简单的购买行为，属于一种常规反应行为。消费者已熟知商品特性和各主要品牌特点，并已形成品牌偏好，因而不需要寻找、收集有关信息，即可做出决策和实施购买。

(4) 多变型决策

多变型决策是消费者为了体验多样化而频繁更换品牌的一种购买决策，一般发生在商品有差别但易于选择时，如罐头食品。

▶相关知识：消费者购买决策理论关于消费行为的观点

在消费者心理学中，消费决策是指消费者从思考到做出购买决定的心理过程。决策过程主要包括认识的需要、收集信息、评估选择、购买决定、购后评价5个阶段。消费者决策过程不总是一个简单的线性过程，同时并不是所有消费决策都是高卷入的过程。

1. 经济的观点

经济学理论中，消费者通常都是被描写为能够做出理性决策的人。这种“经济人”的理论模型，已经由于许多原因而受到消费者研究者们的批评。要像经济学所说的那样做出理性的行为，消费者应该：①了解所有的可以获得的产品选择项；②能够按照每个选择项的利弊来正确地将它们排序；③能够从中找出最好的选择项。然而在现实中，消费者很少能够拥有足够的信息或充分准确的信息，也很少有足够大的参与欲望和动机来做出这种所谓的“完美的”决策。

同时消费者心理学研究认为，由于如下所述的原因导致经典经济学的完全理性消费者模式是不现实的：①人们受他们已有的技巧、习惯和反应能力的制约；②人们会受他们已有的价值和目标的制约；③人们受他们的知识范围的制约。消费者常常是在一个并不完全理想的世界中进行决策，在这个世界中他们并不是根据经济方面的考虑进行决策(如价格与数量的关系、边际效用等)。事实上，消费者通常并不愿意进行广泛的决策，他们更可能是进行一个“满意的”、“更好的”决策。再如，近来的研究发现，消费者讨价还价的最初动机不是像人们长期以来所认为的那样是为了获得一个较好的价格(以更好的价位购买)，而是与成就需要、归属需要和支配需要相关的。这一点对研究广告与营销策划有重要的启示意义。

2. 被动的观点

与消费者的理性经济观点相反的是，被动观点将消费者描述为总是受到他自身的利益和营销人员的促销活动的影响。根据被动观点，消费者被看做冲动和非理性的购买者，总是会受到营销人员的目的和手段的作用。至少在某种程度上，消费者的被动模型受到那些竭力促销的老式的超级销售人员的赞同，在他们接受的训练中，都将消费者看做可以控制的对象。

被动模型的主要局限在于，它没有认识到消费者即使不在许多购买情形中占据支配的地位，至少也处于同等的地位——有时他会搜寻关于产品备选项的信息并选择看起来会提供最大满意度的产品，有时也会冲动地选择一个满足当时的心境或情绪的产品。然而，目前更多的理论认为消费者在当今市场下很难成为营销者控制的对象。

3. 认知的观点

认知观的模型将消费者描绘成一个思维问题的解决者，在这一框架内，消费者常常被描绘成或是接受或是主动搜寻满足他们需求和丰富他们生活的产品与服务。认知模型主要讲究消费者搜寻和评价关于某些品牌和零售渠道的信息的过程。

在认知模型框架中，消费者通常被看做信息的处理者，对信息的处理加工导致偏好并最终形成购买意向。认知观点同样也认识到，消费者不可能尽力得到关于每个选择的所有可能信息。相反，当消费者认识到他们已经拥有了可以做出一个“满意”决策对那些选择项的充分信息时，他们就会停止搜寻信息的努力。就像这种信息加工观点所认为的那样，消费者常常利用捷径式的决策规则(也称启发式或试探法)来加快决策过程。他们也会运用决策规则来应对信息太多的情况(如信息超载)。认知或问题解决观点所描述的消费者处于经济观点和被动观点所描述的两个极端的中间，他没有(或不可能有)关于可获得的产品选择项的所有知识，所以无法做出完美的决策，但是仍然会积极搜寻信息并尽力做出满意的决策。

4. 情绪的观点

尽管营销人员早已了解消费者决策的情绪或冲动性，但他们仍然偏好于根据经济的或被动的观点来考虑消费者。然而事实上，每个人都可能会把强烈的感情或情绪，如快乐、恐惧、爱、希望、幻想甚至一点点“魅力”与特定的购买或物品联系在一起。这些感情或情绪可能会使个体高度投入，当消费者做出一种基本上是情绪性的购买决策时，他很少关注购买前的信息搜寻。相反，更多地关注当前的心境和感觉。消费者的心境对购买决策的影响是重要的，所谓的“心境”是一种情绪状态，是消费者在“经验”一则广告、一个零售环境、一个品牌或一个产品之前就已经存在的事先心理状态。一般来说，处于积极心境中的个体会比处于消极心境中的个体回忆起更多的关于某一产品的信息。但也有研究表明：除非事前已有了一个品牌评价，否则在做出购买时所诱发的积极心境对购买决策并没有多大的影响。

(资料来源：http://www.emkt.com.cn/article/123/12366-2.html.)

【案例 6-2】 小崔买房

2009 年夏，小崔打算和女友小丽结婚，计划购买一套婚房。

小崔现在每看报纸就会首先翻到置业版仔细看，上专业的房屋置业网站也多了，还不时打听同事买房的情况，原先看到发楼盘广告就躲着走，现在主动去宣传员手里要楼盘彩页了，并亲自实地考察楼盘。

小崔最后打算在泉城花园和香港国际两个小区中选择一个。于是，他设立了以下几个评价标准：户型、单价、交通、设施、周边环境。最后，他给香港国际打了 85 分，给泉城花园打了 82 分。

经过反复权衡，他决定购买泉城花园的房子，因为尽管香港国际的综合评价高，但它要到明年才能交房，而泉城花园下个月就可以交房。

售楼小姐问小崔是付全款还是按揭，小崔选择首付 3 成，7 成按揭，20 年还清，而不是付全款。

小崔收到房子后，装修，入住。可是，这时候小崔听说房子降价了，比他购买时每平方米便宜了 200 元，于是小崔怀疑当初自己的决策是不是错了。

住了半年，小崔对社区环境和房屋质量很满意，于是不断向朋友推荐购买这个小区的房子。

（资料来源：http://www.nz86.com/marketing/a4/172651.html.）

6.2 消费者购买行为模式

消费者的购买行为是由一系列环节、要素构成的完整过程。在这一过程中，市场营销人员必须了解目标消费者的欲望、观念、偏好和行为方式，以便全面把握消费者行为特点与规律。

6.2.1 消费者购买行为的相关概念

1. 消费者购买行为的概念

所谓消费者购买行为是指消费者为满足自身需要而发生的购买和使用商品的行为活动。消费者的购买行为是满足消费需要的前提，购买行为受到消费者心理活动的支配。虽然消费者购买行为存在差别，但也存在若干共性，并可以用基本的行为模式对其进行描述。

心理学认为，人的行为是大脑对刺激物的反应。在这个过程中，人的心理活动支配着人的行为。消费者购买商品是人类行为的重要领域和表现形式之一，这个行为产生的原因同样是源于某种刺激，而购买行为则是对这种刺激的反应；贯穿于“刺激”与“反应”这两点之间的是消费者通过大脑进行的各种思考。例如，保健品广告中关于对身体不健康症状的分析，使得消费者在进行比较后会找到类似症状，于是便产生对保健品的消费需要或需求。消费者的需要有生理上的，也有心理上的，很多情况下这两种需要存在交叉。

一般而言，当消费者受到刺激的作用，便会产生对某种消费对象的生理或心理需要，这种为满足的需要会激发消费者的购买动机，在动机的驱使下人们寻求购买目标并采取购买行动，一旦实施购买行动并使用商品后，需要便得到相应满足，这时购买行为过程也宣告结束。

特别要注意的是，不同的消费者接受相同的刺激会产生不同的需求内容和需求指向。例如，当消费者感到饥饿时，产生吃饭的需求。这里饥饿是刺激，但对于不同的消费者，有的人想吃米饭，有的人想吃面食，不同的消费者有不同的购买动机。

2. 消费者购买行为的类型

在购买活动中，每个消费者的购买行为都各有不同，区分不同类型的消费者的购买行为，找出不同类型的购买行为的差异，对企业展开营销活动具有重要的参考价值。

对消费者购买行为分类的标准很多，每种分类方法都可以从不同的侧面反映消费者购买行为的特点。

(1)根据消费者购买目标的选定程度划分

①确定性。这类消费者在进入商店、发生购买行为之前已有明确的购买目标，对所要购买商品的种类、品牌、价格、性能、规格、数量等均有具体的要求，一旦商品合意，便会毫不犹豫地购买。这类消费者一般不需要他人的介绍、帮助和提示，但在实际营销活动中比较少见。

②半确定性。这类消费者在进入商店购买之前，已有大致的购买意向和目标。但是这一目标不是很具体、明确的。在实际购买时仍需要了解、判别，需要经过对同类商品的反复比较、选择之后，才能确定具体的购买对象。

③不确定性。这类消费者无论是进店前还是进店后，没有任何明确的购买目标。他们只是顺路、散步，或是浏览中看见了某一商品，便会发生购买行为；但有时也可能不买任何东西。究竟发生购买行为与否，与商品购物环境、气氛及消费者的心理状态密切相关。对这类消费者，营销人员应主动热情服务，尽力激发其购买欲望。

(2)根据消费者的购买态度与要求划分

①习惯型。这类消费者一般根据以往的购买经验和消费习惯采取购买行为，他们或长期惠顾某商店，或长期使用某品牌的商品，以致形成某种定势。这种购买习惯不会因为年龄的变化、环境的变化而变化。不受时尚风气的影响，购买行为表现出很强的目的性。他们在购买商品时当机立断，成交迅速。例如，有的消费者购买牙膏，从青年、壮年直到老年，无论是出差还是居家过日子，都买上海的“中华牌”牙膏。

②理智型。这类消费者在购买商品时善于观察、分析、比较，有较强的选择商品的能力。他们在购买前已经广泛收集所需商品的信息，了解市场行情，深思熟虑后才做出购买决定；购买时十分理智慎重，对商品反复比较，权衡利弊，不受他人及广告宣传的影响；挑选商品仔细、认真，很有耐心。在整个购买过程中表现出很强的自主性，始终由理智来支配行动。

③经济型。这类消费者对商品的价格非常敏感，往往以价格的高低作为选购标准。这类消费者又可细分为两种类型：一种是以价格高低评价商品优劣的消费者，他们认为价格高的商品质量一定好，价格越高越要买；另一种是对廉价商品感兴趣的消费者，他们对同类商品价格的差异十分敏感，喜欢购买优惠价、削价、处理价、降价大甩卖的商品。因此，经济型又称选价型。

④冲动型。这类消费者选购商品的能力较弱，对外界刺激敏感，心理反应活跃，情感变化快，很容易在最后一刻改变主意。因此，这类消费者在购买商品时，很容易受商品外观、广告、推销员、营业员、他人的影响而不去进行分析比较，就草率购买，买后又常常后悔不已，而下一次购买依然如故。新产品、时尚商品对这类消费者有很强的吸引力。

▶相关知识：女性中的冲动型购买者多于男性

无论是调查还是日常生活观察中都显示：女性比男性更喜欢逛商场、购物。她们愿意为某种消费需求花费很长的时间。同时她们也更喜欢在购物场所现场决定购买什么品牌的商品。

一个发夹或一条玻璃项链会使她们的眼睛一亮，就马上决定购买，或仅仅因为看到一件衣服上绣了一朵自己喜欢的小花就买下那件衣服。因此，女性消费者中的冲动型购买者远远多于男性消费者。

⑤感情型。这类消费者感情丰富，想象力强，常常因商品的款式、颜色、包装等外形美而引起联想。在购买时容易受感情支配，也易受外界环境(购物环境和营销人员态度)的感染、诱导，往往因此而心血来潮，发生购买行为。

⑥疑虑型。这类消费者性格内向、优柔寡断、多疑多虑。他们在购买前三思而后行；购买中细致，挑来挑去地拿不定主意；购买后还会疑心上当受骗。

⑦随意型。这类消费者缺乏主见，在选购商品时一般都希望获得销售人员的提示和帮助。对所购商品缺乏认真的分析比较，常常会受众人同一购买趋向的影响，从众购买自己并不急需的商品。有的消费者在生活上不挑剔、不苛求，表现在购买行为上也比较随便，此类消费者也属于随意型。

(3) 根据消费者在购买现场的情感反应划分

①温顺型，这类消费者神经过程比较脆弱，生理上尽量避免任何过大或过小的神经刺激，表面上很少受外界环境的影响，但内心体验却很深刻。表现在购买行为方面，从选购商品到最后实现购买，都愿意听从销售人员的介绍和意见，信任他们，所以很快就做出购买决定。这类消费者对所购商品本身的情况考虑得不是很全面，而对销售人员的服务态度却很敏感。

②反抗型，又称反感型。这类消费者的个性心理具有较高的敏感性，多愁善感，性情孤僻。外界环境细微的变化都能引起他们的警觉。在购买商品时，主观意志较强，不喜欢听取别人的意见，以怀疑的观点审视周围的一切，对销售人员及其他顾客均不信任。

③沉着型，这类消费者比较平静，反应缓慢沉着，购买决定一经做出，就不容易改变，也很少受外界环境因素的影响。在购买行为中，除了购买商品所必需的语言，始终保持沉默，感情内敛，抑制性强，交际适度，但不很随和。

④激动型，又称傲慢型。这类消费者很容易激动，言行举止时有狂热、暴躁的表现，自控力差，购买行为方面也表现出不善于考虑，傲气十足，对商品和推销人员的要求有时苛刻得不近情理。对此，营销人员在各个方面应给予较多的关注。

⑤活泼型，又称健谈型。这类消费者灵活性很高，善于适应各种环境，有广泛的兴趣爱好，但容易变化。表现在购买行为上，显得活泼、健谈，在购买和挑选商品的过程中愿意与人接近、交谈，主动与顾客或营销人员交换意见。

总之，在购买活动中，受购买对象、时间、地点、环境、个性心理等诸多因素的影响，不同的消费者会表现出多种不同的购买行为。因此，必须用动态的、差异化的观点对消费者购买行为进行观察、判定、分析，为做好营销工作打下坚实的基础。

(4) 根据购买者在购买过程中的介入程度和品牌间的差异程度划分

根据购买者在购买过程中的介入程度和品牌间的差异程度，可把消费者购买行为划分为表 6-1 所示的 4 种购买行为。

表 6-1 消费者购买行为的类型

介入程度 品牌差异	高 度 介 入	低 度 介 入
品牌之间差异大	复杂的购买行为	寻求多样化的购买行为
品牌之间差异小	减少失调感的购买行为	习惯性的购买行为

①复杂的购买行为。当消费者初次选购价格昂贵、购买次数较少的、冒险的和高度自我表现的商品时，则属于高度介入购买。由于对这些产品的性能缺乏了解，为慎重起见，他们往往广泛地收集有关信息，并经过认真的学习，产生对这一产品的信念，形成对品牌的态度，并慎重地做出购买决策。

对这种类型的购买行为，企业应设法帮助消费者了解与该产品有关的知识，并设法让他们知道和确信本产品在比较重要的性能方面的特征及优势，使他们树立对本产品的信任感，这期间，企业要特别注意针对购买决定者做介绍本产品特性的多种形式的广告。

②减少失调感的购买行为。当消费者高度介入某项产品的购买，但又看不出各品牌有何差异时，对所购产品往往会产生失调感。因为消费者购买一些品牌差异不大的商品时，虽然他们对购买行为持谨慎的态度，但他们的注意力更多地集中在品牌价格是否优惠，购买时间、地点是否便利，而不是花很多精力去收集不同品牌间的信息并进行比较，而且从产生购买动机到决定购买之间的时间较短。因而这种购买行为容易产生购后的失调感，即消费者购买某一产品后，或因产品自身的某些方面不称心，或得到了其他产品更好的信息，从而产生不该购买这一产品的后悔心理或心理不平衡。为了改变这样的心理，追求心理的平衡，消费者广泛地收集各种对已购产品的有利信息，以证明自己购买决定的正确性。

对这类购买行为，企业应通过调整价格和售货网点的选择，提供完善的售后服务，并向消费者提供有利于本企业和产品的信息，帮助消费者消除不平衡心理，坚定其对所购产品的信心。

③寻求多样化的购买行为，又称为广泛选择的购买行为。如果一个消费者购买的商品品牌间差异虽大，但可供选择的品牌很多时，他们并不会花太多的时间选择品牌，而且也不专注于某一产品，经常变换品种。例如购买饼干，他们上次买的是巧克力夹心，而这次想购买奶油夹心。这种品种的更换并非是对上次购买的饼干不满意，而是想换换口味。

面对这种寻求多样化的购买行为，当企业处于市场优势地位时，应注意以充足的货源占据货架的有利位置，并通过提醒性的广告促成消费者建立习惯性购买行为；而当企业处于非市场优势地位时，则应以降低产品价格、免费试用、介绍新产品的独特优势等方式，鼓励消费者进行多种品种的选择和现场产品的试用。

④习惯性的购买行为。许多产品是在消费者低度介入和品牌没有什么差异的情况下被购买的，盐的购买就是很能说明该问题的一例，消费者很少介入这类产品，他们走进商店随手拿起一种品牌就买下了。如果他们一直在寻求某一品牌，例如雪天牌，这是出于习惯，并没有强烈的品牌忠诚感。实例证明，消费者对大多数价低且经常购买的产品其介入程度低。

面对习惯性的购买行为，企业可以利用价格与营业推广吸引消费者试用，还可以开展大量重复性广告加深消费者印象，也可增加购买介入程度和品牌差异。总之，要让消费者对本企业产品产生习惯性的购买行为。

▶相关知识：习惯性的购买行为

在一项研究中，研究者观察了 120 位消费者在 3 家连锁店购买洗衣粉的行为。观察结果表明，对于绝大多数消费者来说，购买洗衣粉的行为是一种习惯性的购买行为。在这 120 位消费者中，72%的消费者只看了一种品牌包装的洗衣粉，只有 11%的消费者拿起了两种以上的洗衣粉，很明显，消费者几乎没有在不同品牌或同一品牌不同包装的洗衣粉之间做出比较分析，而是完全出于经验和习惯对品牌进行选择。

3. **影响消费者行为的因素**

影响消费者行为的因素主要有三大类:消费者自身因素、环境因素和企业的市场营销因素。

消费者自身因素包括消费者的生理因素，如消费者的性别、年龄、健康状况和生理特点等；心理因素，如消费者的意识、感觉、知觉、情绪、情感、意志等；行为因素，即消费者已经发生或正在发生的外在行为影响其后继行为，如购买汽车后的使用成本、维修、保养、保险等。

环境因素指消费者外部世界的所有物质和社会要素的总和，包括有形的物体，如商品和商场；包括空间关系，如消费者与商场的空间距离、商场的位置及商品在商场中的位置；还包括其他人的社会行为，如在商场里购物的都是些什么身份的消费者，他们在想什么，在买什么等。环境因素是影响消费者心理和行为的主要因素，例如，商场的装潢和装饰、商场所经营商品的档次和品位等，这一切都会影响消费者的购买决策。许多营销人员比较重视可视环境(也称功能环境)，因为它直接影响消费者的行为，但是对非可视环境的研究也不容忽视，如企业文化的建设问题，怎么形成独特的企业文化，特别是品牌文化，是需要每个企业加以规划的。

根据环境因素的空间覆盖范围和影响人数的多少，环境因素可分为微观环境因素和宏观环境因素两个层次。微观环境因素是指消费者直接接触到的、具体的物质因素和社会因素的总和，如商场的购物环境、客流量的多少、营业员的服务态度和服务水平、商场所提供的附加服务(例如许多商厦里可以买到各种比赛演出场馆的门票等)，这些都会影响消费者的购物心情甚至购买行为。宏观环境因素是指大规模的、具有普遍性的、影响广泛的物质环境和社会环境的总和，包括人口因素、经济因素、政治法律因素、社会文化因素、自然因素和科学因素等。以美国为例，20 世纪 80 年代提高了对酒后驾车问题的关注程度，部分原因在于“母亲反对酒后驾车”(Mother Against Drunk Driving)这一全国性组织的努力，他们假定消费者的行为是理性地追求个人利益最大化，因此，要告知公众酒后驾车危害的客观现实。在传播这种信息的时候，广告人通常会使用激发恐怖感的信息来引导消费者。美国交通部和广告委员会就发起了反对酒后驾车的广告活动。在中国，许多交通公益广告也是遵循这样的原则，再辅以相当严厉的法律制裁手段，两者的双管齐下，必对净化安全驾驶的环境起到积极的推动作用。

企业市场营销因素包括企业营销战略、产品战略、价格策略、渠道策略和促销策略等。

6.2.2 消费者购买行为模式类型

消费者购买行为模式是对消费者实际的商品购买过程进行形象的说明。在行为科学和市场营销学方面影响较大并且具有代表性的模式有尼科西亚模式、霍华德谢思模式、恩格尔科拉特布莱克威尔模式(EBK 模式)和刺激反应(S-O-R)模式。

(1) *尼科西亚模式*

尼科西亚模式是由尼科西亚在 1966 年《消费者决策程序》一书中提出的。尼克西亚模式主要是将消费者购买过程划分成决策程序的流程图，以此对消费者决策过程进行模拟，如图 6-2 所示。该模式由四大部分组成。

第一部分，从信息源到消费者态度，包括企业和消费者两个方面的态度。厂商将有关产品的信息通过广告等媒介传至消费者，经过消费者的内化(Internalization)后，形成态度。

第二部分，消费者对商品进行调查和评价，并且形成购买动机的输出。消费者态度形成后，对厂商的产品产生兴趣，通过信息收集作为评估准则，因此而产生购买动机。

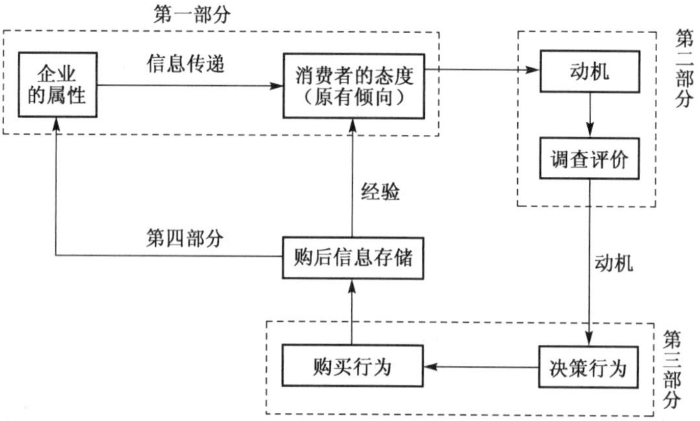

图 6-2　尼科西亚模式

第三部分，消费者采取有效的决策行为。消费者将动机转变为实际的购买行动，这一过程受品牌的可用性、经销商因素的影响。

第四部分，信息反馈。消费者购买行动的结果被大脑记忆、储存起来，供消费者以后的购买参考或反馈给企业。消费者购买产品以后，经过使用过程，对所购买的产品产生实际的经验，由购后使用的满意程度，影响再购行为；同时厂商也由消费者的购买意向与使用的满意程度，获得信息的反馈，以作为品质改进、定价、广告及其他营销策略的参考依据。

尼科西亚购买行为模式对市场营销理论做出了贡献。该模式推理比较严谨，并简单明了。但在模式中没有对外界环境作用的说明，四大领域中的内容也不易把握。

(2) 恩格尔-科拉特-布莱克威尔模式(EKB 模式)

20 世纪 70 年代美国俄亥俄州立大学 3 位教授恩格尔(J.P.Engl)、布莱克威尔(R.D.Blackwell)、科拉特(D.T.Kollat)在《消费者行为》一书中提出了 EKB 模式。该模式特别强调消费者购买决策过程。在这个模式里，消费者心理(大脑)成为“中央控制器”，外部刺激信息(包括产品的无理特征和社会压力等方面的无形因素)输入消费者大脑后，通过处理，即外界信息在态度、经验和个性的作用下，便可产生“中央控制器”的输出结果，即购买决定。由此完成了一次消费者购买行为，如图 6-3 所示。

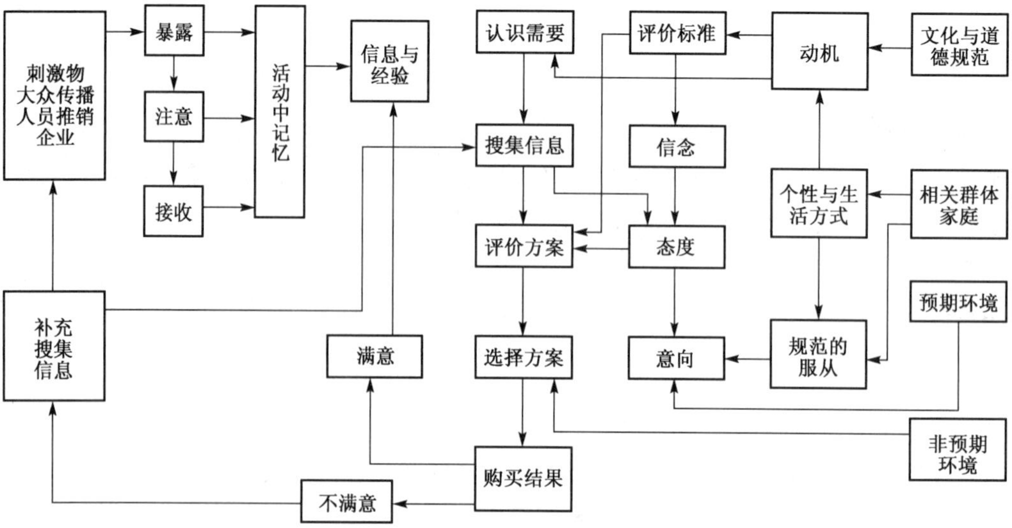

图 6-3　EKB 模式

具体地讲，EKB 模式可以说是一种购买决策模式，它详细地描述了消费者购买决策过程。

①在外界刺激物、社会压力等有形及无形因素的作用下，使某种商品暴露，引起消费者心理上知觉、注意、记忆，形成信息与经验存储起来，从而构成消费者认识问题的最初阶段。

②在动机、个性以及生活方式的作用下，消费者对问题的认识明朗化，并开始寻找符合自己意愿的购买对象，这种寻找在评价标准、信念、态度及购买意向的支持下向购买结果迈进。

③经过产品品牌评价进入备选方案评价阶段，消费者进行选择而实施购买，得出输出结果而完成购买。

④对购买结果进行体验，得出满意与否的结论，并开始下一次购买决策过程。

(3) 霍华德-谢思模式

霍华德-谢思模式于 20 世纪 60 年代初先由霍华德提出，后经修改与谢思合作出版了《购买行为理论》，提出了霍华德-谢思模式，如图 6-4 所示。

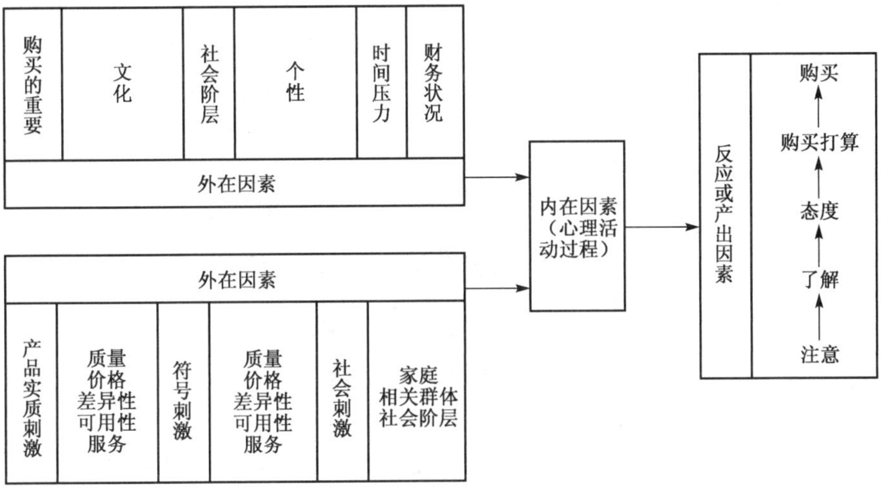

图 6-4 霍华德-谢思模式

该模式通过四大因素来描述消费者的购买行为。

①刺激或投入因素，又称输入变量，是指由销售部门控制的因素。它包括产品实质刺激，如某产品的质量、价格、特征、可用性及服务等；产品符号刺激，如通过推销员、广告媒体等把产品特征传递给消费者；社会刺激，如家庭、相关群体、社会阶层等。

②外在因素，又称外在变量，是指购买决策过程中的外部影响因素，如文化、个性、财力等。

③内在因素，又称内在过程，是指介于刺激和反应之间起作用的因素。它是霍华德-谢思模式最基本、最重要的因素。它主要说明投入因素和外在因素如何在心理活动中发生作用，从而引出结果。

④反应或产出因素，又称结果变量，是指购买决策过程所导致的购买行为。它包括认识反应、情感反应和行为反应 3 个阶段。认识反应是指注意和了解；情感反应是指态度，即购买者对满足其动机的相对能力的估计；行为反应包括购买者是否购买或购买何种品牌的认识程度预测和公开购买活动。

霍华德-谢思模式认为，投入因素和外在因素就是购买行为的刺激物，它们通过唤起和形成动机，提供关于各种选择方案的信息等影响购买者的心理活动。购买者受到刺激物和以前购买经验的影响，开始接收信息，产生自己的一系列动机，做出对可选择产品的一系列反应，形成一系列购买决策的中介因素，或者制定出一系列使其动机与满足动机的备选方案相配合的规则。这些动机、选择方案和中介因素的相互作用，便产生了某种趋向或态度。这种趋向或态度与其他因素，如购买行为的限制因素结合后，便产生了购买结果，即购买意向和实际购买行为。

由上可见，霍华德-谢思模式利用心理学、社会学和管理学的知识，从多方面解释了消费者的购买行为。此模式结构严密、内容完整，并且只要将模式内的变量或相对重要性改变后，就可适用于各种不同产品和各种不同消费者的购买模式，其参考价值较大，一直被人们所重视。

(4)刺激反应(S-O-R)模式

消费者购买行为是指消费者为满足自身需要而发生的购买和使用商品或劳务的行为活动。社会生活中，任何人都必须不断地消费各种物质生活资料以满足其生理及心理需要。购买行为作为人类行为的组成部分，符合人类行为的一般模式，即 S-O-R 模式。其中“S”代表刺激，“O”代表个体心理、生理特征，“R”代表反应。也就是说，个体通过接受刺激，经历心理活动，最后产生行为反应。所有消费者的行为都是由刺激引起的，这种刺激既来自外界环境，也受制于内部生理、心理因素。有学者把消费者接受外部刺激后，经过一定的心理过程，产生看得见的行为反应的过程，称为消费者的刺激-反应模式(一)，如图 6-5 所示。

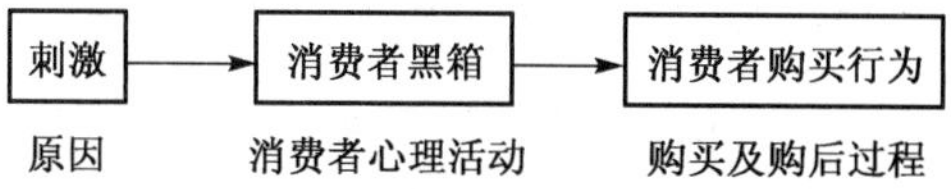

图 6-5　消费者刺激-反应模式(一)

介于消费刺激与购买行为之间的心理过程也称为消费者黑箱，或消费者暗箱。所谓黑箱是指人们不能或暂时无法分解以直接观察其内部结构。黑箱的概念只有相对的意义，同一系统对不同主体来讲，可能是黑箱，也可能不是黑箱；随着主体认识的提高，黑箱也可转化为灰箱或白箱。经验表明，消费者黑箱中包括两个主要方面：一是购买者特性，它会影响购买者对外界刺激的反应；二是购买者决策过程，它会直接决定购买者的选择。由此，可以将消费者刺激反应模式扩展为较为详细的消费者刺激-反应模式(二)，如图 6-6 所示。

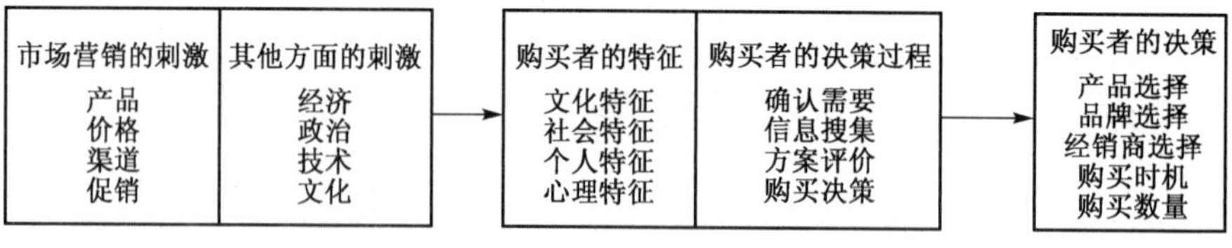

图 6-6　消费者刺激-反应模式(二)

消费者购买行为的一般模式，是企业营销部门制订营销计划、扩大商品销售的依据。这一模式表明，市场营销刺激与其他刺激进入购买者的意识后，购买者的特征和决策过程导致了购买决策。市场营销人员的任务就是要了解在出现外部刺激后到做出购买决策前的购买者意识中所发生的情况，认识消费者的购买行为规律，并根据本企业的特点，向消费者进行适当的市场营销“刺激”，以使外在的刺激因素与消费者的内在心理活动发生互动作用，便形成购买决策，采取购买行动，实现满足消费者需要，获取企业利润的目的。

本章小结

本章首先讨论了消费者购买决策过程。购买决策是指消费者作为决策主体，为实现满足需求这一特定目标，在购买过程中进行的评价、选择、判定、决定等一系列活动。本章全面分析了购买决策过程，包括认识需要、收集信息、评估选择、购买决定、购后评价 5 个阶段。收集信息的渠道主要有个人来源、商业来源、公共来源、经验来源。评估选择所涉及的问题有 4 个方面：分析产品属性、建立属性等级、确定品牌信念、做出最后评价。购买决定阶段从购买意图到实际购买，影响因素主要来自他人的态度、意外情况。消费者购买决策发生后，对产品再评价，此过程称为购后评价。顾客在购后过程对产品有满意和不满意两种态度，并据此采取购后行动。企业应重视顾客的购后过程，从而提高顾客忠诚度。

在购买活动中，每个消费者的购买行为都各有不同，对消费者购买行为分类的标准很多，每种分类方法都可以从不同的侧面反映消费者购买行为的特点。根据消费者购买目标的选定程度，消费者行为分为确定性、半确定性、不确定性 3 种类型。根据消费者的购买态度与要求，消费者行为可分为习惯型、理智型、经济型、冲动型、感情型、疑虑型、随意型等类型。根据消费者在购买中形成的情感反应，消费者行为过程中的介入程度和品牌间的差异程度，消费者行为可分为复杂的购买行为、减少失调感的购买行为、寻求多样化购买行为、习惯性的购买行为 4 种类型。

消费者购买行为模式则是从宏观的角度探讨消费者实际的购买行为。本章主要介绍了四种主流模式，即尼科西亚模式、EKB 模式、霍华德谢思模式和刺激反应模式。

案例分析

O2O 场景时代，绕不开的消费习惯

从传统电子商务的 B2B 和 B2C，再到后来淘宝“双 12”开创的 C2B，以及后来纷纷兴起的众多的 X2X 概念，不论是应运而生的电商和移动互联新贵，还是背负转型压力的传统行业，在追求新型模式的路上越走越远，而最为火爆的，无疑还是号称打通线上和线下的 O2O，看手机应用市场上清一色概念的 APP 就知道，O2O 俨然已经成为互联网时代企业的必经之路，餐饮、娱乐、服装、家居甚至房地产这样传统的行业，都必须和 O2O 发生点暧昧才敢说没有 OUT，O2O 的春天就在不知不觉中来了，可是 O2O 真的给企业带来春天了吗？它的价值到底有多少？

其实不论是 B2C 还是 O2O，并不在于包装的概念有多么前沿，归根结底还是想要与时俱进，用新的商业模式来换取企业的进一步发展，包括品牌力、销售额的提升。在企业追逐利润的目标下，没有最好的，只有最合适的，谁掌握了消费者的情感和购买习惯，谁就是最后的赢家。在这个营销的过程中，需要建立的是一个获取消费者和驱动购买的闭环，以这个标准来衡量，O2O 其实解决的是营销理论中的渠道层面，打通线上线下实现了体验和购买的便利。可是在如何捕获消费者这个层面，需要品牌更“深层的思考”，这也是未来一段时间最热门的课题，不论是对于企业品牌部或市场部，还是对于广告公司。

不止细分人群　还要捕捉场景

曾经一度火热的精准传播理念，倡导对消费人群进行细分，以找到目标人群的消费行为和消费心理，进而得知他们的媒体接触习惯等，通过合理准确的广告进行渗透，这样的理念

引发了一轮广告主对精准投放的认知与青睐，但是在互联网时代，有更多可供使用的先进科技，移动端可以具备定位、互动的功能，所以在找到消费者的这个环节，完全可以有更加开放和更加有效的方式。

以一个跟消费者生活相关的产品功能饮料为例，按以前的营销逻辑，会根据产品的价格和品牌定位确定消费人群的年龄、职业、性别等数据，再去找这些人群的接触媒体，虽然相对于传统的高举高打投放策略，这样的方式已经做到了一定程度的精准，但是实际依然会有浪费的成本，真正能做到不浪费广告成本的做法，是找到在一个需要功能饮料的场景下的人群。假设你正在小区旁边的公园跑步，并且用一个手机运动软件记录你的运动轨迹和数据，当然这不是重点，重点是几乎所有的人都有保存和分享运动记录的习惯，在保存数据的一瞬间，发现APP自动推送了一条信息给你，可以通过手机支付马上购买为你选择的几款产品中的一个，并且可以直接去你身边的社区便利店自取，也许还能有一个优惠，这样就解决了消费者的需求并提供了便利性，重点是用最少的成本找到了最有可能购买的人，而便利店和移动应用的关系并不需要担心，通过后台交易完全可以实现。

天猫曾经做过一个调性鲜明的广告，大意是会议室可以成为时尚的秀场，其实从另外一个角度理解，任何的场景都将成为寻找消费者的地点，因为任何一个场景下都具备消费的需求与可能性。例如，我们把剧本设定在写字楼、午饭后，在等电梯的过程中白领们会接收到很多的视频广告,也要承认这种媒体形式的到达率很高,那么有没有可能把到达转化为购买？假设你是一家公司的职员，可能正在为下周出差参加一个重要的会议、或者晚上参加一个时尚的晚宴而发愁着装，当你站在LED屏幕前，你会看到一个应用可以根据你的身材为你推荐不同场合的服装，并且可以进行试穿效果的展示，你可以马上选择心仪的一款服装并用手机支付购买，也许下班前你的新衣服就可以送到你的手里了。

线上购买线下体验也好，颠覆传统的上门服务也好，依然在靠略显被动的方式获取消费者关注，而通过主动寻找购买场景来定位消费者，可以为O2O带来整个购买环节的入口流量，当然，这其实只是第一步，要促进成交和培养消费者还需要品牌做更多的努力。

建立生活链接　培养消费习惯

当大多数的品牌在讲一个价值观、在做所谓的情感沟通的时候，在试图用TVC或者微电影的故事来影响、占领消费者心智的时候，当“做更好的自己”、“遇到另一个自己”这样的鼓励满街遍地的时候，我们还找得到更多可以跟消费者沟通的人生理念吗？或者说，消费者还在乎你的品牌口号吗？就像你的一个朋友，他有无比正确的价值观和震撼人心的人生格言，那么你会因为这些跟他成为人生知己吗？你在乎的一定还是他每天对你说什么，和你一起做什么有趣的事，一起吐槽、一起八卦，每一天都能有新鲜的事情等着你们互相分享，他鼓励你、相信你、关心你，而你期待每一次的见面，这才是真正的朋友，也是品牌要达到的境界：成为消费者生活中一个重要的角色。所以，要建立品牌与消费者的链接，已经告别了单靠一个slogan或者品牌故事打天下的时代，而是要用更加真诚的方式，利用当下的热点事件、人物来做充满诚意的沟通，塑造出一个鲜明的形象。

同时，在消费者忠诚度不那么高的社会环境下，品牌要培养出一个值得信赖的消费习惯，才有可能占据优势的竞争位置。土豪们炫耀的矿泉水煮饭，杨幂女神每天在电视上张罗的“没事就吃溜溜梅”，彭于晏酷酷地说出“要两粒在一起嚼才最好”，当你在对这些略显物料的内容嗤之以鼻的时候，你不能否认从品牌的角度已经把产品和消费者的生活结合起来，让消费者养成一个固定的习惯，而这样的习惯是任何的广告覆盖率、到达率，或是大数据、云计算都换不来的，这是品牌接地气的最佳表现。

营销理论从最经典的4P发展到4C，再到后来各种4X，其实无外乎在找一个与消费者沟通的方式。营销环境的变化很快，不变的是打动消费者的原则——对消费者生活和人性的洞察越细致，借助新的科技离消费者越近，那么春天自然就越来越近，你并不需要O2O们来增添那抹春色。

（资料来源：李东伟. O2O场景时代，绕不开的消费习惯[J]. 销售与市场(评论版)，2015(10).）

思考题：

1．结合案例分析场景化营销中怎么把握消费者的心理与行为？

思考练习题

1．怎样理解消费者的购买决策？
2．联系实际阐述购买决策的特点。
3．外部信息收集主要有哪些信息来源？
4．消费者选择信息要经过哪些步骤？
5．消费者购买决策的类型哪些？详细阐述每种类型。
6．试述重视消费者购后行为的重要性。
7．怎样理解消费者的购买行为？
8．消费者购买行为有哪些类型？
9．影响消费者购买行为的因素有哪些？
10．简要阐述消费者购买行为的EKB模式、霍华德-谢恩模式、尼科西亚模式的内容。

实验六　“秒杀”在线商品

知识链接：近年来在网络上风靡一种新的营销手段——秒杀(指一秒内就卖出)，它是一种足以吸引大量消费者注意力并促使消费者争相抢购的营销手段，通常使商品在上架的瞬间就被一抢而空，故而被网民称为“秒杀”。目前较为常见的秒杀营销方式有两种：一是以极低的价格出售价值远高于价格的商品，吸引消费者关注相关品牌或店铺，以达到广告效果；二是以正常价格限量出售商品，在商品正式上架前对商品进行详尽介绍并大力宣传商品优势，意欲拉动消费，它常见于有一定知名度的电子商铺。秒杀模式首现于C2C平台“淘宝网”，然后被各大B2C、C2C网络购物平台甚至电视传媒所采用。由于购物发生于虚拟空间，交易可以一键完成，具有极强的参与性与公平性，其影响力逐渐扩大。

一、实验目的

1．了解消费者的购买决策过程。
2．掌握冲动型购买的形成机制。
3．了解基于“秒杀”的顾客感知风险大小。
4．掌握“秒杀”营销隐含的科学规律。

二、实验内容

1．聆听实验指导教师的总体介绍。

2．选择“淘宝网”等C2C或B2C网络购物平台甚至电视传媒作为购物渠道。

3．在这些购物渠道上选择购买一件自己消费能力所能及的“秒杀商品”，可以是学习用品、服装等。

4．组成小组讨论自己在整个“秒杀”活动中的心理表现，探讨秒杀营销的背后究竟潜藏着哪些科学规律以及秒杀营销是如何引导消费者行为的。

5．撰写实验报告。

三、实验设备与材料

个人计算机、Internet环境。

四、实验步骤

1．“秒杀”商品确定

提前数天到购物网络平台收集零售商的商品上架信息，以服装举例，零售商会提前数天将服装展示照片、面料信息等商品信息以及抢购规则呈现在网站上，并且对消费者的询问做出及时的、有针对性的详细解答，使消费者既能够方便地获得足够的商品信息和购买方式信息，提高其感知控制性，又使其感到人性化、专业化。收集完信息后，确定自己想要购买的商品。

2．“秒杀”商品购买

在网络商家规定的时间内及时点击自己选购的商品，成功购买“秒杀”商品。

3．对整个“秒杀”活动中的心理表现进行研讨

小组成员每人对自己在“秒杀”活动中的心理表现进行阐述，小组成员集体讨论以下几个问题。

(1) 自己在“秒杀”活动中的消费决策过程是怎样的？

(2) 有没有出现冲动购买的现象？如果有，那么自己的冲动购买行为是怎样形成的？自己冲动购买的原因是什么？

(3) 自己在“秒杀”活动中对商品的感知风险是大还是小？为什么？

(4) 自己是否符合以下的说法：在秒杀活动正式开始前反复观赏商品的图片资料并收集交流抢购经验，在活动正式开始前情绪激动，在参与秒杀购物的过程中表现出高度精神集中，并且对收到购买的商品不满意时轻松地将商品转卖出去？这背后隐含着怎样的消费行为规律？

(5) 你怎么看待店铺所提供的“友情提示”中以及其他交流平台上对抢购心仪商品成功经验的详细介绍？

(6) 秒杀活动是否对消费者购买意愿起到了强化作用？

4．对本次实验课程撰写报告

五、思考题

1．如何提高“秒杀营销”的消费者感知互动性，从而提升顾客购买？

2．如果你来经营一家大学生情侣装的网络商铺，在情人节前夕你如何策划“秒杀”营销活动？

第3篇

影响消费者行为的环境因素

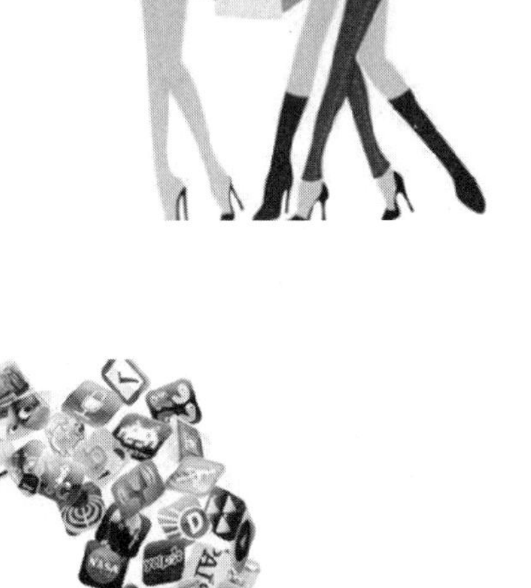

第 7 章 经济文化因素与消费者行为

【学习目的】

通过本章的学习，首先，要掌握宏观环境、经济制度等概念，理解社会经济环境、消费者个人收入对消费者行为的影响；其次，了解文化、亚文化、价值观、社会阶层和社会资源等概念以及社会阶层的划分，理解文化、社会阶层对消费者行为的影响。

【学习要求】

学习内容	知识要点	相关概念
社会经济环境与消费者行为	宏观环境与消费者行为 经济制度与消费者行为 消费者个人收入与消费者行为	宏观环境、经济制度
社会文化因素与消费者行为	文化与亚文化的概念与特点 中国传统文化与消费者行为 西方文化与消费者行为 核心价值观的概念及对消费者行为的影响 社会阶层的概念与特征 社会阶层的划分 社会阶层与消费者行为	文化、亚文化、价值观、社会阶层、社会资源

【引导案例】 中西方传统消费文化观念的差异

在西方国家好多人都奉行及时行乐，上帝让我们来到这个世界上，就是要充分享受美好的人生。“今朝有酒今朝醉”，就是他们的人生哲理。在澳洲实行的是周薪，上班族苦熬一周，周四就可以从老板手上领到工资，于是周四晚上一直到周六晚上，酒吧、餐厅、迪厅立刻热闹非凡，人们在这些场所喝酒、聚友、唱歌、娱乐，到了周一上班，两口袋空空，甚至有的“无产阶级”要靠借钱来维持后几天的生活，于是只能埋头苦干，等待下个周四的薪水。

中国人有好多美德。中国社会的传统理念是勤俭节约、购房置业、安居乐业。中国人从古代就有买房置地的观念，而今，随着农业效益的下降和公有制制度的限制，除了开发商买地建房外，人们最普遍的投资就是买房子，留给子孙一份祖房家产。手头只要有钱，买房置地是第一选择，一般认为，房子不会像股票一样大起大落，既不会一夜暴富，也不会一日蒸发。随着纸币保值能力不断遭到怀疑，而房产至少可以保值，维护自己的财富增长。于是房子就成了人们追求财富、满足财富堆积的象征。有一位网友这样说：我有个朋友，收入很多，房子也买的很多。看不出房价对他有什么影响，也看不出他何时能停止买房。他永远在买房，房价 3 000 元/平方米时买，5 000 元/平方米时买，8 000 元/平方米时仍能买。买了公寓买别墅，替自己买完，替儿子买，还留两套出租房。这也是房价不断攀升的消费惯例带来的结果之一。

（资料来源：李文同，等. 消费者心理与行为学[M]. 开封：河南人民出版社，2010.）

7.1　社会经济环境与消费者行为

每个消费者作为社会的成员，都生活在一定的社会环境中，因此，消费者的购买行为不可避免地受到社会环境因素的影响。良好的消费环境不但可以增强消费信心，扩大消费需求，提高消费质量，对于促进消费和谐、加速构建和谐社会也有着重要的意义。在影响消费者行为的各种社会环境因素中，宏观环境、经济制度和文化等占有极为重要的地位。

7.1.1　宏观环境与消费者行为

1. 宏观环境的概念

宏观环境是指由社会生产力发展水平所决定的总体社会经济水平，以及与生产力水平相适应的社会生产关系。在消费行为分析中所指的宏观环境主要是社会、经济，以及社会行为观念等对消费行为的影响。

2. 宏观环境与消费者行为

(1) 宏观经济形势对消费者心理和行为的影响

宏观经济形势对消费者心理和行为有着很大的影响。例如，1997 年发生通货紧缩以来，我国居民的风险意识大大增强，个人消费心理发生变化，导致社会消费萎缩和储蓄急剧增加，严重影响我国经济的长期增长。近年来，我国经济在固定资产投资的推动下连续几年保持高速增长，消费者心理受到影响将更多的可支配收入投入金融体系，参与投资或投机，而减少了消费需求和消费行为。2007 年以来，经济发展过热伴随着国内消费需求不足导致的通货膨胀日益凸显，特别是 2010 年，消费者物价指数(Consumer Price Index ，CPI)保持较高的增速，影响了消费者信心指数，在很大程度上会导致消费意愿的下降，特别是在食品方面，由于食品价格上升，降低了实际的购买力，在这方面对中低收入人群影响更大；而对于黄金、珠宝类兼具投资和消费价值产品的消费则增加等。

(2) 社会经济发展水平对消费者行为的影响

社会经济发展水平不同，会直接影响商品供应数量和供应质量。在此基础上形成的消费心理和行为也不同，主要表现如下。

①消费者求新、求奇欲望的强弱变化。在经济发展水平较低，商品生产更新换代周期较长，商品市场寿命周期相对较长时，消费者对商品选择中求新、求奇的消费欲望就会由于缺乏物质基础被压抑、被逐渐弱化，例如，在计划经济时期流行的所谓“新三年，旧三年，缝缝补补又三年”的观念，正是这种被压抑、被弱化的消费观念的反映。而后，随着改革开放以来生产力水平的迅速提高，各种商品的花色品种日益丰富，大大强化了消费者的消费欲望。

②经济发展速度与消费欲望扩展速度的关系。由于社会经济发展水平从总体上决定消费行为的变化强度与速度，所以，从一般意义上讲，消费欲望变化的速度应稍慢于经济发展的速度。也就是说，当一种新产品上市后才会引起消费者的购买需求和购买兴趣。但现实的经济生活并非如此，对包括我国在内的很多发展中国家来说，由于开放与国际交往的不断增多，消费者的消费“目光”，由原来的局限于国内，转向“放眼世界”。以高度发达的经济水平引导的发达国家的消费方式，成为发展中国家消费者的“模仿”目标，造成发展中国家的消费欲望扩展速度明显快于经济发展的局面。

(3)经济发展水平、生活环境与消费行为

在不同的经济发展水平上，会形成不同的生活环境，而不同的生活环境又会影响或产生不同的消费行为。例如，在许多发达国家中，经济发展导致明显的城市化趋势，这在我国许多较为发达地区也十分明显。在城市中人对自然环境的干预最强烈，人口越集中，自然状态下的生活环境变化也就越大，对消费者行为影响也就越大。尤其以城市人口结构变化速率及空间分布状况对消费者行为的影响最大。某些城市居民生活在居民住宅楼内，上班在办公楼或生产车间内，而连接两者的是高速运转的城市道路交通系统。在这种环境下，城市消费者如不能利用闲暇时间认真调节生活节奏，往往形成一些国家在特大城市中，由于人口密度过大，生活空间狭小，拥挤、噪声、空气污染等引发的所谓“城市病”，使消费者常出现烦躁不安、精神厌倦等情绪。而大多数消费者为适应这种生活环境，引发了野外郊游热、“当一天农民”或“重回大自然”的心理愿望。

(4)商品消费性质与消费者行为

商品的分配性质，直接制约着不同社会阶层和不同社会群体的消费者和消费心理，使他们的消费带有特定的社会性质和心理倾向。如“朱门酒肉臭”的消费方式是不劳而获者奢侈、炫耀的消费行为，而劳动者即使在相对富有的条件下，其消费行为也是以节俭为基础的丰盛，是在合理使用下的求新、求美、求奇和求好的消费行为。

7.1.2 经济制度与消费者行为

诺斯认为，制度是人们所设计用于调节人们的互动的约束。这些约束由正式约束(如规则、法律、宪法)、非正式约束(如行为规范、习俗、自定的行为准则)以及它们的实施特征等构成；诺斯也提出，由于社会发展、技术进步和人口的增长，会使一个经济中某些原来有效的制度安排变成不是最有效的，新的制度安排就可能被创造出来以取代旧的制度安排，这种变迁是由于新的、有利的经济机会而产生的，成为制度变迁。新制度经济学派认为，人类的一切行动都是在一定的制度约束下进行的，因此作为制度替代、转换和交易过程中的制度变迁，必然会对消费者行为的演变产生重要的影响。

制度对消费行为的影响主要体现在以下几个方面。

第一，制度限定了选择的范围与边界。改革开放之前，我国在很长的一段时间内实行的是具有中国特色的社会主义计划经济体制，消费者的消费心理和行为受到了很大的限制，满足基本的生理需求就是主要的消费目的，没有太多的选择余地，也没有充分的购买能力。改革开放以来，市场经济作为一种新的制度贯穿始终，这种制度的良好实践效果使我国国内生产总值以平均每年接近10%的速度快速增长，人民的生活水平有了很大的提高。

第二，制度影响了选择的方向，具体来说，旧的经济管理体制已被新的体制所取代。新型的经济制度决定了消费者的社会地位。就业方式、就业观念、住房制度、医疗保险制度都已经发生极大的变化，人们通过自身知识水平、业务能力的不断提高来争取更多收入以改善生活质量的观念得到了强化。市场竞争、勤劳致富的观念在丰富社会产品生产的同时，也提升了消费者的收入与购买力，能买的商品更多、更好了。尤其在改革开放较早、对外开放程度较高的沿海发达地区，居民的消费方式和发达国家越来越靠近了。

第三，制度限制了选择行为的理性程度。目前我国居民的理性消费、发展性消费特征已经十分明显，某些不符合国家、社会公众利益的消费方式和行为也正在得到扭转和改变。

第四，制度约束会在社会化或再社会化过程中内化到人的心理结构中，并构成人们的习惯性的“行动纲领”，从内部支配人们的行为。

7.1.3　消费者收入与消费者行为

对于绝大多数消费者来说，收入是其消费或支出的主要来源。一些人住高档别墅、开高级轿车、穿名牌衣服，而另外一些人住房简陋、穿普通衣服，出门只能骑自行车或挤公共汽车，其原因主要由于收入的差距，收入作为购买力的主要来源对消费者行为会产生重要的影响。

1. 消费者收入

一般认为，收入由工资、奖金、津贴、红利和利息等构成。在不同的人群，收入构成存在很大的区别。在我国城镇地区，工资和奖金是居民收入的主要来源。农村居民的收入比较复杂，大部分靠种植或养殖为主。随着越来越多的农民进入城市谋生，很多农村家庭可能既有成员在家务农，也有成员外出经商或进城打工，由此使收入的来源和结构趋于多样化。另外，由于收入分布的差别和职业的不同，具体不同的个体，其收入构成可能千差万别。例如，有的人以工资作为收入的主要来源，另外一些人的奖金超过工资，还有的人大部分是红利、利息和股票收入等。

2. 收入对消费者需求结构的影响

德国著名统计学家恩格尔早在 1857 年就发表了有关收入与食品支出之间的关系的研究报告，并得出著名的恩格尔定律：“随着家庭收入的增加，食物支出的比重在整个家庭支出的比重逐渐下降，而用于住房、教育、健康、休闲等方面的支出比重增加。”

虽然每个家庭在花钱方式上不可能完全相同，但大体来说，家庭在支出类别的分配方面的模式还比较一致。对不同收入水平的家庭进行的数据统计分析表明：

①贫困的家庭将大部分收入用在食品、住房和基本的服装上；

②随着收入不断增加，食品种类更加丰富，非主食食品也越来越多，但食品上的花费占其收入的比例却下降了；

③在收入很低的层次中，住房上的花费占收入的比例会随着收入水平的提高而提高，但随着收入提高到一定程度，它的比例就趋于稳定；

④随着收入水平的提高，用在服装、汽车和奢侈品上的花费比例增长很快，一定要到收入水平增加到一个非常高的上限时其比例增长才会停止；

⑤储蓄随收入的增加而大量增加，而且从不会下降。

3. 不同收入人群的消费行为特点

(1) 不同收入人群成员获取商品信息的渠道不同

一般来说，高收入的消费者比低收入的消费者有更多的渠道获取商品信息。

(2) 不同收入人群对商店选择不同

高收入的消费者乐于去高档、豪华的商店购物，因为在这种环境里购物会使他们产生优越感和自信，得到一种心理上的满足。而低收入的消费者在高档购物场所则容易产生自卑、不自在的感觉，因而他们通常选择与自己地位相称的商店购物。

(3) 不同收入人群对商品选择的差异

高收入人群一般拥有较多的财富，这一人群是名贵珠宝、古董、高级时装、高档住宅以及品牌商品的消费者。

(4) 不同收入人群对新产品的采用程度不同

一般来说，收入高的消费者在消费心理方面表现为求新、求好，因此常常是新产品的最先使用者；收入一般的消费者，在消费心理上表现为谨慎、务实，因此是新产品的晚期采用者。当消费者收入很低时，他们一般不可能对新产品产生任何的奢望，因而表现在消费心理方面是守旧者。①

▶相关知识：谁是中国的奢侈品消费者

手头阔绰，出手大方，愿花钱，敢花钱，这就是今天的中国富裕的消费者。我们预测，市场将持续向好，2015 年将达到 1 800 亿元。届时，中国在全球奢侈品市场的所占比例将超过 20%，并取代日本，称为世界最大奢侈品市场。

我们发现四个不同的奢侈品消费群，超过一半的奢侈品消费来自所谓的“核心奢侈品买家”，他们将收入的 12%～20%用于购买奢侈品，年奢侈品支出总计达 2～6 万元。

另外两类消费群体的重要性在不断上升，到 2015 年，这两类总共将占到奢侈品市场的 1/3。

第四组，我们称为“中产阶层进取者”，尽管现在规模较小，但其增长迅速。

尽管这类人群只占有消费者人数的 1%，但到 2015 年，他们在奢侈品上的支出将占到整个市场的 24%。

而“时尚狂热者”并不是一般定义上的富人，这类人群只占奢侈品消费者总数的 3%，但他们在奢侈品上支出占其家庭收入比例是其他群体的 2 倍多，且花大量时间了解最新时尚潮流，密切关注各类季节性促销活动。

奢侈品消费者大军源源不断

未来 5 年，极端富裕家庭将推动奢侈品市场 38%的增长。虽然他们只能偶尔买奢侈品，但占有约 12%的市场份额，且数量在迅速增长。我们预计，到 2015 年，中国有 7 600 万个家庭进入这个收入范围，将占奢侈品消费份额的 22%。

消费观念渐趋成熟

互联网的爆发性普及，越来越多的海外旅游以及亲身体验购买和使用奢侈品等，让中国的消费者对奢侈品的消费观念和消费行为也有着明显的改变。

求价实

在 2010 年接受我们调查的消费者中，有 50%的人可以说出三个以上的成衣奢侈品牌，而在 2008 年中，这个比例只有 23%。

求货真

我们的调查数据显示出一个趋势，为奢侈品企业带来一线希望：中国消费者越来越欣赏正宗的奢侈品。愿意买假珠宝的消费者从 2008 年的 31%大幅下降到 2010 年的 12%。

求精良

好品质是购买奢侈品的第一重要的考虑因素，而 2008 年时，这个比例只有 36%。43%的人考虑品牌的知名度，使其成为第二大重要的购买考量。对于成衣、皮具、珠宝和手表而言，质量和工艺是排名前三的考虑因素中的两个，因为这些是体现产品传承历史的标志。

重当下

中国奢侈品消费者不同于其他市场的最突出特征就是年纪轻。64%的人认为，收入在未来 5 年将继续显著增长，有近一半的受访者表示，应该享受今天，而不是担心未来。

---

① 余禾，等. 消费者行为学[M]. 成都：西南财经大学出版社，2008.

重自我

用奢侈品犒赏自己的意愿在上层中产阶层里尤其强烈，某位受访者的说法比较典型："我会在生日时给自己买一条蒂凡尼项链，奖励自己"，"等年底拿到奖金后，我再买一只雷达表"。

（资料来源：安宏宇，狄维瑞，吴宜蓓. 崛起的中国奢侈品市场. 销售与管理［J］.2011(5).）

7.2　社会文化因素与消费者行为

在考虑影响消费者行为的因素时，必须重视社会文化的重要作用。人类创造了文化，同时文化反过来对人类生活的各个方面都产生了深远的影响，消费者的各种行为也都打上了文化的烙印，无论是消费者的兴趣爱好、生活态度还是购买动机、行为，都离不开文化的作用。

7.2.1　文化与消费者行为

文化是历史的社会现象，每个社会都有与之相适应的社会文化。人类创造了文化，但文化反过来对人类生活的各个方面都产生了深远的影响。消费者的各种行为也都打上了文化的烙印。

1. 文化与亚文化

(1) 文化的概念与特征

①文化的概念。到目前为止，国内外学者或者相关人员对文化的定义很多。根据《大英百科全书》的统计，全世界正式出版物中关于文化的定义多达 160 多种。但一般认为，文化有狭义和广义之分。广义的文化是指人类在社会历史发展的实践过程中所创造的物质财富和精神财富的总和。狭义文化是指人类精神活动所创造的成果，如哲学、宗教、科学、艺术、道德等。在消费者行为研究中，主要研究文化对消费者行为的影响，所以将文化定义为在社会中经过学习获得的，用以指导消费者行为的信念、价值观和习惯的总和。文化是一个系统的概念，其基本的核心是价值观，并表现在各个不同的个人和不同的组织群体之中。

②文化的特征。

第一，文化的习得性。文化不是与生俱来的，而是在后天成长过程中，从社会环境中学习得来的。学习主要有两种类型。第一种是"文化继承"，即学习自己民族或群体的文化。正是这种学习，保持了民族或群体文化的延续，并且形成了独特的民族、群体个性。例如，中华民族由于受到几千年传统儒家文化的影响，形成了强烈的民族风格和个性，即使在西方文化不断冲击下，仁义、忍让、中庸和谦恭的文化内涵仍然是一种重要的民族文化心态。第二种是"文化移入"，也称文化借鉴，即学习外来文化。[①②]

第二，文化的发展性。人们的价值观、生活习惯、消费兴趣以及行为方式等都会随着社会的进步而不断发展变化，但各个民族文化的发展进程却不相同。文化变化的速度和新模式的形成与引入其他民族文化模式所遭受的阻力大小有直接的关系，国外研究证明，决定什么样的新事物在多大程度上为人们所接受的最重要的因素，是人们对这种新事物感兴趣的程度和新事物与原有价值观、行为准则的融合程度。

第三，文化的民族性。文化是由具体民族所创造并享有的，因而不同的民族有不同的文化。一个民族共同参与创造和享受文化的时间越久远，享受这种文化的影响也就越强烈和深

---

① 甘瑁琴，等. 消费者行为学[M]. 北京：北京大学出版社，中国农业大学出版社，2009.

② 江林. 消费者行为学[M]. 北京：科学出版社，2007.

刻，民族文化的传统精神越强烈，人们的心理活动和行为活动所表现出的民族性也就越强。例如，与西方相比，中国人比较注重人际关系，习惯于与周围环境、他人保持一致，不愿意离群，不太愿意引人注目，十分看重别人对自己的看法，表现在消费行为中，喜欢随大流、重规范、讲传统及重形式等；而西方人则强调个性，注重个人价值，追求新奇，与中国的民族文化形成强烈反差。①

第四，文化的规范性。规范就是关于特定情境下人们应当或不应当做出某种行为的规则。规范来源于文化价值观，就是大家普遍持有的信仰，是由上代传承下来的习惯和思维模式，包含着对语言、对象征、符号和生活方式的共同理解，以及共同的沟通方式和信息传递方法。违背文化规范可能会受到其他社会成员的制裁或者惩罚，这种惩罚可能是轻微的不认同，也可能被整个社会群体所抛弃。所以，文化通过提供基本价值观念告诉人们什么是对的、好的和重要的，规范和制裁并最终影响人们的消费模式。②

第五，文化的无形性。由于文化是无形的，所以它对人的影响是潜移默化的、悄无声息的，在大多数情况下，人们意识不到文化的影响犹如一只“看不见的手”在指导着人们的行为。在文化无形性的影响下，很多事情被认为是理所当然“正确的”或者是“可以接受的”。例如，中国人比较谦虚，当受到赞扬时，先自贬一番，表示谦虚有礼；而在西方人们会很高兴地说声“谢谢”表示接受。由于中西方文化差异，中国认为西方人过于自信，毫不谦虚；西方人则对中国人否定别人对自己的赞扬或否定自己的成就会很惊讶，这就是文化无形性的影响。③

【案例 7-1】送礼的文化差异分析

考察送礼方式是研究文化差异的一个好方法。几乎所有的文化都对送礼这种行为赋予了深刻的文化内涵。例如，如果你接受邀请去一个丹麦家庭赴宴的话，送一束鲜花给女主人是再好不过的了；在美国，送葡萄酒和鲜花是最好的。

日本人特别喜欢送礼物，特别是当他们从国外旅行归来时，日本人一定要给自己的朋友、父母、孩子和亲属带些纪念品。由于这种文化的存在，日本的环境也是鼓励慷慨大方地送礼的。日本人可以从国外带回价值 1 600 美元的免税商品，而美国人只能带 400 美元的免税品入境。

在洛杉矶机场的调查发现，83%的日本人为亲朋好友带了礼物，人均花费为 566 美元，而为自己买的商品为 581 美元。按照美国标准，接受这些礼物的人数是相当多的，45%的日本人要给 15 个以上的人送礼物。向亲朋好友送礼的动机是以前曾经接受过旁人的礼物。约有 80%的日本人认为送礼物是一种社会习俗，仅有 7%的人说自己可以在买礼物中获得快乐。绝大多数的日本人认为送礼物是一种必需的行为。

(资料来源：叶敏，张波，等. 消费者行为学［M］.北京：北京邮电大学出版社，2008.)

(2) 亚文化

①亚文化概念。亚文化也称为副文化或次文化，指某一文化群体所属次级群体的成员共有的独特信念、价值观和生活习惯。每一种亚文化都会坚持其所在的更大社会群体中大多数主流的文化信念、价值观和行为模式。同时，每一种文化都包含着能为其成员提供更为具体

---

① 姚山季，张立，等. 消费者行为学[M]. 天津：南开大学出版社，2009.

② 余禾，等. 消费者行为学[M]. 成都：西南财经大学出版社，2008.

③ 甘瑁琴，等. 消费者行为学[M]. 北京：北京大学出版社，中国农业大学出版社，2009.

的认同感和社会化的较小的亚文化。处于同一种亚文化影响下的人们会拥有相似的个人态度、价值观念，同时也表现出相类似的消费行为和决策方式，而处于不同亚文化影响下的人们则在产品需求和购买行为上表现出很大的差异。

②亚文化种类。亚文化有许多不同的分类方法，一种比较有代表性的分类方法是由美国学者 T.S. 罗伯特提出的按照人种、年龄、生态学、宗教划分的亚文化。目前国内外营销学者普遍接受的是按照宗教、民族、种族、性别、年龄、职业、地理来划分亚文化的分类方法，具体来说，主要有以下几种。

第一，民族亚文化。民族亚文化是以历史渊源为基础的，既具有主文化的总体特征，又有其自身比较稳定的以观念、信仰、生活方式、语言等表现出来的区别于其他群体特征的一种亚文化。

几乎每个国家都是由不同的民族所构成的，不同的民族拥有独特的文化传统和风俗习惯。尤其是我国，共有 56 个民族，虽然每个民族都带有明显的中华民族的文化印记，但是各民族也都还继承和保留着自己传统的宗教信仰、审美方式和消费习惯。例如，朝鲜族人喜欢食狗肉、辣椒，喜欢穿色彩鲜艳的服饰，群体感强，男子的地位相对要高一些；回族人喜爱白色，禁食猪肉，朝拜是他们生活的主要内容等。

第二，宗教亚文化。不同的宗教群体具有不同的文化倾向、习俗和禁忌。世界上有很多宗教，如基督教、天主教、佛教、伊斯兰教等。不同的宗教有着不同的文化倾向，这影响着人们认识事物的方式、看待客观世界的态度、行为准则及价值观念等，也影响着人们的消费行为，尤其是当这个地区的消费者对宗教信仰程度非常强烈时，这种影响显得尤为重要。

第三，种族亚文化。在相同的人种、语言或者国别的背景下，成员共同具有某些独特行为的一种亚文化被称为种族亚文化。白种人、黄种人及黑种人等各种族人都有着自己独特的文化传统、文化风格及生活态度等。即使生活在同一国家、甚至同一城市的不同种族人，他们也会有着自己特殊的需求、爱好和购买习惯。

【案例 7-2】美国的种族群体

营销学研究中往往将美国人分为四个种族群体：欧洲裔美国人、非洲裔美国人、拉美裔美国人和亚洲裔美国人。

欧洲裔美国人非常有竞争力，很有抱负，与人交往时喜欢开门见山，他们寻求改变，崇尚年轻和物质主义。

非洲裔美国人占总人口的 12%，家庭与宗教信仰对他们来说很重要。他们很重视个人形象，愿意显示自己的个人风格。他们往往会购买价格较高的品牌，并将购买高价酒和金制品作为地位的象征。喜欢逛街，把逛街视为一种社交活动，花在服装、鞋子和家用电器上的钱的比例更大。

对拉美裔美国人来讲，家人和孩子很重要，比工作还重要。无论男女都对外表很重视，而且都痴迷于技术。因为外表对他们很重要，所以他们大量购买和使用美容及化妆用品。他们喜欢与群体一起，所以口碑对他们来说很重要。活动营销(彩票、音乐节、体育比赛、宗教节日)是一种很有效的营销工具。

亚洲裔美国人中，中国裔美国人勤奋工作，相互间形成长期互惠的关系，尊重权威，崇尚万物和谐，克制或延迟满足情绪。日本裔美国人的核心价值观是努力工作，服从集体，报答别人的恩惠，尊重老人，尊重传统，很重视教育，是非常有经验、很老练的消费者，他们很有钱，购买高质量的主流品牌。朝鲜裔美国人工作非常努力，崇尚对家人忠诚、崇尚节俭、尊敬长者。印度裔美国人信奉印度教的因果报应论，重视家庭，十分信奉宗教，愿意保持传统和风俗，大多是素食者，他们也同样勤奋工作，有抱负。所有亚洲裔美国人都崇尚谦逊的态度与为组织牺牲个人的精神，面子对他们很重要，不喜欢贬低竞争者产品的广告。

(资料来源：杰格迪什·N·谢斯，本瓦利·米托. 消费者行为学：管理视角(原书第2版)［M］.罗立彬，译. 北京：机械工业出版社，2004.)

第四，地理亚文化。自然地理环境不仅决定着一个地区的产业和贸易发展格局，而且间接影响着一个地区消费者的生活方式、生活水平、购买力大小和消费结构，地理环境上的差异也会导致人们在消费行为有着很大的差异。例如，中国著名的川菜、鲁菜和粤菜等八大菜系，风格各异，就是因为地域不同形成的。

第五，年龄亚文化。不同年龄的消费者有着不同的价值观，对商品有着不同的爱好。按照一般的分类方法，消费者在年龄段上被分为少年儿童、青年、中年和老年，不同的年龄段由于生理机能和心理活动的不同，对商品的需求和偏好存在着很大的差异。

2. 消费者的文化价值观

(1) 文化价值观的概念

价值观是指在同一文化下被大多数人所信仰和倡导的关于理想的最终状态和行为方式的持久信念。这种信念反映了人们对于某一类事物的总的看法和评价，并通过某种特定的规范来影响人们的行为。价值观在个人认知系统中占据较核心的位置，一个人的价值观是通过学习和对自身经验的不断抽象化而逐渐形成的，一旦形成就会对自身的生活方式和行为产生很大的影响。现实生活中，我们经常可以感受到文化价值观对消费者行为的影响，正是由于其与消费者行为之间互相作用和互相影响的关系，价值观才日益受到理论界和实践界的重视。

【案例7-3】文化价值观的改变

有许多公司对消费者的环境价值观做出反应，趋势观察家认为，20世纪90年代是环保的10年，世界各地的消费者将更加关注环境。许多公司认为，环境是“绝对最重要的问题”。这些公司如下：

宝洁公司和其他公司的营销人员试图生产有利于环保的产品的包装，并多次使用，这些产品可以减少污染；

沃尔玛要求它的供应商提供可多次使用的产品；

杜邦公司制定了零污染的目标，它们每年拿出75亿美元来改善环境，并且已花费了将近2亿美元来开发一种安全的替代品；

麦当劳正在减少它在美国的8 500家餐馆的废水，此外，还要求供应商使用至少有35%可以重新使用的褶皱状的箱子。

消费者对环保的关注给公司提出了问题，也带来了机遇。越来越多的公司已经开始控制污染和多次使用产品，并设计出有利于环境的包装。

(资料来源：叶敏，张波，等. 消费者行为学. 北京：北京邮电大学出版社，2008.)

(2) 文化价值观的种类

关于价值观对消费者行为的影响，国外学者已经有了比较系统的研究，其中比较著名的是德尔·I·霍金斯的3种文化价值观：有关社会成员间关系的价值观、有关人类环境的价值观和有关自我的价值观(见表 7-1)。霍金斯认为，为了了解消费者行为所体现的文化差异性，首要的是要了解不同文化背景下人们价值观的差异。

表 7-1 与消费者行为密切相关的文化价值观

他人导向的价值观
1. 个人和集体。社会是重个人活动和个人意见还是重集体活动与集体依从? 2. 扩展家庭和核心家庭。在多大程度上一个人应该对各种各样的家庭成员承担义务和责任? 3. 成员与小孩。家庭生活是更多地满足大人的还是小孩的需求与欲望? 4. 男性与女性。在多大程度上社会权力的天平自动偏向男性一方? 5. 竞争与合作。一个人的成功是更多地依赖超越别人还是更多地依赖他人的合作? 6. 年轻还是年长。荣誉和地位是授予年轻人还是年长的人?
环境导向的价值观
1. 清洁。社会对清洁的追求在何种程度上是健康所要求的限度? 2. 绩效与等级。社会激励系统是建立在绩效的基础之上还是建立在世袭因素(如家庭出身等)的基础上? 3. 传统与变化。现在的行为模式是否被认为优于新的行为模式? 4. 承担风险与重视安定。那些勇于承担风险、克服种种困难达成目标的人是否更受尊重和羡慕? 5. 能动解决问题与宿命论。人们是鼓励去解决问题还是采取一种听天由命的态度? 6. 自然界。人们把自然界看成被征服的对象还是令人景仰的圣地?
自我导向的价值观
1. 主动与被动。更积极、主动的生活取向是否更为社会所看重? 2. 物质性与非物质性。获取物质财富的重要性到底有多么强烈? 3. 勤奋工作与休闲。拼命工作是否更为社会所倡导? 4. 延迟享受与及时行乐。人们是较鼓励即时享受还是愿意为获得“长远利益”而牺牲“眼前享受”? 5. 纵欲与节欲。感官愉悦的享受(如吃、喝、玩、乐)在多大程度上会被接受? 6. 严肃与幽默。生活被视为极为严肃的事情，还是应该轻松面对?

(资料来源：德尔·I·霍金斯，戴维·L·马瑟斯博. 消费者行为学(第 10 版)［M］.符国群，等译. 北京：机械工业出版社，2007.)

(3)消费者文化价值观对购买决策的影响

一般来说，消费者做出购买决策时，应该经历 5 个阶段。而消费者文化价值观的差异均可能对不同阶段产生重要的影响。

①确认问题阶段。消费者要确认自己对某种产品或者服务的购买需要，这是购买决策的起点。一般来说，消费者的文化价值观既可以肯定或强化这种需要，也可以压制或弱化这种需要。例如，中国传统文化倡导勤俭节约、量入为出、居安思危的思想在一定程度上限制了消费者的消费理念与购买行为；而传统的人际关系则推动和强化着我国消费者对人情和面子等需要的觉察与认识，礼品购买、宴请活动等人情消费一直是消费的重要动力。

②收集信息阶段。消费者会通过不同的途径来收集与商品有关的各种各样的信息。文化价值观对消费者收集信息的影响主要体现：首先体现在信息来源上，由于传统文化重义轻利的观念导致消费者对商业上的营销信息来源不大信任，重视亲情、友情和人情的人际关系模式，使得消费者更为信任意见领袖和依赖口头传播；其次，文化价值观会对营销信息发布者的受众认同与信赖程度有影响，在权力差距大、崇尚权威与迷信领袖等文化观念比较流行的南美或亚洲的一些国家，名人广告和专家广告较为普遍。

③备选产品评估阶段。在该阶段，消费者对可能购买的产品在品牌、质量、性能及样式等方面进行评估，而消费者对产品的评估同样会受到文化价值观念的影响。例如，受中国传统文化的影响，消费者在选择评估产品时可能会考虑到别人观点，或者为显示自己的社会地位，可能会更偏向于某个品牌。

④购买决策阶段。经过评估后，消费者会产生一定的购买意图，但购买决策的最后确定，

除了受消费者个人的喜欢与否外，还会受他人的态度、购买力变化和支付方式等其他因素的影响。文化价值观对其仍然产生一定的影响。由于中国文化强调集体观念，这反映在家庭购买决策的方式上，集体决策的倾向尤为明显；在产品和品牌的选择上，人们较少标新立异，强调与他人保持一致；在购买决策的最后确定上，特别是在购买一些社会意义较强的产品(如汽车、服装等)的时候，他人的态度具有重要的甚至决定性影响。

⑤购后评价阶段。文化价值观对消费者购后行为的影响主要表现在对购后不满意行为的看法和处理上。有的消费者在不满意时采取积极的公开行动，如退换货、向公司提出抱怨、向消费者协会投诉，或者在朋友面前诋毁该产品和品牌。有的消费者以“忍气吞声”、“息事宁人”的态度，不采取任何行动。有的消费者则可能通过寻求能够确证其产品具有较高价值的信息来减少内心的不和谐感。

3. 文化对消费者行为的影响

(1) 中国传统文化对消费者行为的影响

中国文化价值观拥有几千年的历史，儒家、法家、道家等各学派学术观点的广泛传播和发展为中华文明做出了卓越贡献，几千年历史文化的积淀构成了独特的价值观体系，也形成了中国特色的消费行为。

①中国传统文化价值观。关于中国传统文化价值观，不同的学者有不同的阐述，归纳起来，主要表现在以下几个方面。

第一，人道主义。早在先秦时期，儒家学派创始人孔子提出了“仁”的观念，倡导“爱人”，要求对人加以尊重与关切；墨家提出的“兼爱”观念同样体现出人道原则；发展到宋明理学，人道的原则得到了进一步的发展，在吸收儒、佛、道等各家学说的基础上，他们提出了“民胞物与”的观念：“民吾同胞，物吾与也；尊高年，所以长其长；尊孤幼，所以幼吾幼。”这种观念在一定程度上表现了儒家的“仁”、墨家的“兼爱”、佛教的“慈悲”等之间的融合。正是这种融合，使传统的人道原则获得了更丰富的内涵，并成为中国文化中一种稳定的价值取向，“仁爱孝悌”、“尊长慈幼”成为中华民族的传统美德。

第二，中庸之道。著名的南宋理学家朱熹认为中庸就是“不偏之谓中，不倚之谓庸”。也就是说，事物在其发展过程中都有一定的标准或常规，超过或未能达到这个标准都不利于事物本身的发展。在儒家看来，保持“中”道又是实现和谐统一的根本途径。中庸之道的核心思想是教育人们自觉地进行自我修养、自我监督、自我教育、自我完善，把自己培养成具有理想人格，达到至善、至仁、至诚、至道、至德、至圣、合内外至道的理想人物。中庸思想作为中国人的一个重要的文化价值观，几千年来，深深影响着中国民族的思想和行为。①②

第三，诚信知报。在中国文化中“性善”的信念占据主导地位，注重人本主义，因此特别强调“诚”与“信”的品德修养。“诚”即真实无妄，最基本的要求是诚于己，诚于自己的本性。以“诚”为基础，衍生出了很多相关的价值观念：对人要“诚实”、待人要“诚恳”、对事业要“忠诚”等。与“诚”相通的思想品德为“信”，是指讲信誉、守信誉，最基本的要求是言行一致，“言必信，行必果”。知报思想强调对父母的养育之恩、国家的培养之恩、上级的栽培之恩、长辈的提携之恩以及朋友的知遇之恩等予以报答。③

① 甘琍琴，等. 消费者行为学[M]. 北京：北京大学出版社，中国农业大学出版社，2009.
② 姚山季，张立，等. 消费者行为学[M]. 天津：南开大学出版社，2009.
③ 姚山季，张立，等. 消费者行为学[M]. 天津：南开大学出版社，2009.

第四，重义轻利。古语“先义而后利者荣，先利而后义者辱”、“生以载义”、“义以立生”、“杀身成仁”、“舍生取义”体现的重义轻利、以义制利的文化价值观，注重情义与精神价值，轻视物质利益而强调人与人之间的感情和道义是中国文化的一大特色，同时也是中西文化之间的主要差异之一。

第五，自强不息。自强不息不仅是中国文化的核心价值观之一，也是中华民族处理天人关系、人际关系等的总原则。《易经》上所说“天行健，君子以自强不息”、“天地之大德曰生”是对中华民族刚健有为与自强不息这一积极人生态度最集中的概括和经典表述，阐明了效法天行之健，充分发挥人的主观能动性和积极性的思想。

②中国传统文化对消费者行为的影响。中国传统文化价值观具有以上特征，影响着中国人的消费心理和消费行为，主要表现在以下几个方面。

第一，消费行为的大众化。儒家文化的核心就是中庸、忍让、谦和。在消费行为中的反应就是市场上大众化的商品居多，人们一般会以群体中多数人一致认同的消费观念来指导自己的消费行为，具有明显的社会取向和他人取向，社会、群体的规范和行为对消费行为的影响很大。消费者往往会竭力保持自己与群体的一致性，过于张扬、个性化的产品很难得到认可，对新鲜事物普遍采取谨慎态度，使得营销人员在推出某类新产品时需要花费更多的时间和费用。

第二，人际交往消费比重大。中国人比较注重人情，强调良好的人际关系的重要性。这种特点对消费行为最直接的影响就是比较注重人情消费。中国人维系人际关系的重要途径之一就是请客送礼，为开展正常的人际交往，这样的人情消费往往伴随中国人的一生，为礼品市场创造了巨大的商机。

第三，消费支出的重累积性和计划性。勤俭持家、精打细算、量入为出等是中国人比较崇尚的消费理念，所以在消费时，对透支、超支买东西不大感兴趣。在购买的商品种类和功能方面，注重商品的实用性和使用价值，较少购买用于享受方面的奢侈品，且一般是按计划购买，特别对于老年人来说，冲动性购买和计划外购买的概率很小。这种消费特征，与目前的消费水平有关，更多受传统文化价值观的影响。需要指出的是，目前青少年的消费观念已经发生了一定的变化。

第四，品牌意识比较强。中国人买商品时比较注重商品的品牌，尤其是对服装或高档消费品更是如此。一方面是因为中国人爱面子，名牌商品代表一定的质量和价格，可以满足人们的虚荣、炫耀心理。另一方面，市场上假冒商品的盛行在一定程度上也与人们对品牌的偏爱、崇拜有关。

第五，以家庭为主的购买原则。中国人的家庭观念比较强，无论在购买决策上，还是购买种类和内容上，都与整个家庭息息相关。一般来说，在涉及大笔支出的商品购买上，都会与家人一起讨论进行决策并实施购买行为，买的商品要尽可能满足大家的需要。这种购买行为反映了家庭在中国人心目中的地位，折射出中国人重视伦理亲情的传统文化。

▶相关知识：中国人的三种文化特征与消费

1. 中国人的面子文化与面子消费

“人要脸，树要皮”，为人处世，面子不是个小问题。林语堂先生在《脸与法制》一文中说：“中国人的脸，不但可以洗，可以刮，并且可以丢，可以赏，可以争，可以留。”面子消费带来的是中国人的攀比消费(你有我也有，而且要更好)、炫耀消费(高档消费品甚至奢侈品的消费有目共睹)和象征消费(看重品牌消费)。

2. 中国人的关系文化与关系消费

中国人讲究人情，一个人在社会上没有点关系是万万不能的。为维护人情和关系，由此产生的关系消费、公关消费及公款消费是消费的重要领域。人情消费占中国人的消费支出的比例较大，送礼文化特别盛行，逢年过节、婚丧嫁娶、生日寿辰、升官迁徙，凡此种种，亲朋好友、街坊邻居无不亲临，孕育了巨大的消费市场。

3. 中国人的根文化与根消费

中国人的根情结强烈而持久，香火、宗族意识、裙带关系、乡土情结表现非常明显。由此衍生出中国人独特的根消费，主要表现在消费教育(看重下一代)、祭祖消费(对祖先的哀思)、仪式消费(婚礼、丧礼、满月酒、寿宴、拜师宴、谢师宴等)、节庆消费(春节、端午节、中秋节等传统节日)、房地产消费(家族传承的象征)等。

(资料来源：余禾，等. 消费者行为学［M］. 成都：西南财经大学出版社，2008.)

(2) 西方文化对中国消费者行为的影响

随着改革开放的发展和全球一体化进程的加快，西方文化对消费者行为的影响越来越明显。在具体说明西方文化对我国消费者行为的影响之前，首先需要了解西方文化价值观与中国文化的区别，见表7-2。

表7-2 中西方文化差异比较

西方文化	中国文化	西方文化	中国文化
个人主义	集体主义	年轻	尊老爱幼
进步、成功	进步、成功	物质主义	精神主义
效率	稳定、平均	不拘礼节	礼仪之邦
活跃	安静、祥和	不信任政府	相信政府
公平	公平	创新、改革	稳定、和谐

除了上述的核心的西方核心价值观外，还有如自由主义、表里如一、人道主义、权威性、尊重制度、把握环境和宗教信仰等。

由于西方传统文化与中国传统文化在核心价值观上有一定的差异，这些差异体现在消费者的消费行为上也表现出极大的不同。随着全球一体化的推进，各个主体文化之间互相渗透、互相影响。受西方文化的影响，消费者在消费信念和消费行为上产生了一些主要的变化。

①需求认识。随着中国的改革开放，人们的消费需求认识上逐渐受到西方文化的影响。例如，传统的中国人注重勤俭节约，不注重享受，受到西方物质主义的影响，现代中国人也开始认识到关注除了精神主义之外的物质需求，有的学者认为现在中国已经是除了美国之外消费的第二大市场。另外，中国消费者也开始尝试着接受一些新的消费品，面对革新，中国消费者已经能够接受这些新的观念了。

②信息收集。中国的传统文化使得消费者偏好“跟风”，在商品的信息收集上没有足够的重视，现在消费者开始注重个性化，追求时尚，在信息收集上也不再主要依赖信息“守门人”和“舆论领袖”的意见，而能够充分利用各种信息渠道，采取各种信息收集工具(尤其是网络的使用)。

③购买决策和购买行为。传统的家庭基本为四世同堂或三世同堂，家中的长者在购买决策上拥有主要的权力。然而现在中国的家庭也开始形成三口之家的核心家庭，并且由于子女地位的上升，子女在家庭购买决策上也开始具有更多的决策力量，随着子女掌握更多的信息

渠道和收集信息的工具，在一些信息需求量大的消费品的决策问题上，子女往往具有决定性的意见。

④购后评价。中国传统文化具有“贵和尚中”的特点，在遇到矛盾冲突时，往往采取回避或者“忍气吞声”等方式息事宁人。受到西方文化的影响，消费者一方面开始对产品的质量和消费服务提出更高的要求，另一方面也开始重视产品的售后服务。如果消费者对购买的产品不能满意，他们也开始寻求一些渠道，如通过各种维权组织来保护自己的权益。

各种文化对中国消费者的影响是多方面的，中国自身的文化也在不断进步，要准确说出哪部分是受到西方文化的影响不是一件容易的事情,但是可以明显感觉到特别是最近几年来，受到西方文化的影响，中国消费者在消费理念、消费行为上确实发生了很大的变化。[①]

▶相关知识：霍夫斯泰德评估文化的构架

还在 IBM 的时候，霍夫斯泰德教授发现，尽管公司有一套深厚的公司文化，但是 IBM 遍布世界各地分支机构的员工的文化价值观却差异很大。1968—1972 年，他在 IBM 员工中做了两次研究，调查了 11.6 万名员工，这是当时针对员工态度的最大规模的研究。因而，可以这样说，霍夫斯泰德教授的观点在研究跨文化差异时被广为引用。

在大量的调查数据中，霍夫斯泰德教授试图找出能够解释导致大范围内文化行为差异的因素。他从四个方面分析了各国的文化：权力距离，对不确定因素的避免，个人主义/集体主义，男性化/女性化。

1. 权力距离

组织地位、威望及在组织的层级结构中的层次有多重要？作为一种职位功能，它赋予管理者哪些决策权力？雇员们应该在何种程度上自动服从其管理者的意愿和决定？对权威的敏感、依赖和崇拜程度如何？为了回答这些问题，霍夫斯泰德采用了权力距离的概念。

权力距离是指存在分离开管理者与雇员的强大而又合法的决策权力的信念。经常可以在亚洲和南美国家观察到这种习惯。相比较而言，美国和斯堪底纳维亚国家的雇员赞成较低权力距离的信念，并不大可能相信其管理者一定正确。因此，美国和斯堪底纳维亚国家的许多雇员并不盲目服从其管理者的意愿。

当来自不同国家的管理者被询问道，他们是否认为，对于其部属提出的有关工作的大多数问题，他们给出精确的答案非常重要。大约 3/4 的印度尼西亚和日本管理者同意这样(表明高度权力距离)。形成鲜明对比的是，仅有大约 1/4 的英国、丹麦和美国管理者赞同此结论。后一组人并未接受专家角色，他们反而相信他们应该是一种资源，是问题解决者，可以提供一种个人支持(表明低度权力距离)。

2. 不确定性规避

所谓不确定性规避，指的是一个社会感受到的不确定性和模糊情境的威胁程度，并试图以提供较大的职业安全，建立更正式的规则，不容忍偏离观点和行为，相信绝对知识和专家评定等手段来避免这些情境，其强弱是通过不确定性规避指数来表示的。

通常可以从对规则的诉求愿望、对具体指令的依赖、对计划的执行程度去考虑。一些文化中的雇员推崇明确，并非常乐意接到其主管的具体指令。这些雇员具有高度的不确定性规避，并偏好于回避工作中的模棱两可；而另一些雇员则以相反方式进行反应，因为模棱两可并未威胁到他们对稳定和安全的较低需要。诸如希腊、葡萄牙和比利时等国的雇员具有高度

① 王旭. 消费者行为学[M]. 北京：电子工业出版社，2009.

不确定性规避特征，并偏好结构稳定、规则明确；较低不确定性规避的国家包括中国、爱尔兰和美国。

3. 个人主义/集体主义

个人主义和集体主义是指社会中个人与群体的关系。个人主义指的是一种松散的社会结构，而集体主义则是一种紧密的社会结构。

重视个人主义的文化倾向于强调个人权利与自由，非常松散地结成社会关系网，并极为关注自尊，对本人的职业和个人酬劳尤为重视。集体主义者强调服从团队并推崇成员之间的和谐，个人感情服从团队整体利益，并且雇员们更可能会问“什么对组织最为有利？”保全面子在集体主义文化中至关重要。成功地保全面子时，一个人在团队中的地位也就得以维系。

4. 男性化/女性化(事业成功/生活质量)

“男性化”倾向是指社会中两性的社会性别角色差别清楚，男人应表现得自信、坚强，注重物质成就；女人应表现得谦逊、温柔，关注生活质量。“女性化”倾向则是指社会中两性的社会性别角色互相重叠，男人与女人都表现得谦逊、恭顺，关注生活质量。

一般可以从对性别角色定位的传统和保守程度、对坚决行为的获取财富的推崇程度、对人际关系和家庭生活的重视程度去考虑。男性化社会以更加传统和保守的方式定义性别角色，而女性化社会对于男女双性在工作场所和家庭中扮演的大量角色则持较为开明的观点。此外，男性化社会推崇坚决行为以及获取财富；女性化文化珍视人际关系，关心他人，以及看重家庭生活与工作之间更好的平衡。

斯堪底纳维亚国家具有最富女性化气质的文化；日本则存在显著的男性化文化；美国的男性化文化要相对温和一些。

5. 长期取向与短期取向

麦克·邦德与一些中国同行没有采用霍氏提出的问卷调查方法，而是基于亚洲研究人员反映儒家价值观的问题提出了一种新的调查方法。霍夫斯泰德在此基础上补充了他的学说。

长期取向的文化关注未来，重视节俭和毅力。他们认为储蓄应该丰裕；固执坚持以达到目标；节俭是重要的；对社会关系和等级关系敏感；愿意为将来投资；重实效的传统和准则以适应现代关系；接受缓慢的结果。这种社会考虑人们的行为将会如何影响后代，例如日本，国家以长远的目光来进行投资，每年的利润并不重要，最重要的是逐年进步以达到一个长期的目标。

在短期取向的文化里，价值观是倾向过去和现在的。人们尊重传统，关注社会责任的履行，但此时此地才是最重要的。比如美国，公司更关注季度和年度的利润成果，管理者在逐年或逐季对员工进行的绩效评估中关注利润。

7.2.2 社会阶层与消费者行为

每个消费者都归属于一定的社会阶层，同一社会阶层的消费者有着基本相似的社会地位、价值观、生活方式、收入水平、认知以及声望等。不同的社会阶层的消费者有着与其自身属性紧密联系的消费行为，进而形成一套独特的行为模式。因此，研究社会阶层对消费者行为的影响对企业营销有着重要的意义。

1. 社会阶层概述

(1) 概念

社会阶层是指社会按照态度、价值观、社会地位、生活方式等进行等级划分，具有相同或类似社会地位的社会成员组成的相对持久的群体。每个消费者个体在都会在社会中占据一定的位置，位置上的差异会使社会成员分成高低有序的层次或阶层。社会阶层是普遍存在的社会现象，无论是发达国家还是发展中国家，不论是社会主义国家还是资本主义国家，均存在不同的社会阶层。

社会阶层产生的最直接的原因是个体获取社会资源的能力和机会的差别。社会资源是指人们所能占有的政治权力、经济利益、职业声望、生活质量、知识技能，以及各种能够发挥能力的机会和可能性，也就是能够帮助人们满足社会需求、获取社会利益的各种社会条件。社会阶层产生的深层次原因是社会分工和财产的个人所有的不同。社会分工形成了不同的行业和职业，并且在同一行业和职业内形成领导和被领导、管理和被管理等错综复杂的关系。当这类关系与个人的所得、声望和权力联系起来时，就会在社会水平分化的基础上形成垂直分化，从而造成社会分层。

在研究消费者行为时，之所以要考虑社会阶层因素，是因为消费者在进行购买决策时，会受到自己所属社会阶层的影响。具体来说，一方面是为了了解不同阶层的消费者在购买、消费、沟通和个人偏好等方面具有哪些独特特征，另一方面，也可以了解哪些特征是各社会阶层成员所共有的，哪些行为基本上被排除在某一特定阶层的行为领域之外。因此，研究社会阶层对深入了解消费者行为具有特别重要的意义。

(2) 社会阶层的特征

①社会阶层展示一定的社会地位。社会阶层是和特定的社会地位相联系的。处于较高社会层级的成员，必定拥有较多的社会资源，在社会生活中具有较高社会地位。他们会通过各种方式展现其与社会上其他成员的相异的地方。美国经济学家凡勃伦提出了炫耀性消费的概念，他认为每个社会阶层的人都会有一些试图通过炫耀性消费告诉别人他们是谁，处于哪一个社会层次。即使在今天，物质产品所蕴含、传递的地位意识在很多文化下仍很普遍。

②社会阶层对社会成员行为具有约束作用。大多数社会成员在和自己处于相似水平和层次的人交往时会感到比较自在，而在与不同阶层的人交往时会感到局促不安。这样，社会交往较多地发生在同一社会阶层之间，同一阶层内社会成员的更多的互动，会强化共有的规范和价值观，从而使阶层成员之间的互相影响加强。另外，不同社会阶层成员之间较少互动，会限制品牌、广告和其他营销信息在不同阶层人员之间的流动，使得不同阶层成员间行为显示更多的差异。

③社会阶层具有多维性。按照吉尔伯特和卡尔[①]的观点，决定社会阶层的因素主要分为三类：经济变量、社会互动变量和政治变量。具体来说，经济变量包括职业、收入和财富；社会互动变量包括个人声望、社会联系和社会化；政治变量包括权力、阶层意识和流动性。因此，社会阶层的确定并不是单纯地由哪一个变量决定，而是由这些变量在内的所有变量决定的。在众多的决定因素中，某些因素可能比另外一些因素作用更大。收入常被认为是决定个体所处何种社会阶层的重要变量，但很多情况下可能具有误导性。例如，现阶段出租车司机、业务员和高校教师，在收入是一样的情况下，很难将三者划为一个阶层。除了收入，职业和住所也是决定社会阶层的重要变量。一些人甚至认为，职业是表明一个人所处社会阶层的最重要的指标，原因是从事某些职业的人更受到社会的尊重。

④社会阶层具有同质性。社会阶层的同质性是指同一阶层的社会成员在价值观和行为模式上具有共同点和类似性。这种同质性在很大程度上由他们共同的社会经济地位所决定，同

① 丹尼斯·吉尔伯特，约瑟夫·A·卡尔. 美国阶层结构[M]. 彭华民，译. 北京：中国社会科学出版社，1992.

时也和他们彼此之间更频繁的互动有关。对营销者来说，同质性意味着处于同一社会阶层的消费者往往拥有同样的消费观念或生活方式，他们会表现出相同的媒体偏好、产品选择标准和购物习惯，常去同一类型的商店购物，喜欢同样的休闲活动，为企业根据社会阶层进行市场细分提供了依据和基础。

⑤社会阶层具有动态性。社会阶层的动态性是指随着时间的推移，同一个体所处的社会阶层会发生变化。这种变化可以朝着两个方向进行：从原来所处的阶层跃升到更高的阶层，或从原来所处阶层跌入较低的阶层。越是开放的社会，社会阶层的动态性表现得越明显；越是封闭的社会，社会成员从一个阶层进入另一个阶层的机会就越小。社会成员在不同阶层流动主要有两个原因：一方面是由于个人通过勤奋学习和努力工作，赢得了社会和他人的认可和尊重，社会阶层和社会定位提高；另一方面，由于社会条件的变化，例如，社会制度的变革改变了人们的生活方式和价值观念，由此产生了社会阶层的改变，如教师地位在改革开放前后发生的变化。

⑥社会阶层具有层级性。从最低的地位到最高的地位，社会形成一个地位连续体。不管愿意与否，社会中的每个成员，实际上都处于这一连续体的某一位置上。那些处于较高位置上的人被归入较高层级，反之则被归入较低层级，由此形成高低有序的社会层级结构。社会阶层的这种层级性在封闭的社会里表现得更为明显。

层级性使得消费者在社会交往中，要么将他人视为与自己同一层次的人，要么将他人视为比自己更高或更低层次的人。这对企业分析市场十分重要。如果消费者认为某种产品主要被同层次或更高层次的人消费，他购买该产品的可能性就会增加；反之，如果消费者认为该产品主要被较低层次的人消费，那他选择该产品的可能性就会减小。

2. 消费者社会阶层的测定

消费者社会阶层的测定方法主要有两种：单项指数评价法和综合指数评价法。

(1) 单一指数评价法

单一指数评价法是指从某个特定的方面来衡量个体所归属的社会阶层。由于影响社会阶层的因素比较多，只用其中一项指标去衡量一个人的社会地位或社会阶层可能会失之偏颇。但该方法在分析社会地位的特定方面对消费过程的影响还是很有意义的。实践中，常用的单项指标主要有教育、职业和收入。

①教育。教育是提高社会地位的主要途径，因而也是评价社会地位的一项重要指标。在大多数国家，一个人所受的教育程度越高，其社会地位也越高。在高等教育大众化的时代，浏览各种招聘广告，凡是稍好的职位，对能力和素质都有很高的要求，要达到这种要求，就必须接受良好的教育。即使是传统的制造、服务业等领域，现在的观念也逐渐发生变化。不仅如此，教育还会影响个人品位、价值观、获取信息和做决策的方式。所以，教育成为衡量社会阶层最常用的指标。

②职业。在大多数消费者研究中，职业被视为表明一个人所处社会阶层的很重要、应用最广的单项指标。一般来说，职业是与教育、收入紧密联系在一起的，在很大程度上反映出一个人的社会地位。消费者的职业类型直接影响其价值观、生活方式和消费过程的各个方面。

在工业化社会，存在着数百种职业。人们常用不同的方法给职业评分或对职业声誉进行排序。最常用的方法是社会经济指数法(Social Economic Index，SEI)，它是以从事不同职业的人受教育水平和收入为基础的一种评价方法。社会经济指数的每个组成部分都赋予了一定的权重，使每个职业所得分数与公众对这个职业的地位评价标准相类似。一旦合适的权重被确定，则任何职业的等级都可以评定出来。表 7-3 显示的是美国部分职业的 SEI 得分。

表 7-3　美国部分职业的 SEI 得分

职　业	SEI 得分	职　业	SEI 得分	职　业	SEI 得分
会计	65	邮递员	28	管家	15
航天工程师	84	管工	27	营销经理	58
运动员	49	警察	38	注册护士	46
汽车机械师	21	化学师	78	服装销售员	25
酒吧侍者	24	牙医	89	推销工程师	78
营销教授	83	小学教师	70	装卸工	22

(资料来源：Stevens，G. and Cho，J. H. Socioeconomic Indices ［J］. Social Science Research，1985，14：142-168.)

③收入。传统上，收入是划分社会地位和社会阶层的常用指标。由于收入是维持社会成员维持一定生活方式的前提，收入的高低也与成员所处的社会阶层有着紧密的联系。收入不仅制约着人们的购买能力，还影响着人们对工作、休闲的看法。应该指出，用收入衡量社会阶层有着一定的局限性。一方面由于收入属于个人隐私，被调查者不愿意公开自己的收入；另一方面，收入本身不能完全有效地解释由于社会阶层所导致的行为差异。例如，一位大学教授的收入和一位出租车司机的收入可能差不多，但他们的消费观念、生活方式、意识和偏好等存在明显的差异。

(2) 综合指数评价法

综合指数评价法是运用多个社会经济变量从不同层面测量消费者的社会地位。该方法的基本思想是，先在若干规模较小的社区内进行详细的调查研究，以决定每个社会成员属于哪个社会阶层，然后再寻找反映社会阶层的客观指标及确定相应的权重。有关衡量指标及其权重的确定要满足一个基本条件，即能够再现规模较小社区研究中的成员分类模式。具体来说，综合指数评价方法有以下几种。

①科尔曼地位指数法。该方法由社会研究公司于 20 世纪 60 年代创立，并在消费者行为研究中得到广泛应用。科尔曼地位指数法从职业、教育、居住的区域和家庭收入四个方面综合衡量消费者所处的社会阶层。表 7-4 列出了该方法常用的问题和格式。在具体计算分值时，职业分被双倍计入，这样，一个人的最高得分可达到 53 分。另外，如果被调查者尚未成家，在计算他的总分时，教育和职业两项得分均是双倍计入总分。对于户主年龄在 35 ~ 64 岁、以男性为主导的已婚家庭，其综合得分如果在 37 ~ 53 分，则为上等阶层；得分在 24 ~ 36 分为中等阶层；得分在 13 ~ 23 分为劳动者阶层；得分在 4 ~ 12 分为下等阶层。

表 7-4　科尔曼地位指数法中的变量及评分标准

教　育	被 访 问 者	被访问配偶
8 年 (含 8 年) 以下初等教育	1	1
高中肄业 (9 ~ 10 年)	2	2
高中毕业 (12 年)	3	3
1 年高中毕业后学习	4	4
2 年或 3 年制大专	5	5
4 年制本科毕业	6	6
硕士毕业或 5 年制大学	7	7

续表

教　育	被访问者	被访问配偶
博士毕业或6~7年制专业学位	8	8
户主的职业声望(如果被访者已退休，询问退休前的职业)		
长期失业者(以失业救济金为生者，询问退休前的职业)	0	
半熟练工、保管员、领取最低工资的工厂帮工和服务人员	1	
掌握一般技术的装配工、卡车与公共汽车司机、警察与火警、配送工	2	
熟练工匠(如电工、小承包商、工头、低薪销售职员、办公室工人、邮局职员)	3	
员工在2~4人的小业主、技术员、销售人员、办公室职员、一般薪水的公务员	4	
中层管理者、教师、社会工作者、成就一般的专业人员	5	
中小公司的高层管理人员、雇员在10~20人的业主、中度成功的专业人员(如牙医)	7	
大公司的高层管理人员、获得巨大成功的专业人员(如名医、名律师)、富有的企业主	9	
居住区域		
平民区(社会救济者和下层体力劳动者杂居)	1	
清一色的劳动阶层居住，虽非平民区但房子较破旧	2	
主要是蓝领但也居住着一些办公室职员	3	
大部分是白领但也居住着一些收入较高的蓝领	4	
较好的白领区(没有很多经理人员，但几乎没有蓝领居住)	5	
专业人员和经理人员居住区	7	
富豪区	9	

年家庭收入				
5 000美元以下	1	20 000~24 999美元	5	
5 000~9 999美元	2	25 000~34 999美元	6	
10 000~14 999美元	3	35 000~49 999美元	7	
15 000~19 999美元	4	50 000美元以上	8	
总分		估计的社会地位		

(资料来源：Coleman，R.P. The Continuing Significance of Social Class to Marketing［J］. Journal of Consumer Research，1983，10：265-280.)

根据科尔曼地位指数方法，科尔曼和雷茵沃特将美国消费者分为上层(14%)、中层(70%)和下层(16%)。每个阶层又可以进一步细分，总共形成7个生活方式上存在差别的群体。表7-5所示是7个群体，表7-6所示是各阶层相应的社会经济状况。

表7-5　科尔曼-雷茵沃特社会等级结构

上层美国人
上上层(0.3%)：靠世袭而获取财富，贵族头衔的名副其实的社会名流 上中层(1.2%)：靠业务成就、社团领导地位起家的社会新贵 上下层(12.5%)：除新贵以外的拥有大学文凭的经理和专业人员，专注于事业、私人俱乐部和公益事业
中层美国人
中产阶级(32%)：收入一般的白领工人和他们的蓝领朋友，居住在“较好的居民区”，力图干“合适的事” 劳动阶级(38%)：收入一般的蓝领工人，各种有不同收入、学历和工作性质背景但过着典型的工人阶级生活方式的人
下层美国人
下上层(9%)：地位较低，但不是最底层的社会成员。他们有工作，不需要福利救济，生活水平只是维持在贫困线之上 下下层(7%)：接受福利救济，在贫困中挣扎，通常失业或做“最脏”的工作

(资料来源：Coleman，R.P. The Continuing Significance of Social Class to Marketing［J］. Journal of Consumer Research，1983，10：267.)

表 7-6　各个社会阶层的特征

社会阶层		百分比(%)	收入(美元)	学历	职业
上层美国人	上上层	0.3	600 000	硕士	董事长
	上中层	1.2	450 000	硕士	公司总裁
	上下层	12.5	150 000	医学学士	开业医生
中层美国人	中产阶级	32.0	28 000	本科	高中教师
	劳动阶级	38.0	15 000	高中	装配工
下层美国人	下上层	9.0	9 000	高中肄业	门卫
	下下层	7.0	5 000	小学	无业

(资料来源：Coleman，R.P. The Continuing Significance of Social Class to Marketing［J］. Journal of Consumer Research，1983，10：267.)

▶相关知识：当代中国社会的阶层结构

中国社会科学院“当代中国社会结构变迁研究”以职业分类为基础，以组织资源、经济资源和文化资源的占有状况为标准划分当代中国社会阶层，共划分为 10 个阶层。

1. 国家与社会管理者阶层

国家与社会管理者阶层指在党政、事业和社会团体机关单位中行使实际的行政管理职权的领导干部。目前，中国的社会政治体制决定了这一阶层在趋于等级分化的社会阶层结构中居于最高或较高的地位等级，是整个社会阶层结构中的主导性阶层，是当前社会经济发展及市场化改革的主要推动者和组织者。目前，这一阶层在整个社会阶层结构中所占的比例约为 2.1%；在城市中的比例为 1%～5%；在城乡合一的县行政区域中比例约为 0.5%。

2. 经理人员阶层

经理人员阶层指大中型企业中非业主身份的高中层管理人员。这一阶层的社会来源主要是三部分人。第一部分是原来的国有和集体企业干部。随着现代企业制度的发展，这一部分企业干部逐渐从行政干部系列中脱离出来，成为职业经理人。第二部分来自较大规模的私营企业或高新科技产业领域中的私营企业，这些企业在 20 世纪 90 年代后期以来开始出现所有权与管理权分离的趋势，一些企业主聘用职业经理人来为他们经营管理企业；另一些业主则通过企业股份化而使自己从业主型的创业者转变为职业经理人。第三部分人是三资企业的中高层管理人员。这个阶层还在发展之中，在目前社会阶层结构中所占的比例约为 1.5%，但在地区之间的分布极不平衡。

3. 私营企业主阶层

私营企业主阶层指拥有一定数量的私人资本或固定资产并进行投资以获取利润的人，按照现行政策规定，即包括所有雇工在 8 人以上的私营企业的业主。就全国而言，私营企业主阶层在社会阶层结构中所占比例约为 0.6%，但地区差异比较大。在私营经济较发达地区，这一比例可达 3%左右；而在私营经济不发达的地区，该比例在 0.3%以下。

4. 专业技术人员阶层

专业技术人员阶层指在各种经济成分的机构(包括国家机关、党群组织、全民企事业单位、集体企事业单位和各类非公有制经济企业)中专门从事各种专业性工作和科学技术工作的人员。目前，专业技术人员在社会阶层结构中所占比例约为 5.1%，但城乡差异很大，经济发展水平不同的地区差异也很大。在经济发达地区的大中城市中，专业技术人员阶层所占比例为 10%～20%，而在城乡合一的县(市)，其比例仅为 1.5%～3%。

5. 办事人员阶层

办事人员阶层指协助部门负责人处理日常行政事务的专职办公人员，主要由党政机关中的中低层公务员、各种所有制企事业单位中的基层管理人员和非专业性办事人员等组成。这一阶层也是现代社会的社会中间层的重要组成部分，他们在目前的中国社会阶层结构中所占比例为4.8%。在城市中，其比例为10%~15%；而在城乡合一的县(市)中，其比例为2%~6%。

6. 个体工商户阶层

个体工商户阶层指拥有较少量私人资本(包括不动产)并投入生产、流通、服务业等经营活动或金融债券市场并以此为生的人。目前，个体工商户阶层在整个社会阶层结构中所占比例为4.2%，这一比例是根据国家工商部门的登记数计算出来的，但该阶层的实际人数比登记人数多得多。

7. 商业服务业员工阶层

商业服务业员工阶层指在商业和服务行业中从事非专业性的、非体力的和体力的工作人员。目前，商业服务业员工阶层在社会阶层结构中所占比例约为12%。

8. 产业工人阶层

产业工人阶层指在第二产业中从事体力、半体力劳动的生产工人、建筑业工人及相关人员。目前，整个产业工人阶层在社会阶层结构中所占的比例则为22.6%左右，其中农民工占产业工人的30%左右。城乡之间差异极大，不同经济结构的城市之间，不同发展水平的乡村之间，差异也都很明显。

9. 农业劳动者阶层

农业劳动者阶层是目前中国规模最大的一个阶层，指承包集体所有的耕地，以农(林、牧、渔)业为唯一或主要的职业，并以农(林、牧、渔)业为唯一收入来源或主要收入来源的农民。

10. 城乡无业、失业、半失业者阶层

城乡无业、失业、半失业者阶层指无固定职业的劳动年龄人群(排除在校学生)。体制转轨和产业结构调整导致一批工人和商业服务业人员处于失业、半失业状态。目前，这一阶层在整个社会阶层结构中所占比例约为3.1%。

(资料来源：陆学艺. 当代中国社会十大阶层分析[J]. 学习与实践，2003(3).)

②霍林舍社会地位指数法。霍林舍社会地位指数法是从职业和教育两个层面综合测量社会阶层的一种方法。该方法在消费者行为研究中得到了广泛的运用。表7-7列明了编制霍林舍社会地位指数的量表、项目权重、汇总计算公式以及地位等级体系。从表中可以看出，职业和教育被分为7个类别，但它们被赋予不同的权重。必须指出，霍林舍地位指数是用来衡量和反映个人或家庭在某一社区或者社会集团内部所处的社会地位。因此，某个变量上的高分有可能弥补另一个变量上的低分。例如，以下三类人均被划分为中层：受过8年教育的成功的中型企业主；4年本科毕业的推销员；专科毕业的政府行政部门文职人员。在同一社会中，这三类人员的社会地位可能相差无几，但他们在消费的过程中，至少是部分商品的消费过程中可能存在较大的差异。这说明总体社会地位可能会掩盖某些地位因素与特定产品消费之间的价值联系。

表7-7 霍林舍社会地位指数

职业量表(权重为7)	
职业名称	得分
大企业的高级主管、大企业业主、重要专业人员	1
业务经理、中型企业业主、次要专业人员	2
行政人员、小型企业业主、一般专业人员	3
职员、销售员、技术员、小业主	4

续表

职业量表(权重为 7)		
技术性手工工人		
操作工人、半技术性工人		
无技能工人		
教育量表(权重为 4)		
学历		得分
专业人员(文、理、工等方面硕士、博士)		
四年制大学本科(文、理、医等方面学士)		2
1 ~ 3 年专科		3
高中毕业		4
上学 10 ~ 11 年(高中没毕业)		5
上学 7 ~ 9 年		6
上学少于 7 年		7
社会地位分=职业分×7+教育分×4		
社会地位等级体系		
社会地位	分数区间	在人口中的比重
上层	11 ~ 17	3%
中上层	18 ~ 31	8%
中层	32 ~ 47	22%
中下层	48 ~ 63	46%
下层	64 ~ 77	21%

(资料来源：Hollingshed A B and Redlich F C. Social Class and Mental Illness. New York：John Wilky & Sons，1958.)

③沃纳社会地位特征指数法。沃纳社会地位特征指数法是沃纳于 20 世纪 40 年代早期对美国中西部社会阶层的研究中所得出的一组指数(见表 7-8)。沃纳评价体系以 4 个社会经济因素为基础，它们分别为：第一，职业，从非熟练产业工人到专业人士，权重为 4；第二，收入来源，从公共救济到继承财产，权重为 3；第三，住房类型，从破旧到豪华，权重为 2；第四，居住地区，从贫民区到豪宅区，权重为 2。在这 4 个人口统计变量的基础上，沃纳区分了 7 个社会阶层。具体来说，将消费者在各变量上的得分与加权值相乘，然后再相加，就可以得到该消费者在社会阶层的最终分数，分数越低，说明其所属的社会阶层就越高；反之，越低。

表 7-8　沃纳的社会地位特征指数

得分	职业(加权值 4)	收入(加权值 3)	住房类型(加权值 3)	居住地区(加权值 2)
1	专业人员、大企业股东	大半继承财产	非常豪华的住宅	非常好
2	大企业干部	有投资或储蓄	很好的住宅	良好：高级公寓、郊外高级住宅区
3	职员	事业收入	好的住宅	平均之上：条件好的公寓
4	工头(熟练工人)	月工资	新建住宅	平均：没有恶化居住环境
5	月薪工人	计时工资	旧式住宅	平均之下：开始恶化的居住环境
6	非熟练工人	经济援助	破旧住宅	不好：相当恶化的居住环境
7	临时工人	生活补助	贫民窟	非常不好：贫民区

(资料来源：王长征. 消费者行为学［M］. 武汉：武汉大学出版社，2003：312.)

3. 社会阶层对消费者行为的影响

(1)产品或服务选择上的差异

社会阶层的差异会使消费者对产品和服务的选择产生一定的影响。不仅不同社会阶层的消费者其选择的产品或服务有一定的差异，即使是购买同一件产品或服务，消费者也因为所处的社会阶层不同而表现出明显的差异。

首先，不同阶层的消费者，其选择购买的产品是不一样的。根据调查研究显示，美国富有的中产阶级常会购买摩托艇、雪橇、豪华汽车或野营器具等奢侈消费品；而上层消费者更愿意将钱花在私人俱乐部、孩子教育或古董、字画等文教活动上。

其次，消费者所处阶层不同，即使选择同类商品，也会表现出明显的差异。以购买住宅为例，美国中上阶层的消费者会在有名气的社区购置住宅，选择的邻居大多为社会名流，因而所购买家具的档次和品味也较高；下层消费者在购买住宅方面没有过多的要求，只要能够居住即可。

(2) 娱乐、休闲选择上的差异

不同阶层的消费者，所喜爱或参与的体育活动不同。通常，上层消费者倾向于在休闲时间去听音乐会、玩桥牌或打网球；而下层消费者则喜欢看电视或者观看摔跤和拳击比赛。上层消费者常常选择放松身心、活动四肢且耗费时间较少的体育运动，如网球、游泳和慢跑等；而下层消费者更喜欢钓鱼或划船等体育活动。

(3) 信息接收和处理上的差异

不同阶层的消费者对信息来源、信息载体及信息内容的接收程度是有差异的。处于最底层的消费者通常信息来源有限，对误导和欺骗性信息缺乏甄别力，出于补偿的目的，在进行购买决策过程中可能更多依赖亲戚、朋友提供的信息。中层消费者比较多地从媒体上获得各种信息，而且会主动地从事外部信息收集，随着社会阶层上升，获得信息的渠道会日益增多。不仅如此，特定媒体和信息对不同阶层消费者的吸引力和影响力也有很大的不同。

不同社会阶层的消费者对营销信息的内容也会做出不同的反应。首先是信息内容的双面性。研究表明，双面信息更容易引起中、上层的注意，而低层消费者则更倾向于接受单面信息。其次，名人广告的效应对中、上层消费者的影响力明显要小于下层消费者。最后，信息内容的语言风格，一般而言，越是上层消费者，使用的语言越抽象；越是下层消费者，使用的语言越具体，而且更多地伴有俚语和街头用语。

(4) 购物场所和支付方式上的差异

不同阶层的消费者，其购物场所和支付方式存在较大的差异。

首先，不同阶层的消费者，其选择的购物商店会有所不同。一般来说，在长期的购物活动中，消费者会形成对不同商店定位的固有认识，会选择与自己社会地位相适应的购物场所去购物。

其次，消费者所处的社会阶层不同，其所偏好的购物环境也有所不同。一般来说，下层消费者由于购买能力有限，往往对价格比较敏感，不愿意到购物环境陌生的商店购物，而更多喜欢去社区中的小店购物，还喜欢结伴购物。中层消费者不仅对购物环境有着较高的要求，而且对将要购买的产品信息和以往的购买经验颇为乐观，乐于冒险，喜欢到一些新开业的购物场所购物。上层消费者往往对自己的购买能力非常自信，喜欢单独购物，偏向于选择环境优雅、服务周到和名气显赫的场所购物。

最后，消费者所处的社会阶层不同，其所偏好的购物场所和支付手段也不相同。一般来说，消费者的收入水平和受教育程度越高，其通过邮购或者电话购物的可能性就越大。同样，白领阶层在家购物的倾向也明显高于蓝领。在支付手段的选择上，美国上层消费者仅使用信用卡购物，视信用卡为现金的替代物；而下层消费者在购物时是信用卡和现金并用，他们对信用卡的使用则是基于“先购物，后付款”的理念。

本章小结

本章主要介绍社会经济和社会文化对消费者行为的影响。

社会经济环境主要包括宏观环境和经济制度。宏观环境是指由社会生产力发展水平所决定的总体社会经济水平，以及与生产力水平相适应的社会生产关系。在消费行为分析中所指的宏观环境主要是社会、经济以及社会行为观念等及其变化对消费行为的影响。宏观环境对消费者行为的影响主要体现在以下几个方面：宏观经济形势、社会经济发展水平、生活环境、商品消费性质等。另外，经济制度对消费者心理和行为的影响也是比较大的，改革开放前、改革开放后由于实行不同的经济制度，消费者行为发生了很大的变化。

文化是历史的社会现象，消费者的各种行为也都打上了文化的烙印。在消费者行为研究中，主要研究文化对消费者行为的影响，所以将文化定义为一定社会经过学习获得的，用以指导消费者行为的信念、价值观和习惯的总和。文化具有习得性、发展性、民族性、规范性和无形性的特征。亚文化也称为副文化或次文化，指某一文化群体所属次级群体的成员共有的独特信念、价值观和生活习惯。亚文化主要分为民族亚文化、宗教亚文化、种族亚文化、地理亚文化、年龄亚文化等。

价值观是指在同一文化下被大多数人所信仰和倡导的关于理想的最终状态和行为方式的持久信念。德尔·I·霍金斯把文化价值观主要分为社会成员间关系的价值观、有关人类环境的价值观和有关自我的价值观。文化价值观对消费者行为的影响贯彻于购买决策的全过程。

中国传统文化价值观主要有人道主义、中庸之道、诚信知报、重义轻利和自强不息等。对消费行为的影响主要体现在消费行为的大众化、人际交往消费比重大、消费支出的重累积性和计划性、品牌意识比较强和以家庭为主的购买原则等。另外，随着改革开放和经济全球化的发展，西方文化的渗透对消费者行为的影响也是比较大的。

社会阶层是指社会按照态度、价值观、社会地位、生活方式等进行等级划分，具有相同或类似社会地位的社会成员组成的相对持久的群体。社会阶层产生的最直接的原因是个体获取社会资源的能力和机会的差别，深层次原因是社会分工和财产的个人所有的不同。社会阶层具有展示一定的社会地位，对社会成员行为具有约束作用，具有多维性、同质性、动态性和层级性等特征。社会阶层的划分方法主要有单一指标法和综合指标法。不同阶层消费者行为的差异主要表现为产品或服务选择上的差异、休闲活动选择上的差异、信息接收和处理上的差异和购物方式上的差异四个方面。

案例分析

贝塔斯曼为何在中国“走麦城”

7 年前，在中国跨入世界贸易组织前夕，贝塔斯曼这个名字曾被视为即将逐步放开的中国出版业的最大威胁。

出乎意料的是，苦心布局中国 13 年后，贝塔斯曼却不得不接受折戟沉沙的事实，关闭零售门店和书友会，无奈撤退。贝塔斯曼的离去，究竟意味着什么？

无奈的大撤退

2008 年 6 月 13 日，全球第四大传媒集团贝塔斯曼宣布，7 月 31 日前将关闭在中国 18

个城市的36家实体零售门店。7月8日起，贝塔斯曼在中国经营得最为独特而成功的业务——“书友会”也将熄火，停止接受所有订单。

位于上海“出版一条街”福州路的贝塔斯曼门店里，记者看到，曾经接待过不少中外作家、邀请名人参加访谈、举行签售活动的“贝塔斯曼蓝色沙发”如今已经人去座空。

业内人士分析说，此举意味着德国出版巨头贝塔斯曼终于放弃了在中国旷日持久的等待与难以估量的投资，无奈撤退中国市场。

上海大众书局副董事长何根祥说，1995年就进入中国市场的贝塔斯曼，当之无愧是外资出版巨头来华的“先行者”。2005年，贝塔斯曼还骄傲地拿到过第一张在中国经营图书批发业务的外资牌照。

早在10年前，贝塔斯曼就把全球最先进的图书营销理念与方式带到了中国，它的“书友会”和网上书店，改变了中国出版业“刀耕火种”的传统流程。但没想到的是，这个“先行者”也正是因为忽视了网络带给出版业的机遇与挑战，在中国上演了“走麦城”。

败走麦城：未能拥抱网络化浪潮

贝塔斯曼书友会早期会员之一、复旦大学外文学院二年级学生顾竞说：“我从上初中的时候就已经是贝塔斯曼的书友了。”

顾竞回忆说，当时通过贝塔斯曼买书非常流行，周围有许多同学都参加了“书友会”。贝塔斯曼的传销手段包括——给每一位书友寄送月月更新的宣传册，里面列出了中外热门的图书，并且提供8折甚至更大幅度的折扣，购书还赠送礼品。“那可是在八九年前啊！对于我们这些只能在新华书店里买原价书的学生，贝塔斯曼当然是很新奇诱人的。”

在开设实体书店和开创“书友会”邮寄购书的同时，贝塔斯曼还开设了中国第一家网上书店。

2001年，中国加入世贸协议的前夕，也正是雄心勃勃的德国出版巨头贝塔斯曼在中国厉兵秣马、最为强大的一年。它对外声称，当年“贝塔斯曼中国书友会”的成员达到150万。

然而近年来，随着当当网、淘宝网、卓越网等网上书店的大量涌现，贝塔斯曼的网上书店和“书友会”都遭遇了严峻挑战。与网上书店近乎海量的图书种类相比，“贝塔斯曼书友会”仅能提供1 000余种图书，而且对于会员义务繁琐而苛刻的规定，不符合中国消费者的消费习惯，因而魅力不再。

和许多会员一样，好几年前，因为停止购书交易时间达到了几个月，顾竞自动从“贝塔斯曼书友会”退会了。她觉得没什么可遗憾，“现在上网买书最方便，而且可以买到更加便宜的书”。

何根祥指出，“贝塔斯曼书友会”在华会员人数近年来大幅减少，退会情况大量存在。而另一个在出版业内广为人知的一个事实是：贝塔斯曼在华耕耘13年，长期亏损，从来没有向总部缴纳过一点点盈利。雪上加霜的是，贝塔斯曼在华的物流成本也高达其销售额的4%～5%，远远高于业内平均的1%～1.5%。与此同时，从德国总部空降的高管却拥有上百万元年薪，更令其中国公司不堪重负。

敲响警钟：熊市加速书业“洗牌”

曾任贝塔斯曼亚洲出版公司总编辑的久久读书人董事长黄育海指出，在网络出版热潮的冲击下，固守传统出版方式已经没有出路。而贝塔斯曼在中国13年最大的败笔就是没有全力进军网上书店。事实上，没有向网络转型是整个贝塔斯曼集团的战略问题。

贝塔斯曼在华从“先行者”变成“先烈”，可谓是给中国出版业同行们敲响了警钟。

中国出版科学研究所的徐升国指出，现在零售书店的利润率不是特别高。“零售书店在从出版社或批发商手中进书时，书的价格会受到数量的影响，小书店由于进书量少，要比大书店多付 5%～10%的成本。”徐升国说。

在此背景下，传统出版业的生存空间不断受到挤压。连上海最知名的连锁书店季风也曾表示，如果店铺租金高到无法承受，季风也不排除关门的最坏打算。

“水土不服”，这是所有业内人士对贝塔斯曼图书销售“中国滑铁卢”的评价。书友会是 170 年的贝塔斯曼的骄傲，作为在欧洲的成功营销模式，它承载着贝塔斯曼在华图书业务的光荣与梦想。会员卡、印制精美的会员册、8 折甚至更大的折扣、购书小礼品……这些都让 1997 年的中国读书感到新鲜和惊奇，邮购贝塔斯曼图书在 20 世纪 90 年代后期成为了一种时髦，“贝塔斯曼”这家德国老牌公司在年轻一代中国人中深入人心。然而，让德国人有点哭笑不得的是，直至今日提起“贝塔斯曼”四个字，绝大多数年轻人的第一印象就是“卖书的”。另外，在那个物流业还不怎么发达的年代，书友会会员有时候得忍受半个月甚至更长时间的图书到货周期，掉单而不了了之的事情也时有发生，而这些都为它彻底输给网络书店埋下了伏笔。

此外，贝塔斯曼未能准确把握中国消费者的购书心理和模式。虽然图书算不上什么昂贵的产品，而且中国的图书价格远比国外的图书价格便宜很多，但是真正要购买图书，中国消费者的心理确实是比较复杂的，有免费的绝对不会看收费的，有打折的绝对不会买原价的，尽管对正版有着积极的支持态度，很多消费者依然会购买盗版，这些现象被称为中国特色的图书消费模式。尽管很多图书出版商想了很多方法去制止盗版，但是却发现只要正版书进书店，街边小摊绝对就开始有盗版书出现。

还有，贝塔斯曼不了解中国图书阅读者的偏好。中国人口众多，文化层次、所处的社会阶层、地域等都影响着读书的偏好，贝塔斯曼连锁书店的图书种类稀少、不够热门和主流等原因，直接导致很多读者很难在贝塔斯曼寻找到适合自己的图书。这使得贝塔斯曼依靠商业连锁的形式很难形成规模化的经营，加上贝塔斯曼的门店面积都相对较小，导致其经营成本较高。而最重要的是，作为旗下拥有多个出版集团的贝塔斯曼在中国却未能发挥出出版的优势，在中国的出版市场中有所作为，这使其直接沦为了下游的图书零售商，在中国市场很难与本土化的连锁书店和网络书店竞争。

总的来说，贝塔斯曼的失败更多还是对于中国本土市场的了解不够造成的，这也同样说明，国外成熟的商业模式在中国必须进行改良，就好像当当显然做得比卓越亚马逊出色一样，对于中国消费者心理和消费文化进行深入调查，并在此基础上打造适合中国本土的商业模式，才是类似贝塔斯曼这样的全球行业领先者在中国的明智经营之道。

（资料来源：肖明超. 贝塔斯曼在中国为什么“走麦城”[J]. 企业文化，2008(09).）

思考题：

1．文化如何对消费者行为产生影响？

2．中国特有的消费行为与传统价值观有什么关系？

思考练习题

1．宏观环境如何对消费者行为产生影响？

2．中国文化的核心价值观是什么？

3．中国核心价值观对消费者行为有什么影响？

4．西方文化对消费者购买决策过程产生了什么影响？

5．社会阶层的划分方法主要有几种方法?
6．不同社会阶层对消费者行为有什么影响?

实验七 西式快餐风靡背后的文化力量

一、实验目的

1．了解消费者对西式快餐的消费心理与习惯。
2．分析消费者对西式快餐所传达的文化的理解与认同。
3．分析西式快餐在中国快速发展的原因。

二、实验内容

1．聆听实验指导教师的总体介绍。
2．选取经常在麦当劳、肯德基消费的同学作为被试者。
3．设计一张问卷对被试者进行调查研究。
4．调查样本不少于200份。
5．对调查结果数据进行整理、录入、统计、分析，并撰写《西式快餐文化调查研究报告》，总结调研结论。
6．组成小组讨论研究报告的主要结论以及其所具有的营销意义。
7．撰写实验报告。

三、实验设备与材料

调查问卷、SPSS统计软件、个人计算机。

四、实验步骤

1．确定被试者

将经常(平均每月三次以上)在麦当劳、肯德基消费的同学作为被试者。

2．设计调查问卷

阅读课本及其他文献的相关知识，设计西式快餐消费文化调查问卷，问卷内容包括甄别、主体问卷和消费者背景资料三部分。主体问卷部分调查内容包括：①消费者经常在麦当劳、肯德基等西式快餐店消费的原因(好吃、干净卫生、环境好、方便、服务好、24小时营业、可以上网、喜欢麦当劳大叔/肯德基老人的形象、有赠品、健康/营养、家里人喜欢吃、时尚/时髦、价格便宜)；②消费者经常在麦当劳、肯德基等西式快餐店消费而不在传统中式快餐消费的原因；③提起麦当劳和肯德基，消费者首先联想到了什么？其次呢？(开放式问题)；④除了在店内消费享用汉堡、薯条、可乐等食品和饮料外，消费者还享用到了什么？⑤消费者对在西式快餐店消费过程的评价。

3．调查实施与数据统计

对甄别后的回收有效问卷数量不少于200份。对回收的问卷进行整理、编码、录入、统计、分析。

4．撰写研究报告

对问卷涉及的五类问题分别总结调查结论，从不同的视角对数据进行解析，研究西式快餐文化对消费者的行为与心理影响。

5．对调查结果进行研讨

小组对每个组员的调查过程与调查主要结论进行研究讨论，探讨麦当劳、肯德基等西式快餐吸引消费者的原因是什么？西式快餐向中国输出的除了快捷、标准化的食品与服务外，还传达了怎样的消费文化理念？西式快餐在有着丰富饮食文化的中国大行其道，西式快餐文化发挥了怎样的作用？中式快餐要实现突围，应从麦当劳们那里借鉴些什么？

6．对本次实验课程撰写报告

五、实验数据整理

1．对调查数据进行编码和录入，注意在录入之前需要纠正回收问卷中的技术性错误。

2．采用 SPSS、Excel 等统计软件对调查数据进行统计分析，统计方法为频数分析、交叉列表、联合分析等，数据结果以图表形式展现。

3．提出您对本次实验训练效果的感受和改进建议，不少于 1 500 字。

六、思考题

1.西式快餐的文化价值观有着怎样的特征？西式快餐在经营过程中如何成功地导入了这样的价值观？

2.中国传统文化价值观有哪些特征？如何在餐饮行业的经营中有效地提炼与运用中国传统文化的核心价值观？

3．国学大师辜鸿铭说过“中学为体，西学为用”，在经济全球化的今天，如何在营销过程中有效融合中、西方文化，实现成功经营？

第8章 消费者群体因素与消费者行为

【学习目的】

通过本章的学习，首先，要掌握消费群体的概念、特征与类型，了解消费者群体对消费心理和消费行为的影响；其次，掌握暗示、模仿和从众的概念和特点等，了解从众的表现形式及影响消费者从众的因素；最后，通过掌握消费习俗、消费流行的概念与特征，了解消费习俗、消费流行对消费行为的影响。

【学习要求】

学习内容	知识要点	相关概念
消费者群体的特征与类型	消费群体的概念及特征 消费群体的类型 与消费者密切相关的群体 消费者群体对消费心理和行为的影响 参照群体对消费行为的影响	消费者群体、正式群体与非正式群体、主要群体和次要群体、隶属群体和参照群体、初级群体与次级群体
消费暗示、模仿与从众行为	暗示的概念、形式和效果 模仿的概念与特点 从众的概念与特点 从众行为产生的心理依据和原因 消费者从众行为的表现形式 影响消费者从众行为的因素	暗示、模仿、从众
消费习俗与消费流行	消费习俗的概念和特征 消费习俗对消费者行为产生的影响 消费流行的含义和特征 消费流行的周期与种类 消费流行产生的原因分析 消费流行与消费者行为分析	消费习俗、消费流行

【引导案例】消费从众

进入高等学府，可谓是“大开眼界”，校园里不乏“吃得高档、穿戴时髦、玩得够派、抽烟名牌”之辈。有些大学生下餐馆、赶舞场、览名胜、会朋友、吃奖学金、喝补助，名目繁多，五花八门。大学生纷纷搭上宿舍、班级、朋友、老乡的班车，无视自己的经济基础，钞票大把大把地花。有当局者一语道破天机：“无可奈何，为了面子，只好不顾底子喽。”

人是一种群居动物，人在消费过程中，不可避免地会带着自己所从属的社会群体的特征，而且还会受到其他个体的社会群体的影响。因此研究消费者群体的心理和行为，是研究消费者行为学的一项重要内容。

8.1　消费者群体心理与行为概述

在企业制订营销计划的过程中，所针对的往往不是每个具体的消费者，而是具有某些共同特征的消费者群体，不同的消费者群体在其购买过程中具有不同的心理和行为。

8.1.1　消费者群体的特征与分类

消费者群体是由某些具有共同消费特征的消费者组成的群体。同一消费群体内部的消费者在购买行为、消费心理及习惯等方面有许多共同之处；不同消费群体之间则存在诸多的差异。

1. 消费群体的特征

消费群体是由某些具有共同特征的消费者构成的，一方面消费者群体的心理和行为体现了各个消费者的心理和行为的共性；另一方面，在消费者群体中，个体消费者又受到群体规范和群体压力的限制以及参照群体等方面的影响。因此，群体消费者的心理和行为又有别于个体消费者的心理和行为。

消费者群体中的成员在很多方面都表现出了共同性，一般来说，主要有以下几个方面。

①群体成员需要用一定的纽带联系起来。例如，以血缘为纽带组成了氏族和家庭，以地缘为纽带组成了邻里群体，以业缘为纽带组成了职业群体。

②群体成员之间有共同的目标和持续的相互交往。公共汽车里的乘客、电影院里的观众不能称为群体，因为他们是偶然和临时性地聚集在一起，缺乏持续的互相交往。

③群体成员有共同的群体意识和规范。消费者之间在生理、心理特性上存在诸多差异，这些差异促进了不同消费群体的形成。例如，由于性别的差异，形成男性消费群体和女性消费群体；由于所处年龄段不同，形成少年儿童消费群体、青年消费群体、老年消费群体。这种根据心理特点划分的各个群体之间，在消费需求、消费心理、购买行为等方面有着不同程度的差异，而在本群内部则有着许多共同特点。

此外，不同消费者群体的形成还受一系列外部因素的影响。这些外部因素包括生产力发展水平、文化背景、民族、宗教信仰、地理气候条件等，它们对于不同消费者群体的形成具有重要作用。[①]

2. 消费者群体的分类

(1)从消费心理学的角度进行分类

①正式群体与非正式群体。正式群体是指有明确的组织目标、正式的组织结构，成员有着具体的角色规定的群体。例如，大学里的教研室，工厂里的新产品开发小组。非正式群体指人们在交往过程中，由于共同的兴趣、爱好和看法而自发形成的群体，其成员的联系和交往比较松散和自由。

②主要群体和次要群体。主要群体或称初级群体，是指成员之间经常性面对面接触和交往，形成亲密人际关系的群体，包括家庭、邻里、儿童游戏群体等。次要群体或次级群体是

---

① 甘瑁琴，等. 消费者行为学[M]. 北京：北京大学出版社，中国农业大学出版社，2009.

指有目的、有组织地按照一定社会契约建立起来的社会群体，规模一般比较大，人数比较多，群体成员不能完全接触或接触比较少。

③隶属群体和参照群体。隶属群体或成员群体是指消费者实际参加或隶属的群体，如家庭、学校等。参照群体是指这样一个群体，该群体的看法和价值观被个体作为其当前行为的基础。

参照群体可以分为直接的参照群体和间接的参照群体两种。所谓直接的参照群体是指参照群体和所影响的对象是具有同样身份的人，并且是面对面的接触到人们的生活。直接的参照群体又可以分为初级群体与次级群体。初级群体是指与消费者互动比较多的成员群体，包括家人和朋友；次级群体是指与消费者互动比较少的群体，包括同事及邻居。

间接的参照群体是指参照群体和所影响的对象不具有同样的身份，但仍然会影响消费者行为的成员群体。它包括渴望群体和非渴望群体。渴望群体是指消费者现在不具有成员资格，但是希望加入的群体，例如，明星和追星族之间的关系。非渴望群体是指消费者试图与其保持距离但仍然会受到影响的群体，例如，吸毒者扮演的就是非渴望群体的角色。

(2) 根据自然地理因素分类

根据自然地理因素对消费群体进行细分，是企业经常用的一个划分标准。一般来说，可以进行如下划分。

①按照国家地区划分。按国家地区可以划分为国内消费群、国外消费群；中东地区、东南亚地区消费群；华北、华南、东北、西北等地区消费群。

②按照自然条件、环境和经济发展水平划分。按照自然条件、环境和经济发展水平可以分为山区、平原和丘陵地区消费者群；沿海、内地和边远地区消费者群；城市、乡村消费者群等。

(3) 按照人口统计因素划分

人口统计因素是指人们的性别、年龄、职业、民族、经济收入、受教育程度等。根据该类划分标准，可以划分不同的消费者群。

①按照性别，可以划分为男性消费者群和女性消费者群。

②按照年龄，可以划分为少年儿童消费者群、青年消费者群、中年消费者群和老年消费者群。

③按照受教育程度，可以划分为小学文化、中学文化和大学文化消费者群等。

④按照职业，可以分为工人、农民、知识分子、经理人员和政府公务员等消费者群。

⑤按照收入水平，可以分为高收入、中等收入和低收入消费群等。

⑥按照家庭类型，可以分为多代家庭、核心家庭、单亲家庭和单身家庭等消费者群。

⑦按照民族，可以分为汉族、回族、满族、藏族、苗族和壮族等多个消费者群。

⑧按照宗教，可以分为信仰佛教的消费者群、信仰基督教的消费者群、信仰天主教的消费者群、信仰伊斯兰教的消费者群。

(4) 根据消费者心理因素划分

在现实生活中，人们会发现许多消费者尽管在年龄、性别、职业、收入等方面具有相似的条件，但表现出来的购买行为却不尽相同。这种差异主要是由于消费者心理因素的差异造成的。按照消费者心理划分主要有以下几类。

①按照生活方式，可以分为不同民俗、民情的消费者群，不同生活习惯的消费者群，紧追潮流和相对保守的消费者群等。

②按照性格，可以分为勇敢或懦弱、支配或服从、积极或消极、独立或依赖等不同类型的消费者群。

③按照心理倾向，可以分为注重实际、相信权威和犹豫不决等不同的消费者群。

(5) 根据消费者对商品的现实反应划分

①按照购买动机，可以划分为求实、求新、求廉、求美、求奢、求同等消费者群。

②按照对商品品牌的偏好度，可以划分为非常偏好、比较偏好、一般偏好、无偏好、反感、很反感等消费者群。

③按照对商品的使用时间，可以分为未曾使用、初次使用、长久使用、潜在使用等消费者群。

④按照对商品的使用量，可以分为大量使用、一般使用、少量使用和不使用等消费者群。

⑤按照对商品要素的敏感性，可以分为对价格敏感、对质量敏感、对服务敏感等消费者群。①

3. 与消费者密切相关的群体

(1) 家庭

人的一生，大部分时间是在家里度过的。家庭成员之间的频繁互动使其对个体行为产生广泛而深远的影响。个体的价值观、信念、态度和言谈举止均受到家庭的影响。不仅如此，家庭还是一个购买决策单位，家庭购买决策既制约和影响家庭成员的购买行为，反过来，家庭成员又对家庭购买决策施加影响。

(2) 朋友

朋友构成的群体是一种非正式群体，对消费者的影响仅次于家庭。个体可以和朋友互诉衷肠，获得友谊和安全感。不仅如此，结交朋友还是一种独立、成熟的标志，因为与朋友交往意味着个体与外部世界建立联系，同时也标志着个体开始摆脱家庭的单一影响。朋友的观点和偏好对于消费者在最终决定选择某种产品、某种品牌时起到重要作用。

(3) 正式的社会群体

学术研究会、学校校友会、业余摄影爱好者协会等组织均属于正式的社会群体。虽然正式群体内各成员不像家庭成员和朋友那么密切，但彼此之间也有讨论和交流的机会。群体内那些受尊敬和仰慕的成员的消费行为可能会被其他成员谈论或模仿。正式群体的成员还会消费一些共同的产品，或一起消费某些产品。比如，滑雪俱乐部成员一起购买滑雪服、滑雪鞋和其他滑雪用品。

(4) 购物群体

为了消磨时间或为了购买某一具体的产品而一起上街的几位消费者，就构成了一个购物群体。购物群体内的成员通常是有空闲时间的家庭成员或朋友。人们一般喜欢邀请乐于参谋且对特定购买问题有知识和经验的人一起上街购物。与他人一起购物，不仅会降低购买决策的风险感，而且会增加购物过程的乐趣。在大家对所购产品均不熟悉的情况下，购物群体很容易形成，此时消费者可以依赖群体智慧，从而对购买决策更具有信心。

(5) 工作群体

工作群体可以分为两种类型：一种是正式的工作群体，即由一个工作小组里的成员组成的群体，如同一个办公室里的同事、同一条生产线上的装配工人等。另一种是非正式工作群体，即由在同一个单位但不一定在同一个工作小组里工作且形成了较密切关系的一些朋友组

① 王官诚. 消费心理学. 北京：电子工业出版社，2010.

成。由于在休闲时间或下班时间，成员之间有较多的接触，所以非正式工作群体如同正式工作群体一样，会对所属成员的消费行为产生重要影响。

(6) 消费者行动群体

在消费者保护运动中涌现出一种特别的社会群体，即消费者行动群体。它大致可以分为两种：一种是为纠正某个具体的有损消费者利益的行为或事件而成立的临时性团体，如对某一缺陷产品的索赔群体；另一种是针对某些广泛的消费者问题而成立的相对持久的消费者组织，如反吸烟或反吸毒组织。大多数消费者行动群体的目标是唤醒社会对有关消费者问题的关注，对有关企业施加压力和促使他们采取措施以矫正那些损害消费者利益的行为。[①]

4. 消费者群体对消费心理的影响

(1) 消费者群体引起消费者的仿效欲望，从而影响他们对商品购买与消费的态度

模仿是一种最普遍的社会心理现象，在消费者的购买活动中，消费者对商品的评价往往是对的，当没有具体的模仿模式时，他们就不能充分肯定自己对商品的态度。但当某些消费者群体其提供具体的模式，而消费者又非常欣赏时，就会激起其强烈的仿效愿望，从而形成对商品的肯定态度，产生购买欲望。

(2) 消费者群体促使人们的行为趋于某种“一致化”

消费者对商品的认识、评价往往会受到消费者群体中其他人的影响。这是因为相关群体会形成一种团体压力，使团体内的个人自觉或不自觉地符合团体规范。群体内的规范可能不为局外人所察觉，但置身其中的成员却能明显地体验到这些规范的存在，并对他们的购买行为产生影响。例如，当消费者在选购某种商品时，不能确定自己选购这种商品是否合适时，如果群体内其他成员对此持肯定态度，就会促使其坚定自己的购买行为；反之，如果群体内其他成员对此持否定态度，就会促使其改变自己的购买行为。[②]

▶相关知识：抓住消费主力军

对消费品企业而言，要抓住市场机会，先要对消费者群体进行细致分析：15岁以下的独生子女在激烈的竞争中压力巨大，他们追求能带来快乐的消费品和体验；15～24岁人群堪称“自我的一代”，他们为在社会中谋求一席之地而不断奋斗，寻求刺激和兴奋的消费体验；24～39岁人群是“摩登一代”，他们充分吸收中西方文化，展现个性，对消费品具有很高的鉴别能力，容易接受新鲜事物；40～59岁的消费者身心成熟，开始注重科学饮食，追求高品质的消费体验；60岁以上的消费者年迈力衰，消费理念相对保守。

博斯公司的研究显示，40～59岁的“成熟一代”将成为消费市场的主力军。根据马斯洛的需求层次理论，在自我实现需求方面，他们需要通过发掘和感受生活来实现自我充实；在尊重需求方面，他们需要调整身心，享受比发达国家人民更为舒适的生活；在归属需求方面，他们渴望改善和享受家庭生活，逐步调整传统的储蓄、置产、帮儿女抚养孩子的生活观；而在安全和生理需求方面，他们更注重保持和提高健康环境，摒弃不良的饮食和生活习惯，期望生活必需品的附加值能够提高。

(资料来源：销售与市场(管理版)，2011(3).)

---

① 余禾，等. 消费者行为学[M]. 成都：西南财经大学出版社，2008.

② 李晓霞，等. 消费者行为学[M]. 北京：清华大学出版社，2010.

8.1.2　参照群体对消费者行为的影响

1. 参照群体的概念

在社会心理学研究中，群体被定义为：人们在追求共同目标和兴趣的活动过程中，按照一定的社会关系结合而成的集体。

消费者行为学的相关群体，是指个人可以用来评价其意见与信念的社会、经济或专业群体。这个群体内部的价值观和行为规范可以对该群体成员态度和行为产生重大的影响。因此将参照群体定义为：个体在形成其购买或决策时，用以作为参照、比较的个人或群体。在现实生活中，对消费者影响较大的参照群体可以是亲朋好友、单位同事，也可以是联系密切的某些社会团体或较少接触但羡慕并愿意模仿的社会群体。

2. 参照群体的影响方式

消费者选择并利用某些特定的参照群体的原因有三：获得有益的知识；获得回报或者避免惩罚；构建、调整和维持自我认同。这些表述反映了参照群体的三种影响：规范的影响、信息的影响和价值表现的影响。

(1) 规范性影响

规范性影响是指由于群体规范的作用对消费者行为产生的影响。例如，个人购买某一特定品牌的决策会受到与他(她)有社会交往的人的影响。

(2) 信息性影响

信息性影响是指群体成员的行为、观念、意见被个体作为有用的信息予以参考，由此在其行为上产生影响。消费者收集信息的来源有多种渠道或途径：专业协会、专家群体、独立执业机构、社会组织；领袖、亲戚、朋友、邻居、同事等。这些群体的行为方式在不同程度上传递着消费的理念和信息，深刻地影响着消费者对品牌的选择。

(3) 价值表现上的影响

价值表现上的影响是指个人自觉遵守或内化参照群体所具有的信念和价值观，从而在行为上与之保持一致。个人觉得购买某一特定品牌会提高他在别人心目中的形象，或者能够拥有他所希望的某种品质，或者觉得像广告中使用该种品牌的人一样，或者觉得会受到他人的尊敬和羡慕，或者有助于向其他人展示自己希望成为什么样的人，从而迫使自己的行为与其期望保持一致。

3. 决定参照群体影响强度的因素

群体并非对所有的产品和消费活动具有同样的影响。例如，在选择不太复杂、感知风险较低或在购买之前可以试用的产品时，消费者就不太能考虑其他人的偏好。除此之外，群体对消费行为的影响还会受到多种因素的制约。

(1) 产品的可见性和必需性

一般来说，产品或品牌的使用可见性越高，群体影响越大；反之，越小。拜尔顿和埃内尔将产品从可见性和必需程度两个层面将消费情形进行分类，并对具体情形下参照群体产生的影响进行了分析，具体见表 8-1。

(2) 产品与群体的相关性

对于消费者来说，其所处的群体与某种商品的关联性越大，对商品的知识越专业化，个体在消费该种商品时遵守群体规范的压力就越大。例如，对于经常出入豪华餐厅和星级宾馆等高级场所的群体成员来说，着装是非常重要的；对于只在一般酒吧或只是偶尔打一次篮球的消费者来说，群体成员影响的重要性就小得多。

表 8-1 参照群体对消费者影响强度

需要的程度		
	必需品 参照群体对产品选择影响力弱	非必需品 参照群体对产品选择影响力强
可见性高 参照群体对品牌选择影响力强	公共必需品 影响力：对产品弱，对品牌强 例：衣服、手表、鞋子等	公共奢侈品 影响力：对产品、品牌均强 例：珠宝、山地自行车等
可见性低 参照群体对品牌选择影响力弱	私人必需品 影响力：对产品、品牌均弱 例：床垫、落地灯、洗衣皂等	私人奢侈品 影响力：对产品强、对品牌弱 例：按摩浴缸、整体厨房等

(资料来源：符国群. 消费者行为学[M]. 高等教育出版社，2001.)

(3) 个体在购买中的自信程度

研究表明，个体在购买彩电、汽车、家用空调、保险、冰箱、媒体服务、图书杂志、衣服和家具时，最容易受到参照群体的影响。有些商品，例如，保险和媒体服务的消费，既不是可见的，又与群体功能没有太大的关系，但它们对于个体很重要，而大多数人对它们只拥有有限的知识与信息。因此，群体的影响力就由于个体在购买这些产品时信心不足而强大起来。

另外，自信程度并不一定与产品知识成正比。研究发现，知识丰富的购买者比购买新手更容易在信息层面受到群体影响，并喜欢和同样有知识的伙伴交换信息和意见。

(4) 群体对个体的吸引力

如果个体在其所属的群体中得到很多方面的满足，如归属感、成就感的满足感等，则这个群体对该成员的吸引力就大，也会出于想继续留在该群体的愿望，而与群体的其他成员的行为保持一致。

(5) 产品的生命周期

亨顿认为，产品处于生命周期的不同阶段，消费群体对消费者的影响是不一样的。当产品处于导入期，消费者的产品购买决策受群体影响很大，但品牌决策受群体影响较小。在产品成长期，参照群体对产品和品牌选择的影响很大。在产品成熟期，群体影响在品牌选择上大而在产品选择上小。在产品的衰退期，群体影响在产品和品牌选择上都比较小。

企业在研究群体对消费者购买行为的影响时，不能孤立只考虑某一方面的原因，而应该综合考虑各个方面对消费者的影响。①②③

4. 参照群体概念在市场营销中的运用

(1) 名人效应

名人或公众人物，如影视明星、歌星、体育明星，作为参照群体对公众尤其是对崇拜他们的受众具有巨大的影响力和感召力。对于很多人来说，名人代表了一种理想化的生活模式。

---

① 符国群. 消费者行为学[M]. 北京：高等教育出版社，2002.

② 余禾，等. 消费者行为学[M]. 成都：西南财经大学出版社，2008.

③ 王旭. 消费者行为学[M]. 北京：电子工业出版社，2009.

正因为如此，企业会花费巨额费用聘请名人来促销其产品。研究发现，用名人做支持的广告较不用名人的广告评价更正面和积极，这点在青少年群体上表现得更为明显。

(2) 专家效应

专家是指在某一专业领域受过专门训练，具有专门知识、经验和特长的人，如医生、律师和营养学家等。专家所具有的丰富知识和经验，在其介绍、推荐产品与服务时较一般人更具有权威性，从而产生专家所特有的公信力和影响力。在运用专家效应时，一方面要注意法律的限制，如有的国家不允许医生为药品做证言广告；另一方面，应该避免公众对专家的公正性、客观性产生怀疑。

(3) 普通人效应

运用满意顾客的证言来宣传企业的产品，是广告中比较有效的方法之一。由于出现在媒体上的证人或代言人是一位普通的消费者，会使目标受众感到亲近，从而使广告诉求更容易产生共鸣。宝洁公司、北京大宝化妆品公司都曾经运用过“普通人”证言广告。由于这类广告贴近消费者，反映了消费者的现实生活，更容易获得认可。

(4) 经理型代言人

20 世纪 70 年代以来，越来越多的企业在广告中用公司总裁或总经理做代言人。例如，克莱斯勒汽车公司的老总李·艾柯卡在广告中对消费者极尽劝说，获得很大成功。在中国电信天翼 3G 广告中，谷歌大中华区总裁李开复、网易 CEO 丁磊及 MS 总裁 Eric Johnson 共同出演，塑造 3G 业务的商务形象。

【案例 8-1】群体对消费者行为的影响

小米利用米粉节的粉丝群体效应创造销售奇迹。米粉是指那些狂热支持小米手机的用户群体，最早是在操作系统 miui 和米聊上诞生，无论是从 miui 上线、米聊版本更新，还是小米手机发布到发售以及运营合约机计划，都是小米粉丝文化形成的重要时间节点。小米粉丝网是建立于 2010 年 7 月的专注于小米手机新闻资讯、玩机技巧等讯息的第三方网络平台。它每天第一时间覆盖互联网 95%的小米相关新闻，拥有丰富的外部推广资源，每天制作大量一手独家原创玩机内容，第一时间报道小米大型活动。这个平台的建立，使得一部分对小米文化持有认可态度的消费群体聚集在一起形成特定的粉丝群体。在文化和科技融合产品盛行的社会大环境下，小米手机突破性地做到了产品未发布就已经被广泛传播并且深入人心，在产品发布上市后，米粉们自然成了小米手机最忠实的用户群体和拥护者，伴随着小米粉丝对小米文化的不断支持和传播，小米发展壮大，并且创造价值，又为小米粉丝提供更大、更强烈的归属感。小米公司将每年的 4 月 9 号定名为米粉节，每年在这一天都会举办粉丝的盛大狂欢以回馈一路支持的粉丝。作为小米忠实拥护者的米粉们，因为有对小米“重视用户体验和感受”理念的认同感和归属感，而积极参与到这次小米狂欢当中。2012 年小米在北京 798 的 D-park 举行的第一届米粉节上，雷军公布了强大的回馈活动，在狂热粉丝的支持下，小米在当日仅用了 6 分多钟就创造了销售 10 万部手机的纪录。

8.2 消费暗示、模仿与从众行为

消费者群体内部的规范对于群体成员具有不同程度的约束力，消费者通过内部沟通传播商品信息，从而对他人的消费行为产生印象。暗示、模仿和从众行为是消费者群体中出现的特殊现象，研究这一特殊现象对营销工作是十分有益的。

8.2.1 暗示

1. 暗示的概念

暗示也称为提示，是指在无对抗条件下，用含蓄、间接的方式对消费者的心理和行为产生影响，从而使消费者产生顺从性的反应，或接受暗示者的观点，或按暗示者要求的方式行事。

社会心理学的研究认为，群体对个体的影响，主要是进行“感染”的结果。处于群体中的个体几乎都会受到一种精神感染式的暗示或提示，在这种感染下人们会不由自主地产生这样的信念：多数人的看法比一个人的看法更值得信赖。因此，暗示的主要影响因素是暗示者的数目，或者说，暗示所形成的舆论力量的大小。暗示得当，就会“迫使”个人行为服从群体的行为。

2. 暗示的形式

暗示的具体方式多种多样，如用个人的话语和语调、手势和姿势、表情和眼神及动作等进行暗示，暗示还可以以群体动作的方式出现。具体来说主要有：

商誉暗示，有的企业为了推销商品，不惜重金聘用名人做广告；

词语暗示，有的在出售商品时挂出“出口转内销”或“一次性”的招牌；

行为暗示，还有的商贩业主雇用同伙拥挤摊头，造成一种“生意兴隆”的假象，吸引他人随之抢购。

3. 暗示的效果

在购买行为中，消费者受暗示而影响决策的现象是极为常见的。实践证明，暗示越含蓄，其效果越好。因为直接的提示形式容易使消费者产生疑虑和戒备心理；反之，间接的暗示则容易得到消费者的认同和接受。德国生产的“奔驰”牌轿车的广告是：“如果有人发现我们的奔驰牌轿车发生故障，被修理车拖走，我们将赠送你美金 1 万元。”这就是以婉转的方式从反面暗示消费者，奔驰牌轿车的质量完美，绝对可靠。

8.2.2 模仿

1. 模仿的概念

模仿是指仿照一定榜样做出类似动作和行为的过程。社会心理学家和社会学家的研究表明，人类在社会行为上有模仿的本能，这一本能同样存在于人们的消费活动中。消费活动中的模仿是指当某些人的消费行为被他人认可和羡慕时,便会产生仿效和重复他人行为的倾向，从而形成消费行为模仿。

在消费活动中，经常会有一些消费者做出示范性的消费行为。这些人可能是普通消费者，但他们的消费兴趣广泛，个性独立，消费行为有独创性；也可能是一些名人，如影视歌星、运动员和政界人士等；还可能是某行业的消费专家，如美食家、资深的“发烧友”等。这些特殊的消费者的示范行为会引起其他消费者的模仿，模仿者也因能效仿他们的行为而感到愉悦。

在消费领域中，模仿是一种普遍存在的社会心理和行为现象。可供模仿的内容极其广泛，从着装、发型、家具到饮食习惯，都可能成为消费者模仿的对象。例如，原英国王妃戴安娜因怀孕而特地设计的一种底色鲜红夹着黑白色碎花的孕妇服，也成为当时许多英国妇女群起效仿的流行服。

2. 模仿的特点

①模仿行为的发出者，即热衷于模仿的消费者，对消费活动大都有广泛的兴趣，喜欢追随消费时尚的潮流，经常被别人的生活方式所吸引，并力求按他人的方式改变自己的消费行为、消费习惯。他们大多对新鲜事物反应敏感，接受能力强。

②模仿是一种非强制性行为，即引起模仿的心理冲动并不是通过社会或群体的命令强制发生的，而是消费者自愿将他人行为视为榜样，并主动地努力加以模仿。模仿的结果会给消费者带来愉悦、满足的心理体验。

③模仿可以是消费者理性思考的行为表现，也可以是感性驱使的行为结果。成熟度较高、消费意识明确的消费者，对于模仿的对象通常会经过深思熟虑，认真选择。相反，观念模糊、缺乏明确目标的消费者，其模仿行为往往带有较大的盲目性。

④模仿行为发生的范围广泛，形式多样。所有的消费者都可以模仿他人的行为，也都可以成为他人模仿的对象。而消费领域的一切活动都可以成为模仿的内容。只要是消费者羡慕、向往、感兴趣的他人行为，无论流行与否，都可以加以模仿。

⑤模仿行为通常以个体或少数人的形式出现，因而一般规模较小。当模仿规模扩大，发展成为多数人的共同行为时，就衍生为从众行为或消费流行了。①②

8.2.3 从众行为

1. 从众行为的概念和特点

(1) 从众行为的概念

从众行为是指个体在群体的压力下改变个人意见而与多数人取得一致认识的行为倾向。与模仿相似，从众行为也是在社会生活中普遍存在的一种社会心理和行为现象。在消费领域中，表现为消费者自觉或不自觉地跟从大多数消费者的消费行为，以保护自身行为与多数人行为的一致性，从而避免个人心理上的矛盾和冲突。这种个人因群体影响而遵照多数人消费行为的方式，就是从众消费行为。

(2) 从众行为的特点

①从众行为的被动性。许多消费者为寻求保护，避免因行为特殊引起的群体压力和心理不安而被迫选择从众。在从众过程中，消费者会产生复杂的心理感受，除安全感、被保护感等积极感受外，还会有无奈、被动等消极的心理体验。

②从众行为的规模性。从众现象通常从少数人的模仿、追随开始，继而扩展成多数人的共同行为。多数人的共同行为出现后，又刺激和推动了更大范围内、更多的消费者做出相同或相似的消费行为，从而形成更大规模的流行浪潮。

③从众行为的限定性。就总体来说，消费者的行为表现形式多种多样、各不相同。这是由消费活动的个体性、分散性等内在属性决定的。因此，通常情况下，让大多数消费者对所有的消费内容保持一致行为是不可能的，也就是说，从众行为不可能在所有活动中呈现，它的发生需要一定的客观环境和诱因刺激。

① 甘琍琴，等. 消费者行为学[M]. 北京：北京大学出版社，中国农业大学出版社，2009.
② 江林. 消费者行为学[M]. 北京：科学出版社，2007.

2. 从众行为产生的心理依据和原因

(1)从众行为产生的心理依据

社会心理学研究认为，群体对个体的影响，主要是进行“感染”的结果。个体在受到群体精神感染式的暗示或提示时，就会产生与他人行为相类似的模仿行为。与此同时，各个个体之间又会相互刺激、相互作用，形成循环反应，从而使个体行为与大多数人的行为趋向一致。上述暗示、模仿和循环反应的过程，就是心理学研究证实的求同心理过程。正是这种求同心理，构成了从众行为的心理基础，如图 8-1 所示。

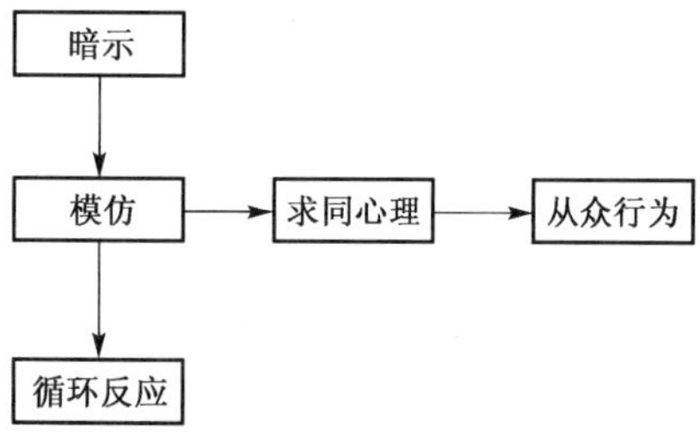

图 8-1 从众行为的心理基础

(2)从众行为产生的原因

①共同心理倾向。在社会生活中，人们通常有一种共同心理倾向，即希望自己归属于某一较大群体，为大多数人所接受，以便得到群体的保护、帮助和支持。

②参照群体。在情境不确定情况下，个人对自己的判断力缺乏信心，认为多数人的意见值得信赖，其他人的行为便具有了参照价值。

③对偏离群体的恐惧。当个体的表现与众不同时，他的选择只有两个，即或者脱离这个群体，或者改变自己原有的行为。多数人是不愿意脱离群体或偏离群体的，总是希望自己在群体中受欢迎。为了避免这种后果，个体总是趋于从众。

④个体对他人的信任和群体对个体的吸引力。如果一个群体是具有较高凝聚力的，或者成员之间是高度信任的，那么这个群体就会保持较高的一致性。

3. 消费者从众行为的表现形式

(1)从心理到行为的完全从众

当消费者对某种商品不了解时，由于群体的暗示或认为多数人行为能提供有效信息，从而产生了从众行为。

(2)内心接受，行为不从众

这种表现形式是指形成的消费潮流从心理上已经完全接受,但在形式和行为上给予保留。例如，多数美国人认为到市郊的超级市场购物既方便又便宜，而上层社会人士出于身份、地位等顾虑，虽然内心赞成，但行动上不便于支持。

(3)内心拒绝，但行为上从众

这是一种权宜从众行为。某些消费者对商品抱有抵触心理，但又无力摆脱群体的压力而不得不采取从众行为。例如，在正式场合着西装打领带是现代消费者通行的行为方式，少数消费者尽管不习惯或不喜欢，但为了避免与多数人相左，不得不遵从这一行为规范。

4. 影响消费者从众行为的因素

(1)群体因素

①群体的一致性。如果其他群体成员的意见完全一致，此时持有不同意见者会感到巨大的压力，个体从众的可能性就大大增加；相反，如果群体中有不同意见，不管其合理和可信的成分有多大，个体从众的可能性都降低。

②群体的规模。群体人数越多，对个体成员压力就越大，个体从众心理也越强；群体人数越少，压力相应降低，个体的从众心理也逐渐减弱。

③群体的专长性。个体在面临复杂、没有把握的问题时，而群体及其成员在某一方面又具有某项专长，个体对群体的信任就强，个体遵从群体意见和受群体影响的可能性增大，容易从众。

(2) 消费者个体因素

①消费者的自信心。消费者的自信心既和个性有关，也和消费者对决策问题所拥有的知识和信息及生活阅历相关。消费者的自我评价越高，做事越果断，其从众压力越低。

②消费者的自我介入水平。当消费者对某一问题尚未表达意见和看法时，他在群体的压力下有可能做出和大家一致的结论；但如果他已经明确表达了自己的态度，此时如果屈服于群体压力而从众，他在公众面前的独立性和自我形象均会受到损害，在这种意识下，他会产生抗拒反应，从而不容易从众。

③消费者对群体的忠诚度。当消费者强烈认同某一群体，希望成为它的一部分，那么与群体保持一致的压力会越大；相反，如果他不喜欢这个群体，从众的压力就会降低。①

(3) 问题的难度

问题难度大小也是导致从众行为的重要因素。无论哪种商品，只要消费者对其质量、功能和效用难以做出明确的判断，就越容易引起从众行为。有研究表明，个人在解决问题时，随着问题难度的加大，需要群体其他成员帮助、指点的必要性增加，个人对他人的依赖和信任也随之增加，发生从众行为的机会也会增加。

5. 从众对社会的影响

由于从众现象是通过多数人的行为来影响和改变个人的观念和行为的，作为一种多数人共同采取的大规模行为现象，必然对宏观经济运行、社会消费状况产生重要影响。这种影响既有积极的一面，也有消极的一面。

例如，在特定条件下，从众行为有可能导致盲目攀比、超前消费、抢购风潮等畸形消费现象。例如，2011 年 3 月 11 日日本地震后引发的核危机，引起了全球恐慌，许多国家出现了抢购盐、海带等商品的高潮。因此，政府部门可以通过各种媒介宣传提倡正确的消费观念，鼓励引导健康的消费行为，使之成为大多数消费者共同遵从的行为规范，然后利用从众心理的影响，带动其他个体消费者，促进形成全社会健康文明的消费氛围。工商企业可以利用从众心理，抓住时机进行宣传诱导，培育新的消费市场，引导消费时尚的形成或改变，进而促进大规模购买行为的实现。

另外，从众行为有可能扼杀消费者的创新意识，使新的消费观念、消费方式的提倡和推行遇到阻力或障碍。对此，企业要给予格外关注，采取措施避免从众的负面影响发生。②

8.3 消费习俗与消费流行

消费习俗是指一个地区或一个民族的约定俗成的消费习惯。消费流行是指在一定时期和范围内，大部分消费者呈现相似或相同行为的一种消费现象。消费习俗和消费流行对消费者行为的研究具有重要意义。

① 汪彤彤. 消费者行为学[M].上海：复旦大学出版社，2008.

② 叶敏，张波，等. 消费者行为学[M].北京：北京邮电大学出版社，2008.

8.3.1 消费习俗

每个国家和民族都有自己独特的历史相袭固化而形成的风俗习惯。各民族的消费习俗很多是由于自然条件和经济条件及宗教的影响而形成的。消费习俗一旦形成，不但对日常生活消费产生直接的影响，对消费心理也有一定的影响。因此，研究消费习俗与消费者行为之间的关系对营销人员来说是十分重要的。

1. 消费习俗的概念和特征

(1) 消费习俗的概念

消费习俗是指一个地区或一个民族的约定俗成的消费习惯，是社会风俗的重要组成部分，主要包括人们对信仰、节日、婚丧、饮食、服饰等物质和精神产品的消费习惯。不同国家、地区、民族的消费者，在长期的生活实践中形成了多种多样、彼此不同的消费习俗。

(2) 消费习俗的特征

①长期性。消费习俗是在人们在长期的生活实践中逐渐形成和发展起来的。一种习俗的产生和形成，要经过若干年乃至更长的时间，而形成了的消费习俗又将在长时期内对人们的消费行为产生潜移默化的影响。

②社会性。消费习俗是在人们共同从事消费活动中互相影响产生的，是社会风俗的组成部分，因而带有浓厚的社会色彩。也就是说，某种消费活动在社会成员的共同参与下，才能发展成为消费习俗。在社会环境、社会形态、社会意识的影响下，某些具有较强社会性的消费习俗，随着社会的进步和发展，会发生一定的变化。例如，“圣诞节”、“情人节”这些国外节日在中国流行，而“春节”等中国节日在国外也开始流行。

③地域性。消费习俗通常带有浓厚的地域色彩，是特定地区的产物。例如，广东人素有喝早茶的习惯；东北人则习惯储藏过冬的食品；少数民族的消费习俗，更是他们长期在特定的地域环境中生活而形成的民族传统和生活习惯的反映。消费习俗的地域性使我国各地区形成了各不相同的地方民俗风情。

④非强制性。消费习俗的形成和流行，不是强制发生的，而是通过无形的社会约束力量发生作用。约定俗成的消费习俗以潜移默化的方式产生影响，使生活在其中的消费者自觉或不自觉地遵守这些风俗，并以此规范自己的消费行为。

2. 消费习俗的分类

在人们的社会活动中，由于所处时代的政治经济发展水平不同，民族的文明程度、宗教信仰以及地理位置等也不同，消费习俗的差异也是千差万别的。消费习俗主要分为以下几类。

(1) 物质类消费习俗

物质类消费习俗主要是由自然、地理及气候等原因而形成的习俗。物质消费习俗与社会发展水平之间有反向关系，这类消费习俗主要包括以下几个方面。

①饮食消费习俗。这是由于受地理、自然及气候等因素影响而形成的消费习俗，不仅国家之间，同一国家内由于地域不同，习俗也不同。在我国，除了各地人们的口味习惯外，还有北方人以面食为主，南方人以大米为主的饮食习惯；沿海居民喜欢鲜活食品，广东人爱喝早茶，山西人爱吃醋等。这些饮食习惯基本上是受供应条件限制而形成的，但近年来随着经济发展、科技进步以及运输业的发达，这种地域限制造成的习俗差异越来越小。

②服饰消费习俗。该方面的消费习俗，主要是由于各地气候、环境、生活交往的差异，或由于民族传统而形成的消费习惯。由于我国气候差别比较大，南方的服饰清爽、舒适、相对瘦小；而北方的服饰相对宽松、厚实。同时，我国是多民族国家，少数民族大多是按地域聚居的，因此也形成了各具特色的服饰消费习惯，表现出强烈的民族特色。

③住宿消费习俗。受不同地区生活环境和经济发展的差异，人们住房建造与住宿方式也有很大的不同。例如，西北牧业地区，人们习惯住蒙古包，即使随着经济的发展可移动的蒙古包越来越少，但人们在建造固定住房和室内装修时仍习惯采用蒙古包的建造装修方式；在陕北地区则习惯于将住房建成窑洞式等。

(2) 社会文化类消费习俗

社会文化消费习俗特指受社会、经济及文化影响而形成的非物质方面的习俗。这类习俗比物质习俗具有更强的稳定性。

①喜庆性消费习俗。该消费习俗是社会文化类消费习俗中最主要的一种形式，是人们为表达各种美好愿望而引起的各种消费需求。由于这类习俗的演化时间较长，覆盖的地域范围较广，常常是从远古时代人们对大自然、太阳以及某种图腾的崇拜逐步演化而来的，因此不同地区、不同民族、不同国家的民众，喜庆的风俗也各不相同。

②纪念性消费习俗。该消费习俗是人们为了表达对某人某事的纪念之情而形成的消费习俗与习惯。纪念性的消费习俗大多与重大历史事件相关，因各个国家、民族的不同而形式各异，具有较强的地域性和民族性。例如，我国人民在清明节扫墓以祭祀先祖或烈士，在农历五月初五吃粽子纪念屈原等。

③宗教信仰性消费习俗。该类消费习俗是由于宗教信仰而引起的消费性风俗习惯。这类消费习俗受宗教教义、教规、教法的影响，并由此衍生而成，宗教色彩极为浓厚。多数宗教对于教徒具有较强的约束力，例如，基督教的圣诞节、万圣节、复活节等活动，伊斯兰教的开斋节等；我国历来有信奉佛教的传统，每到春节，一些著名的寺庙香火异常旺盛，人们烧香拜佛、辞旧迎新，给家人、好友祈求平安。

④社会文化性消费习俗。该类消费习俗是在较高文明程度的基础上形成的，具有丰富的文化内涵。它的形成、变化和发展与社会经济、文化水平密切相关，也与现代文明有较强的相容性。例如，以山东潍坊为代表的北方地区的放风筝习俗，南北各地区风格各异的舞龙、舞狮活动等；我国各地区的地方戏剧，更是社会文化性的定式化表现，它代表着不同地区的文化消费习俗。

此外，在城乡之间、地区之间由于生产劳动、社会生活不一样，形成了各具特色的消费习俗。例如，在城市，日常生活消费一般是月收入和月支出，购物按月计划随时购买使用；在广大农村，则是在不同季节需要购买较多的、不同的生产性和生活性商品，如在春季购买良种、塑料薄膜，夏季购买化肥农药，秋季要购买一些中小型农机具等。

3. 消费习俗对消费者行为产生的影响

消费习俗包含的内容非常广泛，涉及吃、穿、住、行等各个方面。另外，随着社会的进步，新的消费方式进入人们的日常生活，虽然给消费习俗带来了冲击，但消费习俗带给消费心理和行为的影响仍然极大。

(1) 消费习俗促成了消费者购买心理的稳定性和购买行为的习惯性

受消费习俗的长期影响，消费者在购买商品时，往往容易产生习惯性购买心理与行为，固定地重复购买符合其消费习俗的各种商品。例如，中秋节的月饼、端午节的粽子、春节时的鞭炮等的购买成为人们的购买习惯。

(2) 消费习俗强化了消费者的消费偏好

在特定地域消费习俗的长期影响下，消费者形成了对地方风俗的特殊偏好。这种偏好会直接影响消费者对商品的选择，并不断强化已有的消费习惯。例如，广东人对本地饮食文化的喜爱；一些少数民族对民族服装的兴趣等。

(3) 消费习俗使消费心理与行为的变化趋缓

由于遵从消费习俗而导致的消费活动的习惯性和稳定性，将大大延缓消费者心理及行为的变化速度，并使之难以改变。这对于消费者适应新的消费环境和消费方式起着阻碍作用。

由于消费习俗对消费心理和行为有着极大的影响，所以企业在从事生产经营时必须尊重和适应目标市场的消费习俗特征。①②

8.3.2 消费流行

1. 消费流行的含义和特征

(1) 消费流行的含义

消费流行是指在一定时期和范围内，大部分消费者呈现出相似或相同行为的一种消费现象。具体表现为大多数消费者对某种产品或消费时尚同时产生兴趣和购买意愿，从而使该产品或消费时尚在短时间内成为众多消费者狂热追求的对象，消费者通过对所崇尚事物的追求，获得一种心理上的满足，此时该种商品即为流行产品，这种消费趋势也就成为消费流行。

【案例 8-2】美国的椰菜娃娃

20 世纪 80 年代早期，美国儿童为椰菜娃娃而疯狂。因为产品供应有限，成年人为孩子们抢购娃娃时，几乎要发生骚乱了。威斯康星州密尔沃基市一家迪斯科舞厅的老板开玩笑地宣布，人们该带着棒球手套前往当地的体育馆，因为在那里将要空投 2 000 个椰菜娃娃，要求人们高举美国运通信用卡，便能从空中拍摄到号码。很多焦急的父母显然不明白这是一个玩笑，冒着严寒到场，手里还拿着棒球手套。

尽管对椰菜娃娃的狂热持续了几个季节，但最终还是冷却了下来。消费者转向其他产品，如忍者神龟，接着“莫菲恩威力战士”取代了忍者神龟。下一个出现的会是什么呢?

(资料来源：叶敏，张波等.消费者行为学[M]. 北京：北京邮电大学出版社，2008.)

(2) 消费流行的特征

①骤发性与短暂性。消费流行往往体现为消费者对某种商品或劳务的需求急剧膨胀，在短时间内爆发、扩展、蔓延，如海潮般涌来。虽然流行周期的长短没有固定的时间界限，但相对来说，在通常情况下流行意味着时间比较短暂。

②周期性和循环性。消费流行也如同社会上其他事物一样，具有发生、发展的自身规律性，这就是流行周期。一般来说，商品流行周期包括酝酿期、发展期、流行高潮期和流行衰退期 4 个阶段。而且有的商品的流行具有循环性。也就是说，一个“消费流行”过去，曾经

① 甘琍琴，等. 消费者行为学[M]. 北京：北京大学出版社，中国农业大学出版社，2009.
② 江林. 消费者行为学[M]. 北京：科学出版社，2007.

为人们所偏爱的商品就会无人问津了，然而过一段时间之后，这些被遗忘的东西有可能在市场上重新出现和流行。

③地域性和梯度性。消费流行具有一定的地域性，又呈现出一定的梯度性。地域性是指消费流行常常是在一定的地理范围内发生的，因此在某地区流行的商品在另一地区就不一定流行。但是，由于消费流行具有扩散性，所以在不同的地区内，时间上就形成了流行梯度，即流行的地域时间差。这种流行的地域时间差使得流行的商品或劳务在不同的市场范围内处于流行周期的不同阶段。

④新奇性和反传统性。流行商品的突出特点就是它的新奇性。新奇性可以表现在商品的各个方面，如款式、色彩、包装、功能和质量等。消费者常因为好奇而引起对某些消费品的注意，进而在从众心理和模仿心理的推动下产生购买动机。与此相关的另一个特征是流行的反传统性，因为在某些情况下，传统意味着守旧，而流行意味着新奇和时尚。

2. 消费流行的周期

消费流行的形成大多有一个完整的过程，这一过程通常呈周期性发展，其中包括酝酿期、发展期、流行高潮期和流行衰退期 4 个阶段。酝酿期的时间一般较长，要进行一系列的意识、观念及舆论上的准备；在发展期消费者中的一些权威人物或创新者开始做出流行行为的示范；进入流行的高潮期，大部分消费者在模仿、从众心理作用下，自觉不自觉地卷入流行当中，把消费流行推向高潮；高潮期过去之后，人们的消费兴趣转移，流行进入衰退期。[①]

3. 消费流行的种类

消费流行可以从不同的视角对其进行分类。

(1) 从流行的内容分类

①物质的流行。物质的流行是指某种产品或服务的流行，涉及消费生活中的衣、食、住、行的各个方面。在物质流行中广告宣传起着特别重要的作用。

②行为方式的流行。行为方式的流行表现为人们行为活动的各个方面，如搓麻将、打太极拳、跳舞、扭秧歌和斗鸡等。行为流行受社会行为观念、文明程度等环境因素的影响比较大。

③观念的流行。它指某些思想方法、感觉方式或某种专门思想的流行，如流行歌曲、畅销书、尼采热和存在主义热等。

上述几个方面的流行并不是独立存在的，而是互相影响、互相制约的。思想观念方面的流行，往往是物质流行和行为方式流行方面的基础，而物质流行和行为流行是思想流行方面的直接表现。

(2) 从流行的方式分类

①滴流，即自上而下依次引发的流行方式。它通常以权威人物、名人明星的消费行为为先导，而后，由上而下在社会上流行开来，如中山装、列宁装的流行。

②横流，即社会各阶层之间相互渗透横向流行的方式。具体表现为，某种商品或消费时尚由社会的某一阶层率先使用、领导，而后向其他阶层蔓延、渗透，进而流行起来。近年来，外资企业白领阶层的消费行为经常向其他社会阶层扩展，从而引发流行。

③逆流，即自下而上的流行方式。从社会下层的消费行为开始，逐渐向社会上层推广，从而形成消费流行。如牛仔服原是美国西部牧牛人的工装，现在已经成为下至平民百姓、上

① 甘瑁琴，等. 消费者行为学[M]. 北京：北京大学出版社，中国农业大学出版社，2009.

至美国总统的风行服饰；领带源于北欧渔民系在脖子上的防寒布巾，现在则成为与西装配套的高雅服饰。

(3)根据流行的生命周期的相对长度分类

①经典。经典是一种生命周期极长的流行，也可以称为一种趋势。在某种意义上，经典是反“流行”的，因为它能在很长一段时间内对购买者保证稳定性和低风险性，如牛仔裤。

②时尚。时尚大约具有中等长度的生命周期，介于经典和时髦之间。时尚往往具有某些必要的属性，以使其获得消费者的接受。

③时髦。时髦或称狂热，是一种寿命很短的流行，一般只在有限的人们之间流行，通常属于同一层级间的横向流行。时髦通常有以下特征：非功利性的，对于人们没有太大的功能；冲动下采用的，在采用前没有经过理性决策；快速散布，很快获得接受，但寿命很短，如风靡一时的电子宠物。①

(4)根据消费流行的地域范围分类

按照消费的地域可以分为世界性、全国性和地区性的流行。

①世界性的消费流行。世界性的消费流行是指那些流行范围广、受世界上多数国家消费者所关注的商品的流行。例如，健康食品、保健食品的流行，就源于人们对环境问题的关心和担忧；仿古商品的流行，源于人们对古代田园生活情感的留恋。这种流行对于发达国家的社会生产及消费产生的影响较大。而对其他国家而言，这种流行的产生主要来源于两个方面：其一，是生产者为了开拓发达国家市场而着力推广此类商品；其二，是发展中国家的高消费阶层追求消费流行而模仿发达国家消费者。

②全国性的消费流行。从总体上看，该类商品的流行速度慢、时间长，受经济发展水平及消费习惯的影响较大。此类流行一般起源于经济发达地区和沿海城市，呈波浪形向内地和经济欠发达地区推进，在一些地区形成流行高峰的同时在另外一些地区则走入低谷。

③地区性的消费流行。从现象上看，这种流行是最普遍、最常见的。从实质上看，这种流行来源于全国性的消费流行，又带有一定的地域色彩，有的则纯粹是一种区域性的流行。②

4. 消费流行产生的原因分析

(1)社会生产力发展水平

社会生产力发展水平的高低决定着人们的物质生活条件的丰裕程度和人们的消费水平，是影响消费流行的最基本的条件。虽然消费流行在历史上很早就出现了，但由于生产力发展水平低下，流行的发展变化十分缓慢。只有在社会化大生产的条件下，企业能够大规模地组织生产并生产出大批量的产品，使得工业品的价格比较低，才能使普通民众消费得起，并加入流行消费的行列中。否则，如果产品供不应求，消费流行就会受到抑制。

(2)社会文化因素

对于消费流行来说，社会文化的影响是很广泛的。其中，消费者的价值观、宗教信仰、人们受教育水平的高低及人们的审美能力等都能影响消费流行的内容和形式。

(3)社会心理因素

流行是人们追求个性意识的产物，是人们渴求变化、追求新奇的社会表现。同时，流行

---

① 余禾，等. 消费者行为学[M]. 成都：西南财经大学出版社，2008.

② 王官诚. 消费心理学[M]. 北京：电子工业出版社，2010.

也与人们的从众心理和模仿心理密切相关。人们为了与众不同、表现自我而去追新猎奇，又为了赶上潮流而去模仿那些比自己更新潮的人。正是这些心理因素，才使得消费流行有了一定的社会基础。试想，如果每个人都安于现状而不愿改变，每个人都我行我素而互不影响，那么社会上就不会有任何商品、服务、语言和思想观念的流行了。

(4) 宣传因素

在一定条件下，通过各种媒介的宣传，是产生消费流行的主要方法之一。大众传播媒介(如电视)，尤其是随着新媒体的兴起和发展，使得有关商品或服务的信息能够在最短的时间内达到目标受众，为消费流行提供了一定的条件。①

5. 消费流行与消费者行为分析

在消费流行的冲击下，消费者的心理会发生许多微妙的变化，这种变化又会影响消费者外在的行为表现。消费流行对消费者心理及行为的影响具体表现在以下几个方面。

(1) 消费流行引起顾客认知态度的变化

通常情况下，当一种新产品或新的消费方式出现时，顾客由于对它不熟悉、不了解，往往会持有怀疑和观望的态度，然后，顾客通过学习、认知过程来消除各种疑虑，决定购买与否。但是，由于消费流行的出现，大部分顾客的认知态度会发生变化，怀疑态度消失，肯定倾向增强，学习时间缩短，接受时间提前。

(2) 消费流行引起顾客消费习惯和偏好的变化

顾客长期使用某种商品，会对该商品产生特殊的好感，习惯性地、反复地购买该商品，还会在相关群体中进行宣传，形成惠顾动机。但在消费流行的冲击下，惠顾动机也会动摇，变为“喜新厌旧”，转而购买流行商品。在消费流行的冲击下，顾客由于生活习惯、个人爱好所形成的偏好心理也会发生微妙的变化，社会风尚的无形压力会使顾客自觉或不自觉地改变原有的消费习惯和消费偏好。

(3) 消费流行引起顾客心理驱动力的变化

就顾客的购买行为来说，直接引起、驱动和支配行为的心理因素是需要和动机。通常情况下，这些购买动机是相对稳定的，但在消费流行的冲击下，顾客对流行商品产生了一种盲目的购买驱动力。

(4) 消费流行引起顾客心理的反向变化

在正常的生活消费中，顾客往往要对商品进行比较和评价后，再决定是否购买。但在消费流行浪潮的冲击下，常规的消费心理会发生反向的变化。例如，一些流行商品明明价格很高，顾客却毫不计较，慷慨解囊；相反，不流行的商品尽管价格低廉，品种也不错，却无人问津。

本章小结

本章主要介绍群体因素对消费者行为的影响。

消费者群体是由某些具有共同消费特征的消费者组成的群体。群体成员需要由一定的纽带联系起来，群体成员之间有共同的目标和持续的相互交往，群体成员有共同的群体意识和规范等特征。消费者群体的类型主要有正式群体与非正式群体、主要群体和次要群体、隶属群体和参照群体、初级群体与次级群体、渴望群体与非渴望群体等。与消费者密切相关的群

① 江林. 消费者行为学[M]. 北京：科学出版社，2007.

体主要有家庭、朋友、正式的社会群体、购物群体、工作群体和消费者行动群体等。消费者群体对消费心理的影响主要体现在：消费者群体引起消费者的仿效欲望，从而影响他们对商品购买与消费的态度，消费者群体促使人们的行为趋于某种“一致化”。消费者群体对消费行为的影响主要体现在：规范性影响、信息性影响和价值表现上的影响等。

暗示，也称为提示，是在无对抗条件下，用含蓄、间接的方式对消费者的心理和行为产生影响，从而使消费者产生顺从性的反应，或接受暗示者的观点，或按暗示者要求的方式行事。暗示的主要形式有商誉暗示、词语暗示和行为暗示等。

模仿是指仿照一定榜样做出类似动作和行为的过程。

从众行为是指个体在群体的压力下改变个人意见而与多数人取得一致认识的行为倾向。从众具有被动性、规模性和限定性的特征。从众行为产生的原因有：共同心理倾向、参照群体、对偏离群体的恐惧和个体对他人的信任和群体对个体的吸引力。从众行为的表现形式主要有以下几种：从心理到行为的完全从众；内心接受，行为不从众；内心拒绝，但行为上从众。影响消费者从众行为的因素有群体因素和消费者个体因素。

消费习俗是指一个地区或一个民族的约定俗成的消费习惯。消费习俗的特征主要有长期性、社会性、地域性和非强制性等。消费习俗对消费者行为产生的影响：消费习俗促成了消费者购买心理的稳定性和购买行为的习惯性；消费习俗强化了消费者的消费偏好；消费习俗使消费心理与行为的变化趋缓。

消费流行是指在一定时期和范围内，大部分消费者呈现相似或相同行为的一种消费现象。消费流行的特征：骤发性与短暂性、周期性和循环性、地域性和梯度性、新奇性和反传统性。从流行的内容看，主要分为物质的流行、行为方式的流行和观念的流行。从流行的方式看，主要分为滴流、横流和逆流。消费流行产生的原因主要有社会生产力发展水平、社会文化因素、社会心理因素和宣传因素。消费流行对消费者心理及行为的影响具体表现在以下几个方面：消费流行引起顾客认知态度的变化；消费流行引起顾客消费习惯和偏好的变化；消费流行引起顾客心理驱动力的变化；消费流行引起顾客心理的反向变化。

案例分析

中国典型的消费群体特点

随着中国市场的不断细分，越来越多具有典型市场价值的消费群体被挖掘出来。研究消费者群体的心理与行为特征，对于企业开展有效的营销活动具有重大意义。

中国消费群体差异性大，根据不同年龄、不同阶层、不同性别、不同区域等特征都可以细分出不同的消费群体。其中，最具市场潜力的典型消费群体是“90后”族群、中产阶级、女性群体。了解他们的特征，是企业开展品牌营销工作的基础。

“90后”族群

我国1990年以后出生的青少年群体，总人数接近1.8亿(以2010年第六次人口普查数据作为参考)，他们大多是独生子女，成长环境好，追求消费行为带来的舒适便利，现已逐渐成为中国消费市场上的主力军。

他们生存在电子信息产业高速发展的时代，掌握大量的资讯，开始在社会各行业崭露头角，逐渐成为社会主流。他们截然不同的新鲜气质正在冲击着传统的生活方式和价值观。

他们最突出的特点是：不会像上一代人那样，勤苦做事，规矩做人。他们更有个性与思想，非常喜爱个性化的商品，并力求在消费活动中充分展示自我。

他们思想活跃，具有冒险精神，对新事物感到新奇。在消费方面，表现出追求新颖与时尚的强烈倾向。他们是新产品的尝试者和推广者，也是新潮流的缔造者。

他们注重情感体验，行动易受感情支配。在消费活动中，易受环境的影响，经常发生冲动性购买行为。款式、颜色、形状、价格等因素都能单独成为他们的购买理由。他们只重一条，就是“我喜欢”的主观认知。

他们强调的是“感官型消费”，具有强烈的“享受生活”的观念。

他们突破了传统奉行的节俭保守的消费理念，不喜欢储蓄，融入了近年来愈加风行的开放式、超前式的消费观念。

这一代人目前多为大学生及职场新人，他们在特殊的政策背景下成长起来，具有鲜明的时代烙印，期望拥有能显示自身可辨识的 DNA，并能紧紧抓住潮流脉搏、把握前沿理念、独立、个性、追求时尚、对事物有独特的看法和价值观。

这些变化，都将逐渐改变中国社会的消费结构和消费习惯。中国市场正在随着“90 后”的消费能力的提升而发生历史性的改变。

他们迅速的品位更换和总是比上一代更快出现的审美疲劳，意味着企业必须具备快速推出新产品的能力，要跟得上他们的节奏。

企业必须强调“个性”，满足“90 后”一代个性化、自我感受化的需求。个性化的意义在于表现自我，一个品牌要带来更多个性化的东西，要么它是细腻的，要么它是粗犷的。只有真正触摸消费者心底并与营销策划紧密地结合起来，才能创造未来市场的奇迹！

他们喜欢让人关注，让他们参与到营销活动中，凸显个性就是最大的讨好方式。

中产阶级

中产阶级大多出生于 20 世纪 60—70 年代，多数人受到过良好的教育，特别是其中许多人还接受了国内或国外的高等教育，目前又正是各个行业的主力。有关资料表明：目前中国外企的白领阶层主要是由这一代人构成的。即使在政府或国有企业，他们也正是或很快将进入领导阶层。由于这一群体文化水平较高，可能是我国追求时尚和品位的第一代人。他们懂得追求自我，享受生活，注意健身，因此这一代人又是高档家用电器、服装、化妆品、私人汽车等产品最主要和最有实力的购买群体。

影响这一群体消费行为的观念主要有：关注自我发展观念、乐于接受新事物的观念、工作与娱乐相结合的观念、独立生活与合作消费的观念。一般来说，影响他们消费的因素依次是品牌、自我形象(体验)、质量、价格。种种迹象表明，中产阶级的消费变得越来越感性化、个性化、情感化，他们的需求重点已由追求实用转向追求自我体验与自我表现。消费需求由实用层次转向体验层次。

一方面是现今的消费者不仅重视产品或服务给他们带来的功能利益，更重视购买和消费产品或服务过程中所获得的符合他们心理需要和情感欲望满足的特定体验。在产品或服务功能相同的情况下，体验成为关键的价值决定因素，它是消费者做出购买决策的重要依据。另一方面是与以往相比，人们对体验性消费的需求与日俱增。例如，星巴克咖啡店就是一个靠打造新型生活方式而大赚其利的典型例子。星巴克咖啡店内弥漫的高雅、亲切、舒适氛围的生活方式远远超过其产品本身。这正是中产阶层消费者对这种体验营销模式十分偏爱的缘故，中产阶层消费者需要一种不同凡响的生活方式体验。可见经营者对消费者生活方式要有敏锐的洞察力，最好成为新生活方式的创造者和推动者，因为生活方式是个体自我概念影响消费行为的最好表征。

中产阶级一般都喜欢品牌，但又不喜欢千篇一律。他们更加关注使用的体验与感受。与主流消费者进行比较时，他们更信任外国品牌。

在购买任何特定高档品牌时，他们又比国外中产阶级更重视其功能性价值(如质量、材料、设计或工艺)。所以，意大利时尚品牌杰尼亚在中国的门店开张时，演示了其领带的制作过程，以强调该品牌的精湛工艺。

与其他消费者相比，中产阶级还会花更多时间进行户外活动，参加体育运动，到健身房健身，以及外出喝酒吃饭。这一群体用于休闲、娱乐和健身等方面的开支比例正呈现不断加大之势。他们仍然花大量时间看电视，此外，他们花在浏览互联网上的时间要比其他收入水平的同龄群体的成员长得多。这种行为方式不仅确认，电视仍然是影响中产阶级的重要媒介，而且表明，互联网广告、博客等在线渠道对中产阶级的影响力可能比对其他消费者更大。企业还应该记住，中产阶级要花费大量时间外出活动。

女性群体

女性消费者在消费活动中具有一种特殊的角色地位，其消费心理和行为特征也独具特色。在商品消费中，具有较大影响力的20～55岁的女性中青年消费者，约占全国人口总数的21%。女性中青年消费者不仅人数众多，而且在消费活动中起着特殊的作用。她们不仅为自己购买所需商品，作为家庭中的女儿、妻子、母亲、主妇等多种角色的承担者，也是大多数儿童用品、男性用品、老人用品、家庭用品的主要购买者。

由于女性消费品品种繁多，加之女性特有的细腻心理，她们对商品的选择挑剔程度较之男性高。另外，女性通常具有较强的表达能力、感染能力和传播能力，善于通过说服、劝告、传话等方式对周围其他的消费者发生影响。

女性中青年消费者购买的主要是日常生活用品，如服装、鞋帽等，因而比较重视商品的外观形象、感性特征。她们往往在某种情绪或情感的驱动下临时产生购买欲望。这其中的影响因素是多方面的，如商品名称、款式色彩、包装设计、环境气氛等，都可以触发女性的购买欲望。在给丈夫、子女、父母购买商品时，这种感性色彩更加强烈。

由于女性消费者在家庭中的角色和作用以及家务劳动的经验，使她们对商品的关注角度与男性大不相同，表现为对商品的实际利益要求强烈，特别是细微之处的优点，往往能迅速博得女性消费者的欢心，促成购买行为。

女性消费者对于生活中富于创造性的新事物，也充满热情，如购置新款时装，布置新房间，烹调新菜肴等，以显示其创造性。

女性消费者有较强的自尊心，对外界事物反应敏感。她们往往以选择的眼光、购买的内容及购买的标准来评价自己和别人。希望通过明智的消费活动来体现自我价值。即使作为旁观者，也愿意发表意见，并且希望被采纳，而对别人的否定意见不以为然。在购买活动中，营业员的表情、语调、介绍及评论等，都会影响女性消费者的自尊心，进而影响其购买行为。

鉴于女性消费者的上述心理与行为特征，企业在制定营销策略时，要迎合这些心理，采取适宜的措施。例如，商品的款式设计、色彩搭配要注意诱发女性消费者的情感；广告宣传要突出商品的实用性和具体利益，注意尊重其创造性。另外，企业的现场促销还应注意讲究语言艺术，尊重女性消费者，以赢得她们的好感。

今天的企业经营者要想在激烈的市场竞争中求得生存与发展，一个重要方面就是要不断地了解消费者心理与行为特点，形成正确的营销观念。这一观念用简明的语言描述就是：如何确保企业所做的与消费者的所思所想、所要做的保持高度一致。唯有这样，才能创造未来市场的奇迹！

(资料来源：http：//www.paidai.com/displaythread.php?boardid=11&topicid=31949.)

思考题：

1．不同的消费群体的消费行为产生差异的原因是什么？

2．消费群体对消费行为有什么影响？

思考练习题

1．消费者群体对消费心理有什么影响？

2．消费者群体对消费者行为有什么影响？

3．消费者群体的类型主要有哪些？

4．暗示的主要类型有哪些？

5．从众产生的原因有哪些？

6．影响从众的因素有哪些？

7．消费习俗对消费者行为产生哪些影响？

8．消费流行有哪些特征？

9．消费流行产生的原因是什么？

10．消费流行对消费行为会产生什么样的影响？

实验八　新生代农民工的城市社会认同追寻

一、实验目的

1．了解新生代农民工的自我概念与行为。

2．了解新生代农民工的参照群体。

3．掌握新生代农民工追寻城市社会认同的需求特征。

二、实验内容

1．聆听实验指导教师的总体介绍。

2．选取所在城市的“70 后”、“80 后”农民工作为被试对象。

3．设计一张问卷对这 3 类农民工的消费行为与心理进行调查，了解他们的自我概念与行为，以及追寻城市社会认同的需求特征。

4．调查样本不少于 200 份。

5．对调查结果数据进行整理、录入、统计、分析，并撰写《济南市农民工消费行为调查研究报告》，总结调研结论。

6．组成小组讨论研究报告的主要结论以及其所具有的营销意义。

7．撰写实验报告。

三、实验设备与材料

调查问卷、SPSS 统计软件、个人计算机。

四、实验步骤

1. 确定被试对象

将在城市打工的“70后”和“80后”农民工作作为被访对象，他们在城市中主要是建筑工人、城市绿化工人、管道维护工人、装修工人、修路工人、搬运工人等群体。

2. 设计调查问卷

阅读课本及其他文献的相关知识，设计新生代农民工消费行为调研问卷，问卷内容包括甄别部分、主体问卷部分和消费者背景资料三部分。主体问卷部分调查内容包括：①新生代农民工的日常消费支出额度、消费结构、消费支出占收入比重；②新生代农民工对手机、MP3/ MP4/ MP5、个人计算机、数码相机等时尚产品的需求与购买度；③新生代农民工对上网、去电影院、酒吧、咖啡厅、书店、博物馆等时尚或文化场所的需求与消费情况；④新生代农民工对在城市拥有一套属于自己的房子、子女在城市接受教育等城市人生活的需求与消费情况；⑤ 新生代农民工对参政、议政以及发表自己声音等的需求；⑥新生代农民工在城市的焦虑，如收入、受歧视、缺少社会保障、文化与习惯差异等。消费者背景资料部分包括年龄、收入、性别、工作等信息。

3. 调查实施与数据统计

到农民工经常活动的场所，对农民工实施随机拦截访问，回收有效问卷数量不少于200份，其中“70后”和“80后”农民工数量各100份左右。对回收的问卷进行整理、编码、录入、统计、分析。

4. 撰写研究报告

除对调查样本进行总体分析之外，对“70后”和“80后”农民工的消费行为分别展开研究，对问卷涉及的六类问题分别总结调查结论，将新生代农民工背景资料作为细分变量实施交叉研究，从不同的视角对数据进行解析，总结新生代农民工的自我概念特征与城市认同心理需求。

5. 对调查结果进行研讨

小组对每个组员的调查过程与调查主要结论进行研究讨论，分析新生代农民工的消费行为表现出哪些特征？他们有着怎样的自我概念？实际的调研结果与我们的假设有没有不一致的地方？如果有不一致，那么这背后的原因是什么？新生代农民工是在追求实质性的融入城市生活，还是依然对故乡怀有很深的依恋？新生代农民工是否将城市人作为自己的参照群体？他们又有着怎样的城市焦虑？这些问题对营销者开展农民工营销有着怎样的启发？

6. 对本次实验课程撰写报告

五、实验数据整理

1. 对调查数据进行编码和录入，注意在录入之前需要纠正回收问卷中的技术性错误。

2. 采用SPSS、Excel等统计软件对调查数据进行统计分析，统计方法为频数分析、交叉列连表、联合分析等，数据结果以图、表形式展现。

3. 提出您对本次实验训练效果的感受和改进建议，不少于1 500字。

六、思考题

1. 假设你是中国移动公司的产品经理，请你设计专门针对新生代农民工的话费套餐，并设计相关广告文案。

2. 在整个社会重视三农问题的背景下，如何通过消费文化的塑造实现“契约型社会关系取代身份型社会关系”？

第 9 章 网络因素、情境因素与消费者行为

【学习目的】

通过本章的学习，首先，要掌握网络消费的概念与特征，了解网络消费行为的过程、特点以及网络营销策略的选择；其次，掌握情境的概念、构成和类型，理解营销外部环境和营销内部环境对消费者行为的影响。

【学习要求】

学习内容	知识要点	相关概念
网络信息与消费者行为	网络消费的概念与特征 网络消费行为的过程与特点 网络营销策略的选择	网络消费、网上购物
情境因素与消费者行为	情境的概念、构成与类型 营销外部环境与消费者行为 营销内部环境与消费者行为 营销服务与消费者行为	情境、营销服务、售前服务、售中服务、售后服务

【引导案例】网络消费

网上消费已经深入百姓生活，大至家电、汽车，小到食品、文具，几乎只要人们能想到的商品，轻点鼠标就可以完成购物，买后还能送货上门。网络购物带给消费者便利的同时，也会带来一定的风险。例如某女士在网站上浏览时，看中了一家店铺的两件毛衣，这家店铺里的商品都有大量由真人试穿、摆拍的照片，还有对商品非常详细的说明，很多购买者的评价，感觉这家店铺的实力、信誉应该都不错，而且商品价格特别便宜。该女士立刻汇款给店家，但收到货后，却发现实际货物和照片效果差别很大，质量低劣，而且自己想要的颜色也没有了。于是提出退货，但商家说只能换不能退，而且换货产生的邮资还需要购买者支付。由于价格不贵，而且换货手续太麻烦，只好自认倒霉，买来的两件毛衣只好丢进衣柜，等于花钱买了一堆占地方的废品。

9.1 网络与消费者行为

以互联网为基础的消费，既是通过网络技术进行的新型消费形式，又全面地包括了精神文化层面的内在含义。它意味着，一方面网络时代的消费者突破了传统工业社会消费习惯的限制，使消费活动无须通过商业中介而由网络媒介直接联通起来；另一方面，网络消费方式又具有一种精神的内在化特质，实质上是一种连接不同网络终端的人脑思维的虚拟化、数字化的交流与互动。

9.1.1 网络消费的概念与特征

1. 网络消费的概念

随着电子商务的发展，互联网对消费者心理和行为产生了重大的影响，从而引起了人们对网络消费、网络营销的研究，但对于网络消费的概念，目前很少有人对其进行深入的研究和界定。本书将网络消费进行如下定义：网络消费是一个新兴的概念，是指消费者借助互联网，实现通过消费品满足自身欲望的一种经济行为，包括网络教育、在线影视、网络游戏和网络购物等所有消费形式的总和。

从这个概念的界定我们可以看出，该定义包含三个方面的内容：第一，网络消费是借助互联网实现的；第二，网络消费是以满足消费需要为目的的；第三，网络消费是一个动态的过程。

2. 网络消费的特征

网络消费是新兴的消费方式，不同于传统消费行为，因此有着自身的特点。具体来说，主要有以下几点。

(1) 网络消费的虚拟性

网络消费是在由互联网技术所构成的虚拟购物空间或消费网页中进行的。这是一种非常感性化的情境，但缺乏深层次的理性比较选择。

(2) 网络消费的个人性

网络世界拓宽了私人空间，也使公共领域的权力结构发生了变化。网络交往的高度随意性与隐匿性决定了网络主体可以不用面对面地进行交易活动，从而可以避免与人接触的很多考虑因素，这在一定程度上强化了消费的个人选择并促使其提高对信息自我鉴别的能力。

(3) 网络消费的直接性

从现代经济学的角度来看，网络消费相对传统消费而言，似乎更易受到消费者青睐。数字化网络所产生的知识经济合力，缩短了生产和消费之间的距离。使买卖的双方能在一种近乎面对面、休闲的气氛中达成交换的目的。

(4) 网络消费的灵活性

网络的虚拟性和直接性，给网络消费者带来很大的灵活性。消费者可以在网上随意轻松的寻找，而不必像传统购物模式那样，在各商场之间奔波，这显然给消费者带来很大的灵活性。

(5) 网络消费的信用性

信用是当今信息时代网络交易的重要保证条件。由于涉及付款和送货，无论是商家还是消费者都需要提升自己的信用,网络消费活动的健康进行,有赖于网上信任观念和信用制度的建立。

(6) 网络消费的节约性

网络消费者只需要坐在家里轻轻点击鼠标，购物就可以轻松实现，节约了大量传统购物方式所耗费的时间、精力和交通成本。

(7) 网络消费的观念性

网络消费形态是注重个人化、主流化、创新精神和价值观念的样式。现代人更注重的是休闲方式，一定意义上可以近似地将网络消费看做一种游戏，每个消费者可以在游戏中轻松快乐地完成购物过程。

(8) 网络消费的便捷性

消费者在网上购物主要是为了享受网络带来的快速便捷，网上购物只要下了订单就可以坐等送货上门，十分方便简捷。

(9) 网络消费的逆向性

网络消费是一个学习的过程，35 岁以下的网络消费者占了绝大多数，而多数中老年没有尝试过网络或对网络的使用不熟悉，需要学习这种全新的技术，年轻人对中老年就可以进行逆向的指导。并且其消费风格和消费文化对中老人的消费行为也施加了一定的逆向教育的作用，许多新技术的应用普遍都有这种特性。

(10) 网络消费的互动性

网络消费不同于传统的消费过程还表现在这是一个消费者和厂商互动的过程，而且这种互动的交流速度也比较快，消费者可以将对商品的不满意通过网络反馈给商家，商家也可以在第一时间将消费者的问题反馈回去。

9.1.2　网络消费行为的过程与特点

1. 网络消费行为的过程

网上购物是指用户为完成购物或与之相关的任务而在网上虚拟的购物环境中浏览、搜索相关产品信息，从而为购买决策提供所需信息，并实现购买决策的过程。网络消费者的购买过程和传统购物过程一样，可以从五个阶段进行分析。

(1) 确认需求

网路购物过程的起点是确认需求。在传统模式下，确认需求可能是内部和外部的刺激所引起的，而在网络营销中，消费者需求的产生多源于视觉和听觉的刺激。网络的特性使文字表述、图片统计、声音配置成为诱发消费者购买的直接动因。

【案例 9-1】滴滴打车如何激发消费者消费欲望

滴滴出行是一款免费打车软件，2012 年在北京中关村诞生，2015 年“滴滴打车”更名为“滴滴出行”，并启用全新 LOGO，推出新版 APP“滴滴出行”。用户每使用一次滴滴出行，订单一旦完成，用户账户内将收到系统发送的折扣不等的代金券，并可以通过微博、微信群分享，通过微信朋友圈分享代金券给他人，代金券将在下次使用软件付费时自动使用。这种代金券分发方式，很大程度上促成了对潜在消费的挖掘。由于使用滴滴出行软件，用户在极大程度上拥有自主选择权，用户可以提前对车辆进行预约，对乘坐车辆的品质区间可以进行把控，再加之使用优惠券后的乘车费用和普通出租车费用不相上下，甚至更低，因此拥有了较大的用户群体。与此同时，在线用户每邀请一个新用户加入滴滴出行，双方均将获得滴滴出行赠送的 30 元代金券，这又在一定程度上吸引了新的消费群体。红包策略使得滴滴出行在消费者当中形成一个良性的消费循环系统。

(2) 收集信息

一旦需要得到确认，消费者就会寻找解决问题的各种方法。消费者收集信息时，希望最大限度地获取能够解决问题的产品信息。网上信息收集的快捷与简便是消费者选择上网的主要原因之一。比较传统模式，网上消费不仅选择范围广，而且消费者的主动性可以得到最大限度的发挥。消费者一方面可以根据自己了解的信息，通过互联网跟踪查询；另一方面，消费者还可以在网上发布自己对某类产品或信息的需求信息，得到其他上网者的帮助。

(3) 比较选择

通过信息收集，消费者将会形成若干可能采用的方案，接下来，消费者根据一定的评价标准，并利用一定的选择方法，对这些方案进行评价和选择。传统消费模式下，消费者可以通过对产品的触摸、闻、嗅、试听和试穿等实体性接触来比较评判，但在网络消费中，消费者对商品和服务的比较只能依赖于商家的描述和用户的评价，且这种描述也多限于文字和图片方面。这种局限性是决定网上销售产品种类的直接原因。

(4) 制定购买决策

经过方案评价和选择，消费者将形成对某一产品的购买意向，也就是有了购买某一产品的意愿和打算。此时他们面临着两种选择，可以利用互联网获得的信息，到现实中的传统商店去购买产品，也可以直接在互联网上进行购买。

另外，网络购买者在购买决策时主要有以下三个特点：首先，网络购买者理智动机所占比重比较大，而感情动机的比重比较小；其次，网络购物受外界影响比较小；最后，网上购买的决策行为与传统购买决策相比速度要快。

(5) 事后评价

消费者购买了产品之后，整个购买过程并没有结束，而是进入了购后时期。在这一时期，消费者将会使用和消费产品，并在使用和消费过程中感到是否满意。事后评价决定了消费者本人及其他消费者今后的购买动向。在网络环境下，消费者会把自己的网络购物体验在网络上进行反映，网络空间中信息传递的速度和广度无法衡量。如果消费者的评价是好的，可能会令厂商获益匪浅；但若消费者购后产生不满意感，他很可能会通过网络将它表达出来，在广大网民心中产生不良影响，打消很多潜在的消费者的购买欲望。

随着网上购物市场的迅速发展，网络商家之间的竞争也越来越激烈，而对于网上商家来说，要想在网上销售中赢利，处于竞争的有利地位，只有准确把握消费者网上购物行为特征，才能制定出正确的营销策略。

2. 网络消费行为的特点

由于互联网商务的出现，消费者的地位及其消费观念、消费方式正在发生着重要的变化，互联网商用的发展促进了消费者主导地位的提高；网络营销系统巨大的信息处理能力，将各种商品展示在消费者面前，为消费者挑选商品提供了前所未有的品种选择的空间，使消费者的购买行为更加理性化。网络消费行为主要有以下几个方面的特点。

(1) 消费者的消费个性回归

近代，由于工业化和标准化生产方式的发展，使消费者的个性淹没于大量低成本、单一化的产品洪流中。随着计算机技术的发展，消费品在网络里变得越来越丰富，消费者进行产品选择的范围越来越广，产品的设计开始多样化、独特化，消费者开始重新定制自己的消费准则，整个市场营销回到个性化的基础之上。

(2) 消费的主动性增强

在社会化分工日益细化和专业化的趋势下，消费者在面对日益增多的商品选择的同时，消费的风险也随之上升。在许多大额或高档的消费中，消费者往往会通过各种可能的渠道获取与商品有关的信息并进行分析和比较。消费主动性的增强来源于现代社会不确定性的增加和人类需求心理安全、稳定和平衡的欲望。网络中这种信息的来源比较充分，但是信任度却因人而异。

(3) 消费者直接参与生产和流通的全过程

传统的商业流通渠道由生产者、商业机构和消费者组成，其中，商业机构起着重要的作用，生产者不能直接了解市场，消费者也不能直接向生产者表达自己的消费需求。而在网络环境下，由于网络的互动性很强，消费者能直接参与到生产和流通中来，与生产者直接进行沟通，减少了不必要的中间环节，从而减轻了市场的不确定性。

(4) 追求消费过程的方便和享受

在网上购物，除了能够完成实际的购物需求外，消费者在购买商品的同时，还能得到许多信息，并能得到在各种传统商店所得不到的乐趣。今天，人们在现实消费过程中出现了两种追求趋势：一部分工作压力较大、紧张程度高的消费者为方便性购买为目标，他们追求的是时间和劳动成本的尽量节省；而另一部分消费者，是由于劳动生产率的提高，自由支配时间增多，他们希望通过消费来寻找生活的乐趣，而网络消费以一种全新的方式为他们提供了这种乐趣的来源。

(5) 消费者选择商品的理性化

网络营销系统巨大的信息处理能力，为消费者挑选商品提供了前所未有的空间，消费者可以利用从网上得到的信息对商品进行反复比较，以决定是否购买。对企事业单位的采购人员来说，可利用预先设计好的计算程序，迅速比较进货价格、运输费用、优惠、折扣、时间效率等综合指标，最终选择有利的进货渠道和途径，从而大大加强购物的理性因素。

(6) 价格是影响消费心理的重要因素

从消费的角度来说，价格不是决定消费者购买的唯一因素，但却是消费者购买商品时肯定要考虑的因素。网上购物之所以具有生命力，重要的原因之一是因为网上销售的商品价格普遍低廉。尽管经营者都倾向于以各种差别化来减弱消费者对价格的敏感度，避免恶性竞争，但价格始终是影响消费者购买的重要因素。

(7) 网络消费具有层次性

在网络消费的开始阶段，消费者偏重于精神产品的消费，并且趋向于消费便宜的商品；到了网络消费的成熟阶段，消费者完全掌握了网络消费的规律和操作方式，并且对网络购物有了一定的信任感后，消费者才会由侧重于精神消费品的购买转向日用消费品的购买，并且消费额度会逐渐增大。

9.1.3　网络营销策略的选择

网络营销的产生使传统的营销模式发生了深刻的变化。在具体的实践中，传统的市场营销组合也被赋予新的内容，成为独特的网络营销组合。

1. 产品策略

网络营销是一种个性化消费，个性化的需求驱使网络营销中的产品呈现众多新的特色。网络营销企业在制定产品策略时，应使自己的产品尽量满足以下特点：

①产品体现高科技和现代化，或者与互联网密切相关；

②目标市场确定为网络使用者；

③市场需要涵盖较大的地理范围，通常是跨国的、全球的；

④网络营销的费用应该远远低于其他渠道的费用；

⑤消费者可以通过网络提供的产品信息，立即做出购买决策；

⑥产品信息咨询服务，即有偿信息服务在一定程度上是网络上的主流产品。

2. 价格策略

通过互联网提供的信息，每个消费者都可以对其想购买的商品的价格进行比较，并且做理性地比较选择，从而使网络营销的价格弹性较大。同样，企业在制定价格时，也可以先通过网络对各个商家的价格进行比较分析，并做出合理的定价策略。

(1)利用网上查询功能，掌握相关产品(包括原材料、半成品、替代产品、竞争企业产品等)价格，以制定适合本产品的合理价格。

(2)由于网络咨询的透明性，价格随时都可能受到同行业竞争者的冲击，所以企业应该开发能够随季节更替、市场供需情况、竞争产品价格变动、促销活动等自动进行调节的调价系统。同时还应该辅助以价格检测系统，使自动调价系统得到全面的控制。另外，应该根据调价带来的收益和成本进行比较，最终做出决策。

(3)采取线上会员制，根据会员已有的交易记录与资料，给予其相应的折扣，鼓励消费者上线消费，培养会员的品牌忠诚度。且要培养更多地的人申请成为会员。

3. 渠道策略

网络本身就可以看做一种销售渠道。这种新型渠道可以大大简化传统营销中的多种渠道的串联，网络集销售、售前(后)服务、商品(顾客)资料查询的功能为一体，具有较大的销售优势。建立网络销售渠道要做好以下三个方面的工作。

①消费者在决定采购后，可以直接线上订购，并通过电汇或货到付款，由企业通过邮寄或送货上门方式进行货物交割。

②结合相关产业的公司共同在网络上设点销售系列产品。采取该种销售方式可以增加消费者上线愿意与消费动机，为消费者提供较大的便利，增加渠道的吸引力。

③在企业网站主页上设立虚拟店铺，通过三维多媒体设计，形成网上经营独特、优良的购物环境，并可以进行各种新奇的、个性化、随一定时期消费者类型的变化而变化的店面布置，以吸引消费者进入虚拟商店购物。

4. 促销策略

网络促销目前开展得比较广泛，尤其是网络上的企业广告一直比较受欢迎。网络促销可以针对不同的消费者一对一地进行，对企业来说，只有消费者进行了信息的反馈，才有可能了解其特殊的个性化需求。因此，如何吸引消费者浏览网络商店，并引发其潜在的兴趣和购买欲望才是最关键的。最常用的促销方式主要有以下几种。

①利用网络上的聊天功能，举行消费者联谊活动或在线产品展销推广活动，这是对消费者吸引力比较大的促销方式。

②网络广告是目前较为普遍的促销方式，网络的强大数据处理能力囊括了所有广告媒体的优势。企业在进行网络广告策划时，应充分发挥网络的多媒体声光功能及数据存储量大的特性，诱导消费者做出购买决定，从而达到尽可能大地开发市场潜力的目标。

③与非竞争性的厂商进行线上促销的策略联盟，通过相互的线上资料库联网，增加与潜在消费者接触的机会。

④将网络文化与产品广告相融合，借以吸引消费者。这一点对于计算机及网络有关的商品的销售比较容易实施，如新开发软件的功能性试用活动等。

【案例 9-2】多芬，传播女性的美

多芬推出了一部视频短片——“我眼中的你更美”，其病毒式营销获得了巨大的成功。这部广告片不仅令人振奋不已，还创造了线上营销纪录，推出后仅一个月内，浏览量就突破了 1.14 亿次。“我眼中的你更美”之所以能够获得如此出色的成绩，一部分原因要归功于联合利华公司。在其帮助下，这部短片被翻译成 25 种语言，并在其 33 个 YouTube 官方频道下播放，全球超过 110 个国家的用户都可以观看这部短片。

短片旨在寻求一个答案：在自己和他人眼中，女性的容貌到底有何差异?多芬的调研报告显示，全球有 54%的女性对自己的容貌不满意。Gil Zamora 是 FBI 人像预测素描专家。在短片中，他和受访女性分坐在一张帘子两边，彼此看不见对方，Gil Zamora 根据女性对自己容貌的口头描述勾勒出她的模样。然后，Gil Zamora 根据陌生人对同一女性的容貌口头描述再描绘一张画像。之后，他把两张素描画摆放在一起做比较，结论是一个女人在他人眼里要比在她自己眼里美丽得多。

短片打动了消费者的内心，在推出后的第一个月就获得了 380 万次转发分享。随后两个月内，多芬的 YouTube 频道新增了 1.5 万个订阅用户。此外，短片也影响到传统媒体，令纸媒、广播新闻竞相报道，甚至引发了一系列线上讨论。更令人意外的是网上出现了不少模仿视频。2013 年 6 月，多芬和广告代理商奥美获得了戛纳国际创意节全场钛狮奖，毋庸置疑，这是病毒式营销的一次巨大成功。

(资料来源：http://mt.sohu.com/20150603/n414382568.shtm.)

9.2　情境因素与消费者行为

消费者行为因情境不同而有差异，面对同样的刺激，如同样的产品、服务或同样的广告，同一个消费者在不同的情境下将做出不同的反应。所以，研究消费者行为，不能忽视情境的影响。①

9.2.1　情境影响因素与消费者行为

1. 情境的概念与构成

(1)情境的概念

情境或消费者情境，是指消费或购买活动发生时个体所面临的短暂的环境因素，如购物时的气候、购物场所的拥挤程度、消费者的心情等。情境是由一些暂时性的事件和状态所构成的，它既不是营销刺激本身的一部分，也不是一种消费特征。然而它对消费者如何评价刺激物，是否和如何对刺激物做出反应会产生重要的影响。情境影响不同于个性、态度等个体的心理因素的影响，也不同于文化等宏观环境的因素影响，因为后两个方面的影响具有更为持久和广泛的特性。②

① 甘琨琴，等. 消费者行为学[M]. 北京：北京大学出版社，中国农业大学出版社，2009.
② 李晓霞，等. 消费者行为学[M]. 北京：清华大学出版社，2010.

(2) 情境的构成

贝克认为，情境由五个变量或因素构成，分别是物质环境、社会环境、时间、任务和消费者的先行状态。

①物质环境。物质环境是指构成消费者情境的有形物质因素，如地理位置、气味、音响、灯光、天气、商品周围的物质等。物质环境对消费者的情绪、感受具有重要的影响。

②社会环境。通常涉及购物或消费活动中他人对消费者的影响，如他人是否在场，彼此如何互动等。一个人单独购物和接受服务与有购物伙伴或朋友在场时相比，行为会发生变化。

③时间。时间是情境发生时消费者可支配时间的充裕程度，也可以指活动或事件发生的时机，如一天、一周或一个月当中的某个时间等。随着生活和工作节奏的加快，人们的时间压力越来越大，因此，众多以节省时间的产品相继问世。不仅如此，时间还可以作为情境变量对消费者产生影响。例如，当时间压力增大时，消费者用于信息收集的时间就会减少；距离上次用餐的时间越长，食物广告就越容易引起消费者的注意。一项关于时间压力对食品购物的影响的研究显示，时间压力越大，消费者越有可能买不到打算购买的产品，并更少地做计划外购买。

④任务。任务通常是指消费者具体的购物理由或目的。对于同一种产品，购买的目的可以是多种多样的。在不同的购物目的支配下，消费者对买何种档次和价位、何种品牌葡萄酒均会存在差异，生日礼物的购买和婚礼礼物的购买就会有较大的差别。

⑤消费者的先行状态。先行状态是指消费者带入消费情境中的暂时性情绪（如焦虑、高兴、兴奋等）或状态（如疲劳、备有现金等）。先行状态对个体产生的影响不同于刺激引起的反应，也不同于个人拥有的持久特性（如个性）所产生的影响。先行状态主要通过两种方式影响消费者。首先，消费者会对问题有所认识，如处于饥饿状态下的消费者，会产生购物食物的意识和冲动；其次，先行状态会通过改变消费者的情感来影响其行为。

应当指出，构成情境的上述 5 种因素，即物质环境、社会环境、时间、任务和先行状态，不仅各自单独影响消费者，而且彼此之间还互相影响，共同影响消费者。①

2. 情境的类型

消费者情境可以分为 3 种类型，即沟通情境、购买情境和使用情境。

(1) 沟通情境

沟通情境是指消费者接受人员与非人员信息时所处的具体情境或背景。无论是面对面的沟通，还是不见面沟通，其效果均与消费者当时的接受状态，如是否有他人在场、心情或身体状况如何等，存在密切的关系。为了说明沟通情境对沟通效果的潜在影响，下面以电视广告这种沟通方式展开讨论。

消费者在收看电视广告时，许多情境因素会影响收视效果。首先，信息展露时如果有他人在场，消费者很可能用遥控器跳过广告，或者与旁人聊天而不注意广告。其次，广告数量和广告所处的系列位置，如置于广告时段的前面、中间还是后面，收视效果是不一样的。一般来说，其他条件不变的情况下，消费者在单位时段里接触的广告越多，该广告的有效性就越低。另外，处于播送时段最前面和最后面的广告较置于中间位置的广告效果要好。最后，插播广告的电视节目性质及其对受众的吸引力会影响广告效果。

由于传播情境对广告的有效性具有重要影响，越来越多的企业在选择媒体和决定在哪一栏刊登广告时，特别小心和谨慎。例如，可口可乐不在电视新闻节目刊播广告，原因是新闻

① 符国群. 消费者行为学[M]. 北京：高等教育出版社，2002.

中的坏消息可能影响受众对可口可乐的感受。为了减少某些情境对广告效果的负面影响，一些企业试图与媒体订立正式合约，规定当合约中约定的情境出现时，预订的广告就推后或取消。例如，在出现空难事件的报道时，电视台和报社会自动将原定的航空公司广告延后播发。

(2) 购买情境

购买情境是指消费者在购买或获取产品时所处的情境，通常设计为购买决定和实际购买时所处的信息环境、零售环境和时间压力。

①信息环境。信息环境主要涉及三个层面：一是信息的可获得性，二是信息量，三是信息的形式和格式。

a. 信息的可获得性。消费者在获取与购买决策相关的信息时，要么从市场上获取，要么已经存储在消费者的记忆中。然而，在实际购买时，消费者不一定花很大的力气去从外部主动搜寻，也不一定能够随时从记忆中提取所需要的信息。研究发现，消费者的选择与决策与否只依赖记忆信息，以及外部信息在多大程度上展现在他的面前密切相关。当关于品牌的外部信息只能或主要靠从记忆中提取时，消费者做出最优决策及购买到最好品牌的可能性较有关外部信息展现在消费者面前时要低些。一些研究人员认为企业应当提供诸如电器产品的能源耗用成本、产品的生命周期成本、单价及营养成分之类的信息。提供这些信息，有助于消费者决策，从而对消费者是有价值的，反过来对企业也是有利的。

b. 信息量。消费者做选择时，环境中的信息和被选品的数目以及属性个数存在密切关系。很显然，当被选产品或品牌很多，同时要评价的属性也很多时，环境中的信息量会增加。信息量的增加通常有助于提高决策质量，但当增加量超过一定水平时，会出现信息超载，此时反而可能降低决策质量。

c. 信息的形式和格式。信息的形式是指产品信息以何种方式呈现。比如，有关食品营养成分或汽油的行驶里程的信息，既可以以数字方式(如多少公里每升)，也可以以语意方式(如最好、很好和一般)呈现。用数字方式呈现信息，使消费者更容易对不同产品做出评价。同时，较之语意呈现方式，在数字呈现方式下，消费者更倾向于以产品属性为基础对不同品牌进行比较。

信息的格式通常是指信息的具体组织方式，它对消费者行为同样具有重要影响。例如，消费者对单位产品价格信息的运用就取决于零售环境下信息的组织和呈现方式。研究发现，如果零售商在同一张价目表上列出有关竞争品牌的相对价格，消费者就更有可能运用单位产品价格信息；反之，如果每个品牌的单价分别列示于各自的标签上时，消费者运用单价信息的可能性就会降低。

②零售环境。零售环境涉及很多方面，如商店的布局、过道的空间、商品的陈列、店堂气氛等。有关这些因素对消费者行为的影响在终端消费环境与消费者行为有关章节中有了详细的论述，下面仅就拥挤程度对消费者行为的影响做出分析。

拥挤是指个体由于空间位置的有限而感到移动受到限制。拥挤可能是缘于到零售点接受服务的人太多，也可能是空间位置狭窄所致，还可能是两者兼而有之所造成的。对零售店来说，拥挤会带来一系列的后果：顾客可能会减少购物时间、焦躁、不安、降低满意水平，损害商店形象。

为开展对拥挤的研究，研究人员对顾客密度和拥挤做了区分。密度反映顾客在空间上的疏密程度，拥挤是指顾客由于感到人流密度水平太高或因为对情境的控制水平低得无法忍受而滋生的不快感觉。费和贝特森研究探讨了服务场合顾客密度、拥挤程度和感知的控制水平之间的相互关系。研究人员在不同时段从酒吧和银行营业点拍下了 50 张顾客接受服务时的场景照片，这些照片分别代表高、中、低 3 种顾客密度水平。实验中的被试者在看了这些照片和听了研究人员对当时情境的描述后，被要求估计某位正在接受服务的假想消费者在此情境下会做出何种反应。其中，一半的被试者被告知接受服务的那位假想顾客很少有其他的选择，而另一半则被告知该顾客仍有其他选择，例如，在接受银行服务时，有的顾客需要马上提取现金，而另外一些顾客则可能还有其他的解决途径。研究结果表明，顾客密度和顾客的选择水平会影响感知的控制程度，而感知的控制程度与顾客密度又决定了消费者所体验的拥挤程度；拥挤程度和控制水平共同影响、决定消费者的情感和他是否离开当时的购买情境。研究还发现，当假想顾客没有其他选择时，评价者(被试者)所感知的顾客密度较顾客有别的选择时要高。另外，当评价者觉得情境中的顾客控制水平很低时，感知的拥挤程度也更高，情感也更趋于负面，并认为该顾客会很快离开这一情境。

极高的顾客密度在某些情境下被认为是有益的。在费和贝特森的研究中，与更高的顾客密度相联系的感知控制水平在酒吧比在银行高。换句话说，同样处于顾客人数很多的情形下，如果是在银行，消费者会觉得太拥挤并感到不快，但在酒吧可能没有这样的感觉或至少感觉没有那么强烈。实际上，在某些情况下，如在酒吧或观看足球或篮球比赛时，高水平的顾客密度或观众密度更有助于强化消费者体验，增强情境对消费者的正面影响。当然，在任何情况下，顾客密度都存在一个合理的幅度，低于或高于这一幅度都可能产生问题。试想在某个餐馆用餐，如果食客太多，以致服务质量受到影响，自然会造成负面的体验。①

③时间的影响。时间会在多个方面影响消费者的决策。首先，不同的购买有紧迫程度上的差别；其次，时间压力会导致消费者在决策过程中更多依赖现有知识和经验，而不是更多地收集外部信息；再次，会导致非计划性购买的减少和买不到原先准备购买的产品；最后，时间压力对消费者信息处理过程和购买方式等均将产生影响。

(3)使用情境

使用情境是指消费者在消费和使用产品时所面临的情境。在很多情况下，如当消费者在餐馆用餐时，购买和使用情境是同一的。但也有不少情况下，使用情境和购买情境是分开的。此时，无论从时间的角度还是从物质因素的角度，使用情境都不同于获得产品时的情境。

米勒和吉恩特的研究发现，顾客对某一特定快餐店的惠顾通常取决于使用情境。例如，虽然麦当劳在家庭休闲晚餐市场上占有接近 40%的市场份额，但它在午餐市场的份额不到30%，原因是在午餐情境下，顾客对它的方便性评分很低，而方便性在此情境下又被消费者特别看重。该项研究对于了解消费者行为为什么受情境因素的影响，营销者需要弄清消费者是如何看待这种产品的特征的相对重要性，以及消费者关于产品绩效的信念是如何随情境的变化而改变具有重要的意义。

9.2.2 终端销售情境与消费者行为

终端销售情境是消费者实现购买决策的最终场所，它对消费者行为的影响是比较大的。一般来说，影响消费者购买决策的终端销售情境可以分为外部环境和内部环境。②

1. 营销外部环境与消费者行为

(1)商店选址的消费行为分析

商场的选址是从市场营销的角度出发，权衡顾客需求与商业利益的商业布局安排。它与

① 符国群. 消费者行为学[M]. 北京：高等教育出版社，2002.

② 甘瑁琴，等. 消费者行为学[M]. 北京：北京大学出版社，中国农业大学出版社，2009.

消费者的购买心理密切相关，直接关系到经营能否成功。

区域选择与消费者行为。商场选择区域要综合考虑所在区域的人口因素、地理环境因素、地段因素，并掌握与此相关的顾客心理。

① 商场集聚心理。商场选址首先要了解人口是否密集，顾客人数是否足以形成市场，规模性的目标顾客是否存在。而商店林立的商业街，由于商家集聚，就会造成一个规模大、密度高的顾客群。商业经营中具有明显的“马太效应”，即当消费者在一处营业环境购买商品或消费时，他们可能会浏览附近的营业场所，并可能产生购买行为。很多顾客有浓厚的从众心理，购买的人越多，购买的兴趣越高。但营业环境形成马太效应的条件，一般是这些营业单位的地理位置接近、营业性质比较接近或者互相兼容，消费者才有可能在这个营业圈内保持持续消费的动机。所以，人口密集、商家集聚是设置商场理想的区域。

② 购买便捷的心理。购买便捷主要取决于交通条件。公共交通条件无疑是影响营业环境最重要的外部因素。交通条件越方便，消费者购买商品越方便；交通条件越差，消费者购买商品的难度越大。当前，很多经营单位已为购买大件商品的顾客解决商品运输问题。所以选址要选择交通比较便捷、进出通道比较通畅、商品运输安全省时、主要顾客购买路程不远或乘坐公共汽车站数不多且不必换车的地方。

③ 最佳地段心理。在一条商业街内不同的位置会给消费者以不同的心理效应，企业在商业区选址时，要注意以下几点。

a. 寻找商眼。每个商业街都有“黄金漩涡点”。这个“商眼”是消费者在街上不自觉停留的地方，是这条商业街上最宝贵的地段。商眼的位置一般不在商业街的中心位置，而在全商业街全长大约 2/3 的地方，即商业街全长的“黄金分割点”。例如，上海十里南京路上的第一百货生意兴隆、享誉全国，云集了来自各地的顾客。从外滩到静安寺的十里南京路段中，它正好处在 1/3 距离处，接近黄金分割。有人从心理角度分析，认为人们从外滩到达此地，购物的欲望恰好达到了高点。

b. 寻找方位。中国人在交通规则中习惯靠右走，因而在商业街中大家是不自觉地按照这一习惯先去右侧的购物场所购物消费。在商业街的主入口的右侧一般客流量要远远高于左侧。在方向规则的商业街，一般说来，街道的人流量一般是西侧人流比东侧人流多，南侧人流比北侧人流多。

c. 排列规律。在一般商业街，商店的排布有较强的特点，在商业街入口的地方一般是一些小的专卖店，100 米之后，规模才渐次扩展，到了接近 1/2 的地方出现中型商铺，而真正的热销区域，在全街总长的“黄金分割点”，一般是大型购物商场。[①]

(2) 商场类型与消费者行为

在商业发达的地区，顾客购物除考虑商品因素外，商场类型往往是重要的选择因素。一般来说，主要从以下三种关系进行分析。

①业态分布与消费者心理。业态是服务于某一顾客群或某种顾客需求的销售经营形态，是目标市场进一步细分的结果。必须依据顾客对不同业态的需求心理来选择店址。标准食品超市应贴近居民区，以该居民区的居民为主要的顾客群，并与大型超市保持一定的距离，最好选址离大型超市 5 千米以外，这一距离可以使自己处于对手边际商圈以外，仓储式会员店应优先考虑交通方便，不必以靠近居民区为第一选择目标，因为它可以以低价吸引人。

---

① 张丽莉. 消费心理学[M].北京：清华大学出版社，2010.

②竞争环境与消费心理。商场周围竞争环境是影响顾客心理的重要因素，是商场选址心理的重要组成部分。商场选址要考虑业种、业态分布，或与其周围的其他商品类型相协调，或能起到互补作用，或有鲜明特色。同类小型专业化商家接壤店，可以形成特色街，吸引人气。可以满足顾客到特定商业街购物时持有的特定心理预期。

③配套场所与消费心理。顾客在商场购物中要求获得配套服务，因此商场在选址中要同时考虑配套场所。比如，仓储式会员店一般停车场面积与营业面积之比为 1∶1，以方便频繁的进货与顾客大批量购物后的用车停放；以低廉价格销售商品的大卖场可以设在市郊结合部，以便在配备与营业面积相适应的宽敞的停车场的同时，承受较低的底价，尽管路远一些，但可以以低价取胜，满足顾客的求廉心理。①

(3) 商店招牌与消费者行为

商店外观是消费者认识一个商店首先看到的客观事物，会给消费者留下强烈的第一印象，甚至会影响消费者进店后的情绪和行为。

①商店招牌的概念。商店招牌，是指商店的名称，是用以区别于其他商店、招徕生意的牌号。从营销广告角度来看，招牌是最重要的广告形式，是用文字描绘的商业广告。设计精美、具有高度概括力和吸引力的商店招牌，不仅便于消费者识别，而且可以形成鲜明的视觉刺激，对消费者的购买心理产生重要的影响。

②招牌命名的心理要求。招牌首要问题是命名。好的命名要便于消费者识别、注意、上口易记，要适应和满足消费者方便、信赖、好奇、慕名和吉利等需要，以便吸引更多的消费者。招牌可以从以下几个方面命名。

a. 以商品主营商品命名，使消费者感到直观方便。这种命名方式，通常能从招牌上直接反映出商店经营商品的类别，如“雪亮眼镜店”、“亨得利钟表店”等。

b. 以商品经营特点命名，唤起消费者的信赖感。例如，北京老字号“六必居酱园”突出了该店商品用料必精、加工必细等六大特征。

c. 以名人、名牌商标或象征高贵事物的词语命名，满足消费者的求名、求奢心理。随着消费者收入水平的提高，现代消费者不仅追求“名牌商品”，同时也追求“名牌商店”。它们在一定程度上是身份、地位和财富的标志。

d. 以新颖、奇特的方式命名，引起消费者的好奇心理。

e. 以寓意美好的词语和事物命名，迎合消费者的喜庆吉祥心理。②受民族文化传统影响，我国消费者历来把吉祥喜庆作为一种重要的心理需求。以寓意美好的词语、数字或事物命名，可以给消费者以吉祥如意的心理感受，平添一份对商店的好感。

(4) 门面装饰与消费者行为

店堂销售仍然是现代商业销售方式的主体。消费者对商店的认识多是从商店的外观开始的。良好的外观形象、和谐的外在氛围，能影响消费者进店游览、购物的欲望；过于豪华或简陋的装饰、搭配不协调的外观，本身就是拒绝消费者的心理障碍。商店的外观形象是通过商店门面和建筑及装饰风格表现出来的。店面要迎合消费者心理，外观风格与内部经营商品门类的格调基本一致，与消费者的心理趋向和心理习惯基本一致。门店设计要符合消费者心理，例如，城市繁华地区的商店门面一定要显示出艺术特色和所经营商品的特色，这样可以给消费者留下深刻的印象。地处偏远地区的商店，门面前要相对开阔，门面要醒目，以引起

---

①② 李晓霞，等. 消费者行为学[M]. 北京：清华大学出版社，2010.

过往消费者的注意。从商店的外观和专门设计来看，门面设计主要有封闭式门面、半封闭式门面、全开放式门面和特色门面。

(5) 橱窗设计与消费者行为

众所周知，很多消费者逛商场仅仅为观赏橱窗，并没有预算花钱购物，但出色的橱窗设计不仅能烘托出所购买商品的卓越品质，还能即时提高顾客的购买欲望，让他们改变只看不买的初衷，是影响零售业绩的主要因素之一。戴比尔斯进行的调查结果显示，80%成功出售的钻戒是顾客直接从橱窗中挑选出来的，这足以证明橱窗的促销作用的意义。

①橱窗的结构。不同商品类型采用不同的橱窗种类。以钻饰为例，橱窗陈设的高档必须以顾客平均视平线为标准，陈设的位置尽量避免过低，令顾客难以接近细看商品。

橱窗的构成部分一般分为顶部、底部、背板、侧板及灯光。五个部分都具备的橱窗称为“密封式橱窗”。可是并非所有的橱窗都具备五个不同的部分，不少橱窗只有其中的某些部分，例如只有底部，这类橱窗称为“开放式橱窗”。

②橱窗的作用。

a. 引起消费者的注意。随着新产品不断推向市场，商品种类越来越多，人们面对琳琅满目的商品，不免要眼花缭乱，视野被淹没在商品的海洋中。橱窗既是装饰商场店面的重要手段，也是商场直接向顾客推介商品的不可或缺的广告宣传形式。当一个人漫无目的地走在商业街时，一个醒目的、色彩绚丽的橱窗很容易吸引他的视线。

b. 引发消费者的兴趣。橱窗的最大特点就是以商品实物的形态向顾客展示，商品以此推介，形象而又生动。在吸引人们视觉的同时进而激发消费者情绪和兴趣，使顾客产生想要进一步对商品进行了解的愿望。

c. 激发消费者的购买动机。橱窗展示具有特殊的丰富表现手法，光线、色彩、造型手段全方位的运用可以淋漓尽致地将商品的形象、性能、功能加以渲染，可以使人产生一种无与伦比的美妙商品的感受。消费者的购买动机从注意到兴趣的积累，往往会逐渐形成一种欲望，想象中的自己也变成了画面中的主角，忍不住产生“心动不如行动”的焦虑，促使人们最终想要掏钱购买。

③橱窗设计的原则。为达到上述的功能，橱窗在进行设计时，一般体现下面的特点。

a. 陪衬美。产品设计在橱窗内必须有适当的陪衬，才能更好地衬托出主体产品的美。橱窗广告的陪衬美是指橱窗从造型设计、背景画面、色彩运用到道具的摆设等各个方面都迎合消费者的审美心理。

b. 立体美。橱窗广告具有三维空间，设计的仿真就是造就立体美的重要手法。仿真的橱窗布局给人以身临其境的感觉。例如，德国一个节日橱窗广告，主题是“美酒佳肴”，整个橱窗被布置成一个真实的“厨房”。

c. 真实美。广告的真实性就是广告的信誉度。橱窗广告以它的陈设现身说法，以高质量的事实让消费者增加对产品的信任感。

d. 个性美。每种产品都有其自身的特色和风格，这被称为产品“个性”。个性是让消费者被吸引，以致对产品产生好感的要素。橱窗广告的设计必须把握这一点，把产品的式样、花色和质量等方面的优点显示出来。

e. 功能美。渲染产品特有的功能是广告表现策略的基本概念之一。橱窗广告通过背景的设置、道具的运用，构思奇妙的立体画面，突出产品的功能，更具有橱窗广告的艺术魅力。①

① 李晓霞，等. 消费者行为学[M]. 北京：清华大学出版社，2010.

2. 营销内部环境与消费者行为

就消费者来说，商场内部环境在整体购物环境中起到主导决定性的作用。理想的商场内部环境，应该尽可能地为顾客购物或消费提供方便，使顾客获得最大限度的满意，并且在顾客购物或消费后，还能吸引他们再一次光顾这个场所，并将满意的结果转告给其他人，提高商场的美誉度。商场内部环境主要包括店内设置、柜台布置、商品陈列、店内氛围等。

(1)店内设置与消费者行为

店内布置应该把握“总体均衡，突出特色，和谐舒适，方便购买，适时调整”的总体原则。具体来说应遵循以下几个方面。

①布置结构与交易方式要协调一致。商店的布置结构是以现有商店建筑结构为基础的，是售货场所和非售货场所、通道、固定设施、陈列货架之间的妥善安排。它要求商场所采取的售货形式、交易方式与店内布置合理结合。这是形成便利、良好购物环境的基础。当顾客进入交易方式与结构布局一致的商场购物时，将会产生好感和方便的感觉。

②突出经营特色与提供全方位服务。通过对商品档次和服务特色的定位，形成自己的装饰布局特色和经营理念，使顾客能够逐步形成对本商场形象和特色的认识。

③方便购买与舒适性购物相一致。在未来快节奏的社会生活中，人们对时间观念的认识将大大提高，这就要求店内布置策划要有效地把购物本身快捷、方便和整个购物过程中的舒适感、趣味性、休闲性结合起来，使顾客在购物中有双重的心理满足。

(2)柜台布置与消费者行为

柜台与货架是陈列商品的载体。柜台及货架的设置方式直接影响消费者的购买心理。不同的设置方式会使消费者产生不同的心理效应。

①按照售货方式不同，可以选择开放式和封闭式的货架陈列。

a. 开放式柜台采取由消费者直接挑选商品的方式，消费者可以根据自己的需要任意从货架上拿取和选择比较商品，从而最大限度地缩短与商品的距离，增强亲身感受和体验；消费者可以获得较大的行为自由度，充分发挥个人的主观能动性，产生自主感和自信感；可以减轻消费者心里、眼里和其他因素的干扰，在自由挑选商品中形成轻松、愉悦的情绪感受；还可以使消费者感受到商店给自己的信任和尊重，进一步激发消费者的购买欲望，促进购买行为。因此，开放式柜台受到广大消费者的欢迎。书店、鲜花店、家具商店、大型百货商场、超级市场、专卖店等多数商店普遍采用开放式柜台。

b. 封闭式柜台是依靠营业员向消费者递拿、出售商品的设置形式。与开放式柜台相比，这种形式增加了消费者与商品接触的中间环节，扩大了距离感，降低了个人的行为自主性，同时增加了顾客与营业员产生矛盾的可能性，因而对消费者心理的负面影响较多。但对珠宝首饰、钟表等不宜或无法直接挑选商品的陈列，采用封闭式的柜台比较适合。

②按照柜台摆放方式的不同，柜台可以分为直接式和岛屿式。

a. 直接式柜台是指若干个柜台呈现直线摆放。这种方式便于消费者通行，视野较开阔深远，但不利于迅速寻找和发现目标。一般小型商店采用这种柜台设置方式。

b. 岛屿式柜台是指一组柜台成球状摆放，形成一个售货岛屿。这种摆放式可以增加柜台总长度，扩大商品陈列面积，还可以按经营大类划分和集中陈列商品，以便消费者迅速查找和发现所要购买的商品。这种方式有利于进行营业场所的装饰，通常为大型商场所采用。

商店的柜台设置应该按照经营商品的性质即消费者的需求和购买特点选择不同的设

置区位。对于众多日常生活必需、价格较低、供求弹性小、交易频繁、无售后服务的便利商品，如香皂、牙膏、糖果、烟酒、调味品等柜台，应摆放在出入口附近，以满足消费者求方便、求快捷的心理。对一些价格较高、供求弹性较大、交易次数少、挑选性强、使用期限长的选购商品，如时装、家具等，应相对集中地摆放在宽敞明亮的位置，以便消费者观看、接近、触摸商品，从而满足消费者的选择心理。对于一些高档、稀有、名贵、价格昂贵的特殊商品，例如，名贵手表应该摆放在环境优雅的地方，以满足消费者求名、自尊等购买心理。

(3) 商品陈列与消费者行为

商品陈列是指柜台及货架上商品摆放的位置、搭配及整体表现形式。商品陈列是商品内部陈列的核心内容，也是吸引消费者购买商品的主要因素。商品陈列本身就是广告，是激发消费者购买欲望的有力手段；商品陈列是否得当，往往影响消费者的购物心理及行为表现。实践证明，商品陈列必须适应消费者的选择性、习惯心理，并努力满足其求新、求美等心理需要。商品陈列的一般要求如下。

①醒目化。就是要求商品在陈列中形象突出，使顾客可以很容易就看到商品，并引起人们的注意。

②吸引力。就是陈列的商品能充分展示商品的特点，使顾客对商品有好的直观感受；商品陈列的艺术手法应新颖、独特、构思巧妙，对顾客有一种挡不住的吸引力。

③丰富感。就是在橱窗、柜台、货架中陈列的商品要丰富、整齐有序，使顾客感到选择余地大，商店欣欣向荣。

(4) 店内氛围与消费者行为

商店内布局应当营造出一种让顾客流连忘返的氛围，与此有关的因素主要有销售员、音乐、气味、色彩等，这种店内氛围又决定了顾客对商店的印象。

①销售人员。在商店的购物现场，销售人员的衣着应该与店内的整体环境相适宜。

②音响。广义的音响包括店堂内播放的背景音乐、广播播发的语言信息和一些柜台营业员为顾客演示商品性能供人试听而发出的各种声音。在商店的整个购物环境中，可以利用音响引起顾客的注意，传递信息。心理学研究表明，人的听觉器官一旦接受某种适宜的音响，便会极大地调动听者的情绪，造成一种必要的意境。在此基础上，人们会萌发某种欲望，并受到欲望驱使而采取行动。但是，并不是任何音响都能唤起消费者的购买欲望，一些不合时宜的音响会使人产生不适感。一项调查显示：有 77%的调查对象在其购物活动中偏爱有背景音乐的伴随。因此，如果与购物环境相匹配，音乐会更有效。正如信息来源必须与信息相匹配一样，音乐的风格需要与购物环境相和谐。

③色彩。在商店环境中，色彩的有效使用具有普遍意义，色彩与环境、商品搭配是否协调，对顾客的购买心理有重要影响。色彩的不同组合，可以表现出不同的情感和气氛；色彩和对比与组合不同，商品及广告文字的醒目程度也就不同。作为设计人员应当充分把握消费者的心理需求，才能使色彩和消费者的心理产生共鸣。对于不同地区、职业、年龄的人，设计时在色彩上要注意他们的接受心理和审美情趣。

④气味。商店中的气味直接影响消费者的心理感受。店内如果能根据所经营的商品特征适宜地散发一些怡人的气味，能使顾客在购买活动中神精气爽、心情舒畅。例如，花店的花香、药店的药味、皮革行中的皮革味等。许多顾客是从商店散发的气味来判断商品质量状况的。对有益的气味加以应用，就可以产生更强的促销效果。

⑤灯光。灯光照明是对商场的“软包装”，体现着商家在一定时期内销售主体的诉求意向，也是向顾客传递购物信息的媒介。灯光的强弱、明暗对比能使人产生截然不同的心理反应。科学、合理地配置照明及装饰灯源，既可以吸引顾客的吸引力，激发购买情趣，又可以使顾客在视觉舒适的环境中浏览商品，进而形成对商店购物环境的良好感觉。

⑥通风调温。商场内顾客流量大，空气污浊，为了保证空气清新，应注意通风设施建设。营业场所的温度对顾客和商品保管都有影响，商场也应该考虑空调设施的建设。一般而言，空调本身只有通风和调节温度的功能，但有的空调设备还有空气净化、灭菌功能，选用空调来改善营业场所的环境质量，可以为顾客提供一个舒适、清新的购物环境。

⑦清洁卫生。商场是公共场所，人来人往，顾客很多，环境卫生不好就不能留住顾客。购物环境卫生包括营业场所卫生、商品卫生、营业员个人卫生。保持窗明柜净和商品整洁，为消费者创造一个整洁的购买环境，是文明经商的要求。在营业现场，每天的卫生工作要定人定时，经常打扫，将废旧包装物及时清理收回。陈列用具、展示的商品要每天擦拭，营业员也要着装整洁，讲究个人卫生。

9.2.3 营销服务与消费者行为

1. 营销服务概念及特点

(1) 营销服务概念

营销服务是指各类企业为支持其核心产品所提供的服务。企业的营销服务是由售前、售中和售后服务构成的体系。营销服务在功能营销的基础上，通过加强“服务”这一手段达到扩大销售的目的。这是企业越来越认识到服务在销售中的重要作用必然采取的措施。营销服务在整个营销体系中的显得越来越重要。有些营销学者曾预言：“21 世纪的竞争是服务的竞争。”

(2) 营销服务的特点

在营销服务活动中，营销人员与消费者的关系本应该是对等的，但由于营销人员的特定角色以及消费者所处的特定地位，在双方的交往过程中两者的关系却是迥然不同的，由此决定了营销服务活动具有一系列的特点。

①服务性。服务性是营销人员的重要职业特征。营销人员所从事的是不仅与物打交道、而且还与人打交道的服务性工作。因此，营销服务是一种劳务交换，是一种信息传递，是一种感情交流，是一种心理沟通，是在服务过程中实现的商品向消费领域的转移。

②短暂性。营销服务中的人际交往是一种短暂性和公务性的交往。在一般情况下，营销人员与消费者的接触只限于满足消费者购物活动的服务需要。双方都立足各自眼前的利益，完全是一种商品买卖关系。

③主导性。营销人员服务活动的对象是人，消费者有着千差万别的消费行为和心理，营销人员不可能采取单一的标准模式进行接待。在双方交往过程中，营销人员要注意观察消费者的行为，揣摩、分析消费者的心理，了解消费者的需要，解答消费者关心的问题，并对消费者进行提示和诱导，这些活动使营销服务工作具有主导能动作用。

④不对等性。营销服务中的人际交往通常是一种不对等的交往过程。“顾客是上帝”的特殊定位，决定了营销人员必须满足和服从顾客的意愿。只有顾客对服务人员提出要求，而不存在服务人员对顾客提出要求的可能性。这是对特定职业角色的要求。因此，营销人员要正确理解双方之间的“平等”、“不平等”的含义，不能与顾客争输赢，要接受“顾客总是对的”观点。

2. 营销服务的心理效应

在营销服务中，营销人员与消费者的关系是一种双方互相作用的人际关系，营销人员的主体形象对消费者的行为和心理会产生一定的影响。这种影响作用所产生的心理效应主要体现在以下几个方面。

(1) 首因效应

首因效应也称优先效应，是指在某个行为过程中，最先接触到的事物给人留下的印象和强烈影响，也称第一印象，是先入为主的效应。该效应对人们后来形成的总印象具有较大的决定力和影响力。在现实生活中，这种效应是普遍存在的。例如，消费者到某商场购物时，第一次和某位销售人员接触，由于双方的首次接触，总有一种新鲜感，都很注意对方的仪表、语言、动作、表情和气质等，并喜欢在首次接触的瞬间对一个人做出判断，得出一种印象。如果这种印象是积极的，则会产生正面效应；反之，则会产生负面效应。

(2) 近因效应

近因效应是指在某一行为过程中，最后接触到的事物给人留下的印象和影响。消费者完成购买过程的最后阶段的感受，离开零售网点之前的所见所闻、印象及评价，最近一次购买行为的因果等都可能产生近因效应。与首因效应相似，近因效应也有正面和负面之分，对下次购买行为也会产生积极或消极的影响。

(3) 晕轮效应

晕轮效应也称为光环效应或印象扩散效应，是指人们在观察事物时，由于事物所具有的某些特征从观察者的角度来看非常突出，使他们产生了清晰、明显的感觉，由此掩盖了对该事物其他特征的知觉，从而产生了美化或丑化对象的印象。晕轮效应发生在消费者身上，表现为消费者根据对企业某一方面的突出知觉做出了对整个企业的优劣判断。

(4) 定势效应

定势效应是指人们在社会知觉中，常受以前经验模式的影响，产生一种不自觉的心理活动的准备状态，并在其头脑中形成固定、僵化、刻板的印象。消费者对不同的营销人员的个体形象及其评价也有一些概念化的判断标准。这种印象若与消费者心目中的“定势”吻合，将会引起消费者的心理及行为的变化；反之，如果消费者对于闪烁其词、解答问题含糊不清、急于成交的营销人员的最直观感受是“不可信赖”，与消费者的心理定势相吻合，消费者则会产生警觉、疑虑、厌恶的情绪并拒绝购买。①

3. 营销服务三阶段与消费者行为

(1) 售前服务与消费者行为

售前服务是指商业企业通过精心研究消费者心理，在消费者未接触商品之前，主动为消费者提供方便措施，提供有关商品信息，引起消费者的注意，激发消费者的购买情绪，刺激需求，帮助消费者了解商品、认知商品，使一些潜在消费者变成现实的消费者。在这一过程中，为顾客服务的主要工作体现在顾客买好、用好商品所做的准备与预先控制上。

顾客购买商品的心理活动，首先总是从对商品或商店的注意开始的，进而逐步对商品产生兴趣，产生购买欲望。而售前服务的心理影响正是要达到引起顾客注意，并对商品产生兴

① 张丽莉. 消费心理学[M].北京：清华大学出版社，2010.

趣和购买欲望的目的。售前服务心理主要体现在利用售前广告引起顾客的注意，商品陈列力求使顾客产生兴趣，以及货源准备和商品质量检验等各项工作上。

(2) 售中服务与消费者行为

售中服务是指在商品买卖过程中，直接或间接地为销售活动提供的各种服务。其核心主要是为消费者提供方便条件和实在的物质服务。主要内容是礼貌热情待客，积极真实地为消费者提供产品情况，代为包装包扎、买卖公平，选择合理的销售、付款方式等。方便周到的售中服务，可以极大地影响消费者购买心理感受，增强消费者的信赖感，激起购买欲望，促进成交，密切经营者和顾客的关系。

(3) 售后服务与消费者行为

售后服务是指消费者购买商品后为实现商品的应有作用，方便消费者而继续为消费者提供的各项服务工作，如送货上门、安装调试、上门维修、实行更换、供应零部件、咨询解答、技术培训等。售后服务是使商品真正发挥效用的必不可少的服务工作，它不仅能扩大消费者对商品的用途、功能的满意程度，增强消费者的信任感，提高企业信誉，而且可以加强企业与消费者之间的感情，畅通商品信息的反馈，是增强企业核心能力的主要手段。

4. 营销服务三阶段的营销策略

(1) 售前服务营销策略

①建立目标市场服务档案，把握顾客心理需要。市场经过细分之后形成多个子市场，相同的细分市场具有相同的性质，不同的细分市场具有异质性。企业可以通过建立数据库，储存目标市场顾客的心理特征、购物习惯等方面的信息，为做好更有针对性的服务提供依据。

②最大限度地满足顾客的相关需求。顾客的需求往往不是单一的，有时除了主要需求外，还有许多相关的需求，最大限度地满足顾客的相关需求，会让顾客产生一种意外惊喜的感觉，从而促使其购买行为。

③促使顾客认知接受商品。顾客认知接受商品需要一个过程，消除顾客的戒备心理，使顾客认知企业所销售的商品，需要通过三个途径来解决：首先提供商品的相关信息，与消费者进行双向沟通；其次，利用广告宣传与咨询服务等手段突出特点，增强顾客注意力；最后，解答疑问，引发需求。

(2) 售中服务营销策略

顾客在接受售中服务过程中，大致期望得到以下的满足。

①希望获得详尽的商品信息。消费者希望营销人员能对顾客所选购的商品提供尽可能详细的信息，使自己准确了解商品，解决选购的疑惑与困难。期望主要表现在：营销人员提供的信息是真实可靠的，不能为了推销而提供虚假的信息；提供的信息够用、具体和易于掌握。

②希望寻求决策帮助。消费者选购商品时，营销人员是他们进行决策的重要咨询和参与者。特别是当消费者拿不定主意时，非常希望营销人员能够提供参谋建议，帮助顾客做出正确的购买决策。期望表现在：营销人员能站在消费者的角度，从维护顾客利益的立场出发帮助其做出决策；能提供令消费者信服的决策分析；能有针对性地解决顾客的疑虑与难题。

③希望受到热情的接待和尊敬。消费者对售中服务的社会心理需要，主要是能在选购过程中受到营销人员的热情接待，能使受人尊重的需要得到满足。这种期望表现在：受到营销人员的以礼相待；营销人员满怀热忱，拿递商品不厌烦，回答问题耐心温和；在言谈话语之间，使消费者的优势和长处得到自我表现。

④追求方便快捷。消费者对售中服务的一个重要方面是追求方便、快捷。这种期望主要表现在：减少等待时间，尽快受到接待，尽快完成购物过程，尽快携带商品离店；方便挑选，方便交款，方便取货；已购商品迅速包装递交，大件商品能送货上门。

(3) 售后服务营销策略

随着市场由卖方市场向买方市场的转变，售后服务必将成为企业竞争的关键因素之一。完美的售后服务能同顾客建立起亲密的关系，其心理策略就是要针对售后顾客的心理状况，调节顾客的心理平衡，努力使其建立起信任感与满足感。

①提供优良的售后服务。第一，要提供良好的包装服务，产品包装是为消费者提供的服务中必不可少的项目。产品包装可以根据消费者需求的不同，采取不同的包装形式。第二，提供良好的送货服务。对购买较笨重及体积庞大的产品，或一次购买量过多、自己不便携带的物品，或有某些困难的消费者等，企业均有必要提供送货服务。第三，提供"三包"服务。"三包"服务是指包修、包换和包退。包修是指对消费者购买本企业的产品，在保修期内免费维修，超过保修期则收取维修费用；有的企业对大件产品还提供上门维修服务。包换是指消费者购买了不合适的产品时可以调换。包退是指在消费者感到不需要购买的产品时，能保证退货。第四，提供安装服务。消费者购买的产品，有的在使用以前需要在使用地点进行安装，由企业派人上门服务，免费安装并当场使用，以保证出售产品的质量，这也是售后服务的一项重要内容。第五，提供知识性指导及产品咨询服务。消费者在购买之后使用产品的过程中，可能会遇到一系列问题，企业应当负责解答、指导，以保证产品的正确使用。

②提升顾客满意经营理念，进一步完善企业服务工作。顾客满意是指顾客在消费了企业提供的产品和服务之后所感到的满足状态，这种状态是个体的一种心理体验；顾客满意是以顾客总体为出发点的，当个体满意与总体满意发生冲突时，个体满意服从于总体满意，顾客满意是建立在道德、法律、社会责任的基础上的，有悖于道德、法律和社会责任的满意行为不是顾客满意的本意；顾客满意是相对的，没有绝对的满意，因此企业应该不懈追求，向绝对满意靠近；顾客满意有鲜明的个体差异，因此不能追求统一的满意模式，要因人而异，提供有差异的满意服务。

满意服务基本指导思想是：企业的整个经营活动要以顾客满意度为指针，从顾客的观点而不是企业的观点来分析考虑顾客的需求，针对顾客需求个性化、情感化的发展趋势，尽可能地全面尊重和维护顾客的利益。

③与消费者保持长久联系。在商品成交之后，销售人员应继续不断地关心消费者，了解他们对产品的满意程度，虚心听取他们的意见；对产品存在的问题，采取积极的弥补措施，防止失去消费者。与消费者保持密切的关系，可以战胜竞争对手。在市场景气时，这种关系将生意推向高潮；在市场萧条时，能让企业维持生存。

美国著名的推销大王乔·吉拉德每月都会给 13 000 名顾客每人寄去一封不同大小规格、格式和颜色的信，以保持与顾客的联系。与消费者保持联系应该有计划性，主要有以下几点建议。

第一，对于一次新的交易，在交易达成之后的第二天寄出一封短函或打一个电话表示感谢，向消费者确认发货日期，并感谢他的支持。在货物发出后再进行联系，询问顾客是否收到货物，以及产品是否正常使用。

第二，记住消费者的生日，并寄上一张生日贺卡，这是一种非常有效的接触方法。

第三，建立一份消费者和他们购买的产品清单，当产品用途及价格出现变动时，及时通知消费者。有的推销员在免费维修期满之前，会及时通知消费者，告诉他们带着产品来做最后一次检查。

第四，做好路线计划，以便能够在访问老顾客的途中，去访问那些不经常购买的顾客。

第五，如果消费者不是经常购买，可进行季节性访问。总之，销售人员应当永远记住而不要忘记消费者，也永远不要被消费者忘记。

【案例 9-3】海底捞的服务营销策略

海底捞餐饮是一家以经营川味火锅为主的大型连锁餐饮民营企业。公司始终奉行“服务至上，顾客至上”的理念，以贴心周到和优质的服务赢得大量顾客和社会赞誉。海底捞采取差异化的服务战略，真正做到以细节取胜。“把枯燥的等待变成愉悦的享受”和“花便宜钱买星级服务”是海底捞在传递服务理念过程当中一直在坚持的。把消费当做一个完整的整体而不是单一的吃饭环节，那么在饭前和饭中的服务细节就格外重要。我们很难在海底捞的等位区里看到满腹牢骚的顾客，在这里，顾客们可以一边关注屏幕上显示的座位信息，一边接过服务人员送来的免费水果和饮料，如果是一帮朋友一起等位，服务员还会送上桌面游戏供大家打发时间，大家还可以利用等待的时间免费浏览网页或者免费美甲。在就餐的过程当中，细心的服务员还会为披肩长发的顾客送上皮套绑头发，以免头发垂落影响就餐；为戴眼镜的顾客放好眼镜布；为拿手机的顾客套好防护袋以防油腻。细致的服务为海底捞带来良好的口碑，海底捞不利用任何的宣传手段，只是利用这种强大的口碑效应，通过口口相传来吸引更多的消费。口碑营销不仅为海底捞带来强大的利润，同时也在很大程度上增强了消费者的信心。

本章小结

本章主要研究网络因素和情境因素对消费者行为的影响。

网络消费是一个新兴的概念，是指消费者借助于互联网，实现通过消费品满足自身欲望的一种经济行为。网络消费的特征主要有网络消费的虚拟性、网络消费的个人性、网络消费的直接性、网络消费的灵活性、网络消费的信用性、网络消费的节约性、网络消费的观念性、网络消费的便捷性、网络消费的逆向性、网络消费的互动性等。网络消费者的购买过程和传统购物过程一样，可以从五个阶段进行分析：确认需求，收集信息，比较选择，制定购买决策，事后评价。网络消费行为的特点：消费者消费个性回归，消费的主动性增强，消费者直接参与生产和流通的全过程、追求消费过程的方便和享受，消费者选择商品的理性化、价格是影响消费心理的重要因素，网络消费具有层次性。网络营销策略主要有产品策略、价格策略、渠道策略、促销策略。

情境或消费者情境，是指消费或购买活动发生时个体所面临的短暂的环境因素。贝克认为，情境由5个变量或因素构成，分别是物质环境、社会环境、时间、任务和消费者的先行状态。消费者情境可以分为3种类型，即沟通情境、购买情境和使用情境。

终端销售情境是消费者实现购买决策的最终场所，对消费者行为的影响是比较大的。一般来说，影响消费者购买决策的终端销售情境可以分为外部环境和内部环境。影响消费者行为的外部环境主要有商店选址、商场类型、商店招牌、门面装饰、橱窗设计。影响消费者行为的内部环境主要有店内设置、柜台布置、商品陈列、店内氛围等。

营销服务是指各类企业为支持其核心产品所提供的服务。营销服务的特点主要有服务性、短暂性、主导性、不对等性等。营销服务主要分为售前服务、售中服务和售后服务三个阶段。三个不同的阶段应当实行不同的营销策略。

案例分析

当当网的发展历程

当当网成立于1999年11月，由美国IDG集团、卢森堡剑桥集团、美国老虎基金、日本软银和中国科文公司共同投资，从事收集和销售中国可供图书数据库工作。1999年11月，dangdang.com投入运营，面向全世界中文读者，提供20多万种中文图书及超过1万种的音像商品，每天为成千上万的网上消费者提供方便、快捷的服务。当当网是目前号称全球最大的中文网上商城，当当网利用庞大的单车送货军团在劳动力低廉的中国以货到付款的方式运送货物，有“自行车上的贵族”之称。

网站设计框架包括了以下几个方面的内容

商品分类：主要分为图书、音乐、影视、百货、店中店及特价区商品，提供了30多万种中文图书和音像商品；建议搭配：介绍每种产品时，都会在旁给出适合搭配的商品，适宜的赠送或适用对象。

产品展示：按分类陈列展示各类图文并茂的产品信息。

商务服务：与贸易、商务相关的各种配套服务；商品搜索：寻找各种目的商品；产品排行榜：每周的产品销售排行榜，并及时更新；发布信息，及时发布服务动态。

当当网的商业模式

(1) 战略目标。当当自1999年成立，到2005年，当当网的销售额连年迅猛递增，成为中国网上购物第一店。当当网的使命是以世界上最全的中文图书使所有中文读者获得启迪，得到教育，享受娱乐！当当网站属于B2C类型，是企业对消费者开展网络业务的。当当网携手银联，给中国互联网打上了一针强心剂。目前，在B2C模式的基础上，当当网准备向C2C模式发展。

(2) 目标客户群。当当网的商品种类繁多，并根据客户的不同年龄、性别、职业等把商品分好类，消费者直接单击就可以很快找到自己想要的商品，除此之外，消费者还可以通过查询商品的种类迅速找到目的商品。顾客进行购物时，当当网能为他们做引导，哪些商品适合送给朋友，哪些商品适合送给爱人，哪些适合送给长辈等，当当网都会一一推荐，并给出推荐该商品的理由来说服消费者购买。

当当网的经营模式

在消费者享受“鼠标轻轻一点，好书尽在眼前”的背后，是当当网耗时近6年修建的“水泥支持”——庞大的物流体系，近2万平方米的仓库分布在北京、华东和华南，员工使用当当网自行开发、基于网络架构和无线技术的物流、客户管理、财务等各种软件支持，每天把大量货物通过空运、铁路、公路等不同运输手段发往全国和世界各地。

其主要的支付方式

货到付款：快递公司把商品送至指定地点时，由收货人当时交付货款和运费。

银行汇款：用户可以通过银行汇款、转账的方式汇款至当当网。

邮局汇款：全国邮政服务范围所能覆盖的国内省、市、自治区、直辖市的客户均可以选择此方式支付。

信用卡支付：用户使用几种指定的信用卡付款。

当当网还设立了专门的论坛，无论你对商品、服务还是网站有任何的不满，或者对当当网有什么建议，都可以到论坛上发表你的观点，这样不但有利于其他客户增加对该商品的了解，也有助于网站的设计或管理人员及时修补网站的漏洞，使网站的功能更强大，更快更好地满足顾客的个性化需求。

目前当当网的经营状况描述

商品种类多：当当网经营近百万种图书、音像、家居、化妆品、数码、饰品、箱包、户外休闲等商品，是中国经营商品种类非常多的网上零售店。

购物方便：当当网目前无论从网站访问量还是从每日订单数量来讲，都是最繁忙的网上零售店之一。

顾客覆盖范围：中国内地、中国香港、中国澳门、中国台湾以及欧美地区、东南亚的中文读者。

服务承诺：当当网全部商品“假一罚十”的承诺，全国180个大中城市可实现“货到付款”全国180个大中城市可实现“上门退换货”。

自动智能比价系统：保证所售商品价低质优。

当然，当当网在其发展中也存在一些问题：商品有时会有污损；漏发错发商品；不少客服人员业务不是很熟悉；对有商品缺货的订单跟进缓慢；当消费者在当当网购物过程中碰到问题时，相关人员会互相推诿责任等。以上这些虽然对于大型购物网站来说难免会出现，但如果不加以改进，会使消费者对网站失去信心，对当当网来说，是个不小的损失，当当网应该给予重视，并加以改正。

(资料来源：根据 http：//wenku.baidu.com/view/b80c1612a216147917112837.html 整理。)

思考题：

1．网络销售与传统销售的异同点是什么？

2．网络营销过程中，应该注意的问题有哪些？

思考练习题

1．网络消费的特征有哪些？

2．网络消费过程可以分为哪几个阶段：

3．网络消费行为的特点有哪些？

4．可以选择的网络营销策略有哪些？

5．消费者情境主要有几部分组成？

6．消费者情境可以分为几种类型？

7．影响消费者行为的外部环境主要有哪些？

8．影响消费者行为的内部环境主要有哪些？

9．营销服务的特点是什么？

10．营销服务可以分为哪几个阶段？

11．营销服务三个阶段应实施什么样的营销策略？

实验九 移动营业厅神秘顾客暗访体验

一、实验目的

1．了解电信运营商的营业厅服务指标体系。

2．掌握营销服务与消费者行为的相关内容。

二、实验内容

1．聆听实验指导教师的总体介绍。

2．选取学校附近的移动公司的主营业厅作为神秘顾客暗访的对象。

3．实验者扮演一名“神秘顾客”对该营业厅进行服务评价。

4．填写神秘顾客暗访体验问卷。

5．撰写实验报告。

三、实验设备与材料

神秘顾客暗访体验问卷。

四、实验步骤

1．选择被试者对象

选择学校附近的移动公司的主营业厅作为神秘顾客暗访的对象。

2．问卷设计

阅读教材的相关内容，设计移动公司主营业厅神秘顾客暗访问卷。

类 别	考核内容	评分标准
服务环境（15 分）	企业形象及 CI（3 分）	
	外部环境（3 分）	
	内部环境（6.5 分）	
	营业秩序（2.5 分）	

续表

类　别	考 核 内 容	评 分 标 准
服务功能（37 分）	基本要求（13.5 分）	
	便利服务设施（11 分）	
	安全设施（2 分）	
	引导系统（4 分）	
	宣传演示（6.5 分）	
服务规范（48 分）	服务态度及主动性（11 分）	

续表

类　别	考核内容	评分标准
	微笑服务（8 分）	
	仪表内容（9 分）	
	业务操作规范（10 分）	
	柜台服务（10 分）	

3．实施检测

遵循店外观察—进店—店内营业环境观察—办理业务的体验顺序，按照神秘顾客暗访问卷的要求进行逐一检查体验，并记录每项得分。

4．撰写调查研究报告

对录入的有效数据进行统计、分析，撰写调查研究报告，计算总分和每项得分，将所有检查项目中得分较低的视为营业服务短板，作为下一步营业服务重点改善的对象。

5．对调查结果进行研讨

小组对每个组员的体验过程与调查主要结论进行研究讨论，分析营业服务与消费者行为之间的关系。在此基础上，深入探讨在体验过程中哪些营业服务变量会影响自己的情绪变化？在整个过程中自己都跟移动公司的营业厅做了哪些接触？移动公司的营业厅服务的关键点有哪些？

五、思考题

1．如果你是移动公司的营业厅经理，你将采取什么措施提升那些营业服务短板？

2．试结合移动公司的终端服务分析情境因素对消费者行为的影响。

第4篇

企业市场营销与消费者行为

第10章 企业营销战略与消费者行为

【学习目的】

通过本章的学习，首先，要掌握目标市场战略的概念，掌握市场细分、目标市场选择以及市场定位的基本内容，理解目标市场战略与消费者行为的关系；其次，了解市场竞争战略的基本含义，把握企业不同类型的竞争战略与消费者行为的关系。

【学习要求】

学习内容	知识要点	相关概念
目标市场战略与消费者行为	基于消费者行为的市场细分标准 目标市场选择对消费者行为的影响 市场定位对消费者行为的影响	市场细分　目标市场 市场定位　首因效应 晕轮效应
市场竞争战略与消费者行为	领先者战略与消费者行为 挑战者战略与消费者行为 跟随者战略与消费者行为 补缺者战略与消费者行为	市场领先者 市场挑战者 市场跟随者 市场补缺者

【引导案例】 平板计算机元年

2010年1月27日，苹果公司在美国旧金山欧巴布也那艺术中心(芳草地艺术中心)发布平板计算机——iPad，它是一款介于手机和笔记本计算机中间的产品，类似于上网本。iPad全身只有四个按键，提供互联网浏览、收发电子邮件、观看电子书、播放音频或视频等功能。在发布前期，苹果公司的这款产品并不被外界一致看好：因为它不如手机小巧、便于携带，上网浏览不如笔记本计算机功能全面，电子书阅读不如亚马逊kindle，音乐播放不如苹果公司的另一款产品——iPod。但正是这款产品，在上市首日卖出30万台，一年内售出1 500万台，销售额达95亿美元，2010年因此被称为“平板计算机元年”。

苹果公司通过触摸屏智能手机的发布，敏锐地发掘了消费者对于触摸屏计算机的潜在需求，给消费者带来了巨大的改变。首先，实现了消费者全屏触摸的需求，触摸将极大地促进人机交互，传统的使用键盘和鼠标在计算机上进行输入其实是一种妥协，这是科技发展的局限性所致，人机互动未来还会向声控等高级阶段发展；其次，改变了消费者的阅读习惯，在平板计算机之前，消费者通常在计算机上进行阅读，这种阅读方式失去了阅读书本的感觉，而平板计算机的出现，带来了数字时代下的阅读方式的回归，让消费者在平板计算机上体验书本阅读的感觉；最后，打破了消费者对便携式计算机的认识，iPad最为人称道的是其续航能力，虽然笔记本计算机早已出现，但是真正能被称做便携式计算机的产品寥寥，由于功能的繁多，使得大部分笔记本计算机的续航能力不超过3小时，而iPad的续航能力可达10小时，这极大地改变了消费者对便携式计算机的认知。

10.1　目标市场战略与消费者行为

企业的市场营销战略包括市场细分、目标市场选择及市场定位三个方面，其出发点和制定战略的依据都应当是消费者的需求特征与行为表现。因此，企业营销战略的制定与消费者行为有着密切的关系。

10.1.1　市场细分与消费者行为

1. 市场细分概念

市场细分概念是美国市场营销专家温德尔·史密斯于 1956 年提出来的。他总结了企业根据顾客的不同需求组织生产的经验，按照消费者欲望与需求，把因规模过大导致企业难以服务的总体市场划分成若干具有共同特征的子市场，处于同一细分市场的消费群被称为目标消费群，相对于大众市场而言，这些目标子市场的消费群就是分众。

所谓市场细分，是指企业根据消费者对产品的需求欲望、购买行为与购买习惯的差异，把整个市场划分为两个或更多个消费者群体，从而确定企业目标市场的过程。市场细分是第二次世界大战结束后，美国众多产品市场由卖方市场转化为买方市场这一新的市场形势下企业营销思想和营销战略的新发展，更是企业贯彻以消费者为中心的现代市场营销观念。此后，市场细分受到了广泛重视和普遍应用，成为企业市场营销战略的核心内容。

2. 市场细分与消费者行为的关系

(1) 市场细分是基于对消费者行为的研究

市场细分建立在市场需求差异性的基础上，因而形成需求差异性的因素都可以作为市场细分的标准和依据。消费者的需求是千差万别的，影响因素也是错综复杂的。发现消费者的需求特征需要对消费者行为进行研究，通过对消费者的动机、感知、行为方式等分析，可以发现消费者需求的异同点，为市场细分提供标准。在市场细分的标准中，有地理环境、人口状况、消费者心理和消费者行为四种标准。因此，在一定程度上，市场细分基于消费者行为分析。

(2) 对消费者行为的研究可以进一步促进市场细分

消费者的行为细分，就是依据消费者购买或使用某种产品的时机、消费者追求的利益划分、消费者使用产品的频率、消费者的忠诚度、消费者购买准备阶段等行为变量来细分消费者市场。通过对这些消费者行为的细分，可以将消费者的需求区分开，进而形成不同的消费者群体，达到市场细分。

例如，根据对消费者购买或使用某种产品的时机分析，某些消费者在特定的时间点(段)具有更强烈的购买欲望，会产生较大的购买行为。针对这部分消费者，要在相应的时机，做好相应的促销宣传，扩大产品的市场范围；根据消费者使用频率的分析，消费者可以分为少量使用者、中量使用者、大量使用者；根据消费者的忠诚度可以分为铁杆品牌忠诚者、集中品牌忠诚者、转移忠诚者和非忠诚者。这些根据消费者行为特征差异产生的不同消费者群体将市场进一步细分，可以提高企业目标市场选择、市场定位的精准性。

由此可见，市场细分与消费者行为是密切相关的，企业采取市场细分战略离不开对消费者行为的研究，更好地把握消费者行为可以进一步促进市场细分的有效性，提高其准确性。

3. 基于消费者行为的市场细分

(1) 消费者对产品的态度细分

消费者态度一般可分为热爱、肯定、不感兴趣、否定和敌对五种态度。企业对不同类型的消费者要分别采取相应的营销措施，争取更多的消费者肯定和热爱本公司产品。

(2) 消费者产品使用率细分

许多商品的市场可以按照消费者对某种产品的使用率来细分——少量使用者、中间使用者、大量使用者。这种细分战略又叫做数量细分。

大量使用者往往在实际和潜在购买者总数中所占比重不大，但他们所消费的商品数量在商品消费总量中却占有很高的比例。市场营销研究表明，某种产品的大量使用者往往有某些共同的人口心理特征和广告媒介习惯。我国一家市场研究公司发现，大量喝啤酒者大多数是工人，他们年龄在 25 ~ 50 岁，每天看电视 3.5 小时以上，而且最喜欢看电视上的体育节目。企业掌握了这种市场信息，就可以根据这种特定消费群体来合理定价，确定适当的广告主题和选择适当的广告媒体。

(3) 消费者品牌忠诚度细分

消费者对品牌(或商品)的忠诚程度的行为变数可以作为企业细分消费者的标准。按照品牌忠诚度可以把所有的消费者细分为四类不同的消费者群。

①铁杆品牌忠诚者。假设有 A、B、C、D、E 五种品牌，这类消费者群在任何时候都只购买某一种品牌，忠诚于某一种品牌，如 A、A、A、A、A。

②几种品牌忠诚者。这类消费者群忠诚于两三种品牌，如 A、A、B、B、A、B。

③转移的忠诚者。这类消费者忠诚于某一种品牌转移到忠诚于另一种品牌，如 A、A、A、B、B、B。

④非忠诚者。这类消费者购买各种品牌时并不忠诚于某一种品牌，如 A、C、E、B、D、B。

品牌忠诚度的形成与消费者行为相关，消费者对于品牌的忠诚度主要表现在购买次数、购物时间的长短、对价格敏感程度、对竞争产品的态度等。顾客重复购买次数越多，挑选商品时间越短，对价格变动的承受力越强，对竞争对手的产品没有好感，则越能够表现出较强的品牌忠诚度。

(4) 消费者获得的利益细分

利益细分是美国营销学家拉赛尔·L·哈里(Russell L.Haley)提出的一种细分方式。他认为市场细分的方法是建立在人们在消费某种特定产品时所欲获得利益的基础上的，这才是市场细分得以存在的基本原理。他认为，消费者购买商品所要寻找的利益往往是各有侧重的，利益细分就是按照购买者购买某种产品所追求利益的不同进行市场细分。

拉赛尔·L·哈里对牙膏市场的细分研究在美国营销界得到了广泛认同。①为了具体说明，我们以一组表格来了解牙膏市场细分状况。表 10-1 就是对牙膏市场的四个方面的细分。

① Benefit Segmentation: A Decision-Qriented Research Tool [J]. Journal of Marketing, Vol.32, No 3 (Jul., 1968), 30-35.拉赛尔·L·哈里.利益点市场细分：一种决策导向研究工具.

表 10-1　牙膏市场利益细分状况[1]

特　点	感　觉　型	社　会　型	保　健　型	独　立　型
寻求基本利益	产品包装	牙齿洁白	牙齿保健	价格
人口统计重点	儿童	青少年	大家庭	男人
特殊的行为特征	对口味有偏好	吸烟者	重度使用者	重度使用者
偏爱的品牌	高露洁	超洁	佳洁士	低价品牌
个性特征	高度自我参与	高社会性	注重保健	高自主性
生活方式特征	享乐型	活跃型	保守型	价值导向型

如表 10-1 所示，第一个市场为感觉型市场，其消费对象大多是那些自我参与程度较高，追求享乐主义生活方式的具有多重特征的消费者，高露洁在这一市场上相当成功。第二个细分市场是社会型市场，主要是那些对自己牙齿洁白明亮有兴趣的消费者，在这一市场上超洁品牌最有影响。第三个细分市场是保健型市场，对牙膏利益点追求重点是预防龋齿。其大部分使用者来自牙膏重复使用的家庭，注重健康和牙齿卫生，佳洁士在这个市场上甚受欢迎。第四个细分市场可称为独立型市场。他们在对任何商品做出购买决策时，都会考虑商品本身价值，常常钟情于削价商品。按照上述方式对细分市场加以描述后，就会比较准确地找到与之相对应的广告方式。

(5) 消费者购买阶段细分

消费的购买某种产品的过程可以分为知晓、认识、喜欢、偏好、确信和购买六个阶段。在某种产品的潜在市场上，有些消费者根本不知道有这种产品；有些消费者知道产品的存在；有些消费者已经对产品产生兴趣；有些消费者有购买的愿望；有些消费者准备购买。企业对处在不同阶段的消费者，必须酌情运用适当的市场营销组合，采取适当的市场营销措施，才能促进销售，提高经营效益。例如，对不知道产品的消费者，做好广告宣传，使其进入知晓阶段；对处在认识阶段的消费者，要着重介绍购买和使用产品的好处、购买途径等，促进其进入兴趣和购买阶段。

10.1.2　目标市场选择战略与消费者行为

1. 目标市场

所谓目标市场，是指企业在市场细分之后的若干个“子市场”中，所运用的企业营销活动之“矢”而瞄准的市场方向之“的”的优选过程。市场细分的目的是为了选择目标市场，在市场细分的基础上，根据企业自身的营销目标和资源条件选择适当的目标市场。

(1) 企业选择目标市场的原因

①企业资源的有限性。这是企业选择目标市场的限制条件，由于资源的有限，企业必须集中力量发展一个或几个目标市场。

②企业经营的择优性。企业经营的目标之一是利益最大化，因此，选取最有效、利润最丰厚的目标市场是企业实现目标的重要途径。

③市场需求的差异性。由于市场需求存在差异，企业才可能进行市场细分并选取目标市场，这是其可行条件。

① Benefit Segmentation: A Decision-Qriented Research Tool [J]. Journal of Marketing, Vol.32, No 3 (Jul., 1968), 30-35.拉赛尔 ·L ·哈里.利益点市场细分：一种决策导向研究工具.

(2) 确定目标市场选择的战略

①无差异性目标市场战略，指企业在市场细分之后，不考虑各子市场的特性，而只注重于市场的共性，决定推出单一产品，运用单一的市场组合。例如，美国可口可乐公司自 1886 年问世以来，一直采用无差异性目标市场战略，即采用一种配方，生产一种口味的产品来满足全世界的需要。由于百事可乐的竞争，1985 年 4 月，可口可乐公司曾宣布要改变生产配方，不料在美国市场掀起轩然大波，许多消费者打电话给公司，对公司改变可口可乐的配方表示不满和反对，可口可乐公司不得不继续采用无差异性目标市场战略。由此可见，采用无差异性目标市场战略，产品必须有独特的风格，才能得到的多数消费者的认可。

②差异性目标市场战略，指企业在市场细分的基础上，决定同时为几个子市场服务，企业设计不同的产品，并在渠道、促销和定价方面做出相应的调整。这种策略的优点是能满足不同消费者的不同要求，有利于扩大销售、占领市场。其缺点是，由于产品及促销方式差异化，增加了管理难度，提高了生产和销售费用。目前只有力量雄厚的大公司采用这种策略，如美国的宝洁公司。

宝洁（Procter & Gamble)是世界最大的日用消费品公司之一，在宝洁开始进入的时候，各种中低档的洗发水充斥着中国的市场，而当时正处于中国第二次经济发展的高潮，老百姓的生活水平在提高的同时，各种观念也在更新，宝洁公司选择在当时进入中国市场，带给中国的消费者一种全新的洗发理念和消费理念,可以说是经过了严密的市场调查和分析的结果，有了对中国市场的初步了解和对消费者的准确拿捏，才有对中国人需要什么样的洗发用品的准确把握。

面对各种激烈竞争和已经确立的目标市场，宝洁公司运用“矩阵定位”法成功捍卫并进一步拓展市场。首先，宝洁把自己定位于洗发水的高级市场，生产高档产品。主要的竞争对手就是联合利华。其次，宝洁选择了根据不同的消费需求划分出来的不同的市场，并在每个市场占有举足轻重的地位，于是将其定位于一个多功能的品牌。

宝洁公司曾先后推出几种洗发水：“海飞丝”、“潘婷”、“飘柔”和“沙宣”，在把它们定位于“呵护秀发专家”高品位的同时，又分别宣传“去头屑、营养、柔顺、保湿”功能。“海飞丝”的个性在于去头屑，“潘婷”的个性在于对头发的营养保健，而“飘柔”的个性则是使头发光滑柔顺，“沙宣”的个性在于美发定型。而且每个品牌下又有不同的产品，如“飘柔”，就有去头屑的、营养护发的、洗护二合一的等好几种产品；时尚美发大师“沙宣”带来专业发廊护理的三大时尚元素：柔顺、亮泽、充满弹性；而作为宝洁公司的知名品牌，“潘婷”凭借其高质量的产品、准确的市场定位，一直被消费者视为突破性的头发修复及深层护养专家。“潘婷”推出全新深层护养系列，包括丝质顺滑、弹性丰盈、特效修复及清爽洁净去屑四大系列护发、美发产品。“潘婷”的产品中均含有维他命原 B5 及复合维他命等营养素，可以深入呵护头发，改善发质。作为头发的护养专家，“潘婷”为消费者带来的是解决所有头发烦恼的全新方案，让每个人都拥有健康亮泽的头发；“海飞丝”则推出了怡神舒爽型（天然薄荷）、滋养护理型（草本精华）、丝质柔滑型（二合一）、洁净呵护型等系列产品。这些产品分别满足了不同消费者的需求，因而受到了消费者的青睐。宝洁公司通过细分市场，占领了相当的市场份额。

这个跨国公司自 1989 年进入中国以来，在洗发水行业掀起的一个又一个波澜让人叹为观止。改革开放初期的中国，人们生活开始向小康迈进，宝洁公司已经意识到这个庞大的群体将成为未来的消费主流。“秀发如此光滑闪亮，一把梳子让松松编起的发结像波浪般优美飞旋开来”，这则经典的海飞丝广告让国人大开眼界，一场倡导洗头的革命也在人们心甘情愿掏钱买“海飞丝”的时候完成了。紧接着，宝洁公司又告诉人们，光去头屑还不够，营养也很重要，于是“潘婷”来了；洗完头发，柔顺的感觉才妙，于是“飘柔”来了。从此，在漫漫十年的时间里，以营养、柔顺、去屑为代表的宝洁三剑客“潘婷”、“飘柔”、“海飞丝”几乎垄断了中国洗发水市场的绝对份额。想在洗发水领域有所发展的企业无不被这三座大山压得喘不过气来，无不生存在宝洁的阴影里难以重见天日。

③集中性目标市场战略，是指企业集中所有力量，以少数几个相似的子市场作为目标市场的战略。实行集中性目标市场战略的企业，由于服务对象比较集中，对一个或几个特定子市场有较深的了解，而且在生产和市场营销方面实行专业化，可以比较容易地在这一特定市场取得有利地位。

例如美国的星巴克公司。星巴克在中国的目标市场是在特大级城市、沿海地区经济发达城市和相对发达的二级城市的受过高等教育、收入较高的中上阶层或者咖啡爱好者以及咖啡随机消费者，这部分人群属于追求品味的社会上等阶层和追求时尚的社会中等阶层，星巴克的目标市场是一个以中产阶级为主流的社会阶层。

星巴克，一直致力于营造独特的“星巴克体验”，让星巴克店成为人们除了工作场所和生活居所之外温馨舒适的“第三生活空间”，让顾客有理由长时间逗留。他们更注重去培养 顾客的忠诚度。因此，星巴克投入大量人力、财力培训员工的服务技巧，采取“攻心战略”，做足“熟客文化”，让白领们在潜移默化中喜欢星巴克、习惯星巴克。在消费群体的定位上，星巴克的目标是注重生活品质、崇尚知识、追求休闲、富有小资情调的都市白领。因此，在星巴克里，经常看到的是商务会谈、都市时尚人士小聚和独处的顾客。

鉴于其明确的定位，星巴克在选址上只能先锁定一线城市的一线商圈，塑造良好的口碑后，再以此为中心，向周围较小的市镇进军。在选址之前，星巴克会先对该地区的人口结构进行分析，确定有合适的顾客群后才会进入。

在价格上，星巴克的定位是“多数人承担得起的奢侈品”，相比较麦当劳和 85 度 C，星巴克的咖啡动辄二、三十元一杯。85 度 C 的咖啡采用“平价、优质”的策略，最便宜的咖啡只要 8 元，最贵的 14 元，价格是星巴克的三分之一；而且所有咖啡都是采用危地马拉的咖啡豆，对于那些有喝咖啡习惯的人来说，85 度 C 的咖啡很划算。麦当劳推出的“麦咖啡”，同样走平价路线，小杯 7 元，大杯 8 元，价格远低于星巴克，甚至比 85 度 C 还便宜。对此，星巴克并不担心，麦当劳推出“麦咖啡”会把饼做大，让更多人熟悉咖啡，而非分一杯羹；85 度 C 的主力产品是烘焙面包、蛋糕，咖啡并非重点，所以影响也不大。

由于目标人群和营销策略准确，星巴克在中国迅速崛起，并占据了高端咖啡市场的大部分份额。

以上三种目标市场营销策略各有利弊，没有优劣之分。选择目标市场进行营销时，必须考虑企业面临的各种因素和条件，如企业规模和原料的供应、产品类似性、市场类似性、产品寿命周期、竞争的目标市场等。选择适合本企业的目标市场营销策略是一个复杂多变的工作。企业内部条件和外部环境在不断发展变化，经营者要不断通过市场调查和预测，掌握和分析市场变化趋势与竞争对手的条件，扬长避短，发挥优势，把握时机，采取灵活的适应市场态势的策略，去争取较大的利益。

2. 目标市场与消费者行为

企业的目标市场战略与消费者行为有着密切的关系。首先，企业细分市场、选择目标市场是为了更好地迎合消费者的需求，通过将外部特征相近的消费者看做一个群体，更容易挖掘消费者需求中的相近特征，制定相应的营销策略；其次，企业根据目标市场的特点，把握消费者的潜在欲望，对消费者的购买习惯、购买决策产生影响，引导消费者的购买行为，从而为企业带来效益。

(1) 迎合消费者的需求

目标市场战略的本质目的是更好地迎合消费者需求。在买方经济下，消费者的个性需求愈发强烈，产品的价值不再是传统意义上的由企业创造，而是由顾客赋予的，企业生产、营销的重点也转变为如何更好地把握消费者需求。目标市场战略旨在找出具有相近需求的消费群体，提供更加贴近消费者、符合其需求的产品。因此，目标市场战略有利于企业迎合消费者的需求。

(2) 影响消费者欲望

企业选择目标市场，会给目标市场的消费者带来全新的体验。由于市场细分、目标市场选择的进行，消费的需求会被企业充分发掘，并进行相应的整合。

企业选取不同的目标市场战略，对消费者欲望的影响不尽相同。选择无差异目标市场战略的企业，由于不考虑子市场的特性，只注重市场的共性，企业容易忽视消费需求的差异，也难以发现消费者需求的变化，因此，这种战略容易导致企业对于消费者需求的引导不足。选择差异性目标市场战略的企业，针对不同的子市场，提供不同的产品，通过多样化的产品线来满足不同消费者的需求。这样的战略有利于企业发现消费者需求变化，可以及时引导不同子市场消费者的需求。选择集中性目标战略的企业对于消费者需求的引导力介于两者之间，由于企业对相近的细分市场提供同样的市场营销组合，不可能完全兼顾消费者需求的变化，但可以凭借细分市场的共性形成群体效应，在几个相近的市场中取得较大的影响力。

以智能手机市场为例，在智能手机兴起的初期，诺基亚公司占据绝对的领导地位，拥有全球最大的手机出货量，公司的目标市场战略符合无差异战略，采用优异的性价比满足所有顾客，满足了众多消费者体验智能手机的愿望。随着市场的发展，消费者不仅仅满足于智能手机简单的功能，他们需要更加新鲜的体验、更加互动化的功能，诺基亚的无差异战略使得公司对消费者需求的变化把握不足，忽视了消费者需求中的差异。而苹果公司的目标市场战略符合集中性战略，公司针对中高端消费者集中提供一种产品，很好地把握了消费者对于智能手机需求的转变——移动互联网功能，并通过 iTunes 和 Facetime 等软件引导出消费者的智能手机娱乐互动功能。因此苹果公司的 iPhone 手机一经推出，受到中高端消费者的青睐，不断刷新智能手机出货量纪录。HTC 公司的目标市场战略符合差异性战略，针对不同类型的消费者，提供不同的产品，从低端到高端，从娱乐到商务，从 Android 系统到 Windows Phone 系统，通过将市场细分，及时把握不同消费者的需求，在各个子市场中占有有利地位，公司得到迅速的增长。由此可见，只有把握消费者的需求，才能在市场上取得胜利。

(3) 改变消费习惯

为了给目标市场的消费者更好的体验，企业会针对目标市场采取一系列的措施来满足消费者的特殊需求。比如，更新产品形象设计、改变购买渠道等，这将会改变消费者的消费习惯，使得消费者打破传统的消费习惯，从而产生新的市场。

2010 年流行的商务运行模式——“团购”，改变了网络购物的主力军——25～35 岁的年轻群体的消费习惯。在团购出现以前，消费者作为单一个体的议价能力是微弱的，虽然拥有消费欲望，但是常常受限于商家的高价格。通过团购，认识或者不认识的消费者联合起来，加大与商家的谈判能力，求得最优价格。这种消费方式大大激活了消费者的需求，改变了传统的折扣等优惠方式，迅速引起消费者的关注，呈现爆炸性的增长。

【案例 10-1】“My Love”信用卡：用你的孩子征服你

身为一个孩子的爸/妈，当孩子不在身边时，是否很想看他/她的照片？现在，只要你拥有一张建行“My Love”信用卡，那么你就可以随时随地看到孩子最漂亮的一面，让他/她成为你的信用卡“明星代言人”，时刻“秀”出你的爱。

2009 年，中国建设银行信用卡中心主办，新浪网和贝因美共同承办了“2009 My Love 宝宝秀”活动。“My Love”信用卡主要面向年轻时尚人群，以“我的最爱，我的卡”为主题，客户可自行选择最值得纪念、最值得展示的形象和场景作为信用卡卡面，并通过互联网等渠道自行编辑设计信用卡卡面，充分展现自我个性。

这种拒绝克隆、寻找个性的卖点，用情感营销牢牢网住了忠实客户，用顾客的孩子去征服顾客，也生动地让信用卡营销人员看到，情感营销的高明之处在于：不是你让人们明白爱是什么、怎样去爱，而是给他们一个“秀”爱的机会，这就足够了。

谁是信用卡优质客户

在信用卡营销激战的今天，每家银行都在绞尽脑汁，争取更多的业务份额，这已不是目标了。因为从目前发展形势来看，各商业银行为了扩大市场占有率，盲目扩张发行、推广信用卡，致使现在无效卡、死卡、低利用率卡等低端卡占大多数，而高效利用的优质卡却为数不多，致使国内信用卡发卡量很高但卡的利用率却很低。因此，如何占有最多的优质客户，才是赢得信用卡市场主动权的关键。

为在竞争中脱颖而出，更好地落实“以客户为中心，以市场为导向”的经营战略，建设银行开始采用成熟的统计分析方法和数据挖掘技术，来获取有价值客户，在帮助客户实现价值最大化的同时，实现银行自身价值的最大化，提高利润率。在分析客户特征和产品特征的同时，实现客户细分和市场细分，使营销活动更具有针对性，通过个性化、差别化营销，在合适的时机将客户最需要的产品推荐和销售给客户，提高营销市场回应率，使营销费用得以优化配置，从而降低成本，规避风险，提高效益。

据相关数据显示：25～40 岁的年龄段是社会主要消费阶层，也是信用卡的主要用户群体。在这一群体里，很多父母都有把孩子照片放在自己的钱包里的习惯。那么，“My Love”信用卡可以做什么？“My Love”信用卡卡面就可以替换成宝宝照片，成为宝宝父母的随身物品！

“My Love”营销艺术

“My Love”信用卡主要面向年轻时尚人群，以“我的最爱，我的卡”为主题，客户可自行选择最值得纪念、最值得展示的形象和场景作为信用卡卡面，并通过互联网等渠道自行编辑设计信用卡卡面，充分展现自我个性。

该个性化卡面设计实现了两项突破：一是自主上传、编辑个人所属照片或从网站图片库中选择图片，即时在网上进行自主设计，最终卡面效果即时显示，所见即所得，个性化设计程序人性化程度高；二是卡面的分辨率高达 600 dpi，画面清晰、细腻自然，拥有目前世界上最先进的卡面制作技术，为持卡人完美展现幸福瞬间提供了强大的技术支持。

和建设银行一样，新浪也同样以为网民和企业提供多样化、个性化的互联网服务成为引领国内互联网行业的利器。作为全球最具影响力的中文门户网站，新浪网不仅仅关注时政大事，也同时聚焦于财经大事与消费趋势，不但把更多的市场信息传递给企业和客户，同时也向网民推荐市场上最优质的产品和服务。

以新浪财经为例，不但有主流财经资讯，可以让用户纵览经济局势变化；也有基金呼叫中心和金融e路通这样的服务平台，为用户提供理财方面最便捷和最贴心的渠道和途径。这次与建设银行携手推广“My Love”信用卡，新浪将会通过新浪财经、新浪育儿以及博客频道等全站强势资源进行推广，相信经过这一系列的推广，“My Love”信用卡会被新浪的高端网民熟知，为建行的高端优质客户所熟知，让更多的人关注并使用上这款极具人文关怀的信用卡。

(资料来源：http：//www.vmarketing.cn/ArticleContent_25316.html.)

10.1.3 市场定位与消费者行为

1. 市场定位的概念

定位理论是20世纪70年代由美国营销学家艾·里斯和杰克·特劳特提出来的。其含义是指企业根据竞争者现有产品在市场上所处的位置，针对消费者对该类产品某些特征或属性的重视程度，为本企业产品塑造与众不同的、给人印象鲜明的形象，并将这种形象生动地传递给顾客，从而使该产品在市场上确定适当的位置。

市场定位并非是对一件产品本身做什么，而是企业要在消费者心目中做些什么。市场定位的实质是使企业与其他企业严格区分开，使消费者明显感觉和认识到差别，从而在消费者心中占有特殊的位置。如“王老吉”定位于“预防上火的饮料”，这种定位传递给消费者会产生一种概念，即“王老吉”不是一般的饮料，它具有预防上火的功能，从而在消费者心中占据特殊地位。

2. 市场定位的内容与方法

(1) 市场定位的内容

①产品定位，侧重于产品实体定位，包括质量、成本、特征、性能等。

②企业定位，即企业形象塑造，包括品牌、员工能力、知识、可信度等。

③竞争定位，确定企业相对于竞争者的市场位置。

④消费者定位，确定企业的目标顾客群。

(2) 常用的市场定位方法

市场定位围绕企业与产品在消费者心目中的特殊地位展开，企业必须采用合理的定位方法，使消费者迅速认知企业及其产品。

①功效定位法。功效定位法通过突出产品适应消费者需求的某些独特功效来确定其市场位置。不同的产品具有不同的功效，例如，鞋可以是运动鞋，也可以是休闲鞋；可以是皮鞋，也可以是布鞋；可以是男鞋，也可以是女鞋、童鞋。即使是运动鞋一类，也可以按功能特点分为控制动作类、减震类、稳定类、比赛类、越野类。

②产品形象定位法。产品形象定位法是将一个产品品牌的特点综合起来，使其象征某类事物，让消费者直接接受这种象征性，并在消费者心中留下企业形象的定位方法。

如前所述，联想是人们记忆事物的最有效方法，有意义的联想可以在记忆中保持很长时间，产品形象定位正是利用联想规律，将平淡的品牌特性附着于适当的形象上，使得消费者牢记该品牌。

③产品种类分离定位法。产品种类分离定位法是指企业根据产品或服务的特性将此产品从相近产品种类中分离出来，以满足消费者对产品的需求，为企业自身确立独特地位的定位法。产品种类分离定位法可以使企业避开某一产品内部的竞争，但是该方法的前提是分离出来的市场具有足够的空间，并且分离出来的市场要有自己的特色，消费者可以辨别出与原市场的不同。

④产品使用者定位法。产品使用者定位法是企业通过指出产品使用者并借助使用者代表进行劝说，达到吸引目标消费者从而在市场上进行定位的方法。由于功效定位法中广告使用混乱，使得产品功效定位趋于无效，企业借助使用者的劝说，不对产品直接定位，从而拉近产品与消费者的距离，达到企业与消费者的自然沟通。

⑤特殊使用时机定位法。这是一种通过开发产品的新用途并运用处于市场空位的特殊使用时机或使用场合进行定位的方法。由于消费者的需求和欲望多种多样，个性的突出愈加强烈，市场上的潜在需求总是存在的，这就给特殊使用时机定位法提供了空间。

⑥质量价格比较定位法。质量价格比较定位法的基础源于消费者在选购产品时，常常将质量与价格在心理上进行衡量，并会对产品做出豪华高档、大众化或低档等评价标准。质量价格比主要有高质高价、高质低价、低质高价和低质低价四种。

3. 市场定位对消费者行为的影响

市场定位与消费者行为有相关性。市场定位是为企业在消费者心中寻找一个合适的位置，使得消费者区分企业与其竞争者。定位的基础建立在对消费者行为的研究上，通过对消费者心理、行为的把握，结合企业及竞争者的状况，选择企业在消费者心中的位置作为企业的目标。因此，企业的市场定位必须符合消费者的行为，被消费者所接受，市场定位不能脱离消费者行为，不考虑消费者行为的定位只能成为口号。

市场定位对消费者行为有一定程度的影响。企业的市场定位意味着企业所关注的消费者需求点不同，其满足消费者需求的方式也有所不同，作用到消费过程中，这就会导致消费者行为的不同。市场定位对消费者行为的影响主要有以下两个方面。

(1) 定位就是影响消费者行为的过程

市场定位作为一种理论，并不是简单的一个口号。企业市场定位付诸行动就是一个影响消费者感知、认知消费者行为的过程。企业市场定位确定后，通过广告宣传、产品出售等措施对消费者施加影响，改变消费者的认知，打破消费者固有的认识，将企业的定位传递给消费者。通过引导消费者的需求，改变消费者行为，使得消费者切身感受到企业与竞争者的不同，从而在消费者心中建立独特的地位。

具体来分析，市场定位对于消费者行为的影响具有以下特点。

①漫长性。由于市场定位传导给消费者是个较长的过程，包括企业宣传、消费者感知、消费者体验等，因此市场定位对消费者行为的影响是个漫长的过程，而不是短期内可以影响消费者的行为。

②深刻性。企业的定位一旦被消费者感知，在消费者心中占有独特的地位，将会对消费者产生深刻的影响。消费者对于企业的认知在购买企业产品过程中的行为不容易改变。例如，“百度”一直定位于全球最大的中文搜索引擎，其传递给用户的理念是“百度最了解中文，在中文检索时用户首先想到的是百度搜索”。在这种产生强烈的感知下产生了“‘内事’不决问百度”的戏言。

③多样性。市场定位的不同，增大了消费者需求的差异性，使得消费者行为呈现出更加多样的形态。比如功能饮料市场，早期国产饮料中只有健力宝，随着市场的细分，涌现了大量的饮料品牌，他们定位于不同的人群和功能。例如，脉动、“激活”等特色饮料，“尖叫”、“他+她”这类尖叫饮料，广东的“王老吉”凉茶和哈药集团的“苗条淑女”瘦身饮料，还有“这样紫啊”护眼概念的复合果汁、“尚蔬坊 11+5”的蔬果原汁(孕妇饮料)、“御烟清”果蔬汁清肺饮料、“九龙斋”酸梅汤解油腻等。

(2)不同的定位对于消费者行为的影响不同

由于企业定位是在消费者心中建立独特的地位，强调消费者感知的不同，这就导致了在实际的过程中，企业营销措施的不尽相同，对于消费者行为也产生了不同的影响。

①不同的定位增加了消费者需求的个性。由于企业定位的不同，有产品功效定位、形象定位、品牌定位等，这在一定程度上增加了消费者需求的个性。比如，在茶饮料出现之前，消费者对于饮料的需求差别不大，在茶饮料出现之后，消费者的需求个性得到扩展，会有红茶、绿茶等功效的需求。

②不同的定位影响消费者的购买决策。由于需求个性的增加，消费者购买决策时将会有更多的对比。功效定位使得消费者在购买决策时加入功效因素，形象定位使得消费者在一定程度上关注产品的形象。

4. 品牌定位与消费者心理

品牌定位是市场定位的重要方法，其本质是对特定的品牌在文化取向及个性差异上的决策，建立一个与目标市场有关的品牌形象的过程。消费者选择一种品牌的主要依据在于该品牌的独特性满足他们的功能性需求和心理需求。例如，消费者面对众多品牌的服装，根据其款式、形象、品牌文化等，选择能体现其个人品位的品牌。

(1)消费者的从众心理

社会学家认为，消费者的行为存在五种形式的感知风险：经济风险、功能风险、安全风险、社会风险、心理风险。消费者购物时，由于信息不对称的存在，有一种惧怕风险的心理意识。这种意识导致消费者倾向于从众心理，即购买和别人一样或者经别人推荐的东西，从而简化消费的决策及购买风险。品牌定位的形成，可以使消费者获得该品牌所代表的社会层次的归属感和社会群体的认同感。在从众心理的驱动下，品牌将吸引更多的消费者。

(2)认知的从简性

消费者对于信息的认知具有喜简烦杂的心理，过于复杂、难以理解的信息往往被消费者忽略或者遗忘，而简单明了的信息能给消费者留下深刻印象。广告学中强调广告口号明了直白，避免晦涩难懂的语言，例如，“特步，飞一般的感觉”“安踏，永不止步”等，就是暗合了消费者认知的从简性。

品牌定位更要符合消费者认知的从简性。消费者通过依附于某个品牌来满足其心理需求，这种需求具有明确的指向性。因此，清晰的品牌定位有利于提高消费者认知，打动消费者的心，同时给企业带来更强的方向感。相反，模糊的品牌定位不但不能与消费者产生共鸣，同时使企业迷失发展方向。

(3)首因效应与晕轮效应

首因效应认为，第一印象往往记忆深刻。第一印象建立后，对后来获得的信息的理解和组织，有着强烈的定向作用。现实生活中，人们往往“以貌取人”，就是首因效应所导致的心理活动。晕轮效应，又称光环效应，是指人们对他人的认知判断首先是根据个人的好恶得出的，然后再从这个判断推论出认知对象的其他品质的现象。例如，对某人形成的第一印象是聪慧的，则相信这个人是富有魅力、有活力、认真和可信赖的。对于企业来说，消费者对于品牌的第一印象，影响着品牌未来的发展，能否充分把握并应用消费者心理的第一印象和联想，将品牌定位传达给消费者，是品牌定位成功与否的关键。[①]

▶相关知识：STP 战略

STP 战略中，S、T、P 分别代表市场细分(Segmenting Market)、目标市场(Targeting Market)、市场定位(Positioning Market)。营销大师菲利普·科特勒认为：STP 战略是当代战略营销的核心。

STP 战略主要有三个步骤，如图 10-1 所示。

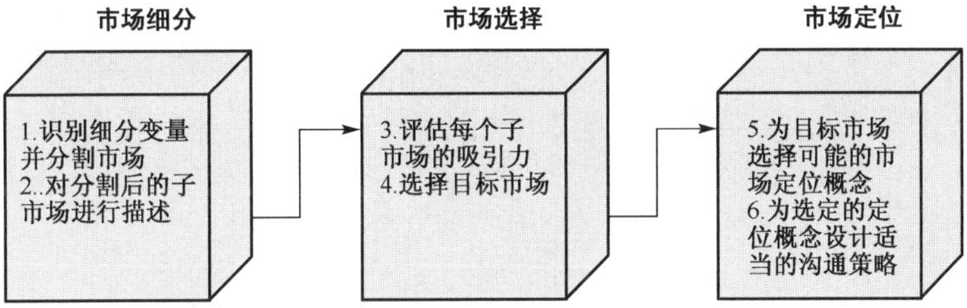

图 10-1　STP 的具体步骤

【案例 10-2】从常温酸奶三足鼎立之争看品牌差异化定位

继特仑苏、营养舒化奶、QQ 星等明星乳品相继崛起之后，近年乳制品市场上的新兴品类是常温酸奶，预估 2015 年容量超过百亿。从 2010 年年底光明莫斯利安率先推出钻石型包装当年销量达到 1 亿，到 2015 年蒙牛纯甄、伊利安慕希、光明莫斯利安三家齐发力做大蛋糕，5 年时间，中国市场销售量从 0 到百亿，堪称神速，个中秘诀，就是三家乳企不约而同地差异化定位了自己的品牌。

2009 年蒙牛、伊利两家独大，光明已不复当年乳业老大地位，品牌力只能辐射华东；常温乳品产品力缺乏创新，采取跟随策略，竞品出什么，光明跟着出；营销力也因为光明曾经坚持主营新鲜产品，产品保质期短，所以多年积累的渠道聚焦在华东 KA(Key Account，关键客户)，部分传统渠道和自有奶站上，始终无法铺到全国并成功渠道下沉。眼看着竞争品牌越来越强势，光明为求突破，差异化推出全新品类莫斯利安常温酸奶，品牌形象定位高端化，仅以光明母品牌背书，成功脱离光明在常温乳品消费者认知中不算高档的本土品牌形象。可在常温状态下储存 4 个月的产品满足了消费者对酸奶常温保存饮用、既便利又不刺激肠胃的需求。而且当时特仑苏已占据高端乳品市场多年，消费者疲态已显，此时莫斯利安独特的品类优势、酸甜适中的口感、品牌宣传中保加利亚长寿村的异域风情和漂亮闪亮的 200 ml 钻石型包装，恰好迎合了消费者求新求变的需求，成功地切入高端乳品市场，并凭着不断蹿升的销量，与供应商签订了为期不短的钻石型包装独用协议，彻底抢占先机，在中国市场上神速地“跑马圈地”。2014 年莫斯利安销售额达到 60 亿人民币，正式面南称王。AC 尼尔森更为其单独打造 Ambient Yogurt(常温酸奶)子品类，以与冷藏酸奶区隔。

看似后出的蒙牛纯甄和伊利安慕希，已被光明莫斯利安拔得头筹，剩下的筹码只能是铺

① 朱海英. 基于消费者心理特征的品牌差异化定位策略研究[J]. 改革与开放，2010(21).

货更广、更深以及广告投放声量更大等营销因素。可是不然，两家乳企的品牌人士陆续出招，通过品牌差异化定位，抢占市场份额。

蒙牛纯甄比照光明莫斯利安，打造了一款丹麦菌种发酵的常温酸奶产品，但在品牌概念打造上，却更宏观地从消费者对乳制品的需求出发，发掘差异化定位。纯甄的品牌利益点分两部分：一是以无添加色素、香精、防腐剂，优选奶源，口味简单、纯净等支撑的功能性利益点；二是通过在宣传海报中嵌入一个90年代的牛奶瓶，暗示消费者对童年所喝牛奶的美好回忆，从而引申到纯粹的童年时光的情感性利益点。然后“纯净”的功能性利益点和“纯粹”的情感性利益点，共同支撑起蒙牛纯甄的品牌核心价值——“纯”，以区别于莫斯利安，在市场上占住脚跟，并且，因为品牌核心价值并不聚焦在常温酸奶上，纯甄也就顺势拓展到了新鲜酸奶领域，最大化地提升生意规模。其实笔者背后打听过，莫斯利安也是无添加色素、香精、防腐剂，但没有广而告之，被纯甄先下手为强。这一招，叫POD（Point of Differentiation)，人无我有。

伊利安慕希玩的是POP（Point of Parity）人有我强。仍然是钻石包里的常温酸奶，以希腊菌种发酵，安慕希强调酸奶中蛋白质含量高达3.1 g，比普通酸奶高35%，具有“丰富的营养”，且通过大量的调研，宣称是最符合中国消费者口味的“极致的美味”。安慕希的品牌概念，通过列数字、用修辞的方法，客观地呈现自身功能性优势，聪明之处在于，在消费者认知中一举强关联了营养和美味的功能利益，还不费吹灰之力全盘打压了竞争对手。“品位希腊，浓醇之享”的slogan，可看出品牌差异化定位在“享受”上，与纯甄不同。

在两大乳企双面夹击下，莫斯利安黯然失色，原有的品类差异化优势竞品都有，竞品选择的差异化品牌功能利益点，要不就被比下去，要不就是虽具备却不能拾人牙慧，原本主打“分享”的情感利益点，不易与产品产生强关联，对生意拉动有限，最后通过消费者调研，深挖了现有品牌资产，依托从2010年就一直宣传的“长寿村的神奇秘密”，着重强调莫斯利安与“长寿”的关联，聚焦关注健康人群，处境却有点尴尬。好在基础打得扎实，60亿的销售额一时之间也难撼动。

至此常温酸奶三足鼎立之势方定。只是照笔者看来，此三强仍然大有可为，无论是“纯”、“享受”，或是“长寿”，都是品牌概念差异化的结果。而做生意的目的，是为了实现企业的愿景，愿景拆分成目标，有目标，才能划分目标消费者，聚焦有限资源进行沟通和营销，目标消费者认可并买单，品牌概念差异化才不是无本之源。

（资料来源：郝怡.从常温酸奶三足鼎立之争看品牌差异化定位.迈迪品牌咨询，2015-6-30，http://www.foresight.net.cn/hygd/1565.html.）

10.2 市场竞争战略与消费者行为

竞争是市场经济的基本特征，企业之间通过竞争实现资源的有效配置、优胜劣汰。市场竞争是市场经济的基本特征，是市场上各类主体为谋求自身利益最大化而进行的较量，包括卖者之间的竞争、买者之间的竞争和买卖双方的竞争三个方面。

市场竞争战略是指导各类主体开展竞争活动的谋略。企业要想在激烈的市场竞争中取得优势并最终获胜，必须根据市场竞争状况和市场地位制定适合自己的市场竞争战略。

市场竞争战略包括基本竞争战略和根据企业市场地位制定的竞争者战略。基本竞争战略包括成本领先战略、差异化竞争战略和集中化竞争战略；竞争者战略包括市场领先者战略、市场挑战者战略、市场跟随者战略和市场补缺者战略。本章研究主要从竞争者地位的角度考虑四种战略与消费者行为的关系。

10.2.1　市场领先者战略与消费者行为

1. 市场领先者

市场领先者，也叫市场领导者，是指其产品在行业同类产品的市场上市场占有率最高的企业，在行业市场中有举足轻重的作用，处于主导地位。市场领先者的地位是在市场竞争中自然形成的，几乎每个行业都有被公认的领先者企业，如饮料市场上的可口可乐公司，国内家电行业的海尔等。

相对于市场中的竞争对手，领先者具有一定的优势，主要表现在：第一，消费者对领先者企业品牌的忠诚度和认可度较高；第二，营销渠道的建立及高效运行；第三，领先者往往具有标杆效应。

2. 市场领先者战略

市场领先者也要面对市场竞争，面临着不断的挑战者。为了维护自己的利益，维持和巩固自己的市场地位，这类企业需要采取各种竞争战略来保持领先地位。

(1) 扩大市场需求总量

因为领先者在市场上占有巨大的份额，所以，当一种产品的总体市场扩大时，收益最大的往往是市场领先者。因此，领先者往往通过扩大市场需求总量将“蛋糕”做大来获益。主要采取的方法有：扩展市场范围，寻找新顾客；开辟产品新用途，扩大目标市场的消费群体；增加产品的使用量，加快产品更新换代。

(2) 保持现有市场占有率

市场领先者需要在市场中保持警惕，保持现有的市场占有率，避免被竞争对手蚕食市场份额。尤其是对于无法提高市场占有率的领先者，维持其市场份额是首选战略。按照防御的方向，可以分为机动性防御、阵地防御、侧翼防御和收缩性防御四种。

(3) 提高市场占有率

市场领先者可以通过争取竞争对手的顾客，扩大市场占有率来增加收益，保持领先地位。企业在保证收益增加的前提下，市场占有率越高，将会带来一系列成本的降低，从而增加收益。美国的一项研究 (PIMS) 表明，市场占有率是与投资收益率有关的最重要的变量之一，市场占有率越高，投资收益率也越大。市场占有率高于 40%的企业，其平均投资收益率相当于市场占有率低于 10%者的 3 倍。因此，许多企业以提高市场占有率为目标。例如，美国通用电器公司要求它的产品在每个市场上都占据第一位或第二位，否则便撤出该市场。

3. 市场领先者战略与消费者行为

市场领先者战略对消费者行为的影响主要体现在对消费者需求的影响。无论是扩大总体市场还是提高市场占有率，领先者需要引导消费者需求来为自身谋取利益，保持市场地位。

扩大总体市场对消费者需求的影响主要有两方面：第一，增加消费者群体，刺激潜在消费者的需求，通过将原本没有消费欲望或拥有潜在消费需求的消费者变成产品使用者，来增加市场容量；第二，赋予产品新功能，发掘消费者的潜在需求，产品功能的增加提高了产品的属性，改变了消费者的效用函数，从而符合更多消费者的要求。

市场领先者战略对消费者行为影响力较强，这是由于领先者所具有的优势所造成的。领先者具有较强的营销实力，消费者对企业品牌的认可度较高，而且企业推出的新产品具有标杆效应。例如，微软在浏览器领域具有较强的垄断地位，这使得客户对于浏览器的认识被局限，其使用习惯、认知等被微软控制，产生较强的依赖性，这种较强的影响力使得竞争对手很难超越微软的地位。比如，消费者无法浏览与IE不兼容的网页，不能使用一些插件来改善上网体验。

10.2.2 市场挑战者战略与消费者行为

1. 市场挑战者

市场挑战者是指在某一行业中市场占有率在第二、三位的企业，它与市场领先者的差距不大，往往会向领先者发起挑战，对领先者的地位构成较大的威胁。

2. 市场挑战者战略

市场挑战者的实力也是不尽相同的，有些挑战者实力较强，具备向领先者发起挑战的能力，有些挑战者暂时不能和领先者正面挑战。根据挑战者实力的不同，主要有三种战略可供选择。

(1) 攻击市场领先者

挑战者向领先者发起进攻，这种战略风险较大，但是获益也非常丰厚。挑战者必须具有超越领先者的优势，同时可以应对领先者的反击行为；否则挑战将会失败。

(2) 攻击地位相仿者

挑战者可以选取一些与自身地位相当，但经营不善、财务状况较差的企业对其发起攻击，夺取其客户，以积蓄力量，最终与市场领先者决战。例如，美国航空业的几家巨头主要是通过兼并地位相仿者，达到快速扩张、向领先者挑战的目的。

(3) 攻击地方性小企业

这是一种更为迂回的战略，挑战者通过对地方性小企业攻击与兼并，扩大自己的市场。例如，美国几家主要的啤酒公司就是依靠夺取小企业的顾客而成长起来的。

3. 市场挑战者战略与消费者行为

(1) 市场挑战者的创新战略

市场挑战者在进攻领先者时，无论是正面进攻、侧翼进攻，还是迂回进攻，打败市场领先者、取代其地位的关键在于创新，通过转变消费者的观念、引导消费者行为，给企业带来利润。

创新就是利用已存在的自然资源创造新事物的一种手段。经济学家约瑟夫·熊彼特(Joseph Alois Schunpet)在《经济发展理论》中首先提出创新的概念，他把创新定义为建立一种新的生产函数，即企业家实行对生产要素的新结合。随着市场经济的发展，创新对于企业的意义越来越重要，其形式也多样化，按创新的影响程度分类，创新可以分为颠覆式创新和微创新。

①颠覆式创新理论是由哈佛大学商学院的商业管理教授、创新大师克莱顿·克里斯坦森(Clayton Christensen)在哈佛所做的研究工作而总结提出的理论。他认为，传统的持续创新范式让企业忽略了颠覆式创新——它是比市场上现有产品更为便宜、更为方便的替代品，它直接锁定低端消费者或者产生全然一新的消费群体。

②微创新是互联网式的创新，具体特征是通过用户的使用，解决产品或者服务的细节问题，增加产品或服务的价值，即一种跨度较小的创新。

▶相关知识：马云的七个颠覆性微创新

阿里巴巴将在纽约证券交易所上市，这个美国史上最大规模的IPO将给中国制造最起码30个亿万富翁，200亿美元的筹资规模的确很霸气，超过Visa(2008年180亿美元，至今美国IPO最高纪录)和Facebook (2012 年 160亿美元)。

《华尔街日报》专栏作家安德鲁·布朗(Andrew Browne)有句点评：阿里巴巴将西方已有的商业模式本地化后建立了庞大的电商帝国，推翻了人们对于“中国不能创新”的迷思。这不同于发明。中国许多最具创新性的公司都不是来自于灵感的闪现，而是在一系列渐进式的变化中发展起来的。这种渐进式创新，更准确地说，应该是颠覆性微创新。简单盘点下，马云创业15年有7次大的颠覆性微创新。

1. 1999年刚创业时：先做海外，再做国内

马云：“阿里巴巴从1999年开始走的战略是避开国内电子商务市场，迅速进入国际市场，我们当时用的一句话叫做”避开甲A联赛直接进入世界杯“，从1999年到2001年，大家很少在中国市场听到阿里巴巴的名字，我们的基本活动是在欧洲和美国。我在欧洲和美国做了很多演讲，我记得最惨的一次是2000年我们在德国组织的那次演讲，1 500个座位结果来了3个人，我也很丢脸，但是我觉得这没有办法，即使一个人也要跟他们讲。那时候推广很累，因为我们觉得阿里巴巴这个国际网站的主要目的是帮助中国企业出口，如果要出口，关键是海外必须要有买家，如果没有买家的话这个出口就是假的。”

马云回顾其早期的创业策略，实际上就是“远攻近交”模式，或者说是“墙外开花墙内香”模式。先打开国际市场，再利用国际市场的影响力拉动国内市场。但是，马云这种打破常规的做法背后，也有深刻的考虑，那就是如何帮助中国企业做出口，拉更多的海外买家。

2. 阿里巴巴免费

马云：“我们1999年、2000年、2001年都是免费提供服务的。前面三年我们采用了免费战略，到目前为止，阿里巴巴一直是这么做，今天淘宝也是这样，三年免费。为什么要做免费？我希望跟客户一起去创造一个真正有价值的东西。”

马云是把免费战略用到极致的商人，淘宝与易趣（eBay）竞争的最重要策略就是免费。当时其他C2C网站的收费方式主要是三方面：第一，交易服务费，成交以后收取2%左右的服务费，不成交不收费；第二，登录费，在线上传的商品都涉及1～8元不等的登录费。第三，推荐位费(橱窗展示位)。而淘宝是全部免费，这对于在互联网上做买卖的生意人来说，吸引力巨大。

3. 淘宝跟易趣血战：农村包围城市

马云：“易趣和淘宝的竞争，大家可以关注一下，我觉得这是在互联网商战上很经典的案例，双方都在使用各种各样、合法合理而且非常智慧的办法进行较量，我们没有打口水仗，我觉得这是一种竞赛，这个竞赛背后实际上是阿里巴巴和eBay的竞赛，前面两个是我们的代表。”

身材瘦小的马云，年轻时却好打抱不平。曾有人问他，你这么瘦怎么打得过人家，马云说：“打架关键不在个头，而在于出其不意。要快。”

2003年7月马云推出个人电子商务网站——淘宝网，这一年，易趣甚至采取了广告封杀策略，几大门户网站2004年都与易趣网签了独家的排他性协议，即在当年如果接受易趣的广告投放，就不能接受同类网站的广告。马云和淘宝网的高层想出了被他们称为“反围剿”、“农村包围城市”的推广策略，利用户外的路牌广告、平面、电台、电视、地铁、公交等进行推广，特别是采取了个人网站联盟来进行推广，效果巨大。2004年过后，大网站纷纷开始接受淘宝网的广告投放，淘宝网甚至争取到了与MSN的独家合作，而在之前，MSN都是选择与eBay合作的。历经一年，易趣对淘宝网的封杀彻底失败。

4. 支付宝模式

马云2005年炮轰易趣：我们推出“支付宝”的时候，被易趣的人认为很愚蠢，因为他们三四年前尝试过，失败了，就认为这条路是不会成功的。对我来讲，不在乎谁尝试过，只在乎这个东西管不管用，管用的话，再失败也要重新来。

2004年，马云创建支付宝模式。当时，这一模式谈不上创新，甚至被批评很愚蠢。实际上这就是“中介担保”：你买一个包，我不相信你，钱不敢汇过去，就把钱放在支付宝里面。收到包后，满意了就告诉中介把钱汇过去，不满意就通知中介把钱退回来。但是，它真刀实枪地解决问题。

5. 网商大会

2004年6月12日召开的首届网商大会，也是马云竞争战略的一个转折点，即如何打造与大公司的竞争模式，马云的策略是，开展基于生态链的竞争。网商这个新发明的词汇，就是马云对于生态链竞争通盘考虑的一个产物。

6. 阿里旺旺

国民招呼“亲”，就来源于卖家和买家的即时聊天软件——旺旺。

7. 天猫

2006年，淘宝推出了“淘宝商城”，即后来的天猫，发力B2C市场。

（资料来源：http://tech.sina.com.cn/zl/post/detail/i/2014-09-19/pid_8461506.htm.）

(2)战略对消费者行为的影响

挑战者战略不同，其对于消费者行为的影响程度也不一样，具体可以分为颠覆性影响和一般性影响。

①颠覆性影响。这种情况存在于挑战者向领先者发动进攻时。面对领先者的地位，挑战者必须做出颠覆性的举动才能打破原有的行业格局，全新的产品、全新的体验将极大地影响消费者行为，改变他们的需求和欲望。

例如，奇虎360公司推出的“免费”杀毒工具——360杀毒软件颠覆了整个杀毒软件市场。奇虎360公司创立于2005年9月，一直致力于个人计算机安全软件的开发。成立初始，相对于已经具有10年以上的行业经验的国内杀毒软件领先者瑞星、金山，奇虎，360公司只能作为一个挑战者。2009年10月，360安全中心高调发布永久免费的360杀毒1.0正式版，这是全球范围内首款真正永久、彻底免费的杀毒软件，并且对免费不做任何限制，抛弃了收费杀毒软件固有的“激活码”机制。

②一般性影响。当挑战者采用进攻地位相仿者或地方性小企业的战略时，由于资源的整合，企业往往在营销渠道、成本控制等方面获得优势，其对消费者行为的影响仅仅作用于价格、产品形式等方面，不能产生较大的影响。

需要注意的是，挑战者战略对于消费者行为的影响并不是一成不变的，因为任何一个挑战者都处于动态的竞争之中，企业都会由弱到强，最后向领先者发起进攻。因此，一般性影响和颠覆性影响会交替出现在企业的发展中。

【案例10-3】苹果发布会前瞻　关键词将是“微创新”

2015年9月iPhone 6S与公众见面，但似乎所有的“创新”已经早早公之于众。而且大部分的新东西与其说创新，似乎升级一词更靠谱一点。2015年的苹果发布会在旧金山Bill

Graham 市政礼堂举行，虽然苹果发布会已难言惊喜，但果粉们依然可以期待很多“微创新”的到来。

iPhone 6S 与微创新

其实每年的九月我们都期待苹果可以发布一些颠覆性的创新，但是这个时代的苹果“颠覆性”已经很难再现，不过微创新依然可期。两部新 iPhone 手机，6S 和 6S Plus 估计跟上一代外观并无太大区别。可能的外观变化包括苹果公司将为 iPhone 6S 提供新的玫瑰金颜色选择。目前，iPhone 提供的颜色有三种，分别为灰色、白色和金色。另外，为了容纳 Force Touch 设备，iPhone 6S 比起 iPhone 6 厚了 0.2 mm。

为了防止“弯曲门”的再现，苹果对机身进行了改进。采用 Apple Watch 所使用的 7000 系列铝制外壳后，iPhone 的强度将大大的提升。

新 iPhone 最大的微创新是 Force Touch 功能，实际上使用的是 Force Touch 的下一代新技术。新压力触感屏幕被叫做“3D Touch Display”。iPhone 6S 加入 Force Touch 传感器后，将丰富其操作选项。MacBook 触摸板和 Apple Watch 上已有的 Force Touch 功能能够分辨两种压力，新一代技术则能够区分轻击、按压和深度按压三种压力的不同。

另一项重要的升级就是摄像头。下一代 iPhone 6S 和 iPhone 6S Plus 都将搭载 1 200 万像素后置摄像头，同时支持 4 K 或和 240 帧/秒的慢速视频拍摄。前置摄像头方面，与当下的 iPhone 机型相比，iPhone 6S 和 iPhone 6S Plus 的 Facetime 摄像头像素将从 120 万像素大幅增至 500 万。

其他配置上，iPhone 6S 和 6S Plus 都将搭载 A9 处理器。A9 的主频还没有公布，但传言表示将比去年的 A8 快大约 20%。其他硬件参数上，内存会增加到 2 GB，Touch ID 也会有升级但最小容量版本上升到 16 GB。另外，iPhone 6S 将使用更小的电池组。

iPad Pro 终于面世

iPad Pro 早在 2013 年就已经传言马上就会发布，如今两年之后终于成真。据悉 iPad Pro 的存储空间最低 64 GB，加载 iOS 9，采用 A9X 处理器，有 LTE 4G 移动版本，与之配套的还有两款外置的蓝牙键盘及带压感的手写笔，高配版 iPad Pro 在价格上或与低配的 MacBook Air 基本相当。配有 4 个扬声器，有金色、银色以及灰色可选，但 iPad Pro 没有新的玫瑰金配色。

拥有 12.9 英寸屏幕的 iPad Pro 可能会对微软的 Surface 造成巨大威胁。之前有消息称 iPad Pro 将允许特别为大屏优化的 iOS 9.1 系统。在分屏模式下，两个全尺寸大小的 iPad 应用可以在竖屏下同时运行，该分屏模式与 iPad Air 2 以及即将发布的 iPad mini 4 都不一样。

iOS 9 和 WatchOS 2

发布会上 iOS 9 的正式推送时间就会公布。苹果在 6 月的 WWDC 上发布了 iOS 9，随后提供了开发者版本。新功能包括升级版 Siri、Spotlight 搜寻以及 Proactive 等。针对 iPad 还有分屏、画中画、Side Over 等功能。

WatchOS 2 的正式版或将一道推出。除了已有的 10 种定制表盘图案，全新的 WatchOS 2 系统增加了表盘图案更换功能。WatchOS 2 还改进了时间显示功能。当 Apple Watch 充电时，表盘横着放置就会显示时间，而数字表冠将成为一个闹钟按钮。FaceTime 功能将整合至 Watch OS 2 系统中。Watch OS 2 还将支持 Passbook 功能和 Apple Pay 的所有新功能。另有一说 Apple Watch 或将成智能家居平台 HomeKit 的核心。

Apple TV 可能是主角 但实为鸡肋

Apple TV 也就是苹果的新机顶盒也许将成为主角，但中国市场的各种其他盒子和广电制度都不会让这一产品在国内轻易铺开。

Apple TV 的一大改变就是加入了 Siri。但主打功能则是游戏，新 Apple TV 的硬件会进行升级，图形处理能力更强。机身设计将会有较大的改变，更薄、更宽。搭载 A8 芯片和定制版 iOS 9，新 Apple TV 的操作体验也会更加接近 iPhone。新 Apple TV 的遥控器会类似 Wii Remote，可以当做游戏机手柄。加入体感控制功能，以让新 Apple TV 成为游戏主机。

但多数分析师预计，Apple TV 面对 Xbox 和 PlayStation 4 等高端游戏机胜算不大，但该产品可能会吸引不想购买高端游戏机的普通游戏爱好者。

(资料来源：http://tech.163.com/15/0909/07/B328PN5O000915BD.html.)

问题与要求：结合案例分析创新对消费者的影响。

10.2.3 市场跟随者战略与消费者行为

1. 市场跟随者

市场跟随者是指在同行业市场上，市场占有率低于市场领导者、市场挑战者，但又高于其他小企业的企业，这类企业实力较弱，不敢轻易进攻，只能有意识地模仿市场领导者。

市场跟随者的优势在于：一是避免了新产品开发的风险，在市场形成后进入市场；二是避免承受向领先者挑战可能带来的重大损失。美国康奈尔大学约翰逊学院的创业学教授大卫·本·丹尼尔(David Ben Daniel)喜欢引用富兰克林·罗斯福总统的名言："我们只看到早起的鸟儿有虫吃，却忘了同样早起的虫儿有什么下场。"他认为看到别人先下去试水的经历，能帮助创业者找出机会所在。

2. 市场跟随者战略

市场跟随者不是盲目、被动的跟随领先者，而是确定一个不引起竞争性报复的跟随战略，主要有三种跟随战略。

(1) 紧密跟随

这种战略是在在尽可能多的细分市场和营销组合方面模仿市场领先者。这种跟随者往往被误认为是挑战者，但只要不从根本上侵犯领先者的地位，不采用过分刺激性的行为，就可以与领先者和平共处。

(2) 有距离的跟随

这种战略是跟随者保持一定程度的差异，在主要市场、产品开发、分销渠道等方面追随市场领先者。

(3) 有选择的跟随

这种战略是在某些方面跟随领先者，在其他方面保留自己的特色，即不是盲目跟随，而是择优跟随。这类跟随者是潜在的挑战者。

3. 市场跟随者战略与消费者行为

跟随者战略主要基于避免新产品投入市场的风险，同时不引起竞争性的报复。由于企业对于市场的主导能力较差，只能处于被动跟随的地位，跟随者战略对于消费者行为的影响较小。

在一个成熟的市场中，引导消费者需求的往往是市场领先者，实力较强的挑战者通过一些颠覆性的产品打破市场的格局，这两类竞争者对消费者行为的影响较大。作为跟随者，既没有实力研发新产品，也没有能力来大规模地影响消费者，其对消费者行为的影响力较弱。

另外，消费者行为对于跟随者战略的选择有着明显的制约。消费者对于产品的感知、习惯以及喜好影响着跟随者战略，主要有两种情况。

第一，消费者认可跟随者战略，有利于战略的实施。跟随者战略实施过程中，由于与领先者的产品较为相似，容易使消费者产生联想。当跟随者战略被消费者感知较好，便于接受时，消费者认可企业的这种行为，企业可以获得较高的收益。

华为公司作为世界互联网解决方案行业的竞争者，有选择地跟随行业领先者——美国思科公司。华为所在的通信设备产业竞争激烈，行业领导地位长期被思科、诺基亚、爱立信等公司占据，无形之中加大了华为参与主流行业竞争的难度。同时，华为公司在初期也面临着技术上的落后、人才的短缺等问题。在这种情况下，华为奉行技术跟随策略，在模仿中加速成长，逐步积累自身的技术能力。凭借公司的实力提供不逊于领先者的产品，并且具有自身的特点，华为公司在世界范围内获得较大的认可，业务范围遍布亚洲、欧洲和拉丁美洲。

第二，当消费者感知不到企业的跟随者战略，或者消费者感知到但是认为跟随者只是模仿领先者，并没有自身的特点时，可能产生厌恶情绪，反而会影响企业的声誉，不利于企业发展。较为典型的例子是我国的社交网站服务(Social Networking Services，SNS)。在校内网(现改名为“人人网”)最早“模仿”美国最大的社交网站——Facebook 后，国内涌现了大量的类似网站，开心网、51 网、占座网、海内网、赛我网等。在经历了市场初期的繁荣后，消费者对此类网站的“模仿”失去兴趣，导致社交网站遭受了大量的用户流失。

10.2.4　市场补缺者战略与消费者行为

1. 市场补缺者

每个行业都有些小企业，它们关注在市场上被大企业忽略的某些细小部分，在这些小市场上通过专业化经营来获取最大的收益，也就是在大企业的夹缝中求得生存和发展。这种市场位置称为利基(Niche)。

一个“利基”应该具有以下特征：第一，市场规模能保证一定的利润，并有增长的潜力；第二，企业可以提供有效的服务；第三，对于大企业来说，这部分市场不具有吸引力。

市场补缺者是指精心服务于市场的某些细小部分，而不与主要的企业竞争，只是通过专业化经营来占据有利的市场位置的企业，也被称为利基者。市场补缺者要从自己的优势出发，根据顾客、产品和服务等不同的分类进行专业化营销，其首要任务是发现、占领、扩大和保护自己的补缺市场。采用的基本方式是拾遗补缺、方便客户、独具特色。

2. 市场补缺者与消费者行为

市场补缺者的实力薄弱，不能像领先者那样采用全新产品来引导消费者需求，也不能像挑战者那样有能力突破行业格局，对消费者带来颠覆性的影响，他们只能通过一定的质量和特色占领市场。因此其影响消费者的范围较小，影响力也最弱。

补缺者所采用的三种基本方式对于消费者的影响不同。

①拾遗补缺增加消费者的需求。由于消费者需求差异，市场上总会存在许多未被满足的需求，这些需求可能是大企业没有认识到它的价值，有的则是被大企业所忽略。

②企业采用方便客户方式改善了消费者的需求。消费者在购买产品时对方便的要求越来越高，企业生产使用方便、携带方便、修理方便、购买方便的产品将极大地提高消费者的使用体验。

例如，德国的阿尔迪超市，与消费者对超市的固有认知不同：首先，超市物品的种类不多，一种番茄酱在沃尔玛超市可能有14个品牌，而阿尔迪超市只有3个品牌；其次，出售的商品既没有条形码，也没有价格标签；第三，与大型超市摆放有序不同，阿尔迪超市货物摆放很随意，甚至将商品直接放在地上。正是这些不同于传统超市的特点，造就了阿尔迪为消费者带来的便利。在阿尔迪超市，顾客不用再为收银时排长长的队伍而头疼。尽管没有现代化设备，收款员需要牢记商品价格。但由于商品种类有限，价格档次不多，阿尔迪的收款速度要比其他使用条形码扫描机的商店快得多。这样方便了消费者，避免了顾客较长的排队等候。此外，消费者不再需要为种类繁多的商品而头疼，因为阿尔迪超市只选择销售量处于前三位的品牌。同时，由于种类较少，购货量较大，阿尔迪超市也能以低于一般超市30%左右的价格出售商品。通过这种措施，阿尔迪超市改变了消费者对超市的需求，消费者不再需要拥有大量同类商品、售价昂贵的超市，而是一个能为消费者着想的阿尔迪超市①。

③企业采用独具特色方式丰富了消费者的选择，一定程度上激发了消费者的潜在需求。补缺者通过提供一些特殊的产品和特殊的服务，以此来满足少数消费者的个性需求。

好孩子集团创立于1989年，是中国最大、世界领先的婴幼儿用品供应商，产品包括婴儿车、汽车内儿童坐椅和儿童安全设备等，客户遍及全球70多个国家和地区。目前，好孩子集团设有5个全球研发中心和11家子公司，拥有35个分支机构和20 000余名员工。作为国内一站式母婴专卖店的首倡者，2006年8月，好孩子首家一站式母婴专卖店在上海人民广场开业，短短半年时间，好孩子一站式母婴专卖店就发展到10家。好孩子集团总裁宋郑还表示，希望借助一站式母婴专卖店，把具有国际水平的孕妇及婴幼儿服务带入中国。与普通卖场不同，好孩子一站式母婴用品专卖店囊括从怀孕、生产到哺育、早期教育所有阶段的母婴用品，这里的概念是“育儿妈妈需要什么，就有什么”。

在好孩子集团有两句名言。第一句是“好孩子集团不是从制造诞生，而是从创造诞生”。1989年，好孩子集团靠第一件专利产品——一种推、摇、坐、行样样都行的多功能婴儿车，一炮走红。1996年，好孩子集团研发的一款世界上独一无二的秋千式婴儿车，风靡美国市场，只用了3年时间就成为美国市场的销量冠军。最近，好孩子集团推出的一款发明专利产品——能够附带摇椅设计的儿童自行车，又成了业内争相模仿追逐的样本，其中不乏欧美厂商的侵权行为。现在好孩子集团最贵的一辆童车在欧洲已卖到800多欧元，好孩子集团认为他们卖的是创意，卖的是技术，而不仅仅是一辆童车。②

【案例10-4】奔驰smart——缝隙中诞生的汽车小精灵

从梅赛德斯-奔驰与知名腕表品牌Swatch合作推出首款smart车型以来，这个迷人的品牌就以“享受都市生活乐趣”的品牌理念，以及其可爱、灵活、节能等众多优势获得了市场的热烈追捧。

一、关爱都市生活，smart应运而生

随着不断壮大的汽车数量，现代都市最突出的一个特点就是交通压力难以缓解，堵车状况时有发生，并且大量二氧化碳排放导致空气质量日益下降，人们迫切希望改善这些令人困扰的现状。

smart正是在这样的环境中应运而生，针对耗油量、交通拥堵、空间短缺等问题，本着“为都市生活寻求最佳解决方案”这一理念，集低燃油消耗与低二氧化碳排放于一身，一路引领全球“节能减排”大潮，以小小的身材为地球献上大大的关爱，现代都市很需要这样的环保车型。

---

① 庞小伟.德国阿尔迪超市的零售精髓.店长[J].2010(5).

② 根据 http：//www.htsc.com.cn/htnews/news.jsp?docId=14908142 整理。

二、迎合目标群体个性化需求

现代都市群体购买车时一般会关注品牌、性价比、舒适度、方便性等，当然，他们绝不会忽视汽车的外观。于是，smart 将市场细分为“都市白领青年和都市家庭主妇”。本着“都市生活的艺术”这一核心理念，专为城市用车而设计出这款概念环保车，它驾驶灵活，泊车方便，可作为家庭主妇进城购物、接送孩子上学用车，也可作为白领青年们上下班的代步工具，既个性又时尚且性价比非常高。

三、避强定位，绿色环保代步的微型都市用车

在汽车市场上，smart 肯定不是最好、最昂贵的汽车，比它功能强大的汽车比比皆是，但是，smart 找准了自己的定位，它看准了目前世界最缺的东西就是能源，于是把自己定位为绿色环保代步的微型都市用车。它是便捷、安全、时尚、性价比超高的城市小精灵，引领了一股绿色环保、前卫创意风格的风潮，并以“享受都市生活乐趣”为品牌理念，赢得了众多“都市妈妈们”和正在成功的道路上奔跑的年轻人们的追捧和喜爱。

在全球汽车市场竞争异常激烈的环境下，奔驰 smart,这只汽车小精灵，可爱时尚、身手矫捷，自由地穿梭于市场缝隙，并将脚下的路走得越来越宽，向我们证明着个性化在这个时代的可贵性。

（资料来源：朱玉童.中国品牌营销十三战法[M]. 北京：企业管理出版社，2015.）

本章小结

本章主要介绍了市场营销战略和市场竞争战略与消费者行为的关系。

市场营销战略包括市场细分、目标市场选择及市场定位三个方面。他们与消费者行为有着密切的关系。

市场细分的重要标准是消费者行为细分，根据不同的消费者行为特征，将相近的群体划分为一个子市场，市场细分基于消费者行为，具体有按使用率细分、按利益细分、按消费者购买阶段细分等。

目标市场选择的目的是为了更好得影响消费者行为，企业的可支配资源有限，通过目标市场的选择，更好地迎合消费者的需求，改变其购买行为，为企业带来丰厚的利润。

市场定位本身就是影响消费者行为的过程，定位是企业在消费者心中占有特殊位置的过程，这要求企业改变消费者认知、打破消费者的固有观念，将企业的定位形象传达给消费者。此外，定位的不同还丰富了消费者的需求，凸显了消费者的个性。

市场竞争战略包括领先者战略、挑战者战略、跟随者战略和补缺者战略。企业采用不同的战略由自身实力及市场地位所决定，不同的战略对于消费者的影响程度、影响方式不同。

采用领先者战略的企业处于行业的主导地位，通常此类企业对消费者行为有着较强的引导作用，这主要建立在领先企业具有的优势，比如品牌影响力大，新产品具有行业标杆效应等。

企业挑战者战略，其市场地位一般仅次于领先者，这类企业具有较强的实力，往往通过创新来威胁领先者的地位。根据创新程度的不同，挑战者战略对于消费者行为的影响程度可以分为颠覆性影响和一般性影响。颠覆性影响是对消费者认知的巨大冲击，打破消费者固有的产品意识、消费体验；一般性影响对消费者行为的改变较为缓和，主要是增加消费者购买行为的便利性。

市场跟随者战略与消费者行为的关系比较特殊，由于采用跟随者战略的企业实力较弱，没有领先者的研发实力，也不具备挑战者打破消费者认知的魄力，跟随者战略对消费者行为的影响较小。同时，消费者行为对跟随者战略有着较大的影响，企业能否采用跟随者战略以及采用哪种跟随战略受到消费者行为的制约。当消费者认可企业的跟随战略，接受企业跟随战略下的产品，企业可以实行跟随战略；反之，消费者不接受企业跟随战略下的产品，跟随战略则会失败。

市场补缺者战略是针对细小的市场进行深耕，充分发掘消费者的需求，突出消费者行为的个性。补缺者对于消费者行为的影响主要在于：第一、通过拾遗补缺增加消费者需求，打造出原本不存在的子市场；第二、通过给予消费者便利，影响消费者的需求；第三、补缺者在一定程度上激发了消费者的潜在需求。

案例分析

红门科技的自我革命

红门科技是全球知名的电动伸缩门研发基地，专营电动伸缩门、停车场管理系统、道闸。2009年，红门科技的核心产业——电动伸缩门的市场份额排第一，智能收费系统的市场份额正在增长。

但是，红门科技的地位并不稳固，面临众多品牌的激烈竞争而且自身价格抵御能力较弱。在中小厂家的低价围剿下受到很大影响，电动伸缩门的销量持续下滑。在红门科技面临业务多元化扩张的重要转折期，红门品牌如何在更广阔的领域里打造核心竞争力？如何形成稳固的行业领先优势？

红门科技找到了采纳，一起破解成长中的难题，一次革新自我、颠覆行业的行动即将开始。

一、战略聚焦，品牌国际化发展

采纳营销专家与红门科技经过进一步接触，发现红门品牌在行业内的知名度、忠诚度和美誉度很高，但战略定位不清晰。旗下拥有电动安全门、IC卡智能系统、道闸、岗亭、旗杆、围栏、交通护栏等14个系列100余种产品，没有系统的战略指导品牌与产品价值体系的包装与传输，导致红门品牌建设不聚焦，难以形成明显的差异化优势。

因此，采纳营销专家提出聚焦战略，将红门的业务聚焦到电动伸缩门领域，以电动伸缩门的品牌基础为核心，全面提升品牌影响力和品牌价值，为企业的长远发展夯实基础，做电动伸缩门行业的领导者。然后，借助强势的红门企业品牌，把产品延伸至智能收费系统领域。同时，启动品牌国际化战略，以成为世界级企业为愿景，努力成为国际一流的出入管理系统集成服务商；以国际化的视野和高度，和对手拉开差距，成为行业权威，从而引领整个市场、行业发展的趋势。

二、心智占位，缔造全球门业领导品牌

在和采纳合作前，电动门行业的营销观念基本上是“生产+销售”。这种最原始的模式只重视产品的质量和价格，企业之间的厮杀多以价格战低级战略为主，忽略了品牌与传播的重要性，红门科技就是典型的原始营销。

红门品牌由于整个体系缺乏规划，而且品牌形象有老化趋势，产品定位中高端，但在与用户接触的各个层面没有体现出与高价格相应的价值沟通，缺少由品牌带来的价值支撑，对销售的拉力作用仍然有限。

采纳营销专家将红门定位成“全球门业形象典范”，在消费者心智中占据行业第一的位置，围绕“科技、形象”的核心价值打造营销价值链，向消费者传播“中国红门、世界气派”的品牌主张，推动并巩固电动伸缩门领导品牌的地位，红门科技终将成为市场真正的领导者，如图10-2所示。

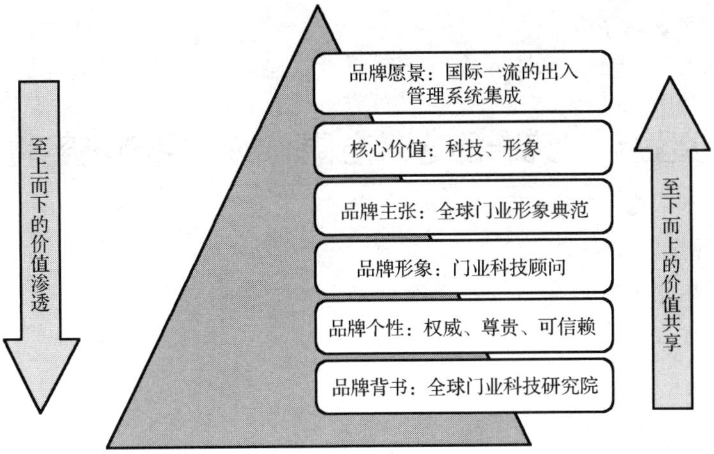

图 10-2　红门科技品牌价值体系

同时，米纳营销专家将红门塑造成门业科技顾问的专家形象，帮助红门组建红门全球门业科技研究院，对其成为电动门行业最权威的研究机构进行品牌背书，进一步强化品牌壁垒。

采纳营销专家策划了“超长大型悬浮门”、“全球最炫（悬）的门”事件推广，成为数十家网络报纸、电视台等媒体争相报道的新闻，抢占“选电动伸缩门就选红门”的心智占位，巩固了红门科技在行业内的领先地位。

三、树立标准，抢占行业制高点

当时，整个电动门缺乏硬性的公认标准，红门科技的产品线、产品名称、产品系列也缺乏标准，随意性强，价值感不足。

所谓“三流的企业卖产品，二流的企业卖概念，一流的企业卖标准”，采纳营销专家针对门业行业标准缺失的状况，根据“黄金高度、黄金设计、黄金材质”三个维度为红门科技树立行业“黄金标准”，奠定了红门科技的行业标杆地位。采纳营销专家按照红门科技的客户需求特点，把产品分成六大类，比如，针对党政机关、大型国企的“国系列”产品，针对中小企业的“红系列”产品，针对“公、检、法”、军队的“雷系列”产品，针对别墅、小区的“和系列”产品，针对体育竞技单位的“跃系列”产品，针对大专院校、文化艺术单位的“雅系列”产品，分别针对不同的产品系列为产品命名，构建起强大的产品线，为红门科技在全球市场攻城略地奠定了坚实的基础。

（资料来源：朱玉童. 中国品牌营销十三战法[M]. 北京：企业管理出版社，2015.）

思考题：

1．红门公司是如何根据消费者行为制定企业战略的？
2．你认为红门公司获得市场成功的原因是什么？

思考练习题

1．简述目标市场战略与消费者行为的关系。
2．消费者行为细分为哪几种？
3．目标市场选择怎样影响消费者行为？
4．市场定位如何影响消费行为？

5．简述市场竞争战略。

6．试比较领先者战略、挑战者战略、跟随者战略与补缺者战略对于消费者行为的影响。

实验十　统一汤达人方便面的产品市场实验

一、实验目的

1．学会思考在竞争激烈的行业中一个知名品牌企业的产品策略。

2．学会思考与判断竞争激烈的行业中一个知名企业如何实现精确的市场细分。

二、实验内容

1．聆听实验指导教师的总体介绍。

2．准备试验的预备知识：食品行业发展趋势及其特点；消费者特点与消费行为；竞争者概况及其市场策略；方便面产品策略、分销策略、陈列策略。

3．到当地的大型购物超市(如沃尔玛、家乐福、大润发等)观察、记录汤达人方便面以及竞争对手品牌(康师傅、今麦郎、五谷道场、白象等)在超市内的货架陈列状况、细分产品状况、产品定位、价格等。

4．对观察结果数据进行整理、录入、统计，分析汤达人方便面的产品策略，并撰写《统一汤达人产品实验报告》，总结调研结果。

三、实验设备与材料

大型购物超市、笔记本计算机、SPSS统计软件。

四、实验步骤

1．确定被试者

实验对象为汤达人及主要竞争对手康师傅、今麦郎、五谷道场、白象等。

2．进店观察

到当地的大型购物超市(如沃尔玛、家乐福、大润发等)观察、记录德芙巧克力以及竞争对手品牌(康师傅、今麦郎、五谷道场、白象等)在超市内的货架陈列状况(陈列面积，在货架上的位置)、细分产品状况(红烧牛肉面、香辣牛肉面、酸菜面、酸辣面、海鲜面等)、产品定位(方便程度、口感、面饼净重等)、价格、促销等。

3．撰写调查研究报告

对录入的有效数据进行统计、分析，撰写调查研究报告，重点分析：①目前汤达人和主要竞争对手都采取了什么样的产品策略？②汤达人和主要竞争对手在产品策略方面的优势和劣势是什么？③各个品牌的产品细分策略与促销策略在超市内的效果如何？④作为食品行业中的方便面，在质量相同的情况下，如何设计产品策略才能满足不同消费者、不同季节的各种需求，从而建立自己的品牌优势？

五、思考题

1．汤达人在产品策略方面是如何传达“统一旗下高品质方便面”这一理念的？在进行市场细分和设计产品传播策略方面我们从中可以得到怎样的启示？

2．如果你是汤达人方便面的品牌经理，面对需求日益多样化的消费者，你将如何在下一阶段设计有效的品牌定位策略？

第11章 企业营销组合策略与消费者行为

【学习目的】

通过本章的学习，了解产品、价格、渠道、促销和消费者行为的关系；掌握消费者的购买动机、需求变化、新产品开发要适应消费者的需求的变化以及新产品的定位和推广；掌握消费者价格心理、商品定价策略和价格调整策略；分析分销渠道设计的影响因素、原则和步骤；了解促销组合的要素和特性。

【学习要求】

学习内容	知识要点	相关概念
产品策略与消费者行为	产品设计与消费者心理的关系 产品名称、商标、包装与消费者心理的关系 新产品开发、定位与推广策略 新产品购买者类型	新产品开发的含义 最早购买者、早期购买者、早期大众、晚期大众和守旧者
价格策略与消费者行为	消费者价格心理及其表现 调整价格的心理策略与技巧	习惯性心理 敏感性心理 倾向性心理
分销策略与消费者行为	影响渠道选择的因素 渠道设计的原则 消费者心理与终端销售点的选择	消费者购买的心理 需求终端销售点
促销策略与消费者行为	促销组合的要素与沟通的目标 广告、人员推销、营业推广、公共关系与消费者行为的关系	广告、人员推销、营业推广、公共关系的含义、功能及形式

【引导案例】市场营销组合理论的演变

1. 4P 理论

1960 年，美国密西根大学教授杰罗姆·麦肯锡在其《基础营销学》中，第一次提出了著名的“4P”营销组合经典模型，即产品(Product)、价格(Price)、渠道(Place)和促销(Promotion)。

2. 大市场营销理论

20 世纪 80 年代中期，菲利普·科特勒在 4P 理论的基础上，创立了“大市场营销”理论，提出 6P 营销组合的概念。科特勒在 4P 的基础上加上了政治力量(Politic Power)和公共关系(Public Relations)。6P 营销组合主要应用于实行贸易保护主义的特定市场。

随后，科特勒又进一步把 6P 发展为 10P。他把已有的 6P 称为战术性营销组合，把新提出的 4P——研究(Probing)、划分(Partitioning)即细分(Segmentation)、优先(Prioritizing)即目标选定(Targeting)、定位(Positioning)，称为战略营销组合。

3. 4C 理论

1990 年，美国市场学家罗伯特·劳特朋提出了以“4C”为主要内容的市场营销组合理论，即针对产品策略，提出应更关注顾客的需求与欲望(Consumer Wants and Needs)；针对价格策略，提出应重点考虑顾客为得到某项商品或服务所愿意付出的代价(Cost)；针对渠道策略，提出更应关注顾客购买某项产品或服务的便利性(Convenience)；并强调促销过程应用是一个与顾客保持双向沟通的过程(Communication)。

4. 4R 理论

2001 年，美国营销学者艾略特·艾登伯格在其《4R 营销》一书中提出 4R 营销组合理论。4R 理论以关系营销为中心，重在建立顾客忠诚，建立了四个全新的营销组合要素，即关联(Relativity)、反应(Reaction)、关系(Relationship)和回报(Reward)。

由上述可以看出，营销组合理论的发展越来越注重消费者的需求，越来越多的企业开始让消费者参与到产品设计开发和推广的全过程,消费者担任着产品价值创造不可或缺的角色。因此，研究营销策略和消费者行为的关系变得越来越重要。

11.1 产品策略与消费者行为

市场营销组合策略思维选择和制定是建立在对消费者购买行为充分了解的基础上的。许多营销专家通过大量的观察认为，在 4P 组合中，消费者关注最多的是产品要素。这是因为，产品是消费者行为的客体，消费者需要的满足、动机的实现，大多离不开产品。企业只有不断向市场提供丰富多彩、质量优良的商品，才能在竞争中生存与发展。

产品的构成是多方面的，其中产品的设计、名称、商标及包装都是现代营销必不可少的构成要素。它们不仅从不同角度传达、体现了商品的各种功能，而且对消费者的心理与行为活动有着极为重要的影响。

11.1.1 产品设计与消费者心理

产品的设计可以分为改进产品、革新产品、开发全新产品三种情况，随着消费者生活水平和文化素质的提高，其心理诉求在购买行为中所占的地位越来越重要。消费者是否购买某一商品，常常取决于产品是否能够满足其心理诉求。所以，产品的设计必须适应消费者不断发展的心理诉求，具体来说，企业的产品设计有以下原则。

1. 根据消费者个性进行特色设计

(1) 体现出威望的个性特色

具有这种特色的产品，在某种程度上能够提高消费者的社会威望并表现其个人成就。在设计时，要考虑选用上乘或贵重的材料，款式要奢华精美，要保证一流的工艺和质量；同时，对产品的产量要严格控制，价格要昂贵。

(2) 显示出年龄的个性特色

要注意适应不同年龄段消费者的成熟程度，以满足其心理要求为目标进行设计。例如，针对“90 后”开发设计的时尚产品。

(3) 标志社会地位的个性特色

某些商品具有明显的社会地位或阶层属性，是某一社会阶层成员的共同标志，使用者可以借此来表明自己属于该社会阶层或集团的身份。在设计这类产品时，要根据特定阶层消费者的工作环境、社会地位、经济收入，以及消费习惯和消费心理来确定产品策略。

(4) 满足自尊和自我实现的个性特色

人类需求层次的发展规律表明，当人们的基本物质需求得到满足后，精神上的需求会逐渐强烈。一方面渴望得到他人及社会地位的承认与尊重；另一方面，还要求不断提高自身的能力水平，以求得事业的成功和个人价值的实现。在设计这类产品时，应以美观协调、高雅庄重、特色鲜明、功能突出为原则。

(5) 满足情感要求的个性特色

随着现代社会生活节奏的加快，消费者在强调产品实用性的同时，越来越注重情感消费。在设计这类产品时，应强调新、奇、美、趣、雅等特点。

2. 按照人体工程学进行结构设计

产品的设计必须符合人体结构的要求。与人体生理结构和生命发展阶段能够适应的产品，在消费过程中可以给人以安全感、舒适感，可以减轻人体疲劳。

▶相关知识：人体工程学键盘

人体工程学键盘是把普通键盘分成两部分，并呈一定角度展开，以适应人手的角度，输入者不必弯曲手腕，这样可以有效地减少腕部疲劳。使用计算机和打字机都需要进行键盘操作，目前工作人员长时间从事键盘操作往往产生手腕、手臂、肩背的疲劳，影响工作和休息。从人体工程学的角度看，要想提高作业效率及能持久地操作，操作者应能采用舒适、自然的作业姿势。工作人员因现有的键盘操作条件而采用不正常的姿势，是导致身体疲劳的主要原因。因为在目前的工作台上操作键盘，如果工作人员手腕放在台面上，由于键盘的键面高于工作台面，必然要让腕部上翘，时间一长会引起腕关节疼痛；而悬腕或悬肘的操作虽然较为灵活，但由于手部缺乏支撑，手臂或肩背的肌肉不得不保持紧张，故不能持久，也易疲劳。对这个问题，人体工程学现有的研究结论是“键盘自台面至中间一行键的高度应尽量降低”。键盘前沿厚度超过 50 mm 就会引起腕部过分上翘，从而加重手部负荷。此厚度最好保持在 30 mm 左右，必要时可加掌垫。即通过减薄键盘本身的厚度和在键盘前增加手部的支撑件来解决。键盘可减薄的程度是有限的。 中间分离的键盘可以使使用者的手部及腕部较为放松，处于一种自然的状态。这样可以防止并有效减轻腕部肌肉的劳损。这种键盘的键处于一种对使用者而言舒适的角度。

3. 参照消费时尚进行流行设计

产品的时代性是一种社会现象，它表现为在某一时期内，社会某一群体或某一阶层的众多消费者承认、接受或使用同一产品样式，即流行式样。企业在进行产品设计时，应善于吸收和发展市场上最流行产品的长处。同时，要善于研究和迎合消费者追求时尚的心理，创造出新颖独特、顺应时尚潮流的商品。[①]

值得我们注意的是，“低调、奢华、特别”正逐渐成为高端消费者新的消费流行趋势，随着网络上对公开炫富、名表豪车的抨击，奢侈品牌的商标设计呈现出更多的隐蔽性与低调性，而得益于社交媒体兴起的小众品牌在更能凸显“某一类人”的特征中满足了消费者情感方面的刚性需要。

4. 基于消费者感觉系统进行感官设计

近年来，从产品和服务中得到的感官体验已成为影响消费者行为越来越重要的因素，感

---

① 汪彤彤.消费者行为分析[M].上海：复旦大学出版社，2008.

官营销的热潮已扑面而来。目前的状况是，尽管感官体验已在一定程度上得到应用，但大部分公司仍然只注重产品设计中的视觉属性，很少考虑其他感官需要。然而我们注意到包括视觉、触觉、味觉、气味、声音在内的感官体验对消费者的消费态度有着深远影响，其效用甚至超过语言，所以产品开发与设计需要做出相应改变。

《哈佛商业评论》中，科瑞斯纳表示：以前与消费者的交流，实质上是一种独白——公司对着消费者自说自话；后来消费者开始提供反馈，先前的独白进化成为双向对话；现在的交流正在发展成为多方位对话，产品发出自己的声音，而消费者下意识地回应。每一家公司都应注重与消费者的多方位对话，考虑全方位的设计，利用感官来创造和增强产品特性，让消费者铭记于心。例如，唐恩都乐韩国分店在公交车上播放广告歌的同时，用雾化器释放出咖啡的香味，此法使得公交车站附近的唐恩都乐门店的顾客增加了16%，而这些门店的销售额增加了29%。

11.1.2 产品名称、商标、包装与消费者心理

1. 产品名称与消费者心理

产品名称即生产企业赋予产品的称谓。在接触产品之前，消费者常常以自己对特定名称的理解来判断商品的性质、用途和品质。可见，名称是产品信息和消费者心理之间的第一个接触点。

(1) 产品名称的心理效能

产品命名的基本目的就是说明、以示区别，并对消费者的购买行为产生促进和帮助作用，因此，产品命名应具有以下效能。

①认知产品。产品名称首先要做到与产品的主要性质和功能相符合，通过简洁实用的文字，告知消费者一件物品的称谓、用途和特点。使消费者即使没有看到产品实体，也能顾名思义，初步感知产品。例如，“山地车”是可以在山地骑行的自行车；“三九胃泰”是一种治疗胃病的药；“乌发宝”是使头发乌黑的洗发剂等。

②便于记忆。言简意赅、易读易懂的产品名称，消费者听过看过后，会在头脑中留下较深刻的印象，对于在市场上纷繁众多的商品海洋中识记特定的商品，有着重要提示作用。心理学证明，文字太长则不易记忆，所以产品名称一般以不超过5个中文字符为宜。

③诱发感情。对商品形成积极的情感是消费者购买产品的增效剂。产品名称如果能够符合不同类型消费者的基本心理特点，具有某种情绪色彩和特殊意义，符合消费者某方面的心理需要，就会得到消费者的信任和偏爱，如“长寿面”、“青春宝”等。

④启发联想。产品命名的一项潜在功能是通过文字和发音使消费者产生恰当、良好的联想，从而刺激其购买欲望。例如，可口可乐公司的“spirite”饮料，中文译名为“雪碧”，使中国消费者联想到纷纷的白雪，清凉的碧水，产生晶莹剔透、清爽怡人的感觉。

(2) 产品命名的心理策略

产品命名的方法很多，因人、因事、因物、因地等不一而足。但是如果想要使商品名称发挥其特有的心理功能，则需要了解各种命名方法对消费者产生的影响及所具有的心理意义。一般而言，常用的命名心理策略有下列几种。

①以产品的主要功能命名。这种命名方法直接反映产品的主要性能和用途，突出产品的本质特征，使消费者迅速了解产品的功效，以取得消费者的信赖。化妆品、医药产品和日用工业品多采用这种方法命名，如“胃必治”“感冒清”等。

②以产品的主要成分命名。这种命名方法突出了产品的主要原料和主要成分，多用于食品、药品和化妆品的命名，如“银耳珍珠霜”“人参蜂王浆”“鲜橙多”等。

③以人名命名。这是指以发明者、制造者或历史人物等名字命名。这种命名方法使特定的人与特定的产品相联系，使消费者睹物思人，引发丰富的联想、追忆和敬慕之情，从而使商品在消费者心目中留下深刻的印象，如“中山装”等。

④以产品的产地命名。这种方法常用于颇具名气或颇有特色的地方土特产品的命名上，在产品命名前面冠以产品产地，以突出该产品的地方风情和特点，使其独具魅力，如“云南白药”“金华火腿”等。

⑤以产品的外形命名。这种命名方法具有形象化的特点，能突出商品优美和新奇的造型，引起消费者的注意和兴趣，多用于食品、工艺品类的产品命名，如“猫耳朵”“满天星”等。

⑥以产品的外文音译命名。这种方法多用于进口产品的命名上，既可以克服某些外来语翻译上的困难，又可以满足消费者求新、求奇及求异等心理需求，如“cocacola”音译成“可口可乐”。

以上只介绍了几种常用的产品命名方法，实际工作中还有许多其他的方法，如以产品制作方法命名、以数字命名等。总之，产品的命名要从消费者的心理需求出发，讲究艺术，掌握技巧，简明扼要，具有特色，而不要牵强附会，使消费者产生反感情绪，才能给消费者以美的享受并激发消费者的购买欲望。

2. 商标与消费者心理

商标是商品的标志，它是生产经营者为使本企业商品与其他商品相区别而采用的一种标记，一般由文字、字符、图形、数码、线条、颜色及其组合而成。

(1) 商标的心理功能

①识别功能。商标通过特定的文字、图像、符号，使一种产品本身区别于其他同类产品，可以帮助消费者在购买商品的过程中，分辨商品的生产者、经营者，从大量同类产品中，确认自己欲购的产品，从而实现自己的购买意愿。

②提示和强化功能。商标可以通过广告等各种宣传媒介，与产品有关信息一起，给消费者以深刻的感受和难忘的印象。在消费者的回忆中，往往是将某一产品的大量信息及购买此产品的经验、感受，凝结为商标印象进入消费者的记忆，在今后的重复购买中，这种已形成的印象就不唤自来，成为习惯性购买。

③保护功能。商标一旦在国家商标局注册后就受到法律的保护，任何假冒、伪造商标的行为都要受到法律的制裁。商标受法律保护的功能是非常重要的，它不仅维护了制造商和销售商的经济利益和企业形象，而且让消费者在购买和使用产品时有一种安全感和信赖感，从而可以促进产品的销售。

(2) 商标设计的心理策略

如上所述，商标具有重要的心理效能。因而国外不少企业对消费者进行“商标调查”，通过了解消费者对商标的反应，分析其消费心理，预测消费动向，制定营销策略。任何商标的设计都是为了使消费者对该商标形成强烈而稳定持久的偏爱，为了达到这一目的，商标的设计必须注意采用心理策略。

①简洁性。一个人在单位时间内所接受的信息量是有限的。消费者在购买产品时，对产品的注意时间很短。如果商标的设计过于复杂难懂，消费者就不易辨别和记忆，从而影响消

费者对企业和产品的认知。这就要求企业在进行商标设计时，力求做到简洁明快，易于理解和记忆，让消费者在短时间内留下清晰的印象。

②富有感染力。生动活泼的造型易于吸引消费者的视线，含义隽永的文字能激发消费者的美感，从而产生强烈的感染力，达到过目难忘的效果。举例来说，运用主销对象熟知且喜爱的形象，进行形象设计，如“唐老鸭”“喜羊羊”等儿童用品，都是运用儿童熟知的卡通形象作为商标；运用寓意美好的文字做商标，如“旺旺”食品系列。

③形象一致。这种策略要求商标与所代表的产品名实相符，即能使消费者熟视标志物，或者说，商标应能使消费者联想到它所代表的商品或劳务，这样设计出的商标成为形意商标。如“精工牌”手表，显示商标所代表的商品经过精心制作而成。

3. 包装与消费者心理

除了极少数产品以外，市场上绝大多数的产品在从生产领域转移到消费领域的过程中，都需要有适当的包装。所谓包装，泛指用于盛装、包裹、保护商品的容器或包扎物，以及用于装饰商品的装饰物。随着市场竞争的日趋激烈，消费者生活方式和生活习惯的变化以及包扎新工艺、新材料的应用和包扎技术的提高，包装已不仅是原始的用于保护和存储商品的一种工具，更是美化商品、推销商品的主要手段。

(1) 产品包装的心理功能

①便利功能。便利功能是指商品的包装要方便消费者的携带和使用。现代企业强调消费者至上，就是要处处为消费者着想，要根据产品的性质、形状和用途等设计包装的结构、形状、材料、规格及开启方式等，以方便消费者的选购、携带、运输和保管使用。

②展示功能。为了便于消费者了解商品的属性，通过包装上的文字或图案等向消费者传递有关产品的性质、质量、用途、组成成分、生产厂家、生产日期、保质期、使用方法及注意事项等。消费者越来越重视产品包装中的这部分信息，特别是有健康意识的消费者会参考包装上的信息以确认最佳使用日期、各种指标与含量大小。①

③美化功能。包装对产品的美化作用，即通过包装的造型、色彩的搭配等，能给消费者以美的享受。特别是对于艺术品、儿童用品等，商品的包装装潢就更为重要，甚至会出现消费者购买某产品仅仅是因为它的艺术性包装。

④促销功能。产品的包装具有增加产品特色的广告作用，它有助于表明竞争产品之间的差异，起着无声促销的作用。据国外对消费者行为的研究表明，有60%的人在选购商品时，是受包装装潢的吸引而购买的。因此，独特、精美的包装可以引起消费者的兴趣，激发消费者的购买欲望。

(2) 产品包装的心理策略

据统计，消费者在购买商品时，有80%是在现场做出决定的，其中产品包装起着重要作用。因此，为了提高产品的市场竞争力，就要根据消费者的心理因素，采取适当的包装策略。产品包装的心理策略主要有如下几种。

①便利包装策略。这类产品包装是以方便消费者选购、携带和使用为原则所进行的包装。比如，使用透明的包装材料可以让消费者直接观察商品。

②习惯包装策略。就是根据消费者不同的生活习惯来进行产品的包装，包括惯用包装、分量包装、等级包装等。另外，由于不同文化背景下人们的消费习惯不一样，所以在进行产品包装时要充分考虑这一点。

---

① 王曼，等. 消费者行为学[M]. 北京：机械工业出版社，2007.

③多用途包装策略。这是指产品使用完以后，其包装可以被顾客另作别用。例如，一些水果罐头瓶可以当茶杯使用。

④赠品包装策略。在包装内附赠奖券或实物，以吸引顾客购买。一般来讲，赠品应和商品本身相关。

⑤错觉包装策略。这种包装指的是利用人们的视觉误差来设计产品的包装，特别是容器的容积大小、形状与色彩等。比如，两个同样容量的洗发精，扁形的看起来要比圆柱形的显得多一些。①

11.1.3　新产品开发与消费者行为

新产品开发，是指企业从事新产品的研究、试制、投产，以及更新或扩大产品品种的过程。新产品开发主要有三种类型：

①改进型，是指在原产品基础上采用各种改进技术研制而成的产品；

②革新型，是指在已有产品的基础上采用新技术、新材料、新工艺等对原有技术进行较大的革新研制而成的新产品；

③全新型，是指采用新原理、新结构、新材料、新技术等研制成的完全新式的产品。

新产品开发的程序如图 11-1 所示。

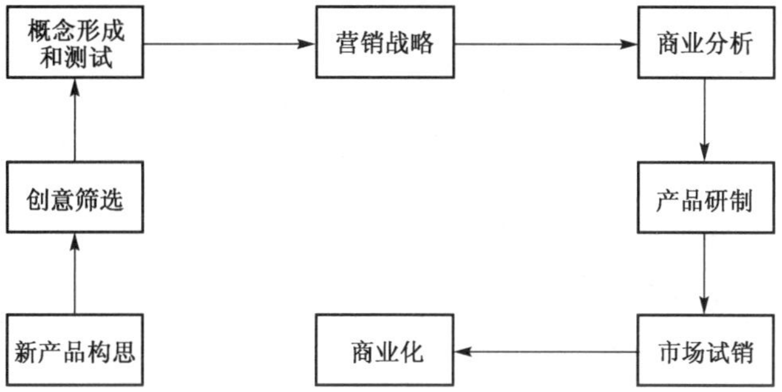

图 11-1　新产品开发的程序

1. 新产品的购买者类型及心理分析

当某种新产品出现在市场上时，消费者对新产品的购买行为和态度并不相同。有的消费者马上就购买；有的消费者在别人购买后再购买；有的消费者在商品处于普及状态时购买；有的消费者在商品趋于饱和甚至衰退时才购买。之所以出现这种状况，原因在于消费者的心理需求、个人性格、文化背景、受教育程度、社会地位和所处环境等存在差异。消费者对新产品接受的快慢程度不同，导致消费者对新产品的感知感应速度不同。根据美国学者罗杰斯提出的消费者接受新产品的程度，如图 11-2 所示，可以将购买新产品的消费者分为最早购买者、早期购买者、早期大众、晚期大众和守旧者 5 种类型。

(1) 最早购买者

最早购买者也称为创新采用者，是新产品刚上市时最先实施购买的消费者，占全部潜在购买者的 2.5%左右。这部分消费者求新、求美的需求动机强烈，大多为年轻人，交际广泛且信息灵通，富有创新和冒险精神，收入水平、社会地位和受教育程度较高，对风险

① 张理. 消费者行为学[M].北京：清华大学出版社，北京交通大学出版社，2008.

有较强的承受能力。最早购买者虽然人数少，但可以起到示范、表率、带动其他消费者的作用，因而是新产品推广首先要借助的力量。企业营销人员在向市场推出新产品时，应把促销手段和传播对象集中于最早购买者身上，如果使用效果较好，他们就会广为宣传，影响到后面的使用者。

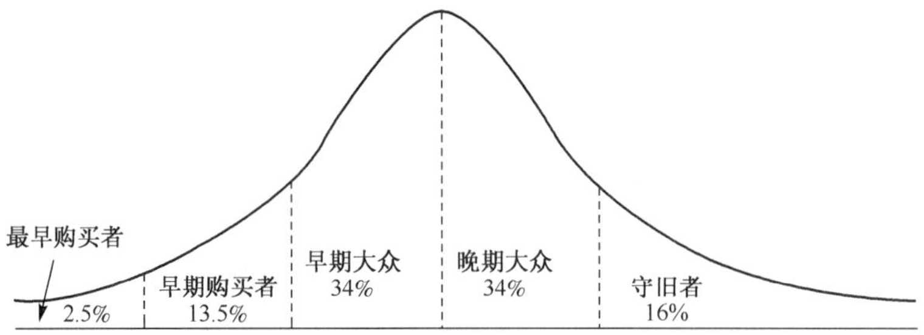

图 11-2　罗杰斯的消费者对新产品的接受程度

(2) 早期购买者

早期购买者也称为早期采用者，指新产品上市初期，继最早购买者之后，马上投入购买的消费者，约占全部潜在购买者的 13.5%。这部分消费者大多对新生事物感兴趣，甚至常常主动搜寻新产品信息，对新产品有比较强烈的消费欲望，是购买新产品的积极分子。他们往往在各自的群体中有一定的威望，受到群体的拥护，成为某些领域的舆论领袖。早期购买者与最早购买者一样，人数也较少，但是这类购买者绝大部分是在产品的介绍期和成长期采用最新产品的，并对后面的采用者影响较大。

(3) 早期大众

早期大众是指经过最早购买者和早期购买者对新产品的特点、性能、用途等进行证实后实施购买行为的消费者，约占全部潜在顾客的 34%。这类购买者采用新产品的时间较平均采用时间要早，他们的购买行为基本上发生在产品成长阶段。这类消费者的态度谨慎，决策时间较长，受过良好的教育，有较好的工作环境和固定收入，对舆论领袖的消费行为有较强的模仿心理。他们虽然也希望在一般人之前接受新产品，但却是在经过早期购买者认可之后才购买的，从而成为形成某一种消费热潮的重要力量。由于该类购买者数量较大，是促成新产品在市场上趋于成熟的主要力量，因而在研究其消费心理和消费习惯对于加速创新产品扩散有着重要意义。

(4) 晚期大众

晚期大众是指当大部分消费者接受并使用新产品后才开始购买新产品的消费者，约占全部潜在购买者的 34%。这部分购买者思想谨慎，受教育程度和收入状况相对较差，对新生事物反应迟钝，总是被动的顺应消费者趋势。当看到购买新产品的人越来越多，并已证实新产品的特点及由此到来的消费趋势后，他们才开始购买。

(5) 守旧者

守旧者是最后购买新产品的消费者，这类消费者是购买新产品的落伍者，约占全部潜在购买者的 16%。这类消费者受保守心理、传统观念、文化水平及所处环境的束缚，拘泥于传统的消费行为模式，当新产品处于饱和状态和趋于衰退状态时才实施购买。①

① 甘瑁琴，王晓晚.消费者行为学[M].北京：北京大学出版社，2009.

2. 消费者新产品购买行为存在差异的原因

消费者在对待新产品的态度上的差异决定了他们在购买行为上表现出不同的特点。这种态度上的差异既是消费者收入水平、职业特点、性别、年龄等社会和生活因素作用的结果，也是消费者个人需求、认识、个性心理特征和态度的影响和作用造成的。

(1) 消费者对新产品的需要

需要是消费者一切行为活动的基础和最初原动力。能否满足需要，是消费者购买新产品与否的决定性因素。只有符合并能满足消费者特定需要的新产品，才能吸引消费者积极购买。

(2) 消费者对新产品的感知程度

感知和了解新产品是消费者购买新产品过程的起点。消费者只有对某一新产品的性能、用途、特点有基本了解，确信购买新产品能够为自己带来新的利益时，才会激发购买欲望，实施购买行为。

(3) 消费者的个性心理特征

消费者个人兴趣、爱好、价值观、气质、性格等个性心理特征千差万别。这些差别直接影响消费者对新产品的需求和接受新产品的程度与速度。个性灵活、乐于接受变化、富于冒险和创新精神的消费者，往往更易于接受新产品。

(4) 消费者对新产品的态度

消费者在对新产品感知的基础上，通过对新产品与旧产品的各项指标进行比较、分析，从而形成对新产品的不同态度。消费者经过比较后，如果新产品能为自己带来新的利益和心理上的满足，他们就会对新产品持肯定态度，实施购买行为。

3. 新产品开发设计适应消费者需求的变化

新产品的开发设计应注意适应消费心理与消费方式的新要求、新变化，这些要求、变化主要有以下几个方面。

(1) 消费心理的变化

①追求流行时尚的心理增强。随着收入水平的提高，消费者具有了追求流行时尚的经济能力，大部分消费开始求新求奇、追求时尚。因此在产品开发设计中应突出“创新”，尽可能采用新材料、新工艺，使产品具有新性能、新特点、新用途，占领新市场。对于生命周期短的产品，应及时开发更新替代产品，及时满足消费者的需求。

②消费者对商品满足社会身份、地位、威望的心理需求增强。现代社会中人的社会身份、地位、威望是个人事业成功的重要标志，也是社会阶层的象征。不同阶层的消费者在购买商品时会考虑到保持与本阶层成员的社会身份、地位、威望相协调。因此，某些新产品的设计创新应该考虑使该产品能适应特定专业人士职业、工作环境、经济收入、消费习惯、社会身份特征、社会群体形象等方面的特点。

【案例 11-1】丰田普锐斯 PK 本田思域

截止到 2014 年 9 月，丰田普锐斯混合动力车的销量已经占全美混合动力车销量的一半以上，而且普锐斯在美国累计销量是其最大竞争对手本田思域销量的 7 倍。这两款车最主要的区别是：普锐斯只有混合动力车型，而且外观与丰田传统汽油动力汽车截然不同。相比之下，本田混合动力车的生产线还出产外观相似的传统汽车。如果你驾驶普锐斯，那你的车只能是混合动力车；但如果你开的是思域，别人无法知道你的车是否是混合动力车，除非他们能瞄到汽车尾部的混合动力标识。换句话说，普锐斯给自认环保人士者更多机会，展示自己的环保信誉，彰显自己的群体成员身份，也让这一群体更加稳固。

（资料来源：盖伊·钱普尼斯，等. 20 分钟打造用户新身份[J].哈佛商业评论, 2015(1-2).）

③消费者对商品质量、功能的心理需求提高。消费者对商品质量、功能的心理需求也在不断提高，因此新产品在设计时应认真分析消费者需要解决什么问题，是否用某种产品使问题得到解决，现有产品质量、功能是否存在不足，如何提高质量、增加功能等。

④消费者对商品的个性化、象征意义的心理需求更加明显。现代消费者对商品个性化的心理需求越来越明显。不同的消费者，个性心理特征不同，对商品心理需求也不同。因此新产品设计要满足消费者个性化的心理需求，使产品体现出独特的个性，既表现产品自身的特点，可供不同消费者选择，又展示出商品的象征性意义。

【案例 11-2】个性化生产、产品的案例

美国的制鞋企业——麦尔·休·高浦勒斯公司，为了使其产品具有个性，要求设计人员设计出能激发人们购买欲望的鞋。该企业的鞋除了被赋予新奇的分类外，如“男性”、“女性”、“优雅”、“轻盈”、“年轻”、“野性”等，还各有稀奇古怪的名字，如“笑”、“眼泪”、“袋鼠”、“愤怒”、“爱情”、“摇摆舞”等。这些充满个性特征的产品加上广告宣传中有意渲染的感情色彩，在不同消费者群体中引起了强烈的心理反应。[1]

大型服装直销商 Land’s End 一直致力于为消费者提供个性化定制服务。通过定制，消费者可以在产品中加入代表自己的个性化元素，有效突出个人特点，也使礼物变得更有意义。在 Land’s End，消费者只需多付几美元就可以在上百种商品中增加自己中意的字母、刺绣、烫印线条、雕花，甚至包括希望在特定位置展示出来的姓名以及绰号。这使得消费者产生“唯我独有”的心理感受，极大满足了个性化的心理需求。

（资料来源：根据互联网资料整理。）

⑤消费者对商品的审美心理需求提高。消费者购买商品不仅看重其实用价值，也重视商品的艺术价值。在产品设计时不仅应使商品的使用功能符合要求，也应注意商品的造型、款式、颜色等。

(2) 消费习惯的变化

近年来，我国城镇居民的消费习惯发生了极大的变化，出现了多层次、个性化、讲流行、敢消费、善消费等诸多方面的变化。农村生活开始向城市化方向发展，农民自给性消费逐步减少，商品性消费逐步增加。这些变化促使商品生命周期相对缩短，对企业开发新产品的速度、种类等提出新的要求。

(3) 消费结构的变化

城乡居民的消费结构发生了较大的变化。恩格尔系数不断下降，用于食品的消费比重已有较大幅度的降低，用于其他消费的比重明显增加。城市家庭生活向社会化转变，消费者对娱乐、精神产品的需求也在不断增加。

(4) 消费决策的变化

市场环境和消费条件的变化也引起了消费决策模式的改变。在商品供大于求的现代买方市场条件下，消费者可以根据自身需求进行多样化的选择和自主决策。

---

① 张理. 消费者行为学[M]. 北京：清华大学出版社，2013.

(5) 消费信息的变化

消费者获得商品信息的质量、数量、来源渠道等都比过去有了很大的增加。消费者获得商品信息的途径多、速度快、信息量大、可靠性强，为购买商品所需的精力与时间大大减少，要求企业在产品开发时应加强有关信息的传递。

(6) 消费权利的变化

现代市场中，消费者维护自身权益的声音越来越强。企业在新产品开发时必须使新产品经得住市场考验，要求产品技术成熟、质量过关、性能优良。①

4. 新产品定位应基于消费者的利益

在新产品开发时，首先需要明确该产品可以满足目标消费者的哪些利益，即进行新产品的市场定位。

(1) 需要型产品的市场定位

需要型产品是可以满足共同利益的产品，这类产品的市场定位是比较宽泛的。需要型产品是满足人们心理或者生活需要的必需用品，但也有一定的区别。需要型产品的定位多以消费者的年龄划分，但随着生活水平的提高，需要型产品的市场定位已经深入到经济能力和需求方式方面了。

(2) 需求型产品的市场定位

与需要型产品不同，个性利益是需求型产品服务的部分。每个消费者都存在不同的个性化需求，导致消费者的习惯和偏好存在很多差异。了解掌握消费者的个性化、差别化利益是需求型产品定位的关键，在定位时应该考虑年龄行为之外的消费者的工作特点和个性特点。

(3) 欲望型产品的市场定位

欲望型产品是满足消费者的购买欲望，购买欲望是需要和需求已经形成实质性的购买冲动。欲望型产品反映的是消费者的某些心理欲望，而不是因为产品的核心利益引发的需求，因此欲望型的产品利益大多是附加利益。欲望型产品的推广不是针对特定人群而是面向更广阔的人群进行定位，只有更广阔的人群知晓这个产品，才能对少数人的心理产生作用。

5. 新产品在不同阶段的推广策略

新产品推广要根据该类产品所处的市场阶段采用不同的推广策略和方式，在产品导入阶段、成长阶段或成熟阶段的推广方式有很大的差异。

(1) 市场导入阶段

这个阶段的明显特征是产品的普及率不高，消费者对该产品的认知还处在初级阶段。此阶段，企业不应该把更多的精力和资源用在产品的品牌宣传上，因为消费者并不关注这个产品是什么品牌，而是更关心这个产品到底是不是自己所需要的。因此，企业的首要任务是培育市场。在市场导入阶段，推广策略应以产品的功能性告知为主，企业应把更多的精力和资源集中到产品的功能性告知上。

(2) 市场成长阶段

这一阶段的特点是产品的市场普及率迅速上升，消费者对该产品已经有了足够的认知，开始选择性地购买该产品。此阶段，企业需要尽快抢占有利的市场位置，不仅让消

① 江林. 消费者行为学[M].北京：科学出版社，2007.

费者知道新产品的存在，还要让消费者知道新产品的优点。因此，产品推广时需要明确产品概念，以便和其他产品相互区别，同时为产品品牌在市场上赢得信誉奠定基础。在对产品概念进行清晰的宣传的同时，还要针对产品品牌进行有力的传播，以便让消费者将产品的概念认知与产品品牌联系起来。在成长阶段，谁的产品概念和品牌形象清晰，谁就有可能占据市场的较大份额，所以成长阶段要把握的重点是产品概念和品牌形象的凸显和塑造。

(3) 市场成熟阶段

在市场成熟阶段，由于很多品牌产品已经把市场份额占得几乎没有缝隙，新产品的生存空间较小，因此新产品推广需要特别注意体现新产品的个性化利益，其市场推广要有严格的定位。许多情况下，企业都是以产品创新的形式进入这一产品市场，所谓产品创新就是在产品直接功效利益的基础上增加结果利益、欲望利益等不同的利益因素，从而使新产品的利益结构更丰富、更感性、更具时代性，以便引发新一代消费者的追求和喜爱。这一阶段新产品的推广目标不是试图改变原有消费者的态度和行为，而是以新消费者为目标群体，通过新消费者的意见和行动影响老一代消费者。

市场成熟阶段的推广策略应当注重个性化的产品利益和与之对应的新消费者所关注的品牌概念的有机联系。这种联系在推广过程中表现为：更加注重在产品上实施的广告和铺货时间的配合；更加注重新产品在卖场的展示和生动化的作用；更加注重新产品的陈列和卖场的促销组合；更加注重导购的作用和在销售过程中的服务；更加注重引导消费者走入卖场过程中的视觉形象的焦点效果；更加注重产品和品牌在零售终端的同时体现。

总之，新产品的成熟阶段的推广是引导性的推广，这种引导是通过视觉、听觉、触觉等多种因素来达成的。因此应该利用多种策略方法进行新产品的市场推广，其中关键是要有一个精准的市场和产品定位。

▶相关知识：消费者的九条意见

将三类消费者的主要意见整理出来，产品创新的源泉就找到了，企业根据这些意见去开发产品，自然能给用户带来价值。

怎么做呢？首先，走访现有的消费者，问他买了某个产品之后在哪三个方面不满意。走访多少个客户呢？20个以内就够了，也许很多搞学术研究的人会说：取样率太低了，不准确。对于学者来说确实如此，但是对于企业家和经理人来说，一定要兼顾效率和成本的关系。以我的实战经验来说，只要你找到20个目标客户，信息的准确度已经够了。如果花费巨资做成千上万客户的调研，精度是会提高，但是作用并不大，边际成本却很大。

其次，走访那些有需求但还没有消费的人。问他为何想买而没有买，担心什么？顾虑什么？害怕什么？你就会找到他们不买的原因，这样也能找到他们最主要的三条意见。同样也是走访20个人就可以了。

最后，走访那些自认为自己没有需求的人，去问他们为什么没有需求。也许这些人会说，买这个产品没有用途。那么你就可以进一步问他们为什么会觉得没有？同样可以整理出三条意见。

找到了上述九条意见，再把他们整理出来，创新的源泉就找到了。根据这些意见去开发产品，自然能给用户带来价值，产品创新就是这么简单。

(资料来源：高建华. 产品创新的源泉. 销售与市场(管理版)[J]，2011(5).)

11.2　价格策略与消费者行为

从最简单的意义上理解，价格是买卖双方谈判的结果。所有产品和服务在市场上交易都有一定的价格，价格是企业利润的基本来源。在需求量一定的条件下，价格甚至是决定营业收入的唯一要素。在营销组合因素中，价格也是唯一能创造收入的要素。价格对消费者有着更重要的意义，是影响消费者做出购买金额的重要考量因素。

11.2.1　价格的心理功能及影响因素

1. 价格的心理功能

(1) 衡量商品价值的功能

根据经济学理论，价格是商品价值的货币表现，商品价格围绕着商品价值上下波动。但消费者由于信息和能力有限，无法真正了解商品的真正价值，因此，消费者只能简单地以价格来衡量商品的价值。

(2) 自我意识的比拟功能

对消费者来说，商品的价格不仅衡量商品的价值，而且可以把商品的价格高低同个人的愿望、情感、个性心理特征等联系起来，进行有意或无意的比拟，以满足个人的某种欲望或需求。

(3) 调节消费需求的功能

商品价格最基本的功能就是对消费需求的调节作用。在其他条件不变的情况下，当商品的价格上涨时，消费需求量减少；当商品的价格下跌时，消费需求量增加。

2. 影响消费者价格心理的因素

影响消费者价格心理的因素是多方面的，如消费者的经济状况、市场竞争状况、国家的宏观政策、消费者的时间与主动性等。

(1) 需求

需求是一定时期内以各种价格在市场中可能销售的商品数量。经济学认为，人作为纯理性的“经济人”，购买商品的数量取决于商品的价格。商品的价格越高，消费者对该商品或服务的需求就越少，反之则增加。同时，消费者对于需求的判断也会影响价格，消费者若认为当前的需求比较旺盛，超过了供给能力，则倾向于接受较高的价格，否则不会接受。

(2) 消费预期

消费者结合商品的供给和需求状况及未来趋势，会对商品价格趋势做出判断。若认为某种产品或服务供大于求将出现，或认为随着技术的进步，某种技术产品面临着淘汰的可能，则会倾向于以低价购买甚至延迟购买。但当消费者认为某种商品可能会涨价时，则倾向于立即购买或提前购买。

(3) 购买体验

消费者在购买时会把某一商品标价和他们头脑中已经形成的这类商品的价格做比较。消费者在头脑中为进行这类比较而形成的价格被称为内部参照价格。

(4) 消费者参与程度的高低

一般来说，对于消费者参与程度较低的产品或购买过程，价格对消费者的购买行为影响很小甚至没有影响。

11.2.2 消费者价格心理及其行为

1. 消费者行为中的价格心理

(1) 习惯性心理

这种心理是由于消费者在长期、反复的购买行为中，通过对某些商品价格的反复感知而逐步形成的。在市场上企业对某种商品价格的制定是有一定客观标准的，但是由于消费者并不注意生产某种商品的技术发展情况，也不一定了解商品内在价值的变化情况，因此在多数情况下，消费者对商品的认知，只能根据长期购买体验来实现。特别是对于一些购买频率较高的日用品，由于长期购买逐步形成对商品价格的某种习惯，这种习惯往往支配着消费者的购买行为，成为消费者衡量商品价格的一个心理尺度。

(2) 敏感性心理

这是指消费者对于商品价格变动的反应程度。消费者对价格变动的敏感性，既有一定的客观标准，又有自身在长期购买行动中对于不同种类商品逐步形成的一种心理价格尺度，它具有一定的主观性，这两者共同作用，影响着人们对不同种类商品价格变动的敏感性。一般而言，消费者的敏感性心理与商品的价格弹性成反比关系。

▶相关知识：价格弹性

所谓价格弹性(Price Elasticity)，即需求量对价格的弹性，是指某一产品价格变动时，该种产品需求量相应变动的灵敏度。

价格弹性是指某一种产品销量发生变化的百分比与其价格变化百分比之间的比率，是衡量由于价格变动所引起数量变动的敏感度指标。当弹性系数为1的时候，销售量的上升和价格的下降幅度是相抵的。当0~1之间的弹性意味着价格上升也将使得收益上升，而价格下降使得收益下降，我们说这类物品的需求是相对缺乏弹性的，或者说价格不敏感。大多数食品的需求弹性是低的，而大多数的奢侈品的需求弹性(如香水，高档服装等)都相对较高。

价格弹性表明供求对价格变动的依存关系，反映价格变动所引起的供求的相应的变动率，即供给量和需求量对价格信息的敏感程度，又称供需价格弹性。商品本身的价格、消费者的收入、替代品价格，以及消费者的爱好等因素都会影响对商品消费的需求。

(3) 倾向性心理

这是指消费者对商品价格高低进行比较、选择时的心理倾向。消费者在购买活动中对商品的价格高低的判断、比较和认定都是相对的。往往是根据商品的性能、质量、外观造型、时效性及所用材料等判断比较商品的价格是否合理、是否可以接受。例如，在同类商品中，如果消费者认定商品的质量性能相同或所差无几，往往倾向于价格较低的商品；对于一些季节性、一次性商品，消费者也往往倾向于低价而不过分追求质量。

2. 消费者对于价格调整的行为反应

在市场经济条件下，价格的调整与变动是经常发生的。企业只有适时对商品价格进行合理的调整，才能使价格较为合理的反映价值量的变化，反映市场供求现状和商品使用的相对变化状况，同时也有利于提高企业自身产品的竞争能力。

价格调整可以分为两种情况，一种是降低价格，一种是提高价格。但无论怎样变动，调整价格总会使消费者的利益受到影响。当然，对于不同的商品，消费者对其价格变动的反应是不同的。此外由于市场信息的非对称性，消费者对企业调整价格的动机、目的的理解程度不同，也会产生不同的心理和行为反应。在通常情况下，消费者无法直接了解企业调整价格的真正原因，对价格调整的理解也并不深入和准确，在心理和行为反应上难免出现这样或那样的偏差。

(1) 消费者对调低价格的反应

当商品价格下调时，按照经济学中需求定理的解释，本应刺激消费者的购买动机，促使他们增加或重复购买。结果很多消费者却做出相反的反应，购买不但没有增加反而减少。这种行为反应主要是以下心理因素影响的结果。

①消费者的质量等级心理认为，商品降价是由于这些商品自身品质下降或质量过低造成的。

②消费者的趋势心理认为，凡是降价的商品都是销售中的劣质商品、过时商品，是人们不愿使用的商品。

③“买涨不买跌”预期心理，认为商品可能还会继续降价，从而延缓自己的购买行为。

(2) 消费者对调高价格的反应

调高商品价格对于消费者来说通常是不利的，从理论上来讲会抑制消费者的购买欲望，挫伤其购买积极性，减少实际购买需求。但在现实生活中，消费者的反应也不尽相同，主要是基于以下原因。

①商品涨价，消费者认为可能是因其具有某些特殊的使用价值，或具有更优越的性能，好东西应该尽快购买。

②预期心理会导致消费者认为商品虽然涨价，但可能还会继续上涨，应尽快购买，以防将来购买会更吃亏。

③投资心理会使消费者认为商品涨价说明它有升值的潜力，不如把购买当做投资。

【案例 11-3】为什么麦当劳逆风涨价

麦当劳在“非典”后期的 2003 年 5 月 28 日，将自己的快餐品全面提价：巨无霸由原来的 10 元涨到 10.40 元，麦辣鸡由原来的 9.9 元涨到 10 元，所有快餐品平均涨幅 1%～2%。为什么麦当劳会在此时此刻涨价呢？他们是这样分析形势的，在“非典”疫情得到有效控制后，消费者被压抑的消费能力可能会有较大的释放，抓住机会涨价，不但可以将“非典”时期带来的损失减少，而且还会有可观的收益。麦当劳的快餐品平均涨幅 1%～2%，以它在中国具有的规模，通过涨价它得到巨大的利益，有人给麦当劳算了一笔账，通过这次涨价，麦当劳每年可以多进项 1 000 多万元。

(资料来源：王曼，等. 消费者行为学[M]. 北京：机械工业出版社，2007.)

11.2.3　产品定价的心理策略

由于价格的独特作用以及影响价格因素的复杂性，决定了企业在为产品定价的时候不能只采取最原始的那种成本加利润的定价方法与策略，而是要更加注重消费者的需要，迎合消费者的心理，才能达到促进商品销售、提高市场占有率的目的。

(1) 新产品定价策略

新产品的定价是营销策略中一个十分重要的问题。它关系到新产品能否顺利地进入市场，能否站稳脚跟，能否获得较大的经济效益。目前，国内外关于新产品的定价策略，主要有三种，即撇脂定价策略、渗透定价策略和满意定价策略。

①撇脂定价策略，是指企业在产品寿命周期的投入期或成长期，利用消费者的求新、求奇心理，抓住激烈竞争尚未出现的有利时机，有目的地将价格定得很高，以便在短期内获取尽可能多的利润,尽快地收回投资的一种定价策略。其名称来自从鲜奶中撇取乳脂(含有提取精华之意)。

②渗透定价策略，又称薄利多销策略，是指企业在产品上市初期，利用消费者求廉的消费心理，有意将价格定得很低，使新产品以物美价廉的形象，吸引顾客，占领市场，以谋取远期的稳定利润。

③满意定价策略，又称平价销售策略，是介于撇脂定价和渗透定价之间的一种定价策略。由于撇脂定价法定价过高，对消费者不利，既容易引起竞争，又可能遭到消费者拒绝，具有一定风险；渗透定价法定价过低，对消费者有利，对企业最初收入不利，资金的回收期也较长，若企业实力不强，将很难承受。而满意价格策略采取适中价格，基本上能够做到供求双方都比较满意。

(2)心理定价策略

心理定价策略是针对消费者的不同消费心理，制定相应的商品价格，以满足不同类型消费者的需求的策略。心理定价策略一般包括尾数定价、整数定价、习惯定价、声望定价、招徕定价和最小单位定价等具体形式。

①尾数定价策略，又称零头定价，是指企业针对消费者的求廉心理，在商品定价时有意定一个与整数有一定差额的价格。这是一种具有强烈刺激作用的心理定价策略，给人一种定价精确、值得信赖的感觉。

心理学家的研究表明，价格尾数的微小差别，能够明显影响消费者的购买行为。一般认为，5 元以下的商品，末位数为 9 最受欢迎；5 元以上的商品末位数为 95 效果最佳；100 元以上的商品，末位数为 98、99 最为畅销。尾数定价法会给消费者一种经过精确计算的、最低价格的心理感受；有时也可以给消费者一种是原价打了折扣，商品便宜的感觉；同时，顾客在等候找零期间，也可能会发现和选购其他商品。

尾数定价法在欧美及我国常以奇数为尾数，如 0.99、0.95 等，这主要是因为消费者对奇数有好感，容易产生一种价格低廉、价格向下的概念。但由于 8 与“发”谐音，在定价中尾数 8 的采用率也较高。

②整数定价策略。整数定价与尾数定价相反，针对的是消费者的求名、求方便心理，将商品价格有意定为整数，由于同类型产品，生产者众多，花色品种各异，在许多交易中，消费者往往只能将价格作为判别产品质量、性能的指示器。同时，在众多尾数定价的商品中，整数能给人一种方便、简洁的印象。

③习惯性定价策略。某些商品需要经常、重复地购买，因此这类商品的价格在消费者心理上已经定格，成为一种习惯性的价格。

许多商品尤其是家庭生活日常用品，在市场上已经形成了一个习惯价格。消费者已经习惯于消费这种商品时，只愿付出这么大的代价，如买一块肥皂、一瓶洗涤灵等。对这些商品的定价，一般应依照习惯确定，不要随便改变价格，以免引起顾客的反感。

④声望定价策略。这是整数定价策略的进一步发展。消费者一般都有求名望的心理，根据这种心理行为，企业将有声望的商品制定比市场同类商品价高的价格，即为声望性定价策略。它能有效地消除购买心理障碍，使顾客对商品或零售商形成信任感和安全感，顾客也从中得到荣誉感。

微软公司的 Windows 98(中文版)进入中国市场时，一开始就定价 1 998 元人民币，便是一种典型的声望定价。另外，用于正式场合的西装、礼服、领带等商品，且服务对象为企业总裁、著名律师、外交官等职业的消费者，则都应该采用声望定价，否则，这些消费者就不会去购买。

声望定价往往采用整数定价方式，其高昂的价格能使顾客产生“一分价格一分质量”的感觉，从而在购买过程中得到精神的享受，达到良好效果。当然，采用这种定价法必须慎重，一般商店、一般商品若滥用此法，弄不好便会失去市场。

⑤招徕定价策略。招徕定价又称特价商品定价，是一种有意将少数商品降价以招徕吸引顾客的定价方式。商品的价格定得低于市价，一般都能引起消费者的注意，这是适合消费者求廉心理的。

【案例 11-4】“每日商场”的拍卖活动

某市地铁有家“每日商场”，每逢节假日都要举办 1 元拍卖活动，所有拍卖商品均以 1 元起价，报价每次增加 5 元，直至最后定夺。但这种由每日商场举办的拍卖活动由于基价定得过低，最后的成交价就比市场价低得多，因此会给人们产生一种卖得越多赔得越多的感觉。岂不知，该商场用的是招徕定价术，它以低廉的拍卖品活跃商场气氛，增大客流量，带动了整个商场的销售额上升，这里需要说明的是，应用此术所选的降价商品，必须是顾客都需要的而且市场价为人们所熟知的才行。

采用招徕定价策略时，必须注意以下几点：降价的商品应是消费者常用的，最好是适合每个家庭应用的物品，否则没有吸引力；实行招徕定价的商品，经营的品种要多，以便使顾客有较多的选购机会；降价商品的降低幅度要大，一般应接近成本或者低于成本，只有这样，才能引起消费者的注意和兴趣，才能激起消费者的购买动机；降价品的数量要适当，太多商店亏损太大，太少容易引起消费者的反感；降价品应与因伤残而削价的商品明显区别开来。

⑥最小单位定价策略，是指企业把同种商品按不同的数量包装，以最小包装单位量制定基数价格，销售时，参考最小包装单位的基数价格与所购数量收取款项。一般情况下，包装越小，实际的单位数量商品的价格越高，包装越大，实际的单位数量商品的价格越低。

最小单位定价策略的优点比较明显：一是能满足消费者在不同场合下的不同需要，如便于携带的小包装食品、小包装饮料等；二是利用了消费者的心理错觉，因为小包装的价格容易使消费者误以为廉，而实际生活中消费者很难也不愿意换算出实际重量单位或数量单位商品的价格。[①]

11.2.4　调价策略与消费者行为

在调整价格时，除应掌握价格的基本原理之外，还应认真研究在调整价格时对消费者心理与行为的影响。因此在价格变动时要特别注意怎样使消费者尽快适应和乐于接受，这就需要企业在调整商品价格时注意选择适当的幅度、时机、品种等策略。

1. 商品降价的心理策略和技巧

(1) 商品降价的原因

①生产能力过剩。要扩大销售，就要降低价格。

②成本下降。成本降低，利润增加，竞争者将大量涌入。为阻止竞争者进入，便采用降价策略。

③市场份额下降。为了阻止继续丧失市场，便采取低价行动。

④提高市场占有率。希望通过降低成本来扩大市场占有率时，也会采取削价。

① 甘瑁琴，王晓晚. 消费者行为学[M]. 北京：北京大学出版社，2009.

⑤经济衰退。这时很少有消费者愿意买高价格的产品。

(2) 商品降价应具备的条件

①消费者更注重商品的实际性能和质量，而很少将所购商品与自身的社会形象联系起来。

②消费者对商品的质量和性能非常熟悉，降价后仍保持有足够的信任度。

③制造厂商和商标品牌的美誉度高，不致使消费者因降价怀疑商品本身的质量。

(3) 通常采用降价策略须注意的事项

①选择好降价时机，大大刺激消费者的购买欲望。

②降价次数不宜过多，商品降价次数要尽量少，争取一步到位。

③降价幅度要适宜，应足以吸引顾客的注意，一般降价幅度在 10%～30%为宜。

④直接降价与间接降价策略需灵活运用。

直接降价指直接将商品的价格降一定幅度，低于原本售价销售，这样更容易刺激消费者，阻止竞争对手。

间接降价指维持原本售价不变，只是采取增加折扣率或佣金等方法来销售的方法。间接降价是一种比较隐蔽的降价销售策略，可以暂时避免因刺激竞争对手而导致的全面的降价竞销，但是由于这种方法没有直接降价策略能给顾客带来直接的利益，在效果方面相对要逊色一些。

2. 商品提价的心理策略和技巧

一般而言，价格提高会对消费者的利益造成损害。因此消费者通常对提价持消极的心理反应，从而影响商品的销售。但实践中，商品提价可以在两种情况下采用。一种是当原材料上涨、生产成本都上涨之际，整个行业都会采用提价策略。另一种是原来所需资源稀缺造成成本上升，供不应求，物依稀为贵。茅台酒的提价，就是采用这一策略。

(1) 商品提价应具备的条件

①消费者的品牌忠诚度高，是品牌偏好者，不会因为价格上涨而轻易改变消费者习惯。

②消费者相信商品具有特殊的使用价值，是其他商品不可替代的。

③消费者有求新、猎奇、追求名望、好胜攀比的心理，愿意为自己喜欢的品牌付出更高的价格。

(2) 商品提价的注意事项

①掌握时机，适时提价。为保证提价策略的顺利实现，可选择如下几种情况：商品在市场上处于优势地位；商品进入成长期；季节性商品达到销售旺季；竞争对手提价等。

②提价幅度不宜太大，速度不宜太快。要循序渐进，不要急于求成。

③宜被动提价，不宜主动提价。

④宜间接提价，不宜直接提价。间接提价是通过产品本身结构或功能的变动，通过减少功能或节省材料而实际提高价格。

总之，提价应该充分考虑消费者的心理需求，提价幅度应与消费者对商品的感知价值相符。只有这样，提价才会被消费者所接受。[①]

【案例 11-5】休布雷公司的三种价格

休布雷公司在美国伏特加酒的市场上，属于营销出色的公司，其生产的史密诺夫酒在伏特加酒的市场占有率达 23%。20 世纪 60 年代，另一家公司推出一种新型伏特加酒，其质量

① 王曼，等.消费者行为学[M].北京：机械工业出版社，2007.

不比史密诺夫酒低，每瓶价格却比它低 1 美元。按照惯例，休布雷公司有 3 条对策可选择：①降低 1 美元，以保住市场占有率；②维持原价，通过增加广告费用和销售支出来与对手竞争；③维持原价，听任其市场占有率降低。由此看出，不论该公司采取上述哪种策略，休布雷公司都处于市场的被动地位。但是，该公司的市场营销人员经过深思熟虑后，却采取了对方意想不到的第 4 种策略。那就是将史密诺夫酒的价格再提高 1 美元，同时推出一种与竞争对手新伏特加酒价格一样的瑞色加酒和另一种价格更低的波波酒。这一策略，一方面提高了史密诺夫酒的地位，同时使竞争对手新产品沦为一种普通的品牌。结果，休布雷公司不仅渡过了难关，而且利润大增。实际上，休布雷公司的上述 3 种产品的味道和成分几乎相同，只是该公司懂得以不同的价格来销售相同的产品而已。

（资料来源：周斌. 消费者行为学[M]. 北京：清华大学出版社，2013.）

11.3 渠道策略与消费者行为

渠道策略，也称为分销策略，是企业的产品和服务从生产者向消费者转移的过程中所采取的不同分销方式。企业采取何种分销策略，也与消费者的心理和行为有重要关联。

11.3.1 渠道选择的因素与消费者行为

决定分销渠道的因素有产品特性、企业特性、中间商特性、消费者特性等。其中，消费者特性包括以下 4 种。

①购买批量的大小。购买批量大，多采用直接销售；购买批量小，除通过自设门市部出售外，多采用间接销售。

②消费者的分布。某些商品消费地区分布集中，适合集中销售；反之，则适合间接销售。工业品销售中，本地用户需联系方便，因而适合直接销售；外地用户较为分散，通过间接销售较为合适。

③潜在顾客的数量。若消费者的潜在需求多，市场范围大，需要中间商提供服务来满足消费者的需求，宜选择间接分销渠道。若潜在需求少，市场范围小，生产企业可直接销售。

④消费者的购买习惯。有的消费者喜欢到企业购买商品，有的消费者喜欢到商店购买。所以，生产企业应当根据产品的实际情况既可直接销售，也可间接销售，满足不同消费者的需求，同时也增加了产品的销售量。

11.3.2 渠道设计与消费者行为

1. 消费者行为视角下的渠道设计原则

企业在设计选择自己的分销渠道时，需要遵循的原则主要有覆盖市场原则、精工细作原则、接近消费者原则等。在消费者行为的视角下，企业的渠道设计要特别注意接近消费者，抓住终端，实际就是和消费者面对面——消费者在哪里，分销渠道的触须就必须伸到哪里。这是分销渠道设计的基本原则。渠道较扁平化，不但能更好地为消费者服务，而且消费者会认为产品由于中间环节少，价格没有“虚头”，会更倾向于认可产品价格。

2. 分析消费者的需求是渠道设计的前提

企业选择分销渠道，除必须了解其影响因素、明确选择的基本原则外，还必须掌握分销渠道设计的一般步骤。分销渠道设计的步骤大致包括分析消费者需求、建立渠道目标、选择渠道模式、中间商数量、责任的确定等。其中，分析消费者的需求是进行渠道设计的基础和前提，消费者的市场需求是通过渠道成员的活动来实现的，消费者对分销渠道的需求应考虑以下几个方面。

①数量要求：满足消费者的购买行为中提供的商品数量和品种的要求。

②价格要求：价格符合目标顾客的要求。

③时间要求：收到货物的平均时间能满足消费者要求。

④空间要求：营销渠道对消费者购买商品提供的空间方便程度。

⑤服务要求：要求渠道提供附加服务。

⑥心理要求：要求渠道的设计与布置符合顾客的购买心理。

⑦安全要求：能保证人身安全和财物安全。

⑧信息要求：能给顾客提供需要的信息。

3. 基于电商时代消费者行为的全渠道营销

从2009年开始,传统门店的发展趋势就有日薄西山的态势:品牌厂商忙着开辟线上渠道，传统终端霸主的渠道掌控力下降；百货商店逐步沦为试衣间，利润下行；消费者甚至跨越太平洋，直接将各国精品装入网络购物车。但是总有一批零售终端在进行突围——通过门店创新，不断给消费者重返“店商”的充分理由，并且借着“电商”的东风，活得比以前更好。我们不可否认的是，实体门店承载的客户体验过程以及社交欲求给了实体门店创新经营的空间，商家必须运用全渠道策略，虚实结合，满足消费者“自主选择渠道”的需求。全球知名服饰品牌优衣库，早在2013年4月就实现了“门店+官网+天猫旗舰店+手机APP”的全渠道布局，从多个渠道来影响和贴近消费者。优衣库的全渠道做法是：用APP支持在线购物、二维码扫描、优惠券发放，以及线下店铺查询等功能，其中在线购物功能是通过跳转到手机端的天猫旗舰店来实现的，而APP上所展示的优惠券、二维码，都是专门为门店消费提供的，只能在实体店内才能扫描使用，从而实现把消费者从APP引流到门店的目标。[①]

11.3.3 终端销售点选择与消费者行为

终端销售点是指商品离开流通领域，进入消费领域的发生地，它是企业实现自己经营目的的前沿阵地，企业产品能否最终销售出去以及能否最终实现理想的经济效益，都直接与终端销售点的选择和经营有关。因此，作为分销管理的第一步就是，选择最符合企业产品或服务特点的终端销售点，然后通过有效的管理实现销售目标。

1. 终端销售点选择的依据

企业终端销售点的选择要以消费者特性为依据，主要有以下几个方面的因素。

(1) 消费者收入和购买力水平

购买力水平是“市场”的重要构成要素之一。顾客的购买力水平的高低，不仅影响某种商品购买量，还影响购买的商品的档次，大部分消费者的购买力来自个人收入，因此可以说，收入水平的高低是指导企业选择终端销售点的重要依据。

(2) 目标顾客出现的位置

如果让消费者一旦产生需要就能够方便地购买，则意味着商品必须跟踪消费者。不论消

① 邓纯雅，等. 电商时代的店商突围[J]. 市场营销，2014(9).

费者出现在哪里，适合满足消费者产生的需要或购买欲望的商品就要同时出现在哪里。这就要认真研究消费者可能的活动范围，在每个地方他们可能产生的需要和购买欲望是什么。

(3) 顾客购买心理

不同顾客的购买兴趣、关注因素、购买期望等心理特征是不同的。顾客的购买心理直接影响到他们的购买行为。因此，如果不考虑顾客在一定条件、时间和地点的购买心理，盲目选店，往往会产生不理想的效果。比如，对于重品牌的顾客心理，选择的最佳地点为专卖店，对于重价格的顾客心理，最佳选择是连锁超市、小商品批发市场等。

【案例 11-6】 Nike 的分销选择

Nike 在六种不同类型的商店中销售其生产的运动鞋和运动衣。

- 体育用品专卖店，如高尔夫职业选手用品商店。
- 大众体育用品商店，供应许多不同样式的耐克产品。
- 百货商店，集中销售最新样式的耐克产品。
- 大型综合商场，仅销售折扣款式。
- 耐克产品零售商店，设在大城市中的耐克城，供应耐克的全部产品，重点是销售最新款式。
- 工厂的门市零售店，销售的大部分是二手货和存货。

(资料来源：菲利普·科特勒.营销管理[M].梅汝和，等译.北京：中国人民大学出版社，2001.)

2. 消费者对终端销售点的新要求

①销售场所商品要丰富，要提供能够比较的同类产品。销售点要发挥产品的“聚集效应”，在每个产品线尽量提供 3～5 个同类产品供消费者进行比较选优。所以企业在确定分销渠道时，有时和竞争对手共用渠道，共同丰富消费者的选择空间，反而会出现双方销售量均会增加的双赢现象。

②自选式购物已经成为当前消费者购物的重要形式，并且趋势会更加明显。企业在选择消费渠道时，要充分重视大型自选商场超市的地位，其销售量大，距离消费者近且受欢迎。

③便利商店在消费者日常消费中占有重要地位。随着消费者工作压力的加大，时间成为一种稀缺资源，消费者为节省时间成本着就近购买的原则来选择购买地点。便利店因邻近社区、商品价格合理等优点受到消费者信赖。一些日用品和快速消费品企业应重视便利店的重要作用。[①]

11.4 促销策略与消费者行为

企业为了营销活动取得成功，必须采用适当的方式进行产品的促销。所谓促销，就是企业通过与消费者进行信息交流沟通来引起消费者兴趣并说服他们购买其产品的活动。促销在沟通商品信息、树立产品和企业形象、提升产品知名度、扩大销售等方面起着重要作用。

11.4.1 促销组合要素与沟通目标

1. 促销组合的要素

促销组合，就是企业根据产品的特点和营销目标，在综合分析各种影响因素的基础上，

① 李晓霞，等.消费者心理学[M].北京：清华大学出版社，2010.

对各种促销方式的选择、编配和运用。一般来说，促销主要有广告、人员推销、营业推广和公共关系四种方式。

(1)广告

广告是通过向媒体付费，借助其达到宣传企业产品，引起消费者想象、刺激消费者购买的一种促销方式。在所有的促销工具中，广告作为高度大众化的信息传递方式，渗透力比较强，是许多企业促销的首选手段，也是营销人员与消费者交流产品信息最重要的手段。

(2)人员推销

人员推销是指企业派出推销人员以面谈的方式向目标顾客推荐产品并说服其购买的活动。推销人员、推销对象和推销品构成人员推销的三个基本要素，推销人员是推销活动的主体。

(3)营业推广

营业推广是指企业在特定的目标市场中，为迅速刺激需求和鼓励购买而采取的各种短期性促销方式的统称。营业推广是非常规性的辅助促销手段，多用于一定时期、一定任务的短期特别促销。随着市场竞争的加剧，营业推广已经成为重要的营销工具，受到许多企业的重视。

(4)公共关系

公共关系，又称公众关系，简称公关。由于主体的范围不同，其含义也有广义、狭义之分。广义的公关是指政府、企业或社会团体，为取得社会公众的信赖、理解与合作而采取的政策、服务和活动。狭义的公关作为企业的一种促销方式，是指通过各种传播媒介，与社会公众保持良好关系，从而为企业营销创造一个和谐外部环境的活动。

2. 促销沟通目标

企业所有的促销活动都会作为环境中的信息而被消费者认知，换句话说，企业的所有促销活动都会影响消费者的认知、感情和行为。因此，企业的促销活动的开展要满足一定的目标。

①影响购买行为。改变或保持消费者特有的有关产品或品牌的行为，或者说，能够影响或改变消费者经常性的购买行为。

②传播信息。在消费者记忆中建立有关产品或品牌的新知识、新含义或信念。

③说服作用。改变消费者对产品或品牌的信念、态度和意图。

④提示作用。增强品牌名称或消费者记忆中的一些其他产品含义的潜在活力。

11.4.2 广告与消费者行为

1. 广告的心理功能

广告的心理功能是指借助信息的传递来产生影响，以唤起消费者对产品的注意，在激发消费欲求的过程中对消费者的心理活动产生的影响和整体心理效应。具体表现在以下几个方面。

(1)认识、传播与便利功能

消费者通过广告，认识并习得商品的商标、性能、用途、使用与保养方法等各种知识。借助于不同的广告媒体，可以使信息的传递打破时空范围的限制，广泛渗透到各个消费地区和不同消费者群体中去。消费者在接受广告信息后，对自己购买行为的思考和选择有了可供参考的资料，使其能够更好地做出判断，加速购买行为的实现。

(2)诱导与激发功能

良好的广告可以唤起消费者美好的联想，改变偏见和消极态度，刺激消费者对广告宣传的商品予以注意，增强对商品的印象，扩大商品在消费者中的影响面和影响力，从而激发积极的购买动机，影响其消费决策和诱导新的消费需求。

(3) 促销功能

企业对广告最直接的要求是促销，促销是广告的基本功能。广告的宣传是架设在商家与消费者之间的一座桥梁，通过这个信息的桥梁拉近了商家与消费者之间的距离。消费者对商品形成的了解容易使其产生认同心理，从而形成一种惠顾动机和习惯性购买动机。

2. 广告媒体选择与消费者心理

广告信息需要通过一定的媒介物才能传递给目标受众，这种传递广告信息的载体或工具就是广告媒体。广告媒体的种类很多，除了报纸、杂志、广播、电视这四大媒体外，还有路牌、灯箱、橱窗等，而且随着传播技术的不断发展，网络媒体目前正被越来越多的企业采用，成为极具影响力的媒体之一。

不同的广告媒体有不同的适用范围和优缺点。由于各种媒体传播信息的方式不同，其影响范围、程度和效果各异，企业必须根据自身实际进行认真选择，力求以最少的广告费用实现最佳的广告效果。选择广告媒体需要考虑以下因素。

(1) 媒体特性

制作广告，首先要选择适当的媒体，不同媒体产生的心理效应和对行为的影响是有很大差异的。

①传播范围。不同媒体的传播广度、范围是不同的，通常，媒体的传播范围与消费者行为呈同步趋势，即传播的范围越宽，影响的消费者人数越多，产生的社会心理的影响随之扩大，促成消费者购买行为的可能性也越大。

②传播频率。同一广告在某一时段内的传播或出现的次数被称为广告的传播频率。该特性也与消费者行为呈同步趋势。

③媒体信誉。是指不同的广告媒体对消费者的心理影响力与可信程度，可信度高的媒体所传播的广告信息对消费者心理影响也较大。

④技术能力。这是指媒体本身所具有的技术水平，通常，技术方法越全面，越先进，广告的影响力越大。

以下是几种主要的传统媒体特点的比较，见表 11-1。

表 11-1 几种主要媒体的优缺点

媒 体	优 点	缺 点
报纸	灵活性强，市场覆盖面广，可信度高，制作简便，成本较低	寿命较短，美感不足，传递率较低
杂志	可信度高，有权威性，再现质量高，精读率高，便于保存和携带，寿命长	周期较长，时效较差，广告商责任期较长，读者增量有限
广播	传播速度快，传播空间大，对象广泛，信息传播次数多、周期短，成本较低	广告信息寿命较短，注意力较低，只有声音效果，很难进行资料保存
电视	覆盖面广，收视率较高，诉求力较强，不受时空限制，信息传递迅速	信息寿命短，成本高，广告商责任期长，受众选择性差
网络	互动性强，覆盖面广，不受时空限制，成本较低，信息反馈迅速	广告质量参差不齐，信息量过大、监管滞后，无序竞争，真实性较低
户外媒体	重复展露多，成本不高，灵活性强，地理选择性强	缺乏人口选择性，干扰因素较多，不易引起受众注意力

(2) 产品特性

广告媒体的选择首先要考虑产品特点的差异。不同性质的产品，宜采用不同的媒体。对需要展示的、有色泽或样式要求的产品，宜选择电视、杂志、网络做媒体，以增强美感和吸引力，如服装、化妆品、食品等；对技术性较强、性能复杂的产品，可采用报纸、杂志等文字性的媒体进行宣传。

(3) 消费者接触媒体的习惯

各种消费群体对不同媒体的接触频率有很大差异，选择媒体应与目标消费者的习惯相适应，网络化环境下，互联网广告与App广告的影响在逐步增强。

此外，选择广告媒体时还应考虑到市场竞争状况，因为广告宣传竞争是企业参与竞争的一个重要方面。

3. 广告对消费行为的诱导方式

广告不仅是信息传播的工具，还是诱发消费者购买商品的诱因。正确利用广告的诱发功能，使其能激发消费者的购买动机。主要方法有以下几种。

(1) 广告信息要有足够的可信度

广告的信息源来自广告媒体、广告中的推介人以及做广告的单位等，信息源的良好公众形象会影响和改变人们对商品所持的态度。

(2) 紧扣消费需要，促进情感认同

消费者的情感反应，本质上取决于消费者能否从广告信息中获得消费需要的满足，有用的信息会使之产生兴奋和认同。积极的情感体验是人类需要中最高层次的精神需要。广告策划中积极的情感体验有助于转化成购买意向，进而促进购买活动的实现。

(3) 选择恰当的广告媒体

不同的广告媒体对消费者的心理影响是不同的。要增强广告的心理效果就要根据广告宣传的不同内容、不同侧重面来选择相应的广告媒体，以求得最佳的表现效果。

(4) 广告设计必须有统一的产品形象和恰当的广告定位

对于相同的产品，消费者往往无法区分其内在的品质差异，借以辨别的往往是附加上去的个性和形象。

(5) 出奇制胜

运用广告中的求异原理，利用与众不同的差异性，打破人们习惯的心理定势，用求异的方法赢得人们的关注，往往能获得始料不及的成功[①]。

【案例 11-7】脉动的品牌与营销共赢

过去脉动一直被消费者认为是一款运动饮料，为了改变这一认知，拓宽目标人群，脉动品牌希望重新定义产品为维生素饮料——一个有助于健康的饮品，可以在一天中的任何时间享用，并推出了全新的品牌理念“每一天日常生活中，可以随时帮你回复理想状态的功能饮料”，强化品牌的核心理念“恢复状态”。

为赢得目标受众深度关注，脉动与东方卫视冠名合作《脉动梦立方》节目。属于游戏类节目的《脉动梦立方》，在节目中把状态、梦想、挑战这些关键词放大，符合观众收视热点，同时也将脉动品牌所强调的“恢复状态”自然地融入其中。脉动的广告策略如下。

---

① 荣晓华.消费者行为学[M].大连：东北财经大学出版社，2009.

播出平台：《脉动梦立方》的播出平台为东方卫视，以电视为核心，360 度全媒体传播；

地面活动：在 25 个重点城市进行 76 场地推活动，观众可以得到一个机会来完成对梦立方的挑战，这些地面活动会被记录并发到网站，并与他们的朋友在线共享；

产品展示：线下渠道脉动产品拥有大量曝光；

多媒体互动：借助出租车媒体 touch media，通过 Q&A 游戏与消费者有效互动；

社会化媒体：加大社会化媒体推广力度，通过微博活动、话题炒作、微信、论坛等多平台互动；

APP：以互动为突破，联手东方卫视互动平台，定制国内领先手机实景互动 APP 功能，设计脉动梦工坊游戏，在公交站牌、触动媒体、网络平台、线下活动点，等等，都可以体验到丰富的游戏互动，大大增强观众的互动性；

网路视频：观众可以点开脉动梦立方网站观看视频，下载应用程序，并发布他们的想法；

综合性媒体：脉动官方网站推广，赞助商的优惠券 APP 的互动，产品展示，采样赠品在路演与打包带脉动立方体 QR 码，和普通电视/户外/印刷广告，以创建有效的影响。

（资料来源：谢园，等. 内容的绩效指标[J]. 市场营销，2014(7).）

11.4.3　人员推销与消费者行为

1. 人员推销的特点和目的

(1) 人员推销特点

①人员推销可满足推销员和潜在顾客的特定需要，针对不同类型的顾客，推销员可采取不同的、有针对性的推销手段和策略；

②人员推销往往可在推销后立即成交，在推销现场使顾客进行购买决策，完成购买行动；

③推销员可直接从顾客处得到信息反馈，如顾客对推销员的态度、对推销品和企业的看法和要求等；

④人员推销可提供售后服务和追踪，及时发现并解决产品在售后和使用及消费时出现的问题；

⑤人员推销成本高，所需人力、物力、财力和时间量大。

(2) 人员推销的目的

①了解顾客对本企业产品信息的接收情况及市场需求情况，确定可以成为产品购买者的顾客类型；了解目标市场和顾客对企业及其产品的反应及态度，准确选择和确定潜在顾客。

②收集、整理、分析信息，并尽可能消除潜在顾客对产品、对推销员的疑虑，说服他们采取购买行动，成为产品真正的购买者。

③促使潜在顾客成为现实购买者，维持和提高顾客对企业、产品及推销员的满意程度。因此，为了进行成功的重复推销，推销员必须努力维持和不断提高顾客对企业、产品及推销员本人的满意程度。

2. 人员推销的作用

人员推销的作用是多层次的，主要表现在以下几个方面：推销人员不仅服务于现有顾客，还要积极寻找和开发潜在顾客，努力开拓市场；推销人员是企业重要的信息通道，他们在把企业和产品信息传递给顾客的同时，也及时将顾客的意见和要求反馈给企业，从而实现双向信息沟通；推销人员通过与顾客接触，推荐商品、解答疑问，从而促成交易；推销人员不仅要在售前向顾客提供有关产品的信息，在售后也要善于帮助顾客熟悉产品性能，解决一般技术问题，从而密切双方关系，巩固推销效果。推销人员在与顾客交往过程中，可通过帮助顾客解决一系列难题，建立信誉、培养感情，从而建立友谊，将“交易营销”发展为“关系营销”，使之成为企业的长期顾客。

现在我国许多消费者对人员推销尤其是上门推销的意见很大，主要是传统的人员推销方式总是力图劝说消费者接受某一观点或采取某种行动。一旦发现消费者有被说动的迹象，推销人员就采用一系列技巧使其购买。在这种传统方式下，消费者在整个过程中基本上是完全被动的，推销员往往忽视消费者的真正需要，以完成推销任务为第一目标。现代营销重视建立推销人员与购买者之间的长期的、互利的、合作的关系，即所谓的关系营销。关系营销采取的是双赢的策略，产生双方都获利的结果。消费者对于一些产品或服务，一类如保险、理财产品的专业性较强，消费者对此不精通愿意接受客户经理一对一的服务；另一类如房屋、汽车灯产品由于价值较高、使用寿命长，消费者也愿意接受销售人员面对面的服务。

11.4.4 营业推广与消费者行为

营业推广是通过信息引导顾客接近产品，并直接诱导其发生购买行为的促销形式。营业推广通常是刺激需求增长的短期工具，它能起到暂时刺激商品销售的目的。随着市场竞争的加剧，营业推广已经成为重要的营销工具，受到许多企业的重视。

1. 消费者类型与营业推广目标

营业推广的主要目标是最终消费者和中间商推销人员。因此，要根据目标消费者的普遍行为制定营业推广计划，见表11-2。

表11-2 消费者类型与营业推广目标

消费者类型	预期的结果	营业推广示例
忠诚的顾客	强化这种行为，增强消费，改变购买的时间间隔	①成立爱用者俱乐部 ②奖励顾客积累奖励点数或提高购买奖励
竞争者的顾客	削弱对竞争者的忠诚，说服顾客开始购买自己品牌的产品	①送样品，说明自己产品的质量比竞争者高 ②利用抽奖、竞赛等方式使顾客对产品产生兴趣
多品牌购买者	说服顾客经常购买自己品牌的产品	①调低产品价格的任何促销方法，如优惠券等 ②比竞争者供货更及时
价格购买者	用低价格吸引顾客或提供附加价值来削弱价格的重要性	优惠券、打折包装、退货承诺、降低产品价格

(资料来源：甘瑁琴，王晓晚.消费者行为学[M]. 北京：北京大学出版社，2009.)

2. 营业推广的方式

营业推广的对象有两类：一是消费者，二是中间商。因此按照推广对象的差异，营业推广分为两种类型。

(1) 面向消费者的营业推广方式

对消费者进行营业推广，主要目的是促使老顾客重复购买，吸引新顾客试用，争夺其他品牌的消费者。

①赠送促销。向消费者赠送样品或试用品，赠送样品是介绍新产品最有效的方法，缺点是费用高。样品可以选择在商店或闹市区散发，或在其他产品中附送，也可以公开广告赠送，或入户派送。

②折价券。在购买某种商品时，持券可以免付一定金额的钱。折价券可以通过广告或直邮的方式发送。

③包装促销。以较优惠的价格提供组合包装和搭配包装的产品。

④抽奖促销。顾客购买一定的产品之后可获得抽奖券，凭券进行抽奖获得奖品或奖金，抽奖可以有各种形式。

⑤现场演示。企业派促销员在销售现场演示本企业的产品，向消费者介绍产品的特点、用途和使用方法等。

⑥联合推广。企业与零售商联合促销，将一些能显示企业优势和特征的产品在商场集中陈列，边展销边销售。

⑦参与促销。通过消费者参与各种促销活动，如技能竞赛、知识比赛等活动，能获取企业的奖励。

⑧会议促销。各类展销会、博览会、业务洽谈会期间的各种现场产品介绍、推广和销售活动。

(2) 面向中间商的营业推广方式

企业除了以营业推广方式刺激消费者购买外，还要推动中间商的经营积极性，鼓励其大量进货，这对提高产品市场占有率、提升企业效益有重要作用。

①批发回扣。企业为争取批发商或零售商多购进自己的产品，在某一时期内给经销本企业产品的批发商或零售商加大回扣比例。

②推广津贴。企业为促使中间商购进企业产品并帮助企业推销产品，可以支付给中间商一定的推广津贴。

③销售竞赛。根据各个中间商销售本企业产品的实绩，分别给优胜者以不同的奖励，如现金奖、实物奖、免费旅游、度假奖等，以起到激励的作用。

④扶持零售商。生产商对零售商专柜的装潢予以资助，提供 POP 广告，以强化零售网络，促使销售额增加；可派遣厂方信息员或代培销售人员。生产商这样做目的是提高中间商推销本企业产品的积极性和能力。

此外，还有面对内部员工的营业推广方式，主要是针对企业内部的销售人员，鼓励他们热情推销产品或处理某些老产品，或促使他们积极开拓新市场。一般可采用方法有：销售竞赛、免费提供人员培训、技术指导等。①

11.4.5　公共关系与消费者行为

公共关系，与其他促销组合要素一样，也是市场营销的重要工具。具体来说，公共关系在评估公众的态度、识别可能引发公众的事件、执行可赢得公众理解和认可的方案等方面起着重要的作用。

1. 公共关系的职能

借助公共关系，营销人员不但可以保持良好的企业形象，还可以让公众了解企业的近期和远期目标、介绍新产品，以及对销售活动提供支持。具体来说，公共关系的基本职能应该包括以下几个方面。

(1) 塑造企业形象

企业形象是指社会公众(包括企业内部员工)对企业的总的印象和评价，是企业内外部公

① 甘琍琴，王晓晚. 消费者行为学[M]. 北京：北京大学出版社，2009.

众长期感知和记忆而形成的对企业特色的反映。企业应该采取一系列有计划、有声势的活动，提高企业的知名度和名誉度，塑造良好的企业形象。

(2)信息沟通与传播

公共关系活动的一项重要内容就是通过双向沟通，有效地实现社会组织与公众的信息交流，以促进双方的了解与合作。沟通与交流的基本方式是利用各种媒介进行传播。

(3)协调关系

公共关系的一个重要功能就是它可以使组织内部和外部的各方面因素相互协调，调动各方面的积极因素。公共关系的协调职能主要体现在协调好内外部的各种关系，包括与新闻媒介的关系、与政府的关系、与所在社区的关系、与消费者甚至竞争对手的关系等。

(4)处理危机

在激烈的市场竞争条件下，突发事件和危机事件在所难免。所谓突发事件，是指给企业带来重大损失，给企业形象造成严重损害，影响企业公共关系的事件。某些突发事件的发生会严重影响企业生产经营活动的正常进行，甚至对企业的生存构成威胁。公关人员应及时妥善地处理突发事件，做好危机公关。

【案例 11-8】高露洁成功危机公关

2005年4月中旬，国内各大媒体转载英国《旗帜晚报》的一则报道：包括高露洁等品牌在内的数十种超市商品均含有三氯生。三氯生会和自来水中的氯生成三氯甲烷，而三氯甲烷被美国环保署列为可能的人类致癌物。这则报道是根据美国弗吉尼亚工学院的研究者 Peter Vikesland 的《太爱干净可能对你的健康和环境有害》一文写出的。

随着这则消息在中国的传播，高露洁在中国消费者中的品牌信任度急速降低，高露洁牙膏的销量比以前有大幅度下降，销售商持观望态度，随时预备撤柜。截至4月20日凌晨0时15分，共有60 025人参加了新浪网的网上调查，其中54 118人表示将不再购买高露洁牙膏。

高露洁公司迅速启动了危机公关项目。

一、反应迅速，组建公关团队。高露洁亚太区总裁高仕亚、广州高露洁棕榄有限公司董事长方宝惠、高露洁棕榄公司副总裁魏德威(Davidk.Wilcox)都出现在新闻发布会场，表现出高度重视。

二、媒体公关，换取支持和同情。4月19日，广州高露洁棕榄公司在国内有影响的主流媒体《南方周末》上发表声明：高露洁全效牙膏有效、有益、安全。并确认接下来还会对媒体和公众做出更具体的说明。

三、及时召开新闻发布会。4月27日，高露洁公司召开大型新闻发布会，国内150家媒体到会。方宝惠表示，高露洁全效牙膏是全世界经过最广泛测试和评估的牙膏，全世界超过30家独立的牙医协会都盖章认证了该品牌牙膏的安全性，消费者完全可以放心使用。高露洁棕榄公司副总裁魏德威博士表示，高露洁全效牙膏经过多次实验证实，在任何情况下都不会产生有害物质。

四、解铃还需系铃人，澄清信源。高露洁公司还播放了 Peter Vikesland 的一段录音，其在录音中表示自己的研究只是关于自来水和含有玉洁纯的清洁剂相互之间的化学反应，根本没有涉及牙膏。《旗帜晚报》说的英国玛莎超市把有些牙膏下架，显然是对他最近研究的过度反应。

五、树立权威认同。积极与专家、学者、政府官员沟通，“政府对整个事件已非常了解，没有疑问和声明，就是对我们的安全性有信心”。

六、态度诚恳，化危机为商机。高露洁亚太区总裁高仕亚先生对记者说：“在高露洁，我们的工作不仅仅是销售牙膏。高露洁为人称道的是它的产品质量和安全保障。高露洁在全球开展了很多宣传口腔健康的活动，这些都体现了我们最根本的价值观——关心我们所处的社会以及生活在这个社会中的消费者。”

高露洁的危机公关成功地转移了消费者的注意力，使大家对此事的关注度逐步降低，维护了品牌形象。

(资料来源：根据网上资料整理。)

2. 公共关系的活动方式

企业在公关活动的不同阶段有不同目标，而要实现这些目标，必须运用各种方式的公关活动。按照接触公众的工作方式，公共关系的活动方式可分为五种。

(1) 宣传性公关

宣传性公关是运用报纸、杂志、广播、电视等各种传播媒介，采用撰写新闻稿、演讲稿、报告等形式，向社会各界传播企业有关信息，以形成有利的社会舆论，创造良好气氛的活动。这种方式传播面广，推广企业形象效果较好。

(2) 征询性公关

这种公关方式主要是通过开办各种咨询业务、制作调查问卷、进行民意测验、设立热线电话、聘请兼职信息人员、举办信息交流会等各种形式，连续不断地努力，逐步形成效果良好的信息网络，再将获取的信息进行分析研究，为经营管理决策提供依据，为社会公众服务。

(3) 交际性公关

这种方式是通过语言、文字的沟通，为企业广结良缘，巩固传播效果。可采用宴会、座谈会、招待会、谈判、专访、慰问、电话、信函等形式。交际性公关具有直接、灵活、亲密、富有人情味等特点，能深化交往层次。

(4) 服务性公关

服务性公关就是通过各种实惠性服务，以行动去获取公众的了解、信任和好评，以实现既有利于促销又有利于树立和维护企业形象与声誉的活动。企业可以以各种方式为公众提供服务，如消费指导、消费培训、免费修理等。事实上，只有把服务提到公关这一层面上来，才能真正做好服务工作，也才能真正把公关转化为企业全员行为。

(5) 社会性公关

社会性公关是通过赞助文化、教育、体育、卫生等事业，支持社区福利事业，参与国家、社区重大社会活动等形式来塑造企业的社会形象，提高企业的社会知名度和美誉度的活动。这种公关方式，公益性强，影响力大，但成本较高。

3. 企业主要的公关工具

(1) 新产品宣传报道

为了推出企业的新产品或新服务，通过宣传报道来发表新闻消息或肯定的评价，以帮助企业解释新产品的新颖之处。

(2) 消费者教育

企业可以进行消费者引导，从产品生产直至经营过程体现对消费者的尊重和负责，如免费讲座向消费者介绍产品的使用、保养等知识。

(3) 举办专题活动

企业可借助、制造一些特殊事件来引起对新产品或企业其他事务的关注，如新闻发布会、周年纪念、产品展览会等。

(4)社会责任活动

企业通过慈善事业作贡献可以提高公众的好感，或者通过赞助消费者赞许的事业来吸引公众的注意和偏好。

本章小结

本章主要介绍了营销策略与消费和行为的关系，分别从产品、价格、渠道、促销4个方面进行了具体介绍。

产品的构成是多方面的，其中产品的设计、名称、商标及包装都是现代营销必不可少的构成要素。它们不仅从不同角度传达、体现了商品的各种功能，而且对消费者的心理与行为活动有着极为重要的影响。购买新产品的消费者分为最早购买者、早期购买者、早期大众、晚期大众和守旧者5种类型。新产品的开发与设计需要符合消费者的心理要求。

在营销组合因素中，价格也是唯一能创造收入的要素。价格对消费者有着更重要的意义，是影响消费者做出购买数量的重要考量因素。价格具有衡量商品价值的功能、自我意识的比拟功能、调节消费需求的功能。影响消费者价格心理的因素是多方面的，如消费者的经济状况、市场竞争状况、国家的宏观政策、消费者的时间与主动性等。消费者行为中的价格心理可以分为习惯性心理、敏感性心理、倾向性心理等，消费者对于不同的价格调整的反应是不同的，企业应该根据消费者的行为反应来制定自己的调价策略。

决定分销渠道的因素有产品特性、企业特性、中间商特性、消费者特性等，其中消费者特性对渠道的选择有重要影响。企业渠道的设计要注意分析消费者的需求，尤其是终端销售点的选择上，消费者收入和购买力水平、目标顾客出现的位置、顾客购买心理等是重要依据。

一般来说，促销主要有广告、人员推销、营业推广和公共关系四种方式。企业开展促销活动，要有一定的沟通目标，如影响购买行为、传播信息、说服作用、提示作用等。不同的促销组合要素具有不同的心理功能，企业在选择促销组合要素时要注意分析消费者的行为与心理。

案例分析

卖萌营销——卖家你敢试吗?

卖萌，最直接的含义就是装可爱。卖萌营销，不仅是一种亲民化的沟通方式，更是一种实时性的互动方式。卖萌营销不仅存在于商品销售中，同时存在于运营效率、品牌塑造、宣传广告、危机公关、客户忠诚度维护等许多方面。

在凉茶大战中，加多宝利用小孩的形象做了次卖萌营销。当加多宝被判停止使用“王老吉改名为加多宝”等宣传用语后，加多宝便在官方微博发布对不起系列:“对不起！是我们太笨了，用了17年时间才把中国的凉茶做成唯一可以比肩可口可乐的品牌……”在加多宝这次叫屈中，微博的“小孩哭泣图”堪称经典，几个含泪的小孩充满了委屈，成功博得消费者的怜悯之心。

“快到碗里来!”“你才到碗里去!”已是众多年轻消费者耳熟能详的广告语。在广告中，这个巧克力豆有手有脚、能说话、有感情，最重要的是它还会撒娇卖萌。通过这种拟人化巧克力豆与主人的互动式卖萌，M&M's巧克力豆成功捕获了大量消费者的心。

在互联时代，不论是以可口可乐为代表的传统大公司，还是像淘宝卖家这样的线上店铺，皆深谙卖萌营销的真谛。最新推出的可口可乐标签上印有当下的流行用语：闺蜜、天然呆、吃货、纯爷们、高富帅……很多消费者通过自媒体即兴晒图，纷纷感叹“萌翻了”；以“亲”为代表的淘宝体更是一下子拉近了卖家与顾客的距离，产生萌萌的亲切感。

2012 年 11 月，某网友在逛一家淘宝店时截图并分享店内搞怪图片发在微博上，自此，一张淘宝店主亲自操刀的“暴走”宣传画便出其不意卖起萌走红微博。店铺卖的是“修身英伦时尚西服”，图上画的却是一个面目狰狞的胖脑袋，旁边歪歪扭扭写着：“美工突然辞职！不会作图啊！很厚实的男装，再穷也要买一件！真材实料！”这张看来是拙品的画作让众多网友捧腹，引来围观调侃，买家纷纷留言表示“店主太欢乐了，这是在卖西服么”，“不知道衣服长什么样感觉很刺激，300 元买一份惊喜”。该淘宝店因此销量大增。

卖萌就是生产力

为什么这么多淘宝店主热衷于搞怪卖萌，万般苦心只为博得买家一笑呢？

低成本强互动。除店铺的常规营销活动外，企业要想建立与用户更紧密、稳固的强关系，卖萌营销就更能大展身手了。卖萌营销与传统媒体上的广告投放以及淘宝竞价排名、钻展等市场推广费用相比，成本更低，只要负责运营的员工熟络网络热门事件、热词，有着较敏锐的思维且能灵活运用卖萌体，加之美工设计，就可以较好地承载店铺对卖萌的基本诉求。

更直接的市场反馈。卖萌营销在社会化媒体的带动下，可以以最快的速度进行传播，并能快速形成圈子讨论效应。用户对于满足自己猎奇心理的有趣并好玩的内容会自发形成分享和转发的行为，通过朋友圈中的分享和讨论，对事件给予的关注度有着更直接和客观的市场反馈，能为品牌日后市场推广和营销方案的制订提供更多的参考数据和借鉴意义。

买家更快速下单并完成付款。营销的核心目的是促成购买下单的行为。在网购行为分析中，我们也知道，买家在网购过程中除了必需品的消费外，对于一些清单外的产品购买往往属于冲动型消费，买家在浏览过程中借助店家的卖萌表述和店家营造的轻松购物氛围，更容易快速形成购买决定和完成付款，而不需要客服旺旺催付，旺旺催付反倒浪费了人工成本和时间成本，还容易造成买家对于品牌的反感。

免费的品牌传播效果。一个功利性很强或者十分枯燥的营销行为，不会引发买家参与的冲动，而卖萌营销增加了快乐情绪，传染性强，易于分享。特别是社交媒体的出现，增加了消费者对口碑营销和病毒营销的兴趣，在线分享已成为现代生活中不可或缺的组成部分，59% 的人经常会将一些在线内容分享给他人，这种社交传播对产品选择和销售产生重大影响。正面信息和高度情绪唤起的内容更容易在社交网络上传播。①

提升产品的溢价能力。卖萌的视觉冲击可以吸引消费者眼球，使之过目不忘；卖萌的卖家与买家之间的互动交流更具亲和力，可以拉近彼此之间的距离，缓解买家各种负面情绪；卖萌的产品让买家不好意思砍价，一定程度上提升了卖家利润。

必杀技

卖萌营销对于商家运营店铺而言，可谓好处多多。其实，有不少商家是早已眼馋卖萌营销的，只是碍于种种一直不得要领。那么，店家的卖萌营销应该怎么去开展呢？

首先，运营需紧跟网络热门事件、网络语言和了解消费者的网购心理。淘宝运营人员因工作性质关系，也经常会泡在网上，浏览电商论坛以及和形形色色的买家交流，所以对于这方面想必是不陌生、易上手的。

① 乔纳·伯杰，等. 破译在线内容病毒性传播的密码 [J]. 中欧商业评论，2015(9).

其次，专业+卖萌。这里的“专业”并非是让店家在产品描述中，将产品描述成“呆板说明书”毫无生气的模式，而是在体现行业专业性和语言表述精确的同时，可以使用易于拉近和消费者距离的口吻，这样显得双方关系更亲密些。因为消费者很难为无厘头、毫无逻辑、无联系的乱卖萌而买单，如果可以满足消费者对产品形成一定程度上的专业形象以及购买诉求，会更有利于买家下单购买。

再次，卖萌营销一定是围绕产品特性和品牌内涵包装诉求去推进，利用天然萌呆的语言和使用轻松俏皮风格的文案、诙谐搞笑的漫画来亲近用户，最终建立与用户的强互动关系，而不是自顾自单方向地吹嘘品牌有多强、产品有多好，以免引起买家的反感。

最后，巧借节日制造卖萌氛围，利用平台流量高峰期吸引入店流量，还可以自己制造常规营销话题来引爆，并借助营销的轻松购物氛围把买家留在店内浏览，直至最终下单。

综上所述，说到庞大的品牌塑造体系太过遥远，但卖卖萌，给消费者制造一些购物过程中的快乐和满足，就是他们愿意买单的理由之一，卖家又何乐而不为呢？

（资料来源：李开，等. 消费者行为学[M]. 北京：高等教育出版社,2014.）

思考题：

1．如何理解“强大者”辛苦，弱小者享福，而卖萌者得天下”这句话？

2．采用卖萌营销需要注意哪些问题以实现“天时地利人和”？

思考练习题

1．新产品购买者可以分为哪几类？其购买行为存在差异的原因是什么？

2．商品调价的心理策略和技巧有哪些？

3．影响分销渠道设计的消费者特性因素有哪些？终端销售点选择的依据是什么？

4．广告的心理功能表现在哪些方面？选择广告媒体要考虑的因素有哪些？

5．针对不同的消费者类型，营业推广的目标有何不同？

6．试简述公共关系的职能和活动方式。

实验十一　消费者购物选择观察实验

一、实验目的

1．了解消费者行为产生的过程。

2．分析影响消费者行为的主观因素与外部因素。

二、实验内容

1．实验背景

在超市或商场中，学生分别观察、询问并记录在工作日和节假日期间购物的2~3位消费者购买商品的全过程。例如，消费者光顾商场的时机、消费者所观察的商品种类和所在位置、消费者询问的商品种类和问题、消费者挑选及试穿/试用过程、消费者最后购买商品的种类和数量等，从而分析消费者购买行为全过程。

2．学生角色

根据实验任务，每组学生分为观察者和询问者，在实际操作中也可以二者循环对换角色。

3．实验准备

教师准备：在实验前，指导教师需与百货商场沟通，以免引起不必要的误会；设计实验全过程，考虑临时出现问题的解决方案。

学生准备：各小组在指导教师的指导下，完成观察指标和询问问题的设计。其中，需注意询问问题的质量和数量，问题不宜过多，一般不宜超过 7 个，且均需能反映关键指标。此外，还可在实验中酌情补充相关题项。

理论知识储备：学生在实验前需对消费者行为学的基本概念、研究对象和范围有大致了解。

三、实验设备与材料

超市或商场、相机或 DV、录音笔、笔记本计算机

四、实验步骤

1．学生分组

根据实验基本要求对学生进行分组，4 人一组，每组学生按观察者和询问者划分。

2．教师检查

指导教师需首先检查各组同学分工，进一步明确各自所承担的任务；其次检查观察记录表格和询问的问题设计。

3．实验实施

根据实验时间各组进入实验地点，按照预先设计展开调查。

4．小组总结

现场实验结束后，各组根据调查资料进行相关分析，得出结论。

5．成果分享与报告撰写

各小组分享实验结果、体会、经验和不足，最后完成并提交实验报告。

五、思考题

1．不同年龄阶段、不同性别、不同社会阶层的消费者在购物选择时的考虑因素有哪些不同？

2．对于不同商品，怎样的营销组合策略更受消费者青睐？

第12章 企业营销创新与消费者行为

【学习目的】

通过本章的学习，掌握绿色营销、概念营销、体验营销、口碑营销、品牌营销、事件营销、情感营销、角色营销、娱乐营销、缝隙营销、戏剧性营销、时尚营销、娱乐营销及借势营销等营销创新的概念和发展历程，进而把握企业营销创新影响下消费者行为的变化特征。

【学习要求】

学习内容	知识要点	相关概念
营销创新与消费者行为	绿色营销与消费者行为的关系 体验营销与消费者行为的关系 口碑营销与消费者行为的关系 品牌营销与消费者行为的关系 事件营销与消费者行为的关系 情感营销与消费者行为的关系 角色营销与消费者行为的关系 娱乐营销与消费者行为的关系 缝隙营销与消费者行为的关系 戏剧性营销与消费者行为的关系 时尚营销与消费者行为的关系 娱乐营销与消费者行为的关系 借势营销与消费者行为的关系	绿色消费、概念营销、口碑营销、品牌营销、事件营销、情感营销、角色营销、娱乐营销、缝隙营销、戏剧性营销、时尚营销、娱乐营销及借势营销

【引导案例】奢侈品消费进入中国时代

2011年，是必将记入史册的一年。这一年，一个叫“郭美美”的女孩搅动了整个中国。

《纽约时报》说，这个“美丽的年轻女子像一枚手雷落在中国的慈善事业”。“手雷”是6月22日晚间爆炸的，经新浪微博认证的“中国红十字会商业总经理”郭美美，自称“住大别墅，开玛莎拉蒂”。

玛莎拉蒂、爱马仕等奢侈品牌在中国，因为一个90后女孩炫富引发的丑闻才真正家喻户晓。

由此可见，奢侈品牌不仅仅是有钱的象征，也是最能挑动人神经的标志性符号；奢侈品消费不仅仅是一种经济行为，也是观察社会的一扇窗口。

中国奢侈品消费井喷

世界奢侈品协会发布数据显示,2010年中国内地奢侈品市场消费总额达到107亿美元(不包括私人飞机、游艇和豪华车)，占全球份额的1/4，现在已经成为仅次于日本的全球第二大奢侈品消费国。

事实上，中国真正的奢侈品消费之路，仅走了短短的20年。这高速膨胀的20年，却创造出一个世界第二，未来或达世界第一消费量的中国“豪客”。

2009年，世界步入后金融危机时代，面对西方老牌主顾们的一再萎缩，世界顶级大牌的销售商们都适时见识到了“中式消费”强大的救市威力。

2010 年上半年，瞄着需求强劲的中国市场，世界顶级品牌如同发出嘶叫的跑车，大踩油门驶向中国拓展业务，更多的奢侈品品牌纷纷如梦初醒。

2010 年 4 月 28 日，150 年历史上头一次，在同一天、同一座城市，在上海，全球殿堂级奢侈品牌 LV(路易·威登)同时开张两家旗舰店。

此前十个月，拥有 LV 的法国 LVMH 集团——全球最大的奢侈品公司，与澳门赌王何鸿燊一起买下一块地，盖一个奢侈品中心。也是第一次。还是在上海，中国。

另一个让中国人在这几年迅速熟络起来的奢侈品品牌 GUCCI，计划在国内开设 13～17 家门店，然而到 2008 年年底，它在中国内地的门店数量累计也不过才十六七家。

让人眼花缭乱的品牌扑面而来，在北京、上海、广州，在中国的众多二三线城市，人们奔走相告。

那些标价为数万美金的手表、拎包和定制西装纷纷涌向中国。

业界甚至称，也许不用到 2015 年，2012 年中国就能在奢侈品消费上夺冠。

面对轰隆而至的这场奢侈品消费盛宴，人们不禁惊呼：奢侈品的中国时代来临了！

奢侈品的“中国式”需求

无数的统计似乎都显示，中国的奢侈品市场与欧美市场存在巨大差异。据彭博社报道，在中国，购买玛莎拉蒂的女性数量是欧洲的三倍，而购买法拉利的女性比例则为全球平均水平的两倍。

奢侈品牌在中国最受欢迎的，还是“中国式”的奢侈品消费。

“炫富”和“送礼文化”是中国奢侈品消费的两大动因。经济快速发展的中国，一部分人迅速先富起来，为了加强自我认同与社会认同，他们需要寻找一种提升他们身份和地位的东西，奢侈品成为不二之选。通过购买奢侈品，他们把自己和其他阶层区隔开来，获得社会的认同。

在中国，奢侈品市场跟送礼市场是密切相关的。没有送礼的需求，奢侈品的消费绝不可能成长如此迅速。

人情往来是中国的一个常态现象。人情往来有两种：一种是互相送礼，基于人情；一种是单向送礼，为了讨好巴结。

从古至今，这两方面都很发达。真正促进奢侈品消费的，往往是后者。一方面是有事相求，有权者和跟权力沾边的人即和有权者亲近的人，都可以享受“礼”遇。互相送礼，礼的里面是人情；而单向送礼，礼的里面则是权钱交易。日常的人情往来，其实很少需要特别的奢侈品，只有特别的送礼需求，才催生送礼经济，催生奢侈品消费的直线增长。

私人会所、高尔夫运动，也属于奢侈品消费，当它们在中国大行其道的时候，我们隐约感觉到，它们的大行其道，其实并没有那么“纯粹”，很多时候成为权力、资本、腐败、奢靡等进行“勾兑”的场所。

奢侈品消费折射社会现实

奢侈品消费是观察中国社会的一扇窗口，折射着当今中国社会很多的畸形现实。

这个本来可以用来观察经济的奢侈品消费窗口，实际上正飘着某种腐败的气味。

奢侈品消费者不外乎这么几种人：一是先富起来的富裕人群，包括“富二代”甚至“富三代”；二是社会精英包括外企白领；还有不可忽视的一类群体是政府官员。

与此相应的消费类型，可分为富人的炫耀式消费、白领的跟风式消费，还有官场体现权力价值的商务礼品式消费。

奢侈品对于普通消费者来说，永远是高不可攀的，这实在很正常，要不怎么叫奢侈品呢？

至于富人要炫富，似乎也是愿打愿挨的事，他们有那个条件奢侈，我们也犯不着眼红。

但是当世界顶级奢侈品走进中国，“橘生淮北则为枳”，迅速与中国传统的官场送礼“风俗”相结合，这显然是一个值得人们关注的现象。

相关调查虽然没有给出奢侈品作为礼品消费的具体数量，但是从已经查处的大案要案来看，许多贪官是天然喜欢与奢侈品“缠绵”的。

通过研究众多的贪腐案件可以发现，在官员收受的礼单中，轿车与房子分列第二和第三，名列第一的正是“小件奢侈品”。

这些中国特色的“奢侈消费”，会成为陷阱。一方面拉高了“无底洞”的三公消费，奢侈品公款购买、私人会所搞公务消费、高尔夫球场上搞公务交流，有多少要转嫁到纳税人头上很难算清；二是这种消费模式常常把奢侈品消费搞成了“载体”，附着在其上面的，经常是见不得阳光的利益“勾兑”，而这些“勾兑”正是搞乱中国经济、政治秩序的罪魁祸首。

当然，它还有第三个“陷阱”，就是容易在贫富悬殊的日子里，制造社会对立，刺激社会神经，引发普通民众的不满。

应该看到，这个社会的“仇富”情绪并不像被渲染的那么强烈，最强烈的实际上是“仇贪”、“仇腐”、“仇奢”。

奢侈品消费，如果是纯净的消费、阳光的消费、纯粹市场的消费，民众可以不管不问；但如果消费方式、内容、外延处处都充满了暧昧，毫无疑问就成为矛盾的焦点所在。

问题的要害在于，在这些领域，所谓的“监管”恰恰是空位的，没有人去过问这些奢侈消费的“颜色”，各种纠葛“搅和”到一起。

(资料来源：程新友，奢侈品消费进入中国时代[J]，检察风云，2011(15).)

在这样的大形势下，有以下诸多问题值得我们思考：

哪些因素会驱动中国消费者的行为？环境问题将如何影响消费者的购买决策？

12.1 绿色营销与消费者行为

随着企业面临着外部环境复杂多变，市场营销理论的应用也在不断发展，由忽视对自然环境保护的传统营销演进为重视保护自然环境的绿色营销。这一新的营销方式也恰好迎合了人们的绿色消费意识，引起了消费者心理和行为的变化。

12.1.1 绿色消费的兴起和绿色营销的概念

1. 绿色消费的兴起

绿色消费是一个广义的概念，它是指消费者意识到环境恶化已经影响到其生活质量及生活方式，要求企业生产并销售有利于环保的绿色产品或提供绿色服务，以减少对环境伤害的总体消费活动和方式。它是一种以“绿色、自然、和谐、健康”为宗旨的，有益于人类健康和社会环境的新型消费方式。

在国际上，绿色消费已经变成了一个宽泛的概念，一些环保专家把绿色消费概括成 5R 系统：

- 节约资源，减少污染(Reduce)；
- 绿色生活，环保选购(Reevaluate)；

- 重复使用，多次利用(Reuse)；
- 分类回收，循环再生(Recycle)；
- 保护自然，万物共存(Rescue)。

国外学者将避免使用下面六大类商品的消费者视为绿色消费者。这六大类商品是：

①含有对动物残害或剥夺而生产的商品；

②使用出自稀有自然资源或动物的商品；

③对其他发展中国家有不利影响的商品等；

④商品过期，过度包装或生命周期较短的商品；

⑤危害消费者和他人健康的商品；

⑥在生产、消费和废弃后造成大量资源消耗的商品。[①]

2. 绿色营销的概念

随着绿色消费成为消费者购买决策的重要依据，绿色营销的观念开始成为企业开展营销活动的重要导向。这是因为，随着生态环境的变化和自然资源的短缺，以满足消费者的需要为中心，组织企业的整体营销活动，通过满足消费者的需要取得赢利和发展的传统营销已无法适应环保时代企业营销的要求，这就需要以环境保护观念作为其经营哲学的绿色营销。

对于绿色营销的概念尚无统一的规范，理论界对其的定义也没有统一的表述。

英国威尔斯大学肯・毕泰(Ken Peattie)教授的观点较有代表性，在其所著的《绿色市场营销——化危机为商机的经营趋势》一书中指出："绿色营销是一种能辨识、预期及符合消费者与社会需求，并且可带来利润及永续经营的管理过程。"这里强调了两个主要观念："首先，企业所服务的对象不仅是顾客，还包括整个社会；其次，市场营销过程的永续性，一方面需要仰赖环境不断地提供市场营销所需资源的能力，另一方面还要求能持续吸收营销所带来的副产品。"

我国学者魏明侠、司林胜(2001)认为，在可持续发展观的要求下，绿色营销要求企业从充分利用资源、承担社会责任、保护环境、长远发展的角度出发，在产品开发、研制、生产、销售、售后服务全过程中，采取相应措施，达到企业的可持续生产、消费者的可持续消费、全社会的可持续发展，从而实现企业、消费者、社会三方面的平衡。杨坚红、易开刚(2002)认为，绿色营销是企业在权衡自身的经济利益、消费者的需求和保护环境资源的前提下，在整体利益高于局部利益、长远利益高于眼前利益的原则下，充分利用传统市场营销组合工具的条件下，保护环境，反对污染，变废为宝，充分利用自然资源，倡导消费者绿色消费需求，从而实现企业的社会营销目标。[②]

从绿色营销的定义可以看出，绿色营销的内容包含两个层面：其一，是从全社会而言的，即宏观层面，涉及道义问题；其二，是从企业自身而言的，即微观层面，是为了企业的利益。可见，利益和道义决定了绿色营销的动机和行为的多层次性。

12.1.2 影响绿色消费行为的因素

绿色消费者购买行为是一个复杂的过程，很大程度上受到年龄、收入、教育水平、生活方式、观念和爱好等因素的影响，不同的因素影响不同的消费行为，表现出不同的消费模式。

---

① 张理. 消费者行为学[M]. 北京：清华大学出版社，北京交通大学出版社，2008.

② 王方华，张向菁. 绿色营销[M]. 太原：山西经济出版社，1998.

影响消费者购买行为的一般因素，可分为 4 个方面：文化、社会、个人和心理。虽然文化因素和社会因素对绿色消费行为产生非常重要的影响，但具体对于绿色消费行为而言，更主要和直接的影响因素是个人因素和心理因素。

1. 个人因素

绿色消费者的购买决策首先是受到个人特征的影响，个人因素包括消费者的年龄、家庭、职业、经济状况、经济环境、生活方式、受教育水平、社会、个性，以及自我观念等。其中，收入、生活方式影响尤为突出。

(1) 收入水平

消费者的购买实力的在一定程度上是由消费者的收入水平决定的。相对于非绿色产品而言，绿色产品或绿色服务的价格是比较高的，收入在对绿色消费方面的分配是一种制约。许多消费者并非不关注环保，但手中的钱是有限的。“实用主义”对大多数人而言是第一位的。对绿色营销者而言，一方面绿色营销者应针对自己的细分市场中消费者的收入水平和“绿色化程度”，提供“相对的”适度“绿色化”，而不必“最佳”，使消费者在精神和物质方面都得到适度满足；另一方面，应致力于降低成本从而使绿色产品价格能为广大消费者所承受，或者可提高功能价格比，提升消费者的利益。

(2) 生活方式

博伊德和莱维认为，营销是为消费者提供一个潜在镶嵌工艺品的各种部件的过程，作为具有他们自己特定生活方式的艺术家，消费者能从这一过程中进行寻求和选择，以开发在当时看来是最完美的工艺组合。以这种思维方式考虑产品的营销人员就会设法了解他们的潜在镶嵌品及其和消费者生活方式其他部分的相互关系，从而增加适合这种生活模式的途径。对生活方式的划分有许多种，包括 AIO 法〔消费者的行动(Activity)；兴趣(Interest)；意见(Opinion)〕、VALS 法(Values and Life Styles，价值观与生活方式)。斯坦福国际研究所的米切尔区分了九种生活方式群体。

①竞争者。这些人很有抱负，有上进心和不断地追求地位，出人头地是他们的最大希望。

②归属者。这些人因循守旧，维护传统，留恋过去和毫无进取心，他们不愿有所作为，自己宁愿一直过那种“顺应型”的生活方式。

③经验主义者。指那些追求丰富的精神生活，希望直接体验生活会向他提供些什么的人。

④求生者。这些人绝望、压抑，是被社会所抛弃的落魄者。

⑤有成就者。一个国家享受优裕生活的领袖和社会精英，按制度办事。

⑥我行我素者。富于幻想、自我关注的那些年轻人。

⑦维持者。社会中敢于为摆脱贫困而作斗争但现在处境不利者。

⑧有社会意识者。希望改善社会，具有强烈的社会责任感的一些人。

⑨综合者。能把各种外向型因素和内向型因素中的最佳部分结合起来的心理成熟的那些人。

2. 心理因素

在具体消费选择过程中，消费者会受其心理因素的影响，主要包括动机、知觉、学习，以及信念和态度等。关于动机的研究，主要有弗洛伊德的动机理论、马斯洛的动机理论和赫茨伯格的双因素理论。这三种理论皆为消费者分析提出了不同的研究架构。人们会对同一刺激物产生不同的知觉，知觉不仅取决于物质刺激物的特征，而且还依赖于刺激物同周围环境的关系及个人所处的状况。人类行为大多来源于学习。一个人的学习是由于经验而引起的行为的改变，它是通过驱使力、刺激物、诱因、反应和强化的相互影响而产生的。信念是指一个人对某些事物所持有的描绘性思想。例如，有的人坚信自己的绿色消费行为对环境质量的改善大大有益。态度是指一个人对某些事物或观念长期持有的好与坏的认识上的评价，情感上的感受和行动倾向。态度能使人们对相似的事物产生相当一致的行为。例如，持环保态度的人，对带有环保性质的类似事物，如绿色产品、绿色服务等产生一种偏好的行为，在消费行为中保持环保的态度。[①]

12.1.3　绿色营销下的消费者行为

绿色消费者的购买行为是一个持续的过程，包括在引起绿色消费需要、形成绿色购买动机、收集绿色信息、评价绿色方案、决定购买和购后感受等几个阶段。

1. 引起绿色需要

所谓绿色需要，从广义上讲，是指人类为了健康、生存和可持续发展而产生的需要，它有利于人类的永续生活与发展需要的满足；从狭义上讲，绿色需要又称生态需要，是指由于人类生理机制中内生的对自然环境和生态环境的依赖性与不可分割性而产生的需要，也是人们为了满足生理和社会的需要，而对符合环境保护标准的产品和服务的消费意愿。其内容一般符合“3E”和“3R”原则，如图 12-1 所示。

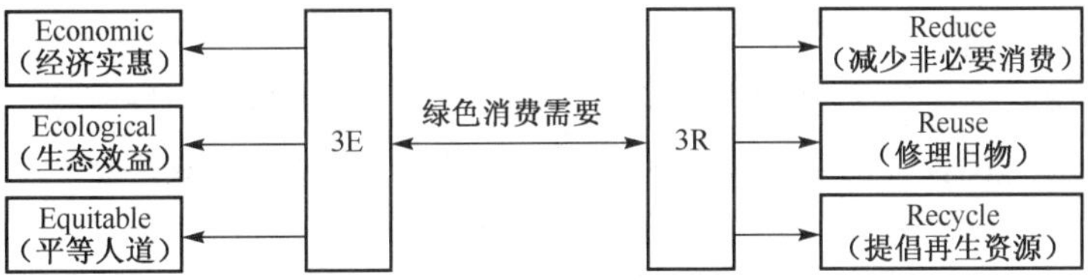

图 12-1　绿色消费需要原则

所谓 3E 与 3R 原则是指：

3E，经济实惠(Economic)；生态效益(Ecological)；平等人道(Equitable)。

3R，减少非必要的消费(Reduce)；修理旧物(Reuse)；提倡使用再生资源制造的产品(Recycle)。

绿色需要不仅是最基本、最重要的生存需要，而且是最重要的享受和发展需要。在环保时代，绿色需要的满足程度不仅成为反映消费层次、消费质量的标志，而且是反映社会进步和精神文明的尺度。绿色需要常处于人的潜意识状态，需要进一步的刺激，才能为消费者所意识，进而使消费者产生购买动机，导致购买行为。在这一阶段，企业需积极引导、创造、刺激消费需要。

2. 形成绿色购买动机

需要是消费者购买行为的原动力，动机是需要的具体化。购买动机是在需要的基础上产生的，是引发消费者购买行为的直接原因。

①追求安全动机。随着生活水平的提高，对生活环境的质量也提出了更高的要求，噪声

① 朱小勇. 绿色营销理论研究[D]. 长安大学. 2009.

污染、空气污染、水质污染等由现代文明引起的环境问题对消费者的安全心理造成压抑，消费者必然要采取绿色消费行为以免受到伤害。

②炫耀购买动机。商品具有社会象征性，能够使购买、拥有者显示自身的某些社会特征，从而获得心理上的满足。部分消费者通过购买无污染、高质量、高价格的绿色产品来显示表现其社会地位、促使别人羡慕自己，从而获得社会的承认。

③仿效的动机。人们在购物时，常会仿效他人去购物以表示自己与普通人不一样，仿效的对象一般是人们崇拜或尊重的人，当他们和自己的偶像在某一方面有一致的行为时，能够让自己的自尊心得到满足，绿色产品的购买也可能是出于仿效的目的。

④维护自我形象动机。市场上的消费者都有各自的自我形象，比如环保者，为了维护自己的环保使者的形象，必然会抵制一次性用品而购买绿色商品，并且还会形成重复购买。

⑤社会责任动机。有些消费者面对日益恶化的人类生存环境，从自我做起，主动减少污染，减少能源消耗，购买绿色产品，努力履行自己作为地球公民的责任。[①]

3. 收集信息与评价方案

消费者为满足绿色消费需要，会收集各种信息，他们可能会向家庭、朋友、经销商等寻找信息，在此基础上，形成对绿色产品的评价。消费者评价涉及产品属性和属性权重。绿色产品不仅能满足消费者的基本需要，而且还具有绿色的特性。营销人员应从绿色入手，更多宣传产品的绿色特性，增加绿色权重，引起消费关注。

4. 购买决定与买后感受

通过选择评价，消费者会形成购买意向，完成购买行为。在这一过程中，消费者受到知觉风险的影响。绿色产品作为一种高价格的新产品，消费者会感到知觉风险较大。如果期望与实际效用相符，消费者会满意，继续购买；如果期望大于实际效用，消费者会产生不满意感，从而减少购买或拒绝购买，甚至把不满意告诉他人，这对绿色产业的发展影响重大。为此，企业需要特别关注消费者的买后感受，帮助消费者肯定其消费决策，设法保持顾客对绿色产品的忠诚。

5. 购后行为发生变化

在绿色消费理念的影响下，消费者的购后行为也会发生变化。

①产品使用方式的变换。例如，绿色消费者改变开快车的习惯，将车速放在经济耗油的速度，以使汽车油耗和汽车排污量最小。

②产品处置方式的变化。绿色消费者以安全和尽可能充分使用的方式处置产品；把旧耐用品作为二手货出售等。

③维护和修理。对于耐用消费品，绿色消费者日益注意加以维护和修理，以充分延长其使用寿命和推迟产品重置时间。

从方便企业营销活动开展的角度，也可以从购买前、购买中和购买后三个阶段对绿色消费者购买过程分析(见图12-2)。从绿色消费者、企业双重角度对绿色消费者的购买过程进行分析，以便为企业全面了解绿色消费者购买行为、实施绿色营销提供指南。[②]

---

① 武永春.绿色营销促成机制研究[M].北京：经济管理出版社，2006.

② 李晓霞，刘剑.消费心理学[M].北京：清华大学出版社，2010.

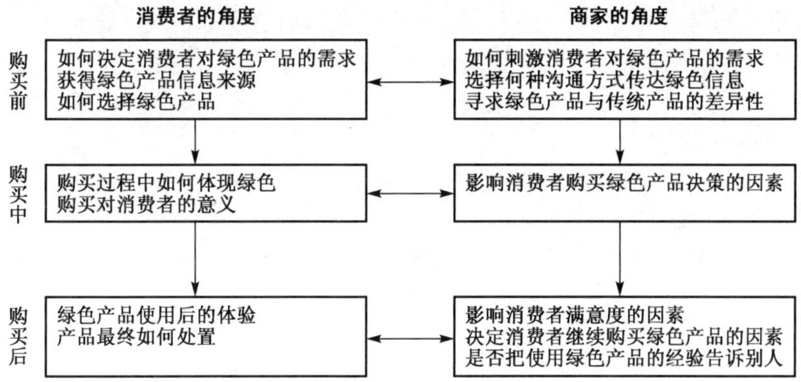

图 12-2　绿色消费者购买行为

(资料来源：朱小勇.绿色营销理论研究[D].长安大学，2009.)

【案例 12-1】 宝洁公司的绿色营销

消费品巨人宝洁公司丝毫不掩饰其野心，特别是在绿色消费品上。

宝洁 2011 宣布其可持续发展的措施包括到 2012 年计划削减碳足迹至 40%(碳足迹是指通过温室气体的产生量来衡量人类活动对环境的影响，以二氧化碳为单位来计算)。该公司还宣布在未来 5 年内计划在减少对环境的影响下创造至少 200 亿美元的销售总额。《金融时报》(Financial Times)报道说，那些产品对环境的影响将比其之前的产品对环境的影响降低 10%。

像丰田汽车一样，宝洁公司的营销目标不仅针对绿色消费者，而且包括主流消费者。绿色消费者当然会购买绿色产品，因为那是他们的一项核心消费需要。“但是，假如你的产品方便了主流消费者，同时不要求他们做出让步，那么他们就会以可持续发展的方式来消费你的产品。”怀特(Peter White)分析说。他是宝洁公司可持续发展部的总监。

他接着说：“公司要把环保要求和实际利益结合起来，以争取赢得普通消费者的支持。举例来说，宝洁的更环保、更浓缩的产品均设计为轻巧携带型的，而节能清洗运动可以帮助客户节省支出。”

怀特的同事索尔斯(Len Sauers)对此十分赞同。他说，绝大多数消费者觉得环境问题十分重要，但都不愿意在产品性能或价格上做出让步。他告诉《品牌周刊》(Brand Week)，“他们会选择一款对环保有好处的产品，如果其性能、价值和成本都符合要求的话”。

以营销实力出名的宝洁公司，可以依靠其营销的努力来赢得主流消费者。

营销工具之一是利用产品包装。宝洁公司通过减小包装的尺寸来实现绿色营销。自 2010 秋天起，宝洁开始更换其在北美价值 40 亿美元的全部液体洗涤剂组合，换成双强度洗涤剂包，是常规尺寸大小的一半。Mediapost 网站报道说，“该项目被宣传为一个环保的突破，因为它减少了 44%的用水和 22%的包装”。

宝洁公司所面对的挑战是如何说服消费者转移到小包装上。“你如何说服消费者小包装放在洗衣房里是很好看的？”宝洁公司全球产品供应官哈里森(Keith Harrison)在 2010 的一次会议中说，“所有人都使自己的手机和 iPod 变小，可是你如何使消费者明白在洗衣房里小也是美的，这将是一个有趣的挑战”。

销售小瓶的浓缩产品是一种营销新趋势，宝洁公司正是顺应了这一趋势。“产品要求减少运输，减少包装，减少生产用水，更方便消费者——这是双赢”，怀特说。他进一步指出，宝洁公司通过列举了减小包装而节省了使用卡车的数量的例子，来与消费者沟通产品中的绿色理念。

宝洁公司使用的另一种营销工具是，通过沟通来影响消费者使用产品的方法。通过碧浪这一洗涤剂，宝洁把洗衣温度降低至30摄氏度的理念进行了推广，这样可以节约40%的能源。

宝洁在英国和美国举行的一系列宣传活动中，使用了一个简单的标语：“常用30摄氏度水洗，期望相同的结果。”

消费者对行为改变的认可，“是对社团、积极性和大文化理念市场营销总体实现的一部分，”格兰特写道，“绿色营销就是寻找这样一个双赢局面的有效手段”。谈到双赢的局面，宝洁公司已向其宏大的绿色目标前进了。在今年5月，索尔斯告诉《品牌周刊》，“在过去的5年时间里，我们已在每个单位的基础上减少了30%的二氧化碳的排放量、能源/水的消费和固体废物。我们十分清楚，我们正在实现这一目标”。

财务数据看上去也很不错。2010年年利润上升19%，达到103亿美元。

绿色目标和商业目标都满足了。

(资料来源：世界经理人. 2007(10).)

12.2 体验营销与消费者行为

随着体验经济的兴起，通过营销活动给消费者提供丰富的体验成为企业的营销创新思维之一。企业应在营销战略上重视这种变化，并积极地创新其体验营销策略，以适应时代发展和消费者需求变化的需要。

12.2.1 体验营销理论

1. 体验营销的内涵

顾名思义，体验营销既有体验的参与，又必须以营销为中心。与产品营销、服务营销相对应，体验营销是指企业根据顾客的要求，通过精心设计，利用情境和事件的安排，创造和传递有价值的顾客体验，从而实现企业目标的营销活动。体验营销讲究利用民族文化、感情投资、现代科技、艺术和大自然等手段来增加产品体验的内涵，更好地满足人们的情感体验、审美体验等，在给人们心灵带来强烈震撼体验的同时，实现商家利益的最大化。

体验经济这一概念是由美国学者首先提出来的。1970年，营销界大师菲利浦·科特勒指出，体验将在教育和旅游行业中逐渐凸显，并将成为一种新的经济形态。只有把握这一形态的特征，才能打破教育和旅游萎靡不振的现状，促使它们得到进一步的发展。从那时起，体验正式和经济联系在一起。就是在同一年，美国比较著名的未来学家阿尔文·托夫勒在《未来的冲击》一书中第一次讲到了体验市场，并在书中对其进行了相关方面的深入分析。在这种情况下，体验开始被当做一种特殊的经济现象，人们开始对它进行深层次的研究。

Bernd Schmitt在《体验营销》中提出，体验营销是从顾客的感官、情感、思想、行动和关联五个方面来重新定义并设计的营销方式。同时，他还指出，在体验设计中，营销人员必须把这五个方面作为一个整体来进行设计，只有这样，才能取得体验营销的成功。

《哈佛商业评论》中的文章指出：体验营销指的是在整个营销活动过程中，充分考虑到感性因素，通过影响消费者的感情来改变行为，并最终影响消费者的决策过程与购买行为。

体验营销是伴随着体验经济的兴起而产生的一种新的营销方式。这一营销模式于21世纪初传入我国，几年来，我国的营销工作者在体验营销领域取得了比较好的成绩。

有学者指出消费者在购买产品及消费产品的过程中体验到产品的魅力所在，从而通过消费享受快乐，并达到自我实现的境界。厂家正是通过体验的快感，把消费者和产品联系起来。

还有的学者对体验营销进行了非常形象的解释：体验营销培育人类真正需要的东西，它能够激发人们的潜在需求，创造出一种新的产品及由这种产品带来的新生活方式，并通过一系列策略推动群体需求。

总的来说，体验营销是服务营销的进一步发展，其用于实践的时间还比较短，关于它的研究还处于探讨阶段，因此国内对于这方面的研究并不很深入。体验经济兴起于美国，这种经济的到来必须依附于社会生产力和社会文明的高度发达，而我国现在还处于发展中国家的行列，各种经济发展很不平衡，这就决定了体验经济只是我国经济形态中的一个比较微小的部分。由于这种经济的特殊性，致使在我国实施体验营销的环境还不很成熟。[①]

2. 体验营销的模式

体验的创造和传递是体验营销的核心。这一核心要求企业必须把满足顾客的体验需求作为自己的目标，同时结合服务和有形产品，设计和经营高质量的体验。企业提供给顾客体验，顾客通过付费来享受这一体验过程，并最终形成独特的体验。通过一系列精心设计和传递，使得顾客能愉快地接受产品和服务，并同时产生对企业的依赖和信任，从而维持顾客的忠诚度。

体验营销组合包括六大要素，也就是体验营销的 6E 组合策略，如图 12-3 所示。

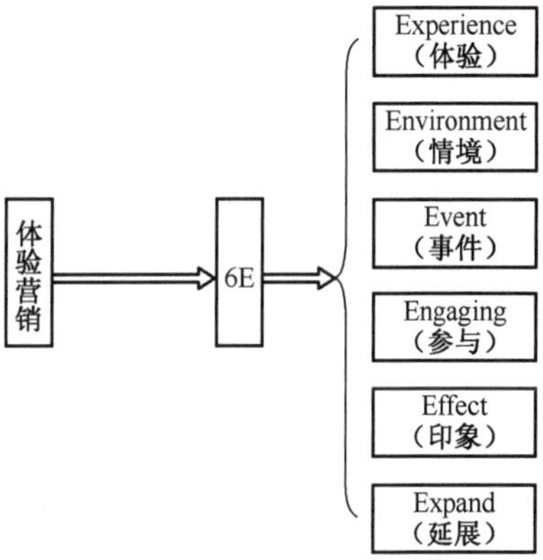

图 12-3　体验营销的 6E 模式

(资料来源：王文正.体验营销的要素、策略及模式[J].销售与市场(管理版)，2010(3).)

(1) 体验

体验是体验营销组合中最基本的要素，它描述了企业要提供给顾客什么样的体验。顾客所产生的体验是感官、情感、思考、行动和关联这 5 种类型的混合物。实施体验策略时，首先要找到各种类型体验的连接点，在连接点上进行体验的扩充组合，从而生成一个完整的顾客体验。

(2) 情境

情境是企业为顾客创建的“表演舞台”，是体验产生的外部环境，它既可被设计成现实的场景，也可被设计成虚拟的世界。

(3) 事件

事件是指为顾客设定的一系列表演程序，企业必须对表演的过程进行特别的设计，形成事件策略。

(4) 参与

体验营销关注顾客的主动参与性，参与策略要通过营销手段使顾客真正进入企业所设计的事件中，因此，设计一个什么样的角色给顾客非常关键。顾客只有真正地参与事件，其心理活动才能真正进入情境中，才会最终愿意付费体验。

(5) 印象

印象策略就是对印象进行管理的策略，体验营销在向顾客让渡体验的同时，必须注意顾

① 张浩. 浅议基于消费者行为特征的体验营销及其在企业中的应用[J]. 交流论坛，2009(3).

客终生价值，而不是单次交易所产生的价值，因此，必须注意顾客重复购买的问题。体验的难忘过程产生了印象，成为长期维系顾客关系的一个重要因素。

(6) 延展

顾客体验可以延展到企业的其他产品、不同地区和时期，并向他人传播，从而实现顾客价值的最大化。体验营销策略通过各种措施对延展策略完备周详的实施能使体验的功效发挥到极限。①

12.2.2 体验营销下消费者行为特征

1. 消费者情感需求的比重增加

随着消费需求层次的不断提升，消费者在消费过程中不但注重产品的质量，而且更加注重情感的愉悦和满足。消费者购买商品的目的已不仅仅出于生活必需的要求，更多地出于满足一种情感上的渴求，或者追求某种特定产品与理想的自我概念的吻合。他们更关注产品与自我关系的密切程度，偏好那些能够与自我心理需求产生共鸣的感性产品。于是，许多迎合这一变化的产品或服务大行其道。从意大利的足球联赛到好莱坞的美国大片，从越来越多的成人玩具到迪斯尼的米老鼠和唐老鸭，直至“日本任天堂株式会社”的电子游戏等。

2. 标准化的大众产品日渐失宠，个性化、人性化产品需求上升

如果把“个性化”划分为外在的、形体的和内在的三个层次，那么三个广阔的市场也就展现在我们面前。从服饰行业看，从颜色到款式，从材质到功能，变化越来越多且越来越快；从家居装饰行业看，满足客户特殊要求的房产、家具、装修设计等在市场竞争中显现出明显优势。与此同时，各种美容、美发、美体等企业不断涌现，各种健美训练、特色休闲也受到消费者欢迎。这一切都表明，消费者在接受产品或服务时的“非大众”心理日益增强，敢于相信自己的判断，相信自己的感觉，更加追求那些能够促成自己个性化形象形成、彰显自己与众不同的产品或服务。

3. 消费者由被动接受产品转变为主动参与

从近年来的消费实践看，消费者参与企业营销活动的意识进一步增强，主要表现为消费者从被动接受厂商的诱导、拉动，发展到对产品外观要求个性化，进而发展到不再只满足于产品外观的个性化，而是对产品功能提出个性化的要求。在这种情况下，消费者在一定程度上成了企业产品生产的决定者。消费者越来越希望和企业一起，按照自己的社会系统、思维意识和消费需求开发能与他们产生购买的产品，开拓能够反映消费者创造新的生活价值观和生活方式的“生活共创型”市场。

▶相关知识：与消费者共创价值——深度互动和体验

核心竞争力理论创始人之一、战略大师普拉哈拉德2003年在其《消费者王朝——与消费者共创价值》一书中提出共创价值的思想，认为企业不能再像以往那样进行单边思考和采取单边行动，因为价值不再只是由企业创造然后与消费者进行交换的东西，而是消费者与企业共同创造的产物。

---

① 王文正. 体验营销的要素、策略及模式[J]. 销售与市场(管理版)，2010(3).

在价值创造的共赢时代，人们的价值来自共创。参与价值创造的消费者，都应被企业视为价值创造过程中一个不可或缺的环节。有三组关键词可以概括共创价值。

第一组，接近、社区和圈子。在信息化时代，消费者与企业之间、消费者与消费者之间、企业与企业之间，变得更为接近。人人网上的数据表明，每个人可以轻而易举地平均接触 180 个人，由于人们的距离越来越近，也就出现了比原来提出的更加激动人心的虚拟社区概念并由此形成所谓的圈子。以前，圈子是只有周围的人才有可能形成的，而现在它是在互联网、手机上形成的。

第二组，关联、互动和共享。原来互不相关的东西人们很难轻易一起得到，而现在相关联的东西马上就能链接起来。卓越网之所以超越当当成为国内最大的购书网站，是因为它更好地运用了关联技术，比如消费者在卓越上需要一本书，卓越会马上显示与这本书相关的还有哪些书，买过这本书的人还买过哪本书，而且显示买过书的人对于本书的评价，使消费者能够更加精确更加容易地做出购买决策。比关联更重要的是互动，以前人们的互动只是面对面的，而现在的互动，利用互联网、手机、短消息、QQ、微博，互动可以非常容易就做到，而互动的结果最重要、最快乐的事情就是分享。

第三组，体验和共鸣。在新的时代，价值不再仅仅关乎产品，还关乎体验，产品成为一种用来创造体验的人工制品。由于仅有分享还无法达到营销的最高境界，因此体验成为更重要的一个元素。所谓体验，就是人们闭上眼睛也不会忘记的感受，它渗透到人们的感官和心灵中，让人们深刻记住。创造体验，企业才能超越传统的营销。为什么《阿凡达》能够创造票房奇迹，某种程度上就是因为体验的力量在驱动消费者。

(资料来源：卢泰宏. 与消费者共创价值. 新营销. 2010(12).)

4. 消费者从注重产品本身逐渐转移到注重接受产品的过程

消费者不仅关注得到怎样的产品，而且更加关注在哪里和如何得到这一产品。或者说，消费者既重视结果，同时也重视过程。最典型的莫过于星巴克咖啡在咖啡市场的成功。人们宁愿花费更多的钱去星巴克享受喝咖啡的感觉，而不愿意在家里或办公室为解渴而饮用雀巢速溶咖啡。例如在休闲业，人们从过去单纯的观光旅游正逐渐转向体验旅游，诸如野外生存训练、挑战极限等项目开始受到消费者的青睐。

【案例 12-2】 星巴克的体验营销

从 1971 年西雅图的一间小咖啡屋发展至今成为国际最著名的咖啡连锁店品牌，星巴克(Starbucks Coffee)的成长可称得上一个奇迹。星巴克的咖啡经济的确令人心动，拥有 25 年历史、全球连锁店达 4 000 多家的星巴克，1992 年在美国上市，如今，股票价值早已超过当初的 10 倍以上。

咖啡王国传奇的造就并非一朝一夕之功，它源于其长期以来对人文特质与品质的坚持。采购全球最好的优质高原咖啡豆以提供消费者最佳的咖啡产品，有其深厚的文化底蕴；更源于不懈的品位追求，时时处处体贴入微，提供顾客最舒适最优雅的场所。这也是星巴克的独特魅力所在，同时也体现了体验营销的威力，星巴克正是以“体验式营销”方式带领消费者体验其所塑造的文化。

不同的体验，共同的享受

来过星巴克咖啡店的人都会产生一些独特的经验，我们称为“Starbucks Experience”，这些心得和故事都是值得与其他人分享的共同经验。

当你坐在任何一家星巴克咖啡店里，品尝着手中第 1 杯，或者第 1 000 杯星巴克咖啡时，都会见到一位女子躲在手中的星巴克咖啡杯中向你微笑，她看上去天真无邪但却无比妩媚动人。“她是谁呢？”你不禁会想，“是来自哥伦比亚的咖啡公主，还是地中海里的美人鱼？”不管她来自哪里，都肯定带着一个五彩斑斓和充满浪漫气息的故事。

星巴克从品牌名称到LOGO设计都让人产生联想，并充满好奇感。“星巴克”一名取自美国古典冒险小说《大白鲨》，主人公是一位名叫星巴克的船大副，他幽默坚定，爱喝咖啡，有丰富的航海经验。星巴克的LOGO形象设计则来自多数人都熟悉的古老的海神故事。荷马在《奥德赛》中描述了海神如何将水手引诱到水中，让他们在销魂的声音中幸福快乐地死去。中世纪的艺术家们把这些生灵刻画成美人鱼，从此这些生灵传遍了整个欧洲，人们用它们装饰大教堂的屋顶和墙壁。星巴克徽标中那个年轻的双尾海神，便是由中世纪来的演绎。于是，星巴克充满传奇色彩的名称和徽标很容易在顾客头脑中形成一种印象，并由好奇而最终转变为好感，这种联想式的体验也是众多星巴克迷的钟爱之处。

同时星巴克强调它的自由的风格，首先，它采用的是自助式的经营方式，你在柜台点完餐，你可以先去找位置稍加休息，也可以到旁边的等候区看店员调制咖啡，等你听到他喊你点的东西后，就可以满怀喜悦的心情，端取你的咖啡。然后，再到用品区，那边有各式各样的调味料，如糖、奶精，肉桂粉，以及一些餐具，都由你自行拿取。由于是自助，所以也不用付服务费，店里的装潢并非经常更换，但让星巴克如此吸引人的正是这份自由的体验。星巴克就像一双CONVERSE的帆布鞋，自在、休闲，沾上水渍也一样轻舞飞扬。

星巴克，您的邻居

在世界上有星巴克咖啡店的地方，都是人们在工作、居家之外最喜爱停留的地方，在店里可以与其他的星巴克爱好者产生视觉、听觉的互动；或是单纯地喝一杯咖啡，享受独处的悠闲，星巴克是一个可以放松身心的地方。

在中国，几十平方米的咖啡店里，常常可以看见衣着光鲜的白领手捧咖啡杯，或聊天，或摊开资料、打开手提计算机讨论工作。如果运气好的话，还可以看见一些身着棉布衬衫、留着IT寸头的网络精英，其中一位很可能就是已经缩水，但名气依旧不小的“数字富豪”。

与星巴克在中国的定位不同，在美国，星巴克把自己定位为“您的邻居”，而绝非白领阶层的专属，但仍然是其家庭客厅的延伸、价廉物美的社交场所、工作和家庭之外的第三个最佳去处。在西装革履的金融区，在花花绿绿的黑人区，都可以看到它的踪影。在价格上，一杯咖啡最便宜的1.5美元左右，最贵的也只有4美元左右。除了最便宜的“星巴克当家咖啡”外，还有淡淡甜酸果味的女神天韵咖啡、口感厚重的哥伦比亚纳瑞诺咖啡、可配甜点的维罗娜咖啡等。

星巴克以为顾客创造“第三空间”为主题，营造了一个全新的体验，通过情境，星巴克来创造“体贴”，正是真正了解了这些可以刺激顾客内心情感的细枝末节，星巴克才可以将体验式营销用到极致，并成为经典。

（资料来源：根据网上资料整理。）

12.3 口碑营销与消费者行为

口碑作为消费者群体内外部因素共同作用的产物，正以其无可比拟的信息沟通优势对消费者行为产生着冲击，因此，营销工作者把握口碑传播的方式和规律，对企业营销活动的开展具有重要意义。

12.3.1　口碑营销的发展历程

口碑就是顾客推荐，是指关于某一组织的信用和可信赖程度、经营方法、服务等方面的信息，它可以通过社会公众相互之间的传达，从一个顾客传播到另一顾客，形成的对某一产品或服务长期的、统一的、稳定的看法(郭会斌.2005)。而口碑营销是以满足顾客多种需求、赢得顾客满意、与顾客建立起良好关系、提升企业和品牌形象等为目标，以顾客积极的口碑传播为途径的营销方式(于鑫伟，刘军.2009)。

按时间阶段划分，口碑营销的发展可以划分为萌芽期、早期、发展期、相对成熟期和新的快速扩张期五个阶段，如图 12-4 所示。

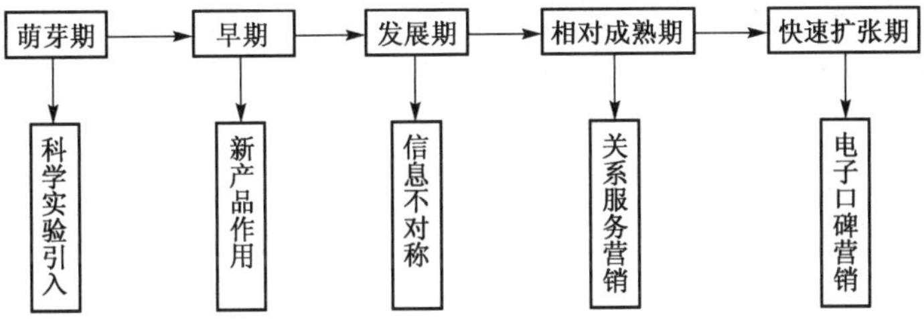

图 12-4　口碑营销发展阶段及特点

第一阶段，口碑营销理论的创始和萌芽时期(20 世纪 50-60 年代)。尽管口碑现象早已存在，但是一直到 Asch(1956)第一次用科学实验揭示了以口头传播为基础的“三人成虎”的社会从众心理，才标志着口碑营销理论真正创立。随后，Brooks 等在《Journal of Marketing》杂志上，发表了营销学界第一篇强调口碑在新产品发售中作用的学术论文。Arndt 进一步明确地指出，正向口碑往往会增加企业的赢利能力，负向口碑往往会减少企业的赢利能力，从而使得口碑营销越来越受到研究者和实践者们的重视，得出了一系列有意义的研究成果。

第二阶段，口碑营销研究的早期(20 世纪 60—70 年代初)。学者们主要强调口碑在新产品、有形产品销售中具有较为重要的作用，但是对于口碑传播过程方面的实证研究较少，并很少对服务行业中的消费者行为进行研究。在此阶段，Katz et a1．(1955)的研究最具代表性。他发现口碑在影响消费者转换品牌方面，其效率比报纸和杂志广告高出 7 倍，比个人推销高出 4 倍，比收音机广告高出 2 倍。Engel et a1．(1969)通过对多种有形产品的研究，结果表明，对于顾客做出购买行为而言，口碑的确要比其他推销和广告等其他营销方式显得更为有效。

以 Akerlof(1970)提出信息不对称现象普遍存在于买方和卖方之间为标志，学者们对口碑营销的研究进入了第三阶段——发展阶段(20 世纪 70—80 年代初)。学者们普遍赞同在很多情况下口碑可以帮助顾客缩小这种信息的不对称，成为潜在顾客做出产品购买决策的主要信息来源。

进入 20 世纪 80 年代后，随着竞争的进一步加剧，企业要想获得持续竞争优势(Sustainted Competitive Advantage，SCA)，势必要完成从交易导向(Transaction Oriented)到关系导向(Relation Oriented)转变的战略转型。学者们对口碑营销的研究也进入了第四阶段——相对成熟期(20 世纪 80—90 年代中期)，取得了丰硕的成果。关系营销和服务营销成为这一时期新的研究热点问题。

随着口碑营销在虚拟群落(Virtual Communities)扮演的重要角色(Hagel and Armstrong，1997)以及互联网技术的发展，电子口碑营销(Electronic Word-of-Mouth，EWoM)已经受到新

生营销方式之一的时尚营销(Fashion Marketing)的重视(Gladwell，2002)，对口碑营销的研究也进入了第五阶段——新的快速扩张期(20 世纪 90 年代中期至今)。在这一阶段，虚拟社区的引入为口碑营销作用的发挥提供了一个广阔的平台。[①]

▶相关知识："病毒营销"以小搏大

随着互联网日益普及，网络广告也越来越多，但是用户似乎对广告的免疫力越来越强，不再相信厂商的自吹自擂。弹出式广告可以阻截，页面广告可以覆盖，邮件广告则直接被送进垃圾箱。怎样才能让传播进入客户的内心呢？

面对网络广告的困境，一种全新的营销方式——"病毒营销"应运而生，像病毒深入肌体、快速繁殖、广泛传播和迅速扩散那样，通过用户的口碑宣传网络向数以千计、数以百万计的受众扩散。"让大家告诉大家"，通过别人为你宣传，实现"营销杠杆"效果。

1997 年 Hotmail 在推出免费电子邮件服务时，在邮件中设置一个链接，使得每位收到 Hotmail 邮件的人都可以通过该链接轻松注册，如此一来，用户每发送一封邮件，就等于为 Hotmail 做一次免费宣传。Hotmail 借此在创建后的一年半时间里成功吸引 1 200 万注册用户，收效显著，由此这一新颖营销方式的威力让人刮目相看。美国投资家 Steve Jurvetson 在评论这一事件时首次使用了"病毒营销"的概念。

病毒营销通过提供有价值的信息和服务，利用用户之间的主动传播来传递营销信息。宝马汽车斥巨资聘请好莱坞优秀团队拍摄电影短片，然后放到网上供人们免费欣赏和传播。令人窒息的公路飞车，扣人心弦的人质营救，千钧一发的生死较量，看起来就像好莱坞商业大片的浓缩版，当然影片中的主角无一例外的是宝马汽车，这一举动大幅提升了宝马在市场上的美誉度。

(资料来源：张计划．"病毒营销"以小搏大．销售与管理[J]. 2011(5).)

12.3.2 口碑营销与消费者忠诚

1. 顾客忠诚

顾客忠诚理论来自对消费品领域的研究(Jacoby，1971)，并且顾客忠诚是企业赢利的源泉和成长的基石。近年来已成为国内外理论研究的一个重要课题，国内外学者各自从不同的视角给出了顾客忠诚的不同定义，但由于顾客忠诚内涵丰富，难以严格和准确地界定，至今学者们也还没有对顾客忠诚形成统一的观点。总括起来，不外乎从两个方面来理解其内涵(李忠宽，2003)。

(1) 行为重复

行为重复是指消费者在实际购买行为上能持续购买某一企业产品的可能性，以顾客购买企业产品的比例、购买的顺序、购买的可能性等指标来衡量。Olive(1999)进一步指出，忠诚指的是顾客对于某服务提供商感到非常信任，非常钟情于某企业或某品牌，并经常购买某品牌的产品或者只去某企业购物。

(2) 态度取向

态度取向代表了顾客对企业产品积极取向的程度，也反映了顾客将产品推荐给其他顾客的意愿。Cremler and Brown(1996)认为，顾客忠诚指的是顾客对特定的服务商重复购买行为的程度和对其所怀有的积极的态度倾向，以及在对该项服务的需求增加时，继续将该服务商作为唯一选择对象的倾向。

---

① 陈蓓蕾．基于网络和信任理论的消费者在线口碑传播实证研究[D]. 浙江大学. 2008.

2. 口碑传播与顾客忠诚

从态度倾向和行为重复方面来讲，根据均衡理论(Balance Theory)和交易成本理论(Transaction Cost Theory)可知，人们通常愿意同那些以前有过联系的交易对象发生关系，即在未来愿意持续重购或再次惠顾某一偏好的零售商。由于我国经济的迅速发展，产品供应极大充足，这样，作为个体的消费者与陌生商家或企业联系的概率会大大增加；由于相互之间熟悉程度所限，交易的难度会大大增加。而口碑营销可以在一定程度上解决这一问题，通过口碑的传播，消费者可以在未接触企业的条件下，对有交易意向的“陌生”企业产生交易倾向。①

【案例 12-3】东风本田：巅峰之上，CR-V 车主口碑深度传播

东风本田 CR-V 自上市以来，共推出 2004 款、2007 新世代 CR-V 和 2010 新 CR-V 三款车型，凭借 7 个 NO.1 的综合实力和车主的强大口碑，累积用户 35 万个，在 SUV 市场所向披靡。在 CR-V 不断突破的同时，车主与 CR-V 的故事也不尽相同。CR-V 面向全国车主在线上开展“巅峰之上，V 动我心”活动，凝聚 35 万车主口碑，向社会大众展现众多 CR-V 车主的精彩驾车故事。

由广东省广告股份有限公司策划的“巅峰之上，V 动我心”活动提供了一个平台，让车主亲自讲述与 CR-V 风雨兼程的故事，分享与 CR-V 一路相伴的喜悦心情，以车主的口碑力量展现 CR-V 非凡的性能。从 2010 年 5—8 月，在短短 4 个月的时间里，CR-V 的销量多达 48 738 辆。在竞争对手的夹击中，CR-V 销量持续增长，创造了巅峰之上的销售神话。

“巅峰之上，V 动我心”活动对 CR-V 品牌的维护和品牌忠诚度的提高发挥了直接的作用。将车主真实的 CR-V7 个 NO.1 故事进行深度传播，吸引了更多的潜在购车人群，将 CR-V35 万车主大家庭持续扩大。

(资料来源：新营销.2010(12).)

12.3.3 口碑营销对于消费者决策的影响

口碑营销对于消费者行为的影响主要体现在口碑(消费者推荐信息)对于消费者购买决策的影响上。

在口碑营销的不同阶段，口碑对于消费者决策的影响模型是不同的，概括来说，我们可以以虚拟社区的出现为标志，将其分为传统环境下的影响和虚拟社区下的影响两个部分。

1. 传统环境下口碑对于消费者决策的影响

传统环境下，消费者购买决策会受到口碑信息的三个因素的影响，如图 12-5 所示。

①信息来源的特性，如信息来源者专业程度、意见领袖等；

②信息接收者与来源者的同构性；

③信息接收者本身的特性，如专业程度、口碑偏好等。

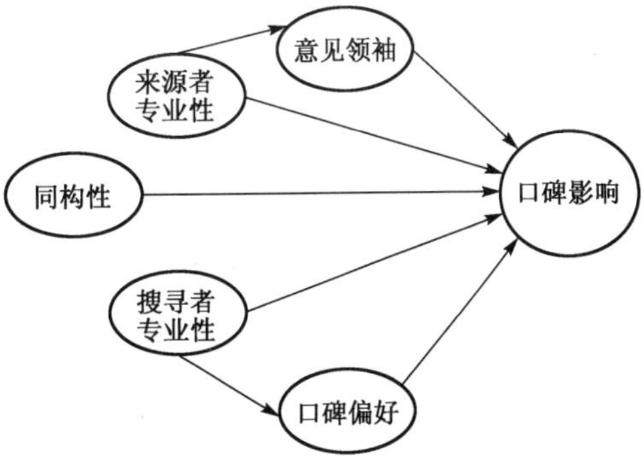

图 12-5　口碑对消费者决策的影响模型

(资料来源：Gilly，1998.)

2. 虚拟环境下口碑对于消费者决策的影响

在虚拟环境下，口碑对于消费者决策过程的影响要复杂得多，如图 12-6 所示。

① 于鑫伟，刘军.消费体验情境下口碑营销研究综述[J]. 现代商贸工业，2009(22).

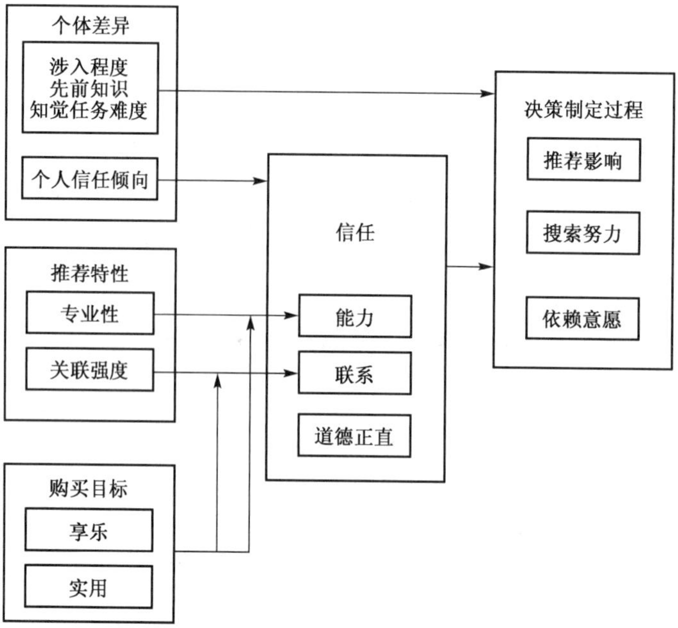

图 12-6　虚拟社区下口碑对于消费者决策过程的影响机制

(资料来源：Smith，2002.)

由于虚拟环境的特点，在虚拟环境下，信任将在口碑传播者和接受者之间起很大的作用。如图 12-6 所示，信任作为传播者推荐来源特性(专业性和联结强度)和消费者决策的中介变量。与此同时，消费者购买的目标也将对口碑作用发挥影响，在图 12-6 中，将购买目标(享乐／实用)作为影响来源特性和信任关系的调节变量。购物目标调节了推荐来源特性(专业性和联结强度)和消费者购买决策影响的作用：享乐购物时，相对于专业性，消费者更易受联结强度的影响；而当购买目标是实用性时，同时受专业性和联结强度的影响。图 12-7 中所有的变量都影响信任，信任在这些变量与结果变量之间有中介作用。个人信任倾向影响信任。其他个体变量(如涉入程度、先前知识和知觉任务难度)直接影响消费者的决策过程(包括推荐信息的影响、搜索努力和对其他推荐信息的依赖意愿)。

12.3.4　口碑营销与消费者购后行为

不同学者从不同角度都阐明了顾客口碑传播意愿会对顾客购后行为产生影响，至于两者之间的关系，即口碑传播为何会和怎样影响顾客的购后行为，可以用以下四种理论和模型来加以解释。

1. 易理解诊断模型(Accessibility-Diagnosticity Model)

该模型认为人们在做出决策时，往往会受到各种各样的信息的影响，其中，最容易被人们所理解的信息对决策的影响权重是最大的(Feldman and Lynch，1988；Lynch et a1.，1988)。换言之，信息越简单，越直接明了，就越容易为人们所理解和接受，越容易影响到人们的决策。Herr et a1. (1991)研究表明，口碑(包括自己通过经验形成的内部口碑和他人的口碑两种)是最容易为顾客所理解的信息之一，要比印刷类信息更容易被顾客所理解和接受，因而通过口碑渠道获得的信息，能够帮助顾客形成对产品、品牌形象更加生动的印象，从而影响顾客的购买行为。

2. 演进博弈理论(Evolutionary Game Theory)

该理论将人类在经济活动之间的互动行为的动态调整过程模拟为类似生物学中的进化演化过程，其均衡的实现更多地依赖于通过一种稳定的自然而然进化演进的机制来实现。因此，口碑的好坏就成为一种“凸显信息”，成为人们在购物决策时的参照物，有利于降低购买过程中的不确定因素和顾客以后重复购买行为中的感知风险(Murray，1991)。

3. 归因理论(Attribution Theory)

该理论认为凡事皆事出有因，凡事都应该考虑到这种现象的持续稳定性(stability)和可控制性(controllability)。所谓的持续性指的是这种现象在未来继续发生的可能性，而可控制性指的是顾客相信此类的问题应该能够被事先阻止的可能性。Folkcs(1984)研究指出，不满意的顾客在决定是否传播负向口碑的时候，往往会不由自主地询问自己诸如“这样的问题是否会继续发生”、“企业是否会采取措施避免类似情况发生”等问题。因此，顾客感知抱怨、寻求赔偿获得成功的可能性，顾客认为问题的持续稳定性和可控制性，以及顾客感知是否受到公平待遇等问题都影响着顾客传播负向口碑的意愿，并对于顾客的购后行为起到重要的影响。

4. 社会感情分享理论(Social Sharing of Emotions Theory)

该理论认为顾客与社会建立联系的需求被视作善于交际的表现(Price and Amould，1999)，所以顾客除了大约 10%的个人私密性经历或感情不愿与其他人交流之外，其他的个人知识和信息都乐意与他人所共享，从而将埋藏在社会大众心中的一些共同观点激发出来。①

【案例 12-4】小蜜蜂网络社区口碑营销案例

小蜜蜂是一个美国化妆品品牌，产品特性绿色纯天然，天然程度高达 95%以上，婴儿护肤类产品更是接近 100%。有趣的是这个品牌从不打广告，其创始人称“为了环保 ”。2008 年末，小蜜蜂品牌做了一次社会化营销活动，从品牌传播、消费者口碑、网络产品销售都实现了非常好的效果。

品牌植入

首先，小蜜蜂选择适合的植入平台——社区及 SNS 群组，聚集消费者口碑的源头，通过口碑源再逐步向外发散，最终选择在唯伊网建立小蜜蜂的品牌 Club，聚集近 40 万人的年轻女性化妆品社区，精准的消费群体，对化妆品相关的话题有浓烈的兴趣，产生的互动效应非常良好。最重要的是，这样的平台是最适合口碑分享和传播的。同时，将小蜜蜂的产品加入唯伊网的“宝贝”(化妆品产品库，消费者可以点评产品)频道，以增强推动起来的口碑效应，带动整体产品线的所有口碑，整体的品牌关注度。

品牌互动

在小蜜蜂的试用体验活动中，女性用户在社区中表现了极其强烈的兴趣，社区活动在 1 个月中，召集帖总计获得了 15 万人次的浏览、3 000 多次回复，可以说实现了非常热烈的互动效果，很多网友表现对小蜜蜂产品极其关注的态度和强烈的购买欲望。通过品牌互动的环节，小蜜蜂品牌实现了非常良好的品牌曝光，提升了小蜜蜂品牌在网络的知名度，以及在精准女性群体中的品牌影响力。

① 陈蓓蕾. 基于网络和信任理论的消费者在线口碑传播实证研究[D]. 浙江大学，2008.

口碑分享及传播

体验活动通过社区进行召集，试用中心进行用户过滤和筛选，选择最符合小蜜蜂品牌定位人群的试用者。获得试用机会的网友也愿意积极地与更多人分享她们的试用感受，她们将试用报告发表在小蜜蜂的品牌Club(小蜜蜂的论坛)中，成为网络口碑营销的源头。通过唯伊网的分享机制(激励性质)，用户会把她所写的试用报告转载到其他的知名女性社区中，如瑞丽网、Onlylady、Yoka、新浪美容论坛等。最终获得的数据如下：

- 活动PV近30万人；
- 社区召集帖点击(Click)152 124人次，回复3 216人次；
- 小蜜蜂论坛新增200多篇主帖，5 000多个回帖，帖子数量远远多于欧莱雅论坛的数量；
- 总共派发产品数量250份；
- 试用报告数量142篇(口碑获得率57%)；
- 500字左右的报告111篇(高质量的口碑占78%)；
- 试用报告主动转载642篇(传播率6)，被动转载如雪球一般越滚越大；
- 覆盖64个女性相关论坛、SNS、群组等社区媒体，32个BSP博客平台；
- 不完全统计，转载的试用报告共获的356 432人次浏览、5 169人回复(截至2009年1月18日)；
- 百度、Google小蜜蜂相关收录量都有一定幅度的提升，搜索“小蜜蜂试用”、“burtsbees试用”等关键词，前3页50%以上的内容为唯伊网用户创造的口碑评论。
- 活动预计直接传播受众60万人，人际传播(SNS)受众400万人。

此时小蜜蜂的口碑传播，已经影响到很多潜在消费者，很多人在咨询到哪里购买，还有很多用户反映能不能做期团购活动。从这一点可以看出，常规性的品牌营销并不能让消费者产生足够的购买兴趣，但消费者的口碑却对潜在消费者的决策有着重大的影响。

促进销售

营销团队主要做了两件事情。一件事情是在传播事件的本身也附带宣传了小蜜蜂的购买网站，网站在活动期间，前来咨询和购买的人数较以往有所增多。另一件事情是在消费者强烈反映之下，做了期团购活动(一周时间)，结果与较高热情相比，团购的订单并不算多，大概只有20多个。后来营销团队分析：一是年前时间仓促，准备回家影响了购买；二是更多人仍处于关注阶段，属于“叫好不叫座”的；三是口碑周期太短，不足以触发大规模购买的可能。次年2月份又做了一期团购活动，结果反映比前一期要热烈得多，小蜜蜂一周订单有60多个，客单价也较高。

显而易见，随着品牌传播的深入，对消费者的影响也越来越大，促使购买的人也逐渐增加，口碑效应从试用者转移至初次购买者，又由初次购买者的口碑转移至更多潜在消费者，购买人群变大，重复购买频率增加。如果口碑活动能够周期化、持续地传播，那对于销售而言，也会逐步推进，消费群体的积累也会越来越大。

(资料来源：根据网上资料整理。)

12.4 品牌营销与消费者行为

在纷繁复杂的商品世界中，商品的品牌往往成为消费者识别商品的重要标志，也是现代消费者选择比较并制定购买决策的主要依据。因此，企业要充分了解消费者的品牌心理和品牌购买行为，从而有针对性地制定品牌营销策略。

12.4.1　品牌与品牌营销

1. 品牌的含义

品牌是一种商品的名称、商标、标记、符号或图案的相互组合，用以为某个消费者或某群消费者识别和购买所需的商品服务，并使之与竞争对手的商品相区别。因此，品牌是一个复合概念，它由品牌外部标记、品牌识别、品牌联想、品牌形象等内容构成。一个公认的品牌具有多层含义。

- 鲜明的个性，用以显示差异性。
- 特有的属性，用来表达品牌的价值。
- 价值性，即体现制造商的某种价值观。
- 文化性，包括两类要素：一类是展现在消费者面前，看得见摸得着的一些表层要素，如品牌名称、标志等；另一类是在品牌表层要素中蕴含的该品牌独特的内层要素，如品牌的利益认识、情感属性、文化传统和个性形象等。
- 利益性，即给购买者带来的物质和精神上的利益。
- 使用者，即品牌的价值是由使用者来体现的。

对企业而言，品牌具有鉴别和保护作用，也使厂商在广告、推销促销方面的目标能够顺利达到。可经由品牌名称，给予其产品与众不同的特色，使目标市场对某一品牌产生认同和喜好，从而创造差别定价的机会。

对顾客而言，品牌提供了商品信息，减少消费者选择商品时所需花费的分析商品的心力，选择知名品牌无疑是省时、可靠而又不冒险的决定。

►相关知识：品牌塑造过程中理解消费者的“手段–目的模型”

“手段–目的模型”是指品牌塑造过程中，以理解消费者为基础的、从满足消费者需要到实现品牌目的的过程，诸多优质品牌的塑造过程都暗含了这一过程，如高露洁、佳洁士牙膏等，如图 12-7、图 12-8 所示。

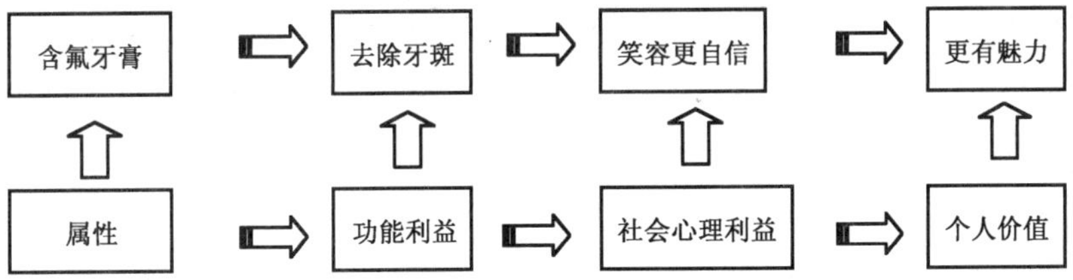

图 12-7　高露洁牙膏的“手段目的模型”

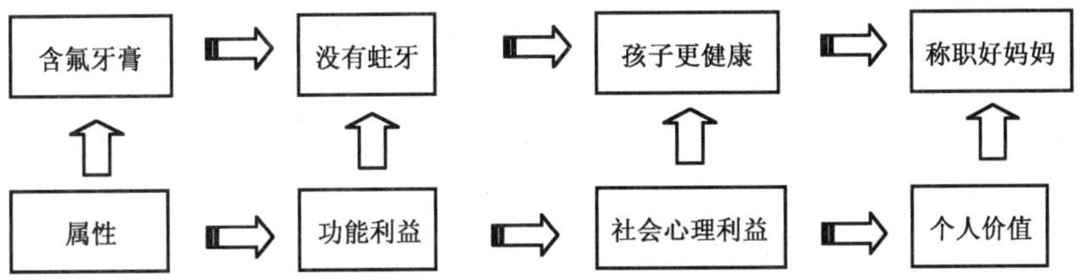

图 12-8　佳洁士牙膏的“手段目的模型”

2. 品牌营销体系的构成

企业完整的品牌营销体系由品牌定位、品牌加强、品牌延伸、品牌更新四个部分组成，每一部分适用于不同的时机和环境。①

(1) 品牌定位

品牌定位，是指为了满足目标市场的需要而建立品牌形象的过程与结果。一个新品牌如何导入市场并在市场上站稳脚跟，这就牵涉到品牌的定位问题，经验表明：一个新品牌之所以失败，70% 以上的原因是同不适当的定位有关。适当的定位不但能使品牌存活下来，而且也为品牌的进一步发展奠定了良好的基础。

(2) 品牌加强

品牌加强，是指为了强化现有的认知和行为，巩固和提高现有品牌地位而进行的品牌营销过程，是建立和维系品牌的重要因素。品牌加强主要是强化现有的认知和行为，巩固现有的品牌地位，通常不能产生说服和激发行动的效果，也不能产生在品牌间转换的效果。

品牌加强的手段多种多样，主要包括：①广告；②赞助活动或电视、广播节目；③消费者促销；④经销商或渠道促销；⑤公关活动；⑥产品设计、包装。在加强的各种手段中，广告是其中最重要的一种，广告是塑造品牌个性的有力工具。

(3) 品牌延伸

品牌延伸，分为线性延伸和领域延伸。线性延伸是指将产品稍做改变（如新味道、新包装、新分量等）后用同一品牌推出。领域延伸则是指将一个生产领域建立起来的品牌运用于另一个生产领域。一次生产公司主导的针对消费者产品的调查发现：89% 的新产品是品牌线性延伸，6%是品牌领域延伸，只有 5%是新品牌。造成此种现象的原因是出于经济上的考虑，由于消费者越来越有个性及由此形成的品牌忠诚，要上市新品牌或改变消费者认知的代价变得越来越昂贵。企业采取品牌延伸多是企业成长或防御性扩张的需要。

(4) 品牌更新

品牌更新，从狭义上讲是指品牌重建、重定位或品牌延伸。广义上的品牌更新，则是指对产生问题的品牌的应对过程。品牌产生问题，既有内部的原因，也有外部原因，既有可控原因，也有不可控原因，归纳起来，主要有：①产品步入衰退期；②品牌不正确联想；③不适当定位；④延伸不成功；⑤竞争者挑战；⑥市场改变。

12.4.2 基于消费者行为的品牌建立过程

企业品牌的建立是一个长期持续的过程，并且，这一过程是伴随着消费者行为而变化的。一个具有生命力的品牌必须与消费者行为紧密相关，因此，品牌的建立必须以对消费者行为的把握作为前提和基础，如图 12-9 所示。

从时间和消费者行为的维度来划分，品牌的建立过程可以分为品牌知晓期、品牌知名期、品牌美誉期和品牌忠诚期四个阶段，在每个阶段消费者对品牌的评价和介入程度是不同的，与品牌的四个阶段相对应，品牌的评价分别可以用品牌知名度、品牌联想度、品牌美誉度、品牌忠诚度四个指标来进行。在不同的阶段、不同的指标下，消费者的介入程度不同，由低到高分别是消费者的认知、消费者联想、消费者态度以及消费者的信念和情感。消费者的整个行为过程则表现得更加细致，从品牌知晓期的消费者收集信息开始，在品牌的四个发展阶

① 陈晓剑，杨成中. 品牌营销体系研究[J]. 运筹与管理，1997(12).

段中，消费者的行为过程会细致地分为信息收集、引起注意、感知品牌、品牌记忆、品牌联想、购买动机、购后试用、购后评价、形成态度、口碑传播、品牌信任、品牌强化直到最后的品牌与消费者共鸣阶段。

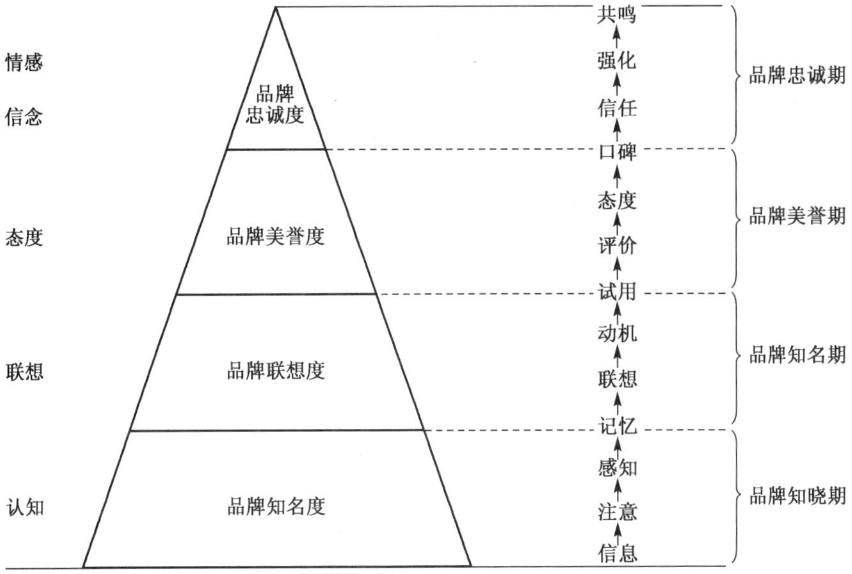

图 12-9　基于消费者行为的品牌建立过程

12.4.3　增强消费者的品牌偏好与忠诚

忠诚联系着价值的创造，企业为顾客创造更多的价值，有利于培养顾客的品牌忠诚度，而品牌忠诚又会给企业带来利润的增长。

1. 人性化地满足消费者需求

企业要提高品牌忠诚度，赢得消费者的好感和信赖，其一切活动就要围绕消费者展开，以满足消费者需求服务。让顾客在购买使用产品与享受服务的过程中，有难以忘怀、愉悦、舒心的感受。因此，品牌在营销过程中必须摆正短期利益与长远利益的关系，必须忠实地履行自己的义务和所应尽的社会责任，以实际行动和诚信形象赢得消费者的信任和支持。品牌有了信誉，何愁市场不兴、品牌不旺。这是品牌运营的市场规则，是一个普遍的经营规律，也是提高品牌忠诚度的最好途径。品牌应不遗余力地做实做细，尽心尽力，切忌为追求短期利益犯急躁冒进的错误，否则必将导致品牌无路可走，最终走向自我毁灭。

人性化地满足消费者需求，就是要真正了解消费者。国内绝大多数品牌只提供了产品的主要使用价值与功能，但对细腻需求的满足远远不能与国外品牌相比。我国的火腿肠味道营养俱佳，外出携带方便，但食用时没有易拉开的口子(必须要找一把剪刀剪开)。美国的吉列手动刮须刀的手柄不仅用一圈圈凸纹来增加摩擦力，以防止刮须刀滑出手而刮破脸，并且还想到了在凸纹上套上一层橡皮让顾客使用时提在手中更贴合皮肤，更舒服，每一细微之处都为消费者想到了。麦当劳、肯德基等一些西餐厅的洗手间，洗手的地方有高低两个洗手台，小朋友们在用餐过程中要洗手不用家长陪同或抱起来，要洗手小朋友可以自己完成。而国内的中餐厅很少满足消费者的这种细腻需求。因此，企业老板和市场总监们，应该多离开写字楼，去市场第一线和零售终端，与顾客保持紧密接触，才有可能深入地了解顾客的内心世界和潜在需求，为产品和服务的改进提供第一手翔实的信息；既要到大市场中去坐坐公交车、吃吃大排档，到集贸市场找人聊聊，了解大众消费者的购买心理，也要运用规范的调查手段(如入户问卷调查、小组座谈会、连续追踪)调查顾客满意度。

2. 产品不断创新

产品的质量是顾客对品牌忠诚的基础。世界上众多名牌产品的历史告诉我们，消费者对品牌的忠诚，在一定意义上也可以说是对其产品质量的忠诚。只有过硬的高质量的产品，才能真正在人们的心目中树立起“金字招牌”，受消费者喜爱。产品的创新让消费者感觉到品质在不断提升。海尔的空调、洗衣机每年都会有新功能、新技术产品推出；诺基亚、摩托罗拉每年都会推出新款手机；宝洁公司的玉兰油、海飞丝等产品也时不时地推出新改良配方，让其产品有新的兴奋点，让人感觉到企业一直在努力为消费者提高产品品质。

3. 提供物超所值的附加产品

产品的好坏要由消费者的满意度来评判，真正做到以消费者为中心不仅要注意核心产品和有形产品，还要提供更多的附加产品。海尔的维修人员不仅准时修好冰箱、空调，顾客还能获得更多情感享受，例如，维修人员温暖人心的礼貌问候，自带饮料不喝用户一口水，套塑料鞋套避免用户家里地板污损等。海尔的售后服务正是因为给消费者提供了意想不到的好处，大大提高了消费者对品牌的评价与认同度。在产品同质化的时代，谁能为消费者提供物超所值的额外利益，谁就能最终赢得顾客。

4. 与消费者进行有效沟通

企业通过与消费者的有效沟通来维持和提高品牌忠诚度，如建立顾客资料库、定期访问、公共关系、广告等。建立顾客资料库，选择合适的顾客，将顾客进行分类，选择有保留价值的顾客，制定忠诚客户计划；了解顾客的需求并有效满足顾客所需；与顾客建立长期而稳定的互需、互助的关联关系。以广告为主的传播，广告能提升消费者对品牌的熟悉、信赖感，使消费者产生对品牌的挚爱与忠诚。

12.4.4 消费者抵制行为

近年来，一种全球性的反文化潮流正在形成，它的核心观点是，全球消费品公司的品牌努力酿成了一种具有社会破坏作用的消费文化。它的矛头并不是指向那些默默无闻的或者失败了的公司，相反却是直指向那些最成功和最受欢迎的公司和品牌。耐克、可口可乐、麦当劳、微软和星巴克(Starbucks)等品牌都在这一新运动中遭受了无情的攻击、批评和抵制。[①]

这是因为，与传统的消费者相比，今天的消费者不再是顺从和缺乏广告阅读能力的被动者，营销者对消费生活的任意操纵必将招致他们的激烈抵制。消费者的抵制行为可以分为三类。

1. 反思性抵制

这种抵制是消费者通过反思，在了解了营销作为一个系统或制度如何运行之后，对蕴涵于品牌之中被编码的意义发起的挑战。后现代消费社会的一个重要特点是符号消费。在符号

① 王长征. 消费者抵制与品牌营销范式创新[J]. 外国经济与管理. 2004(8).

消费中，消费者不仅仅消费产品，而且也（甚至替代地）消费这些产品的符号意义，即形象。在这种情况下，一件产品要成为消费对象，就必须成为符号。然而，在符号与意义之间并不存在固有的联系，它们实际上都是武断的、任意的。因此，一旦消费者察觉到某种符号意义（如性感的、精明的、酷的、叛逆的、独立的、成功的以及其他类似的意象）是由营销者操纵和有意引入的，就会对产品失去兴趣。

2. 创造性抵制

创造性抵制是通过碎片化（或分裂）的生活方式和自我生产（把“自我”当做提供给市场的产品）的消费实践来对抗营销权威的一种抵制行为。创造性和生产性是这类消费者抵制的两个关键要素。例如，在一次案例研究中，一位自行车运动爱好者将自己购买的每辆山地自行车（共 5 辆）都进行了富有创新性和特色的改装，并且相对于购买一辆具有同样效果的山地自行车来说，他还大大地节省了所需的费用。在创造性抵制中，消费者寻求的是能够生产他们自己文化的社会空间，这个空间允许人们持续地重构他们的认同，而不是让市场来为他们规定认同。通过创造性抵制，消费者实际上变成了文化的生产者，并非只充当客体的惰性生物。

这方面的创造性抵制一般以以下三种消费形式表现出来。

①通过增加、减少或者改变特色或用途来调整现有的产品、服务和品牌，比如，故意撕破服装（撕掉袖子、在裤腿上挖一些洞），删除软件包中的某个软件等。

②通过创造、设计或发明来生产新的产品、服务和品牌，比如，建立个人网站、举办街头或公园露天舞会等。

③通过二次创造、模仿和批评来颠覆现有的产品、服务和品牌，比如，使用特殊的网络语言、嘲笑传统（如穿松垮的牛仔服）等。在这些抵制性的消费中，营销者所期待的一致性和品牌忠诚也就不复存在了。

3. 文化抵制

文化狙击（Culture Jamming）是一种相对来说更为激烈、更具攻击性，也是影响更大、更广泛，并且超出传统意义上的消费领域的抵制行为。最初，大多数文化狙击都把目标集中在对现代品牌营销通过广告操纵消费者欲望的批评和抵制上，狙击手（Jammer）常常通过曲解广告的文本和营销者所要表达的意向对广告和品牌进行颠覆。今天，文化狙击更经常地被用来攻击品牌承诺与公司行动之间的矛盾与不一致，而且在方法、手段上更加老练和多样化。

12.5 事件营销与消费者行为的关系

12.5.1 事件营销理论

2004 年 6 月，一个英国人驾驶着一辆水陆两栖跑车成功地穿越了英吉利海峡，他就是著名的 Virgin（维珍）集团的老板理查德• 布朗逊。全世界的媒体都把目光聚集到他身上。理查德 · 布朗逊跑了 22 英里，他的这一举动至少为企业省下了 1 000 万英镑的广告费。让全世界的新闻媒体记者像着迷一样不停地浪费笔墨，他们都成了企业不花钱的广告师。这就是事件营销，通过这一事件，将 Virgin 不受拘束、富有情趣、追求卓越价值和挑战权威的品牌个性，展现得淋漓尽致，吸引着全球追求创新和自由的消费者不断接受 Virgin，直至最后偏爱和忠诚 Virgin 品牌。

事件营销，是企业通过策划、组织和利用具有名人效应、新闻价值以及社会影响的人物或事件，吸引媒体、社会团体和消费者的兴趣与关注，以求提高企业或产品的知名度、可信度、美誉度，培养消费者的忠诚度，树立良好的品牌形象，并最终促成产品或服务销售目的的手段和方式。事件营销的着眼点在于制造或者放大某一具有新闻效应的事件以期让传媒竞相报道进而吸引公众的注意。

事件营销的一般操作方法有“借势”和“造势”两种。所谓借势，是指企业要及时抓住广受社会关注的新闻、事件以及明星人物效应，结合企业或产品在传播上欲达到的目的而展开一系列相关活动；所谓造势，是指企业通过策划、组织和制造有新闻价值的事件，吸引媒体、社会团体和消费者的兴趣与关注。借势是对事件资源的一次利用，而造势则是通过策划、组织、制造具有一定新闻价值的事件营造声势，进而达到对事件资源二次利用的目的。两者殊途同归，都是为了提高产品销售或者提升品牌知名度。

12.5.2 事件营销的特征

1. 宣传成本低廉

营销的发展趋势从着重战术到战略、从营销组合的有效利用演变为商品创造力的发挥，其间对于经济的繁荣与人类生活品质的改善与提升，有着不可抹杀的贡献。然而，随着外在环境的急剧变化，过去无坚不摧、无敌不克的广告、促销、推销等利器，逐渐僵化、空洞而无施展的空间。与广告和其他传播活动相比，事件营销不但能够节约宣传成本，还可以有效提升企业品牌的注目率，对于产品形象及品牌知名度、美誉度的提升作用不可估量。据统计分析，企业运用事件营销手段所取得的传播投资回报率，约为一般传统广告的3倍，直接或间接地影响和推动商品的销售。

2. 短期效应明显

成功的事件营销能够迅速、显著提升企业知名度。因此，企业在切入事件时必须慎重树立自身形象，对于重大的事件更需要与咨询公司、公关公司配合操作，设法将短期效应切实转化为企业的知名度和美誉度。

3. 引导消费理念

现代商战竞争激烈，企业要跃居为市场领袖难度很大，但事件营销所具有的轰动效应则赋予了企业很好的契机，企业可以趁机提出新的消费理念来引导消费者、引领市场。

4. 资源利用程度高

一个事件如果成了热点，就会成为人们津津乐道、互相沟通的话题，不仅使同一个事件在一定时间段内被反复使用，而且还可以形成二次传播，从而提高资源利用的力度和深度，使事件的价值得到了充分的挖掘。

5. 信息接收障碍小

事件营销能避开由于媒体多元化而形成的信息干扰，受众对于其中内容的接受程度、传播广度要远远高于一般广告。

6. 传播速度快捷

与广告和其他传播活动相比，事件营销能够以最快的速度、在最短的时间创造强大的影响力。事件营销之所以被世界上许多知名企业所推崇，并作为品牌推广传播的先锋手段，是因为事件营销是借一个社会事件，利用人们对社会事件的广泛关注，潜移默化地转移到对企业品牌的偏好上来，企业品牌与热点事件的关联性较强，因此其实际的传播效果较常规的品牌传播更加显著、有效。

12.5.3 利用事件营销应注意的问题

1. 利用事件营销，要将提升企业品牌知名度与炒作予以严格区分

事件营销不同于炒作，炒作无法使企业品牌获得提升。消费者对炒作的厌恶心理迫使企业在运作事件营销的过程中应防止将事件营销演化成炒作。炒作是一种短期行为，是为迅速扩大企业知名度而进行的热点包装。而事件营销则是长期行为，虽然它也是通过新闻媒体宣传企业品牌，但事件营销是一个品牌的长期建设过程，它紧紧围绕品牌的核心价值展开，因而事件营销能促使企业品牌、知名度的提升。

2. 利用事件营销，要充分把握事件提供的机会

事件营销中的事件有的是突发性的，有的是可预知的，这就要充分考虑企业的应变能力与营销意识。把握得好可能是一个绝好的机会，从而达到一本万利的效果，如果失去则可能让对手获得先机。事件营销本身的目的就是通过新闻事件或制造事件来达到广而告之的目的，如果只有事件，却无大规模的传播造势，那么就很可能成为无偿赞助商。

3. 利用事件营销，要有明确的目的，即一定要引起消费者的注意力

诺贝尔经济奖获得者赫伯特·西蒙曾经说过，“随着互联网的发展，有价值的不再是信息，而是你的注意力。在信息社会里，硬通货不再是美元，而是关注的程度。”互联网的出现，加速了信息的膨胀，在这一进程中，人的注意力是有限的，相对于无限的信息来说是稀缺的，当企业不得不面对“广告的尴尬”“注意力疲乏”“审美疲劳”之时，事件营销以其“四两拨千斤”的功效，成功地抓住了公众“注意力”这个稀缺资源，以致有人预言：“营销将成为一场吸引消费者注意力的竞赛”。

事件营销本质就是有效利用热点话题、事件，因此事件本身必须能够引起媒介关注、消费者关心，才能成为公众话题。而企业作为事件的角色，要力求在潜移默化中让消费者接受，企业的诉求也必须通过相应的传播手段巧妙地表达，使之与消费者的兴奋点和关注点自然契合。所以企业在利用和制造事件营销时，这个事件必须是消费者关注的，是市场关注的，是社会关注的，同时足以引起新闻媒体、观众、读者的兴奋。

4. 利用事件营销，传播应贯穿于事件的全过程

在事件营销的实施过程中，传播策略是一个非常重要的环节。事件营销的实施就是一个事件本身的传播过程，借助事件这一载体来传播企业所希望传播的关键诉求点。所以传播应贯穿于事件的策划、发生、进展和结束。事件结束，并不意味着传播的结束，从头到尾都要有与事件进展相对应的媒体报道，特别是后续跟踪报道，做到有始有终，这样才能达到传播效果最大化的目的。因此，只有通过传播，事件才可以变为真正意义上的“事件”。如在与《超级女声》节目的合作中，蒙牛的传播是全方位的。电视广告、网络宣传、户外广告、促销活动等等，都是及时跟进的。所以，“蒙牛酸酸乳”这次事件营销的成功，其实也是蒙牛整合营销传播的一次成功。

5. 利用事件营销，选择的事件要与品牌具有相关性

利用事件营销，提升企业品牌知名度要选择恰当的事件。只有选择那些符合宣传企业品牌精髓的事件，才能抓住强势媒体，进而抓住消费者的注意力。所以事件不能脱离品牌的核心概念。

6. 利用事件营销，应把它看做品牌提升的长期战略

企业要利用事件营销，应把它视做企业发展的长期战略，从战略的高度去重视它。无论是某一具体事件的传播，还是连续、长期的传播，都要做到持之以恒、有始有终，这样才能使传播效果最大化、营销回报最大化。如果只把事件营销看做一种“短平快”的战术或简单的促销工具，就达不到事件营销应有的效果。

采用事件营销成功的企业无不把事件营销看作积累品牌的长期战略，通过长期、连续的事件营销传播，品牌得以持续积累。比如，万宝路至今已赞助一级方程式车赛20余年，并把其作为对一项体育运动支持的责任，万宝路在公众中树立了良好形象。可口可乐从1928年第9届奥运会开始，一直到签下2008年北京奥运会，如此不间断、大手笔的连续品牌传播，令人叹为观止。

7. 利用事件营销，关键在于营销执行力

对于营销的一切事务而言，执行力就是核心竞争力。再好的事件营销构思，一旦遭遇很差的执行力，结果也是不会令人满意的。事件营销的事件往往是具有新闻时效性的，因此广告、媒体报道如何在最短的时间内传播出去，甚至达到与事件同步传播的程度，这也是一个关键因素。蒙牛无论是借势“神舟五号”还是赞助《超级女声》，它的成功经验告诉我们，快速的反应和执行能力在事件营销中是多么的重要。

8. 利用事件营销，要控制好事件的风险

利用事件营销就需要考虑事件的风险。因为媒体的不可控制和受众对事件的理解程度决定了事件营销的风险性。①

【案例12-5】蒙牛的事件营销策略

蒙牛作为中国乳业的一头“猛牛”，势头不可阻挡，仅用了四年的时间，就跻身于中国乳业前四强，以年均递增350%的速度创造了我国乳业发展的“第一速度”，更创造了一种品牌神话，为何再次巨资投入此次“神舟5号”上天事件？蒙牛此次事件的营销成功，无疑是蒙牛的高瞻远瞩之略，在乳业市场为“中国牛”的强壮注射了兴奋剂，先声夺人，为将来3～5年渐入佳境的乳业市场奠定品牌基础，为将来市场的品牌之争蓄力；此次携“神舟五号”之势再次加深消费者对“蒙牛”的记忆，同时以“为中国航天喝彩”、“健康才能强国”的主题情感诉求再次丰富了“蒙牛”的品牌内涵。

树牌与砸牌

蒙牛的一系列成功，与其说是单纯的广告传播，倒不如说是借助了事件营销。蒙牛刚刚开始成立时，并没有足够的资金在各大电视台上进行广告轰炸，而是根据自己的实际情况，采取了巧妙的事件营销。

1999年4月1日，西方的愚人节。这一天呼和浩特的市民一觉醒来，发现满大街一夜之

① 姚新庄. 事件营销[J]. 企业管理，2006(3).

间冒出了许多头戴“红帽子”的路牌广告。红底黄字的广告语金光闪闪：“蒙牛乳业，创内蒙古乳业第二品牌”。一时间，人们议论纷纷，蒙牛是谁？从来没听说过，蒙牛要创内蒙古乳业第二品牌，能有这么大的能量吗？

蒙牛巧妙借用“艾菲斯出租车公司”“我们是老二”的定位策略，成功地把自己与中国乳业老大伊利联系起来，这一“加塞”，使得蒙牛在内蒙古一炮打响。这个事件尽管有轰动效应，但是尚未引起大众传媒的重视。充其量来讲还只是一种口耳相传的人际传播，广告的宣传效果并不够明显。不知道是天有不测风云还是吉人天向，一个月后，在蒙牛“红帽子”路牌广告的轰动效应已经渐渐平息之后，人们对蒙牛的广告牌已经视而不见，另一件让呼和浩特市民想不到的事件发生了——1999 年 5 月 1 日，同样是在一夜之间，全城的蒙牛“红帽子”广告牌被不明身份的人砸了个稀巴烂。据称这是内蒙古历史上前所未有的暴行。一时间，民众公愤，警察侦破，媒体热炒，“砸牌事件”成为当月内蒙古乃至全国的热门话题。国内大量媒体对事件纷纷予以报道，“谁砸了蒙牛的招牌？”、“路牌广告惨遭毁损”等新闻报道一下子涌上各大传媒的头条，尽管最后“砸牌”的暴徒始终没有被找出，但是“蒙牛乳业，创内蒙古乳业第二品牌”的口号，却像烙印一样，深深的“砸”在人们心里。

（资料来源：刘悦坦. 20 世纪世界广告流派. 广州：中山大学出版社，2012.）

12.6 情感营销与消费者行为的关系

12.6.1 情感营销：要打动消费者，而非说服消费者

“当与她相隔在地球两端，我才逐渐读懂生活，读懂她。对她的思念因为距离而不断放大，对她的偏见因为距离而消失不见。距离远了，心却近了，爱突然变得清晰，唠叨变得动听。不论母亲离我有多远，弹指间，我觉得她就在身边。”2011 年的除夕夜，当全家人坐在一起看到这个充满温情的广告，尤其是看到镜头中母亲用“一指禅”艰难地学习打字的场景时，无不潸然泪下，被流淌着的浓浓亲情打动。

腾讯的“弹指间，心无间”广告，击中了很多人内心最柔软的地方，描述了很多人共有的生活经历和人生感悟，引起情感共鸣——不论是在外求学的、工作的子女，还是留守在家的父母，哪怕离得再远，只要指尖在键盘轻轻敲打，通过腾讯 QQ 就能和自己最爱的人进行心与心的交流，消除隔膜，拉近距离。

人类常为情感左右。一句深情的话、一个温馨的画面、一个动人的故事等都可以改变人们的观点和做法。人们也总爱寄情于物、以物传情，希望借助物品表达对家人、亲戚、朋友的真挚情感和美好祝愿。买哈根达斯，买的不是冰淇淋，而是爱情的甜蜜一刻；买百合，买的不是鲜花，而是母亲的笑容；买 iPhone 6,买的不是手机，而是潮流的生活方式。人的需求多种多样，但无论哪一种，都与情感有关。

物质经济时代已经过去，过去的营销是“以理服人”。如今经济迅速发展、竞争日益激烈，一方面，社会人际人情关系日益淡薄，社会普遍出现“情感饥渴症”；另一方面，随着人类情感的饥渴，人们对情感回归的渴望、精神愉悦的追求、个性服务的期望与日俱增。在情感消费时代，消费者购买商品看重的不再是“好”或“不好”、“贵”或“不贵”的理性观念，而是基于“喜欢”或“不喜欢”的情感态度观念，是为了感情上的满足、心理上的认同。企业在品牌营销与服务的过程中如能始终关注人生、关注情感这个社会主题，便能最大限度地与

消费者产生共鸣、进行沟通，在最大范围内“俘虏”情感消费者，有力营造品牌良好的个性亲和力。

12.6.2 情感营销：三大必要性让你无法抗拒

1．赋予品牌灵魂，打造独特的品牌魅力

每个品牌都有独特的个性，这与品牌无关，与品牌缔造者的使命有关。可口可乐在以止咳药水为初衷诞生的那一刻，并不知道日后会成为广受全球热爱的“快乐汽水”。产品是死的，然而品牌是活的，一个品牌从命名到 LOGO、包装、终端，到最后出现在消费者面前，这段漫长的旅程有说不完的故事。

钻石，是情感营销中最大的谎言，也是最大的成功。一句“钻石恒久远，一颗永流传”将戴比尔斯成功塑造为恒久爱情的见证者。钻石本身只是一种宝石，但其决定制订一条情感营销的线路：把钻石与爱情绑定。让好莱坞名人戴上钻石订婚戒指；在八卦杂志上编造故事说谁的钻石有多大；让电影公司用钻石戒指设置情节；向青年男女宣扬钻石戒指对他们的将来多么重要；钻石戒指越大质量越好，表明这个女性得到的爱越多。

1939 年，只有 10%的戒指是钻戒，到了 1980 年，90%的戒指都是钻戒。换言之，植入情感形成了一种购买钻石戒指的习俗。

2．获取消费者价值认同，实现长期忠诚追随

毋庸置疑，这是一个情感营销的时代。消费者的消费观念已由物资匮乏期上升为追求品牌、品质、品位的新阶段。决定购买的心理因素由单纯的价格、耐用变得更感性、更复杂。营销的 3.0 革命让品牌拥有者从投资者变为使用者，消费者不再被定义为“顾客”，而被定义为真真正正的“人”。品牌发掘他们内心的渴望，和他们树立一样的价值观，甚至通过互动给予他们参与感和使命感。1985 年，可口可乐推出新口味，在美国遭到史无前例的失败，消费者不仅反感，甚至愤怒，他们发起声势浩大的反对活动，抵制新口味的可口可乐。在他们眼里，冒着泡泡的黑色汽水是美国文化的一部分，他们不允许可口可乐改变。因为他们认为，不仅是改变味道，还改变了情感和往事。通过这件事，可口可乐终于知道原有品牌对忠诚消费者的重要性。

3．形成品牌壁垒，阻击竞争对手

品牌壁垒，正如“有人模仿你的脸，有人模仿你的面”，但是老坛酸菜牛肉面只属于统一，任凭康师傅紧随其后的“老坛酸菜+火腿肠”豪华搭配也无法撼动其领导者地位。一旦消费者认同了品牌传递的情感，就不再会为其他品牌买单。品牌将超越生产原料、研发技术、科技创新、使用习惯，成为同行业竞争中的最佳壁垒。

12.6.3 情感营销：你不能不知道的成功因素

情感营销绝不仅仅是给品牌虚构一个故事，或是给消费者提供一个美好的憧憬。成功的情感营销是一门艺术课程，这门课程有七大规律性。

1. 情感定位

情感定位从品牌的源头决定了你和别人不同。在品牌的顶层设计里，你可以决定做一个卖力气的企业，或者卖眼神的企业。制订一个适宜发展的情感战略，记住，别讲你的成分所以你很贵，只讲拥有了你以后能拥有什么样的生活。

2. 情感设计

看无印良品 2014 年度的获奖作品，感动至今。别人对无印良品的理解是极简，我却理解为人性化，任何产品设计都比使用者想得多。打开后成为一块布的鞋子，随时放在包包里，极其轻便；最了解你的肩膀的背包，可以根据不同时期的肩膀高度调节。某矿泉水瓶口的方形设计，增大摩擦阻力，让女生也能方便拧开。

3. 情感广告

三星手机的广告说："你看我的功能更多，屏幕更大。"国产手机的广告说："你看我的声音很大，价格便宜，双卡双待，还摔不坏。"苹果手机的广告始终说："你看我的线条多美。"虽然在调查问卷中没有人愿意承认自己确实会受广告的影响而购买产品，但广告中所描绘的生活场景的确让人向往。

4. 情感促销

情感促销指能满足消费者情感需求的促销活动。有没有可能在春运的时候推出特价机票？在情人节的时候兜售不涨反跌的玫瑰花？放弃所有人都在赚取的高峰期利润，在积累了品牌好感度后，利用长效销售赚取更多的利润。

5. 情感公关

你还记得是什么让加多宝一夜之间红遍大江南北的吗？没错，汶川地震豪气捐款 1 亿元！锦上添花虚度日，雪中送炭能救命。危难当头，民族使命感和责任感让这个品牌人气爆棚，并在日后成为学习的楷模。

6. 情感环境

消费是一个充满感性的过程，良好的购物体验确实能提高成交率。带有儿童游乐园的购物商场已成为趋势，有什么比照顾好宝宝更能让主妇安心刷卡的？

7. 情感服务

所有的营销最终都会走向服务。消费者并不是获取利润的来源，而是品牌的共建者，不要想着怎么能从他们口袋里赚取更多的钱，而要想着怎样为他们做更多。换位思考能带来出乎意料的收获。

12.6.4　情感营销：兜售的不仅仅是产品

思考一个问题：很多商品的基础功能是相似的，除了卖产品本身的价值外，还能卖什么？有没有更多与众不同的话对消费者说，给他们独一无二、触动人心的购买理由？

1. 兜售情谊

亲情、爱情、同窗情、战友情，每一种情谊的诞生本身就是动人的故事。情人节的巧克力、母亲节的康乃馨、儿童节的麦当劳套餐都紧抓消费者敏感而多情的感性神经，就像礼物的诞生，无论其具备多少实用功能，一切都源于心底的那份情谊。"你不能拒绝巧克力，就像你不能拒绝爱情。"这是德芙巧克力的宣传语，它像恋人一样懂消费者的心。除了包装精美、口感丝滑的优点外，该品牌背后还流传着一个人尽皆知的故事：品牌创始人莱昂为了纪念他心爱的芭莎公主，苦心研制了固体巧克力，每块巧克力上都刻着对芭莎的深深依恋"DOVE"，这就是"DO YOU LOVE ME"的英文缩写。这个故事打动恋爱中的男女，全世界越来越多的人爱上因爱而生的德芙。当情人们送出了德芙，就意味着送出了那份“DO YOU LOVE ME”的深深爱意。

2. 兜售快乐

追寻快乐是人类的本性，是一个人从内而发的情感，企业借助不同的感官体验带给消费者快乐，以此达到情感上的共鸣，并俘获消费者的心。被世界公认为第一快乐公园的迪士尼乐园，以唐老鸭、米老鼠为代表的动画源源不断地生产快乐；再通过具体化、真实化的公园场景诠释快乐，让消费者从感官体验上得到满足；最后通过角色化员工的互动和完美服务，加深消费者对故事情节的印象及体验，维持快乐。显然它成功地将快乐文化根植在全世界消费者的心智中，通过贩卖快乐获取利润，受到世人追捧。

3. 兜售激情

曾风靡全国的“疯狂英语”就是一种激情，激情让人热血沸腾，给人自信，促使人们更加坚定地投入到过程中；汽车广告无一不是通过强烈的视觉冲击带给人们激情畅爽的驾驭体验，释放“超越极限”的激情，正是这种激情激起了男人拥有它的冲动；碳酸饮料也充分诉说“激情”的魅力，特别是功能性饮料：“激活”、“尖叫”、“脉动”……无不挑起人们尝试的欲望，让年轻的消费群体蠢蠢欲动。

4. 兜售回忆

当受众随着年龄的增长，有一种情怀逐渐弥漫在人们的周围——怀旧。70后回忆样板戏、小人书，80后回忆儿时的房价，在多元化、快节奏的时代下，人们有渴望回归的需求，而怀旧带给人的是一种亲切的情感氛围，是心灵回归的港湾。说起南方黑芝麻糊，人们会想起3个人抱着碗津津有味地舔芝麻糊的广告镜头，广告流露出来的浓浓温情，:让人怀念起故乡的淳朴，让人觉得品尝的不仅仅是芝麻糊，更是家的味道。“不卖产品卖回忆”，对拥有足够历史及怀旧元素基因的产品来说，“回忆”无疑是具有优势的。

5. 兜售梦想

以创新闻名的“苹果大王”——乔布斯有一句话广为流传：“我们兜售梦想，而不仅仅是产品。”人们总是向往梦想的，因为它是美好的希望，却又在遥不可及的未来。如果你的产品能够承载消费者的梦想，用温情打动消费者，让他们感觉梦想好像已经实现了，他又怎么会不心甘情愿地买单呢？卖香烟的“万宝路”销售美国西部牛仔生活的梦想；“海飞丝”带给你自信、果敢的精神梦想；宜家满足了消费者自由自在享受购物乐趣的梦想；碧桂园赋予你一个五星级家的梦……人们无不争先恐后地为这些梦想买单，只要你设计的刚好吻合他心中所想。

12.7 角色营销与消费者行为的关系

风靡全球的Hello Kitty一如既往地保持着青春靓丽的光彩(如图12-10所示)，这种天真可爱的形象吸引着一代代少女消费者们。Hello Kitty无疑是世界上最有价值的猫，它已经不再是一个卡通形象的名称，而是一种独特生活的象征，这使得Hello Kitty具有其他卡通形象无可比拟的影响力。

无疑，Hello Kitty是一个没有国界区隔、没有年龄限制和没有性别差异的国际形象，是一个全明星的角色。Hello Kitty的人格化塑造给“她”的商业合作伙伴带来了巨大的商业利益。

Hello Kitty 的创造者三丽鸥公司打造了一种“可爱文化”，这让它的目标受众从心理上、文化上和社会情感上产生一种亲切感和内心共鸣。在消费者眼里，Hello Kitty 不仅是一个卡通形象或产品，还是一个有着生命力的玩伴、同学、倾诉对象等。这时，Hello Kitty 便成为一种精神寄托品，我们不禁在想：消费者在购买 Hello Kitty 系列产品时，到底在购买什么？毫无疑问，Hello Kitty 创造了一种经济效应，这种效应的背后隐藏着营销的秘诀，这就不得不说到角色营销了。

Hello Kitty

图 12-10 Hello Kitty 品牌标识

12.7.1 何谓“角色营销”

角色营销是一种把人们想体验某种社会和心理角色形象的欲望和意识作为一种市场动力来塑造的企业品牌形象，并以此引导和创造市场消费行为的营销方式。

具体而言，角色营销就是企业塑造一个符合品牌定位和迎合目标消费者心理的品牌形象，来推动产品销售的一种营销手段，这种形象包括具象和虚拟等。角色营销是品牌形象的深度推广，这种深度推广不同于硬广告，也不同于明星代言，它是连接品牌与消费者内心的纽带，既可减少商家的推广成本，又可提高消费者的品牌忠诚度；本质上，“角色”是商家和消费者进行沟通的载体。

“角色”有时候被商家生产成实实在在的卡通玩具进行变卖，卡通玩具既是产品又是“角色”，这是具象的角色。麦当劳叔叔是麦当劳的“角色”，但他并不是产品，这种“角色”是虚拟的。不管“角色”被商家以何种方式利用，对于商家而言，“角色”更多的是用来贴近消费者、亲近消费者及打动消费者的。只有触发消费者内心的产品或者服务，才能持续引发消费者的关注及购买，而对消费者而言，消费这种虚拟的品牌形象能给内心带来一种满足感。消费者购买的不仅仅是一个看似普通的成本不高的“玩意儿”，在这“玩意儿”背后隐藏的却是消费者内心想要获得的精神方面的内涵，麦当劳叔叔的背后隐藏的是快乐和好玩。

你可以说“角色”被赋予了某种不知名的情怀，消费者消费得更多的也是这种情怀。“角色”就是要把产品卖到消费者的心里，双方通过“角色”这个载体而顺利达成交易，商家获得了利润，消费者得到了满足。角色营销是站在商家的角度来阐述的，对于商家而言，这是一种营销方式；而对于消费者而言，角色营销是一种内心的体验。“角色营销”就是顺应了体验经济潮流。如今，消费者的每一次消费实际上都是对他感兴趣的产品和服务的一次“角色体验”。“角色体验”是消费者在内心层面获得的一种认同感、满足感和享受。

“角色营销”赋予产品与众不同的角色感，使消费者在产品的消费过程中及对角色的感知、认同和模仿中获得一种与自身心灵相契合的感官、精神等全方位的感受和体验。在消费者看来，消费这一品牌的过程是一种内心体验，也是一次自我实现的过程。

“角色”是品牌营销过程中品牌形象塑造的核心要素，当角色被赋予一种独特的价值时，角色便成为品牌与消费者之间进行沟通的纽带。这个纽带具有价值感和文化特性，同时以形象的方式展现，这种角色营销的方式让品牌充满了活力，见表 12-1。

消费者在购买“角色产品”的时候到底在购买什么？真的只是购买了几个卡通玩具那么简单吗？

表 12-1　12 种角色原型

12 种原型	释　义	举　例
1. 天真	善良、道德、乐观，希望得到幸福	可口可乐、麦当劳
2. 探险家	“不要把我困住”：渴望探索世界找到自我，孤立不满	星巴克、亚马逊网站
3. 智者	“真理将使你获得解脱”：迷惑、怀疑，想发现真理	发现频道、中国银行
4. 英雄	“有志者事竟成”：靠勇敢和艰难行动证明价值	NIKE、联邦快递
5. 亡命之徒	“规划就是用来破的”：复仇或革命，摧毁对他们没用的东西	哈雷、苹果
6. 魔法师	“梦想成真”：希望能够了解世界和宇宙的基本原理	Mastercard、宝利来
7. 凡夫俗子	“人生而平等”：强调归属、融入，正合我意	酒店、啤酒、衣服
8. 情人	“我心只有你”：获得亲密	香奈尔、金莎朱古力
9. 弄臣	“如果不能跳舞，我就不要和你一起革命”：能够快乐地活在现在	百事可乐
10. 照顾者	“爱邻如己”：保护他人、助人，为他人尽心尽力	工商银行、海尔
11. 创造者	“想象得到的，都能创造出来”：渴望创造价值的东西	3M、SONY
12. 统治者	“权力不是一切，而是唯一”：渴望控制，创造繁荣、成功	爱立信、微软

12.7.2　“角色营销”是品牌形象的植入

日本《东洋经济周刊》将角色营销归纳出三种形式：第一类是企业贩卖虚拟角色赚取利润；第二类是企业向玩具公司买授权，借用其设计的虚拟人物，担任产品代言人或作为赠品；第三类是企业为了提升品牌形象或价值，自行开发设计角色。这是三种不同的模式，“角色营销”最重要的是人物角色营销和场景角色营销。

人物角色营销是把人们想体验某种人物的社会心理欲望作为市场动力来塑造企业品牌形象；场景角色营销是把人们想体验某种场景的欲望和意识作为市场动力来塑造企业的品牌形象。实质上，就是通过塑造实实在在的品牌形象给消费者一种满足感。

《视觉锤》认为：这是一个视觉时代，抢占消费者心智的最好方法并非只用“语言的钉子”，还要运用强有力的“视觉锤”。视觉形象就像锤子可以更快、更有力地建立定位并引起顾客共鸣。

视觉形象延伸开来，就是品牌形象，而角色是品牌形象的一部分，这说明“角色营销”是企业品牌形象营销战略的一部分。

角色营销就是要在消费者心智中植入一个有个性、有生命力的品牌形象，从而创造一种角色感，这种角色感从价值观念、性格特征、生活情调、身份表现等文化、心理、感情及社会的层面与消费者产生共鸣。

一个成功的品牌需有效引导市场消费，品牌角色则能让品牌保持鲜活与持久的生命力，通过不断植入，实现真正意义上的创造性营销。

12.7.3　角色塑造方法论

其实，每个人在日常生活的所有行为都有意无意追寻某种身份角色的实现与满足，消费行为更是如此。角色营销的手段之一，就是通过品牌形象给消费者一种身份承诺，让消费大众在消费本品牌时，产生品牌独有的角色感，从而获得一种内心追求的感受。

对于企业来说，如何精确地塑造一个角色来实现与目标消费者之间的沟通，从而引发消费者的关注及购买则是重中之重。

12.7.4　符合品牌定位

首先，角色的塑造要符合品牌的定位，这是基础。角色是传递品牌个性的媒介，是与消费者直接进行沟通的纽带。只有符合品牌定位的角色塑造才能准确地表达出品牌的调性，这样品牌才能通过所塑造的角色和目标消费者进行有效的沟通与互动。

成功的角色塑造一定符合所代表品牌的定位及目标消费者的个性特征，满足消费者的身份认同及实现其对生活方式的渴望。

庄臣公司的一款家庭清洁新产品将传播对象界定为女性白领和家庭主妇，这部分群体的忧虑是：家务繁重、懒得做家务，而新产品确定了“最简便的家居清洁帮手”的定位，试图把女性白领和家庭主妇从厨房解放出来。于是，一个全新的品牌形象诞生了——威猛先生，这是一个酷似超人的绅士，又像是一个科研专家形象，这给目标群体的角色联想是：威猛先生能帮助解决厨房遇到的一切难题。

清晰了这一定位之后，角色的塑造自然就围绕着这一定位展开，威猛先生洁厕整体运营的创意就火热展开了。

12.7.5　讲一个角色故事

一个品牌有品牌故事，一个角色也需要有一个故事。故事让角色更加具有生命力，让角色更贴近品牌个性及消费者。同时，一个好的故事也需要不断地制造话题，需要积极地向消费者宣传角色，利用活动营销等方式，让这个角色被大众认知、接受。

故事能为品牌增加附加值，其本质是商品在交换的过程中，故事是有价格的。它使用企业的脑力劳动，花费必要的劳动时间，成为满足人们情感需求的无形商品。故事更能从情感上打动消费者，能引发消费者的角色联想。

12.7.6　塑造角色价值感

消费者对所感兴趣的产品已经“角色确认”，那消费者就会或多或少参与“角色实践”的过程，因为已经具备了与角色“同呼吸共命运”的思想动力。对自我角色的体验是消费者消费行为的基本目的之一。

20 世纪 60 年代的美国，整个社会价值观念正在发生重要变化。百事可乐公司适时推出了“美国新一代”的塑造计划。现代派歌星杰克逊、麦当娜、NBA 球星乔丹等新一代美国偶像为其广告片的主角，这些明星勇敢追求个性解放，敢于挑战传统的道德观念。在众多美国人的心目中，他们就是美国新文化、新价值的代表，是美国新一代的生活代言人。

“你是百事新一代”、“百事可乐——新一代的选择”，这是百事可乐那时著名的广告词。透过广告词里所描绘的“新一代”，从信仰和价值观上塑造了百事可乐的社会角色形象，实际上是一个象征性代表美国新价值观念的“社会品牌形象”。

百事可乐创造了一种价值感，一种美国新生一代的生活价值观——个性解放，敢于挑战传统。这自然能引发美国年轻人的价值认同。

企业品牌形象塑造的目的就在于塑造一个鲜明、正面、有别于同类品牌、易记的品牌角色。企业品牌形象的塑造过程，其实也是一个有清晰性格特征的品牌角色的塑造过程，富于感染力和亲和力的“角色”必然引导并改变消费者的消费行为，由此达到市场营销的目的。

确定一个明确的、有深厚社会基础的品牌价值观是塑造品牌形象、实现品牌角色营销功能的必要前提，这种品牌价值观是角色塑造的灵魂。有了这个灵魂的注入，角色便有了活力，有了拟人化的基础。

【案例 12-6】三只松鼠，打造互联网“卖萌”文化

坚果品牌“三只松鼠”风靡全网，成为众多媒体纷纷传说的互联网思维案例。

“三只松鼠”是怎样做的呢？首先，“三只松鼠”主要是以互联网技术为依托，利用 B2C 平台实行线上销售。凭借这种销售模式，“三只松鼠”迅速开创了一个新型食品零售模式。

“三只松鼠”除了是品牌名外，还是这家企业的角色形象。“三只松鼠”在营销方式上主要是依靠其“卖萌”文化引来消费者的青睐。

一、品牌 Logo 的“萌”

“三只松鼠”品牌的 Logo 设计萌且俏皮，三只松鼠分别为：鼠小贱、鼠小酷和鼠小美。三只松鼠代表了三种不同的风格，且以扁平化萌版设定为主体，突出企业动漫化。同时，三只松鼠肢体动作各有不同，小美张开双手，意味着拥抱和爱戴它们的每一位主人，隐隐透露着撒娇的气息；小酷则紧握拳头，代表的是“三只松鼠”企业所拥有的强大的团队和力量；最后小贱是手势朝上，象征着青春活力、永不止步的态度(如图 12-11 所示)。

图 12-11　三只松鼠形象示意图

二、店铺设计的“萌”

“三只松鼠”的店铺页面，从打开的一瞬间就可以感受到一种可爱的“萌”文化。这种视觉的第一感受可以使消费者产生新鲜感和兴趣，而且这个设计风格淡化了浓重的商业气息，与其他坚果店铺区别开来。同时这种淡化商业气息的设计风格，可以快速消除消费者的距离感，增进消费者的情感体验。

“三只松鼠”在店铺页面的风格上突出了“萌”文化，但真正能激起消费者购买欲望的还是商品的图片及文案。如果说图片吸引了消费者的目光，文案就是促进消费者消费的推手，而“三只松鼠”品牌正是抓住了这一点，在图片与文案上耗费了不少的精力。

三、客服的“萌”

看多了淘宝中的“亲”，不妨来看看“三只松鼠”家的客服是怎样的吧。“三只松鼠”的客服在名称上首先就延续了品牌的形象，如鼠小妙、鼠小儿等，名称让消费者体验到从外到内延续的“萌”。其次，从交谈当中，“三只松鼠”的客服称呼消费者为“主人”，让消费者从心理上就得到了满足，并且，其交谈当中，也把“萌”文化贯彻其中。这样的客服系统也把“三只松鼠”从一般的电商品牌中区隔了出来。

角色营销在现代市场中已越来越多，但光有形象还不行，能做到如“三只松鼠”这种，把卡通形象所拥有的性格特征由外到内都贯穿的并不多见，这也是“三只松鼠”能在众多电商品牌中杀出重围的原因。

12.8 缝隙营销与消费者行为的关系

在热带雨林里，树木分层而生，在高大的树下有灌木、灌木下有草丛，层层叠叠。自然生态中，几乎每一个缝隙都被利用了。品牌生态也是如此，市场上品牌林立，但总有大品牌所顾及不到的缝隙，小品牌利用市场竞争的空隙“见缝插针”，乘“隙”而入，也能开拓出一片新天地。

12.8.1 缝隙里的大道

缝隙营销，就是利用市场缝隙，通过创新诉求视角和原创性产品激发细分市场新的利润增长点。缝隙营销，首先要选择一个焦点市场，找出在这个市场存在的市场缝隙点，并针对自身品牌的资源状况细分这些市场缝隙并选择适合自己的细小市场，即细分市场，然后从横向、纵向扩大产生刺激，最后成就小市场的大品牌，在缝隙中开辟出一条属于自己的品牌大道。

1. 跳出定式思维

缝隙营销就是打破固有的定势思维，另辟蹊径，从全新的角度思考市场。跳出“固有模式”，也就是横向思维，绕过原有产品和市场，通过创新理念和原创产品，寻找市场缝隙，开辟细分市场。

“横向思维”源自市场外部的创新，它是一种营销模式的创新，是一个通过对既定市场、现有产品、营销组合进行本质改变从而达到创造出新市场、新产品目的的过程。

2. 基于空白点的创造

缝隙市场营销的基础就是制造空白，没有空白，就没有缝隙市场营销。假如发生置换后没有产生空白，就表明我们正在进行的是纵向营销，而不是缝隙市场营销。当所有操作引出不合逻辑的结果时，这些操作显得荒唐。虽然它们看似无用，但产生了一个空白，证明缝隙市场营销已经成功了一半。

缝隙市场营销是将已知信息进行重新组合，通过不具选择性但更富可能性和诱导性的创新思维，从微观过渡到宏观。它是一个有章可循的过程，通过创新产生新的市场或新类别，解决一些如“应该融入其他什么需求来改变我的产品”、“我还能为我的现实消费者或客户提供什么”之类的问题，有效地弥补了当前纵向营销的不足，增加销售或提升利润。

缝隙市场营销是对产品做适当改动来产生新用途、新情境、新目标市场、开创新类别，从而在细分缝隙的机会里重建细分市场；是在纵向营销已经过度开发的基础上，对纵向营销的一个有效补充，两者是不可或缺的互补关系。缝隙市场营销也要具备一定的条件，如果新类别开创后没有为垂直营销提供多样性，缝隙市场营销也不能充分地发展。

缝隙市场营销探索的是对产品、市场及营销组合要素在广度上的创新，其方向是不确定的、扩散的，但通过细分缝隙，将缝隙市场细化，进而聚焦创新，就会提高盈利机会，甚至创造营销奇迹。

12.8.2 做品牌，就要有见缝插针的精神

在产品同质化、规模化的市场大环境下，品牌林立。一些大品牌占据垄断地位，众多中小品牌想要在竞争中突围，就要有见缝插针的精神。谁先找到市场空白，填补空缺，谁就更有机会在夹缝中成长壮大，成为品牌丛林中战斗力强悍的“黑马”。

1. 撞墙还是插缝

在今天这个网络化、全球化的竞争市场上，品牌行销困境层叠交织如墙：品牌数量剧增；产品生命周期大大缩短；新品推介越来越复杂；广告饱和，消费者越来越难以打动；数字化技术引发多个市场的革命；商标数与专利数迅速上升；更新比维修便宜；市场极度细分等。让越来越多的企业开始感受到营销的尴尬，痛苦于企业孱弱的盈利能力。

一方面，传统的广告促销营销组合已经无法有效激发消费者的消费诉求；另一方面，企业之间的竞争在每个传统的营销层面上刀刃互现，价格战、成本战等恶性竞争已经将企业竞争推向“他人即地狱”的境地。

无论是在传统的日化行业，还是在新兴的数字电子行业，企业的有机增长已经越来越困难。在日益复杂的现代营销作用下，新产品、新品牌迅速推出，但很多新产品、新品牌不能避免“一出现即注定失败”的命运。

但“世上没有不透风的墙”，市场总有缝隙，企业是该正面撞墙还是寻找缝隙突破？显然，撞墙势必头破血流，寻找缝隙突破也许能够摆脱困境迎来光明。

2. 缝隙里寻找出路

在传统纵向营销方式中，虽然企业能够扩大市场规模，但由于不能创造出新产品、新市场，最终的结果必然是特定市场的无限细分以致需求饱和，这也是当前许多企业的行销困境所在。

在这个产品和技术可以低成本复制的营销时代，我们已经见证了太多特定市场的同质化竞争。明智的企业会选择在缝隙里寻找出路，尽管市场呈现饱和的态势，但总会存在意想不到的缝隙等待开拓。卡士活菌奶就是采纳营销专家借助缝隙营销脱颖而出的一个成功典例。

众所周知，乳品业是中国竞争比较激烈的一个行业，巨头企业也很多。一个小的奶品企业从资本和规模上都不足以与“光明”“伊利”“蒙牛”这样的巨头去血拼大众市场，因为他们缺乏大量的营销推广费用。经过调查，采纳营销专家发现乳品市场还有一个空隙：在传统酒类占领的餐饮业、餐中饮料，或者中高档佐餐饮料中，乳品有进入的可能，这个空隙的产品可以卖高价！卡士牛奶，定位高档佐餐饮料，就在这样的市场缝隙中诞生了。

传统的市场营销策略在当前市场极度细分、消费者消费日趋理性、产品线日趋丰富、产品成熟阶段及外部营销环境多变的情况下，除了加剧竞争，无法给企业带来高额利润，保持销售增长。寻找市场缝隙，探索新的利润增长点、新的营销方式以及根据市场变化制定新的营销策略，成为现代企业市场营销的必然选择。

那么，如何进行缝隙营销？既要“见缝插针”更要“找缝插针”。

缝隙市场营销利用横向思维进行营销创新，一方面创新原有的营销组合，增加新的市场机会；另一方面通过缝隙市场营销来拓展新的业务领域，形成互补，共同推动企业的营销水平，提升销售与利润。

在营销过程中，我们要发掘既定市场以外的市场和需求的存在，发掘产品的其他功能或用途，从而找到一些市场机会及对应的客群。

缝隙市场营销更类似于一项营销创意，要从市场层面、产品层面和营销组合层面三个层面进行不同程度的操作，把创意与产品、设计、技术相结合。

(1) 市场层面

市场是由相关需求、目标、地点、时间、情境、体验等多个维度组成的，改变其中任何一个维度都有可能产生新的市场，改变市场维度是一个有效的市场竞争策略。

比如在汽 3 车市场中，我们可以通过增加现有汽车产品的一些特征或功能来改变其需求，或者将汽车产品植于不同的环境中让顾客进行体验，增加吸引力，从而推动销售。

奥迪汽车早期进入中国市场，得益于母公司大众汽车较早进入中国的优势，先来一步抢得市场空白，取得了先机，较早赢得了市场。但在中国 20 世纪八九十年代宏观环境的影响下，奥迪逐渐变成了“官车”的代名词。不过这种中国公众心中保守、稳重和尊贵的固有形象，并不适应购买力逐渐强大的富人阶层(包括 IT、通信、娱乐、地产等行业)消费观，因此奥迪在发现了“富人阶层”这个市场缝隙后，凭借先进的技术及驾驶的优越性，重塑世界豪华车的品牌形象，摆脱官车形象，并以高价值、高品质的诉求占领市场。同时，面向商务、家庭推出不同款式的汽车，在推陈出新的过程中逐渐调整产品策略，推出了 A6、A6L、A8 加长型等车型，扩大了奥迪品牌私人购车比例。

(2) 产品层面

重新将产品进行分解，在有形产品、品牌特征、服务、购买或使用这些产品层面进行突破，提高需求或降低成本。

比如企业可以在自己的不同品牌产品之间进行相同的配件替换以降低价格、增强竞争，可以增加或减少一些品牌特征来开发一些新的市场。

居元素，专注厨房玻璃精品，从产品设计上下足功夫，时尚设计为卖点、特色。居元素像一股席卷时尚圈的季风，带来独具特色的产品，弄潮时尚的设计体验，倡导了一种美好的生活态度及生活方式，缝隙中开辟市场，成为“优质家居、时尚生活的引导者”。

甲壳虫，聚力诉求小汽车的概念。从品牌的特征“小”出发，以小搏大，打破传统汽车产品诉求的方向。“想想还是小的好”，“小”是性感的一种表现，它意味着有坚持特立独行的胆量；“小”也是一种态度，一种生活方式。突破，就意味着一种创新，甲壳虫寻找到了市场的缝隙，抓住了“小”市场，成就了大经典。

(3) 营销组合层面

营销组合层面的缝隙市场营销，对产品或服务采取不同的营销组合战略及寻找新的营销组合战略。在具体操作方面，不断地进行营销组合创新，通过借鉴其他行业的营销组合来改进营销组合策略。

比如养花成为一种回归自然的风尚，许多个人和企业都喜欢用真正的花草来点缀自己的环境，但常常因为不懂养花望而却步。为了鼓励消费者购买真正的花草，可以借鉴其他产品的营销组合方式为我所用，既然房屋可以出租，花草为什么不可以出租呢？于是有了实施花草出租的营销方式。

3. 制造空白缝隙是关键

制造空白是缝隙市场营销的基础，没有空白，就没有缝隙市场营销。制造空白的唯一方法是暂时中断逻辑思维。几乎所有的技巧都是以这六种基本操作方法为基础的：替代、反转、组合、夸张、去除和换序。这六种方法可以应用于缝隙营销三个层面中的任何一个，因此，一旦选定了产品或服务，并确定了焦点，你只需从这六种方法中任选一种并应用于你的焦点上，就可以制造出一个空白来。

运用上面六种方法制造出来的空白，有些是不合逻辑、没有价值的，很可能是在浪费时间。所以，我们必须分析这些营销空白的价值，对其进行评估。首先，我们要逐步跟踪这些空白刺激所引发的整个购买过程，想象一个“假设”的购买者如何完成信息收集、购买决定、产品使用等整个过程。并将想象的情境作为“历史”记录下来。然后，我们在那些不合理的空白刺激中寻找积极因素，并思考是否能够运用其他的方法来产生那么积极的效果。最后，我们要找到一个可能的情境(如你身边的人、地点、时间、场合等)来使空白刺激产生意义，进而移动或改变空白刺激，直到它适合那个情境为止。

YY 语音，从最初的网络游戏语音软件，到音乐娱乐运营，再到网络教育平台，原本定位于游戏配套在线语音服务的软件，已变身为娱乐和教育的平台，这是包括 YY 语音所属公司欢聚时代 CEO 李学凌在内的创始团队未料到的。开发早期，YY 语音以游戏用户语音交流不占用双手的特点，获取了第一批用户。在掌握了大量用户之后，有才艺的用户在 YY 语音上面唱歌，居然很受追捧，被奉为偶像。YY 语音的运营团队发现，这也是吸引用户的一个很好的渠道，并且之后将业务拓展到另一个市场缝隙——网络教育平台。当有用户的时候，自然而然就会挣钱。截至 2012 年 9 月 30 日，YY 音乐月度活跃用户为 2 657 万人，付费用户 35.5 万人。YY 语音盈利模式的构建纯属歪打正着，从游戏语音杀入音乐娱乐运营和网络教育这两块领域，制造、移动或改变市场空白刺激，从缝隙中走出语音软件的康庄大道。

与其他大中型 B2C 网站不同，唯品会并不是进行传统的网络销售模式，而是将自己定位于一家专门做品牌特卖的网站。品牌特卖网站其实并不是什么新鲜事物，在美国等西方国家，网上特卖产业已经发展得非常成熟。在我国，电商被天猫、淘宝、京东等几个巨头垄断，“特卖”主要停留在商场的个别促销上，专业特卖场非常少见，而专攻特卖的 B2C 网站更是几乎没有。用户购买打折产品的诉求长期存在却一直得不到满足，唯品会正是瞅准了这一细分市场带来的商机，“跳出定式思维”，跨越原有的产品和市场，从激烈的电商竞争大战中开辟“品牌特卖”这片蓝海。

实施缝隙市场营销的公司，应该在实施革命性营销战略的同时，努力建立起自己在该领域的先行品牌优势，寻找缝隙并细分缝隙，细分缝隙就等于细分市场，从而在细分市场里成就奇迹。

12.9 戏剧性营销与消费者行为的关系

12.9.1 何谓戏剧性

首先，戏剧性衍生于戏剧，是用夸张、悬念、转折、对比等手法将故事进行演绎；其次，戏剧性是通过激发人们内心的情感共鸣、勾起内心的波澜，从而控制受众的注意力，这种极强的控制力正是戏剧的魅力所在。

总而言之，戏剧化就是制造冲突！

用强烈的、奇特的、意想不到的方式进行表达，以求达到迅速吸引关注、引人入胜、自发传播的效果。

12.9.2　营销中的戏剧性

从文化传承来看，现代营销继承了传统戏剧中的戏剧性元素，而戏剧和广告都属于文学的分支，与文学有着千丝万缕的联系，并且都可进行一定程度的“舞台”展示。营销的戏剧性，具体来说，是指在营销内容本身几个因素之间，或者内容和外部环境之间制造冲突，将由冲突引起的紧张感传递给受众，使受众感到一种压迫感，从而控制受众的注意力。因此，拥有戏剧性元素的营销往往能更快更广地引起关注和自发性传播，大大节省了营销成本，并提高了营销的效率。

营销的戏剧性，具体地说，是指在营销广告或活动内容本身因素：文字、画面、声音、情节等与品牌、产品、目标消费者的日常生活趣味性及广告媒介载体之间制造冲突，将由冲突引起的诙谐、幽默、趣味性传授给目标受众，吸引受众的注意力，形成记忆，最终促成购买行动，即营销上著名的 AIDMA 法则：A(Attention)，引起注意；I(Interest)，产生兴趣；D(Desire)，培养欲望；M(Memory)，形成记忆；A(Action)，促成行动。是消费者从看到产品或广告到产生购买的一系列心理过程。万事开头难，其中最难的 A(Attention)即在众多产品或广告中引起消费者的注意。而戏剧化正是最好的解决从 A(注意)到 I(兴趣)过程的方法，甚至间接培养了后面的 D、M、A……。

1. 戏剧化的故事让你的品牌更有魅力

在伯克利的哈桑商学院里，甚至专门有一门课程是“Getting your story straight”，导师 David Riemer 要做的就是两件事：

(1) 告诉创业者怎么找到好故事；

(2) 把它讲出来。

德芙巧克力是送给心爱女孩的信物，“Dove”就意味着“Do you love me?”的深情表白。

掌声谷粒创始人经过尘世的喧嚣，最终回归自然，怀抱着对劳动致敬、对大地感恩的心情创建了“掌声谷粒”品牌。

巧克力与大米并不是龙肝凤髓，一旦被赋予这样的精神之后，平常的食物也就成了不寻常的事物，似乎人生、情感都沉浸到食物之中，仿佛动漫《中华小当家》描述的那样，包含着人类真挚感情的食物才是最美味的。

但，这些都是完全真实的吗?

观众都喜欢看戏，戏剧的曲折离奇、荡气回肠总能让人欲罢不能，观众情绪都跟着戏中的人物与情节而动，甚至对戏中人物产生了真实的情感。

德芙与掌声谷粒正是利用了观众喜欢故事的心理对品牌进行了渲染，最终带来的是品牌价值的增长、销量的激增。

凡是成功的品牌，都很擅长“讲故事”。他们懂得如何把品牌发展的历史脉络、品牌的内涵、品牌的精神向消费者娓娓道来，并在潜移默化中完成向消费者品牌理念的灌输。

王石讲了一个登山的故事，为万科节省了三亿元的广告费，当然，其好处不止于此；海尔只讲了一个砸冰箱的故事，从而让人们认识了海尔，相信了海尔产品的品质；冰冷的钻石讲了一个爱情故事，从而俘获了万千少男少女的心，“钻石恒久远，一颗永流传”，成了他们忠贞不渝的爱情见证。

2. 如何增加营销活动的戏剧性

有人觉得，戏剧性是可遇不可求的，比如前面提到的“某明星出轨事件”，这可不是媒体能把控的，生活有时候更加戏剧化。

没错，戏剧性并不适用于所有品牌，有些产品天生就不一样，比如 iPhone、iPad 等，但绞尽脑汁总结，还是有道可循的。

戏剧中的一些手法也可以作为营销活动的借鉴，比如戏剧创作中会用到一些基本的艺术手法，如对比与对照、转折与发现、夸张与讽刺、重复与突出、误会与巧合、悬念与吃惊、烘托与渲染、铺垫与呼应……，用来增加戏剧的张力。

(1) 对比与对照

对比是一种非常直接的表现手法，当进行对比的两样事情反差越大，冲突越大，其效果也越强烈，例如雷达表的广告。

上午十一点，纳斯达克指数下降 150 点。
下午四点，纳斯达克指数疾升 250 点。
时间改变一切，唯独雷达表。
上午九点，痛失丈夫。
下午三点，喜获巨额财产。
时间改变一切，唯独雷达表。
晚上八点，她出来一起喝酒。
凌晨一点，他丢失了隐形眼镜。
时间改变一切，唯独雷达表。
晚上十点她出去散步。
第二天早上八点，已降落巴黎机场。
时间改变一切，唯独雷达表。

这是雷达表(RADO)做的4则对比性广告，看似是关于时间与人、时间与世间百态哲学的精彩诠释，实质是以万物的瞬息万变表达雷达表的永恒经典，隐喻的对比比直白的表达更能引发兴趣。

另一个将对比当做战略，做到极致的要数百事可乐了。

众所周知，可口可乐是世界上第一个可乐品牌，比百事可乐早了 12 年，控制了当时绝大部分碳酸饮料市场，在消费者心中形成了定势,一提起可乐，就非可口可乐莫属。

在第二次世界大战以前，百事可乐一直不见起色，甚至曾两度处于破产边缘，甚至为了生存，不惜将价格降至 5 美分，为可口可乐价格的一半,却仍然未能摆脱当时的困境。百事可乐曾两次开口向可口可乐主动要求被收购，然而均未能被可口可乐所接纳。

经过近半个世纪的实践，百事可乐公司发现，降价策略连公司的生存都不能保障，是行不通的。于是，百事可乐开始以一个挑战者的角色向可口可乐发出强有力的挑战，通过分析消费者构成和消费心理的变化，将火力对准了可口可乐“传统”的形象，做出种种努力来把百事可乐描绘成年轻人的饮料——百事开始了“新一代”的全新营销战略，对立可口可乐，以各种戏剧性的对比方式处处显示自己的新潮如图 12-12、图 12-13 所示。

百事可乐以一系列幽默有趣的对比性广告恶搞可口可乐，可口可乐甚至无法反击。此后，百事可乐与可口可乐的销售量缩至 3:2，在广阔的全球饮料市场上，百事可乐后来居上，终于与先于其 12 年问世的可口可乐并驾齐驱、鼎分天下。

图 12-12　吸管的选择

图 12-13　地板告诉你真相

(2) 转折与发现

2014 年的春晚，Yif 替代刘谦上春晚表演魔术节目。春晚之前就已经沸沸扬扬，都是来自中国台湾，都是年轻有为，大家很想看看 Yif 和刘谦到底谁厉害。这也是为什么中国银行在这个节目里花费不少，植入一张中国银行信用卡。从节目本身来看，卡的展露似乎辜负了这笔投入，“万万没想到”，大年初二之后，社交媒体上大量流传着一个主题帖子，让本来没有花钱的 Visa 完全抢了中国银行的风头，真正“借势”火了一把，如图 12-14 所示。

图 12-14　Visa 借势魔术表演火了

(3) 夸张与讽刺

夸张与讽刺是戏剧中常用手法，如京剧中夸张的人物造型与脸谱，表达人物的正义、奸邪、勇敢等特质。夸张的作用在于它可以突出某一事物或某一人物形象的特征，更深刻而又更单纯地揭示他们的本质，使观众得到鲜明而强烈的印象，夸张还能增强戏剧的幽默感、感染力及趣味性，增加观众的印象，如图 12-15、图 12-16 所示。

图 12-15　刀具非常锋利，连刀架都切断了

图 12-16　百事无糖可乐，猫喝了瘦得可以直接进洞捉老鼠了，表现其减肥功效

近年来，士力架更是做了一系列爆笑广告——《饿货》，通过饥饿的人们在吃掉士力架前后的夸张对比，表现“横扫饥饿，做回自己”的品牌诉求。

①饿货“林黛玉”篇

足球守门员由于饥饿变成了“林黛玉”，扶着球筐完全无力，来条士力架后，立即变回健壮的守门员，用夸张幽默的形式表现士力架的充饥效果，引人发笑的同时强化了产品卖点，如图 12-17 所示。

②饿货“唐僧”篇

龙舟队员由于饥饿变成了“唐僧”，擂鼓如敲木鱼一般无力，吃完一条士力架后，立刻变回为生龙活虎的猛男。除了一如既往的搞笑调侃之外，还干脆请来了大话西游中的“唐僧”本尊出演，一曲耳熟能详的《only you》更增效果，如图 12-18 所示。

图 12-17　饿货“林黛玉”篇

图 12-18　饿货“唐僧”篇

(4) 重复与突出

看过《美少女战士》的人都知道，动画片中的女主角水冰月会用魔棒变身，每集重复，乐此不疲，因此，美少女战士变身也成为其最具有标志性的符号。

香奈儿的艺术总监卡尔·拉格斐，人称老佛爷，不管出席什么场合，都是西装、黑墨镜加上一头白色的长发，这成为其个人特色和标签，甚至很多人都没见过他摘下墨镜的样子。

苹果的“乔帮主”乔布斯也是永远的黑上衣加牛仔裤，如图 12-19 所示。

重复让人印象深刻，甚至形成条件反射，如一看到白发墨镜就想到“老佛爷”，一看到黑上衣牛仔裤就想到乔布斯……。品牌也是一样，在某些核心要素上的不断重复能加深消费者的印象与长期记忆，一想到相关品类就直接联系到某品牌，从而产生购买。

1998　1999　2001　2004　2005　2007　2008　2009　2010

图 12-19　乔布斯装束

最典型的案例要数脑白金了，每年过年都有一对老爷爷老奶奶在电视上边跳边唱：“今年过节不收礼，收礼还收脑白金!”这洗脑似的广告曾经几次被评为最差广告，也引起不少消费者厌烦。但烦归烦，给爸妈买礼物，最后还是买的脑白金。

近几年依靠重复、突出的戏剧化而成功的品牌要数炫迈口香糖了，炫迈的广告虽不至于像脑白金一样是简单重复，但也一直在反复传播其“根本停不下来”的广告语，表现其味道持久——“持久离谱挑战”。

“跳街舞，根本停不下来。”

“弹吉他，根本停不下来。”

“飙高音，根本停不下来。”

2014 年春节，借势时间的扮演者小彩旗，引起网络疯狂转发的“小彩旗之根本停不下来”，如图 12-20 所示。

图 12-20　小彩旗之根本停不下来

12.10　时尚营销与消费者行为的关系

2006 年美国电影《穿普拉达的女魔王》横空出世，这部电影集超模、华服、奢侈品于一身的电影还未上映，便成为当年女性口中的热点话题。

无独有偶，2013 年夏天的中国，一部饱受社会舆论抨击的电影《小时代》分上、下两部上映，卷走近 8 亿元票房，里面的元素同样离不开 T 台、奢侈品、帅哥、美女。

为什么这两部剧情不甚出彩，甚至频有漏洞的电影，却获得了商业的巨大成功?

因为他们把时尚演绎到了极致。精致妆容、完美身材、无数奢华名牌……吸引着每一个女性，让她们疯狂。这里面有着她们乌托邦式的公主梦。

时尚，一场风花雪月的秀。

12.10.1　不仅仅是看上去很时尚

1. 什么是时尚

时尚是美学的商业化呈现，是艺术的市场化体现，是人类持续不断的精神追求。

时尚是由金字塔尖少数人开启的游戏，却像多米诺骨牌效应一样，影响不断扩大，从巴黎的香榭丽舍大道蔓延至中国五线县城。

时尚顾名思义，就是“时间”与“崇尚”的相加。在这个极简化的意义上，时尚就是短时间里一些人所崇尚的生活。

2. 什么是时尚营销

时尚营销就是利用人类对群体认同的渴望，兜售虚荣美梦。

时尚营销就是要了解消费者所想的(认知)、他们所体验的(情感)、他们乐意去做的(行为)以及能影响这一切的事情和地方(环境)。通过分析当前时尚的特点，把握消费者的心理，从而设计出适合市场的时尚产品，研究消费者信息和时尚信息、科技成果信息，并将这些信息最终纳入产品，进而形成的一种新型营销方式。

商家通过深入了解消费者行为，挖掘时尚创造者的生活形态，找到驱动消费行为的时尚力量和元素，并采用这些消费语言，迎合目标人群的心理需求、心理满足和表达愿望，创造产品和品牌价值，并成功赢得市场。

而消费者追求的基本价值之一就是时尚价值，当营销注入时尚元素的时候，便拥有了更多的文化含量和艺术氛围，也就意味着能在消费者的头脑中打上更深的烙印，得到认可和拥护。

因此，时尚营销的基点就在于，准确地把握消费者的时尚心理，利用最原始的物欲，包装一系列与之匹配的情感性的营销方案。

俗话说：“物以类聚，人以群分”，当一部分人先接触到时尚之后，而这种时尚又刚刚能满足大众的消费欲望和心理需求，那么另外一部分人就愿意花钱去进入这个所谓的“时尚圈”，所以，时尚营销的本质不是营销时尚，而是利用人类对群体认同的渴望，出售消费快感，这种快感不仅仅是产品本身所能给消费者带来的愉悦(使用价值)，更重要的是消费者在使用此产品(服务)的同时得到了认同感(心理效用)，这正是时尚产品之所以能够获得比普通产品更高溢价的关键要因。

12.10.2 时尚这场大秀——人人有份

无可否认，当今中国无处不时尚、无人不时尚，中国人对于时尚消费已经到了炉火纯青的地步，时尚营销也无孔不入地侵袭整个消费市场。现代时尚营销具有多样性，它不单单是在一些消费者看得见的行业，甚至囊括各个行业；时尚营销也具有多变性，营销者紧跟当下流行时尚，创造可以满足消费者的消费需求的时尚营销方案；时尚营销也具有传递性，每一个消费者在享受到了时尚消费的愉悦之后，可能通过自身向他人传递这种消费体验，从而带动更多人参与。互联网时代为时尚营销提供了良好的温床，能将时尚消费辐射到更宽、更广的领域，人人都将参与其中。

1. 真时尚做出来

时尚营销的一个重要特点就是“制造需求，创造消费者”。当然这个特点是有前提条件的，即在营销策略的影响下要能产生“制造需求，创造消费者”的市场。

时尚营销的核心精髓在于三个关系：营销理念上的文化、品牌、营销的联动关系；营销战略上的定位、设计、传播的联动关系；营销元素上的时尚、情感、体验的联动关系。

时尚的心理学模型认为，寻求一致性、多样性、个人创造及性别吸引等心理因素使人们追逐潮流。比如，许多消费者希望与众不同(尽管不一定要标新立异)。

由于时尚是被流行的事物，时尚在消费者中以几何级数传播。就像病毒，开始的时候数量很少，而后感染大量的人，直到成为一种传染病。

2. 六大关键词，决胜时尚营销

(1) 关键词一：审美——无美学不时尚

眼球经济时代，时尚毫无争议地成为美的代言人。人们对于美丽的事物总是存在着好奇心与占有欲。“审美”作为时尚营销的最根本元素，体现于产品开发、生产、销售和传播的全过程。

乔布斯为了苹果手机的外观细节可以调整无数次设计图。在天猫，好的橱窗展示是引流和提升转化率的重要手段。甚至是于街边卖小吃的摊位，也会因为自身装修的时尚感让食客忽略了味道的重要性。

人类对于美丽外表的追求，对于求新、求变、求酷，追求个性化，讨厌古板、守旧、乏味，反对一成不变的渴望，通过时尚元素的呈现直接体现在营销的每一个细节。追求时尚的人们对于美学的要求也越来越高，一场时尚营销的成功不能脱轨美学，这也造就了无美学不时尚的消费现象。

(2) 关键词二：文化——掩藏虚荣的美丽包装

文化是贴合时尚营销而掩盖虚荣的美丽包装，现代人们对于物质消费已经提升到一个更高的层面，他们不仅仅需要产品的使用价值，更多的是他们能够从消费中得到更高层次的文化价值的体验。

麦当劳卖的仅是面包加火腿吗，答案是否定的，它卖的是快捷、时尚、个性化的饮食文化。

中秋节吃月饼吃的是什么，我们难道吃的只是它的味道吗？不是，我们吃月饼体现的是中国民族传统文化——团圆喜庆。

每一个成功的时尚营销深处都包含着一种隐性的东西即文化，产品可以复制，唯有文化与精神独一无二。

(3) 关键词三：符号——与众不同才能被铭记于心

成功的符号传递是时尚营销屡试不爽的手段之一。通过简洁、富有美感的符号能迅速地将自己与其他平庸的品牌区别开来，符号是承载了品牌精神的图腾。它是品牌的象征，不断强化消费者的记忆。

当星巴克在美国掀起拿铁风潮时，许多人都以拿着有美人鱼 logo 的杯子为傲。路易• 威登的经典 logo 花纹手袋近百年来总是经久不衰，持续为品牌贡献销量。喜力啤酒把符号“星”与之紧密结合，成为喝啤酒的新潮流。

时尚符号是消费领域中人群之间相互确认时尚与否的一个重要标志。时尚的营销一定要创造符号，不管产品面对的是什么样的目标群体。让产品和品牌成为某个群体的标志性符号，让大家可以通过一个人是否拥有这个符号而进行群体的认同和区分，与众不同才能被铭记于心，这就达到了时尚营销的较高境界。

(4) 关键词四：经典——永不过时的长青摇钱树

可可香奈儿小姐曾经说过：“流行易逝，风格永存。”通过个人独特的世界观和不可重复的创造打造经典，凸显出丰厚的文化积淀和人性内涵，是时尚营销的重要手段。

每一次时尚元素的流行，都有演变为经典的可能。英国皇室品牌 Burberry 的经典卡其色风衣是永不褪色的潮流经典。可口可乐热情洋溢的红色视觉，一直都是吸引眼球的热血潮流。

经典永远是一个品牌的基业，不论流行如何变迁，它表达了一款单品、一个品牌在理念上最根本的坚持。作为经典，必须在消费者心中有一定的认知性，它是营销中永不过时的长青摇钱树。

(5) 关键词五：体验——留住消费者和他们的口袋

体验是指企业通过采用让目标顾客观摩、聆听、尝试、试用等方式，让顾客实际感知产品的品质及性能或服务效果，从而促使顾客认知、喜好并购买的一种方式。

传统时装品牌最简单的体验方式就是试穿、试用。但是真正时尚营销体验的核心来自购买以后，来自他人的艳羡目光，来自朋友的真诚赞赏，来自周围人群的肯定，而这种通过他人满足自我的心理体验，预示着重复消费的忠诚度。毕竟时尚营销的目的，就是把耐用品做成快销品。

(6) 关键词六：名人——立于风口浪尖的引爆点

时尚营销从来不吝啬于使用名人，尤其是面貌姣好、品味极佳的名模、明星和名媛们，他们是时尚的带头人，所有品牌拉拢的对象。名人一般都具有较高的知名度，或者还有相当的美誉度，以及特定的人格魅力等，在时尚的前沿，他们刺激着无数人前赴后继地消费。

20世纪60年代由赫本演绎的经典小黑裙造就了纪梵希的优雅隽永，20世纪90年代由无数长腿名模缔造的内衣帝国维多利亚的秘密，更是将名人手段发挥到极致。在微博上，大腕明星们只要轻轻一点转发就能成就一款单品的流行。

12.10.3　引爆时尚营销的过程

引爆时尚营销的过程，从开发过程、传播过程再到体验过程三步走起，环环相扣，步步为营，成就最完美时尚营销，成功占领市场。

1. 开发过程

时尚营销离不开时尚产品的本质，因此如何把控产品的开发环节显得尤为重要，一款富有时尚价值，让消费者买账，甚至排队买账的产品是品牌制胜的成功关键。

(1) 第一招：原创设计

人们追求时尚的目的不外乎于要与众不同，个性十足。原创设计恰好满足了这一需求。产品一旦贴上原创设计的标签，就意味着高价值和高附加值。高价值来自原创设计师们强大的表现力和精益求精的工匠精神所呈现出的极致产品，高附加值则来自原创设计本身的号召力和稀缺性，二者缺一不可。

原创设计是区隔于同类品牌的不二法宝，在服装行业近年来兴起的一大批原创设计品牌譬如“裂帛”，通过对民族风的另一种诠释，引领新的着装时尚，打造了电商服装原创设计品牌。

(2) 第二招：买手模式

买手永远站在时尚潮流的最前端，他们去巴黎看最新的时装秀，他们去红点看最新锐的设计，只求寻求创新的灵感，把握时尚的脉搏。

当然一个成功的买手模式远远不止是创新和潮流，买手们更重要的是通过自身对时尚的敏锐度，及时判断消费心理和市场走势，然后将流行重点传达给生产及销售部门，形成一条反应迅速的时尚营销链条。

买手制度在国外非常盛行，并取得了极大的成功。西班牙的时尚品牌Zara凭借完善的买手制度，打造了一条独一无二的快时尚供应链系统，一度挤掉世界上最大的奢侈品集团“路威酩轩”，成为时尚产业第一品牌。

(3) 第三招：跨界合作

“跨界合作”潮流圈是现在最常见的字眼，它将原本毫不相干甚至矛盾、对立的元素，相互渗透、相互融合，从而产生新的亮点，说得更加直白一点，就是有更多的机会让消费者掏出钱包。通过跨界合作，能得到更多的噱头从而提升品牌知名度和产品销量，将名人明星塑造成合作伙伴形象，零成本享受其他领域所引流的知名度和市场。

2. 第二步：传播过程

“无传播，不时尚。”时尚营销中的重要一环是如何通过传播推波助澜，形成潮流。作为时尚营销，需要充分整合资源，搭建时尚传播平台，比如在一些新锐的电视节目中采用植入式营销，或者冠名赞助的方式等，这显然比单纯的广告对于消费者来说更具说服力。

(1) 第一招：公关营销

公关营销是以搞好公共关系营销为基础的，运用良好的关系环境，营造有利于企业产品营销的和谐氛围；通过有效的公关活动，获得消费者的注意和青睐；与客户建立正常融洽的双向沟通联系，吸引并稳定其广泛博大的产品消费群体；提供优质服务、公益赞助和媒体宣传等多项公关手段，提升产品和企业的良好形象。

(2) 第二招：植入营销

植入式营销是把产品及其服务具有代表性的视听品牌符号融入影视或舞台产品中的一种营销方式，给观众留下深刻的印象，以达到营销目的。这是随着电影、电视、游戏等的发展而兴起的一种市场推广形式，通过在影视剧情、游戏中刻意插入商家的产品或标识，以达到潜移默化的宣传效果。由于受众对广告有天生的抵触心理，把商品融入这些娱乐方式的做法往往比硬性推销的效果好得多。

2013 年火遍全国的节目《爸爸去哪儿 2》中，日产的高端汽车品牌——英菲尼迪通过低成本的植入，不断出现在节目亲子互动的感人画面中，成功进入大众视野，知名度迅速提升。同时节目中深情、坚毅的父亲形象也成了英菲尼迪的代名词，在消费者心中形成了强烈的情感附加值，品牌好感度也得到迅速提升，成为新一代暖男、好爸爸的理想座驾。

(3) 第三招：视觉营销

视觉营销概念产生于 20 世纪 70—80 年代的美国，是作为零售销售战略的一环登上历史舞台的，视觉营销的目的在于利用人类是视觉动物的本质，最大限度地通过对产品造型、广告传播、单店陈列、网店页面等外观美的塑造，吸引消费者眼球，甚至让“美貌”成为购买的首选理由。

全球知名内衣品牌维多利亚的秘密，是视觉营销的先行者。每年维多利亚的秘密都会邀请全球最有魅力的女模特进行一场最美的内衣秀，引发世界范围的关注。当然除了顶尖的美女在吸引眼球，还有那些梦幻中才有的内衣，每一件内衣都如艺术品一样进行展现，最大程度上为所有女性缔造了一场时尚与美的梦想。也因此，维多利亚的秘密是美国乃至全球影响力最大的时尚内衣品牌。

(4) 第四招：事件营销

事件营销是一种低成本、见效快的营销手段，常常在时尚营销过程中得到有效运用。通过自我谋划制造爆点，或者借势跟随热点的方式博得大众和媒体关注，是事件营销的基本方式。

(5) 第五招：提前营销

提前营销是企业主在产品未上市之前率先进行一系列的营销活动，通过前期的预热活动，为后期产品上市奠定良好的基础。其手段有提前预约、提前试用等，提前营销在房地产、手机行业表现明显，例如华为手机，通过在京东商城、华为手机商城网等电商平台发布一系列新品信息，开展新品预约活动。

3. 第三步：体验过程

(1)第一招：终端展示

“终端”常被用来指市场销售的最后一环(通常为零售、批发店面)，意味着产品价值的实现，是消费者和经销者之间完成交换的环节。“展示”即为呈现、展现。“终端展示”就是通过在最接近消费者的线下市场前沿(一般是专卖店、大型超市)直观地将产品呈现，让消费者一目了然，而时尚营销中的终端展示不仅是简简单单地摆放陈列，还要融合时尚美学元素，能够抓住消费者眼球，引起对产品的兴趣。比如家纺产品制造商给人体模特穿上用床单制作的美丽衣裳、红罐凉茶堆砌成的双吉字等，这些创意的终端展示摈弃了老套古板的陈列，用时尚创意赢得关注。

(2)第二招：专业顾问

一个行业的专业顾问能够为有意愿的客户提供高质量的咨询服务、为客户设计切实可行的合作方案，专业顾问不仅仅要掌握公司业务有关的各种知识，还要具备较强的沟通能力和沟通技巧，为有意愿的客户提供高质量的咨询服务，为客户设计切实可行的合作方案，做好其他相关的咨询工作，促进签约，指导客户准备全套的相关材料，并完成材料的收集工作，负责与客户、合作伙伴保持及时有效的沟通，负责相关项目的开发、拓展、策划及宣传等项目管理工作，处理关于合作项目的一切事宜。专业顾问是消费者与企业之间的沟通桥梁，要站在顾客角度，为他们考虑，让消费者有一种被尊重的良好体验，也能在消费者心智中留下良好印象。

(3)第三招：增值享受

能够让消费者感受到自己花了一元钱，却得到了大于一元钱的消费体验，这就是增值享受。消费者体验到增值享受是建立在企业主提供的增值服务的基础之上的，而增值服务主要是指“特色服务”，在保证基本服务的同时，进行超出常规的、个性化的服务。

比如在店铺进行基本服务流程后，提供会员服务，送货上门服务，在节日时送上祝福卡片，在试衣间放置小梳子、拖鞋等。让消费者感受到增值享受，有一个良好的体验过程，就能在消费者心智中占据一定地位，得到认可。

(4)第四招：VIP的秘密

VIP服务营销是一种针对客户现实或潜在需求的攻心战术。常理市场的竞争，总是越低端越激烈，现实企业中多数VIP卡设计有折扣、积分两大基本优惠功能，可以说为企业销售的提高和品牌忠诚度的提升奠定了举足轻重的作用，但是未来的VIP营销仅凭这些是远远不够的。对于VIP客户来说，他们需要是更高层次的服务，VIP是身份的象征，更是品牌与消费者的纽带。VIP无处不在地迎合重度消费者，以自身品牌为原点，设身处地为他们提供如家一般的体贴服务，才是时尚营销中体验的极致状态。

奢侈品牌在VIP服务上理念更为领先，每年都有为VIP们定制的专属一款。旗舰店也有为VIP提供的专属试衣间，贵宾们在消费的同时，除了享受到常见的积分、折扣外，门店更会根据客户的口味需求提供下午茶、咖啡等服务，从心理上让消费者产生了归属感。品牌和消费者不像是商业关系，更像是家人关系，如此一来品牌黏性就更加强了。

12.11　娱乐营销与消费者行为的关系

12.11.1　娱乐，逆袭的美丽

2013 年无疑是中国娱乐节目的大年。《我是歌手》《中国好声音》等娱乐综艺节目纷纷搭台而起，掀起了中国娱乐节目的收视高潮。在这股娱乐高潮慢慢减退之时，一档亲子真人秀节目《爸爸去哪儿》横空出世，收视率一路破 3%,力压 2013 年前十月众多综艺节目，成为湖南卫视真正的翻身之作。

作为节目首期主冠名赞助商，华润医药的“999 感冒灵”和小儿感冒药也是借势“灵”了一回。在普遍不被看好的情况下，华润三九捡漏上位，在节目播出引起强烈回响和超高收视之后收获了出人意料的结果。随着节目在社交网站的不断爆红，收视飙升，广告的植入也越来越多。新形象和新包装的思念水饺也是借着这股娱乐之风一战成名，将新形象产品与节目的亲子交流内容有效融合，完成了营销上的华丽转身。英菲尼迪也是紧抓机会，迅速提升了品牌在中国的知名度。种种意外的收获让各大企业对娱乐节目刮目相看。

《爸爸去哪儿》开播第二季，更是吸引了伊利 QQ 星、银鹭、蓝月亮等一大批知名品牌商冠名赞助，而伊利集团的独家冠名权赞助费高达 3.1 亿元，创造了中国电视史上最高的节目冠名费。如此大手笔，不禁让人咂舌。与此同时，所有企业也都在思考，中国的娱乐营销时代是否已经到来。

12.11.2　中国的娱乐营销时代已经到来

市场经济已经走过了几十年，与国际市场接轨也越来越密切，可以说很多方面已经走在国际市场的前沿。娱乐不是营销方式，但是营销中加入娱乐的元素成为一种独特的营销力量。这种营销方法早已在国际上被广泛应用，而中国的娱乐营销也早在 2004 年拉开序幕。当年红遍大江南北的《超级女声》，已经成功地诠释了娱乐营销的经典，借助对时尚文化潮流的把握进行营销突围，意义与效果有目共睹。随着国民经济的急速增长以及国际对接日益透明化，近年来中国的娱乐之风正盛，娱乐节目的超高收视率，娱乐电影的超高票房，正在刷新着一个又一个的记录，娱乐背后隐藏的席卷之势不可估量，中国的娱乐时代正在悄悄地到来。

12.11.3　何谓娱乐营销

所谓娱乐营销，就是将娱乐的元素或形式与整合营销的精神及其规则结合起来，与消费者实现互动。让消费者在娱乐的体验中，对企业以及产品或服务产生好感和联想，感化消费者的情感、感动消费者的心灵，从而达到既销售了产品又建立了客户忠诚度的目的。娱乐营销以消费者的娱乐体验为诉求，通过愉悦消费者而有效地达到营销目标。在产品严重同质化的情况下，人们只感兴趣哪一个品牌能提供更多的精神价值，或者说更能够取悦他们。而对于企业而言，把握消费者的消费心理，通过娱乐化的方式与消费者进行情感互动，在欢声笑语中将品牌精神与品牌信息潜移默化地传达给他们，这无疑是最佳的营销选择。

12.11.4　娱乐营销为企业创造多元化价值

娱乐营销能够给企业带来什么？这是必须要思考的问题。娱乐营销能够在短时间内提升企

业知名度，打造美誉度；娱乐营销可以快速推广新产品，宣传新概念；娱乐营销能提升你的企业竞争力，加强对客户的吸引力；娱乐营销能让客户更加容易满意，更加忠诚；娱乐营销可以让你的员工更加热爱工作，提升员工满意度；娱乐营销可以为企业创造利润，战胜竞争对手！

12.11.5 娱乐营销的特性

1. 创新性

无论在娱乐主题上还是在运作的方式、方法上，娱乐营销都要强调创新性，以激发消费者的好奇心与参与意识。娱乐主题上要有独创性与新闻效应，能吸引大众的眼球，否则收效甚微。在这个信息泛滥的时代，如果没有创意的主题，连乞丐都懒得看。其次，创新性要求企业在立足自身资源及优势的基础上，通过不断创造新的体验方式来吸引大众注意力。

2. 参与性

要想在娱乐经济时代推动成功的营销活动，就要让消费者参与进来。企业作为营销的主体，树立“全员娱乐营销理念”非常重要。消费者与企业互动的点很多，需要从全方位的角度加以考虑。可以先试着找出关键互动点，然后推动互动点的再造活动，互动的成败由人员以及其背后的跨功能流程所决定。同时，娱乐营销的参与性更体现在参与受众的广度。参与人数越多，企业就有更大的希望从中获得潜在的客户群，营销的效果也就更好。

3. 整合性

娱乐营销不是简单地靠艺人、靠电视、靠电影、靠活动这种单一的战术手段实现的，而是综合的立体式的策略性整合。为了让活动取得最大的效果，企业要懂得整合各方面的资源，在有效分担成本的情况下，又可以扩大活动的影响力。企业开展娱乐营销，离不开娱乐元素的整合、体验平台的整合。

4. 人性化

和传统营销相比，娱乐营销具有鲜明的特点，主要具有形象、生动、时尚、个性化和互动性的特点。不管具备什么样的特点，经过准确定位、客户群分析后得来的概念才能真正实现以人为本。人性化营销正是娱乐营销的核心和根本所在。随着人们的生活越来越丰富和多样化，企业只有关注人性，关注人们新的生活主张与方式，才会带来娱乐营销的崭新思维，只有满足人性的娱乐需求，才能不断创新，吸引更多的人来关注和参与。

12.11.6 娱乐营销的五大策略

1. 锁定策略

锁定目标群体，迎合他们感情上的需要和对成功的期望。只有精确锁定目标群体才能针对目标群体制定具体的策略。“动感地带——我的地盘听我的”，这句曾经熟悉的口号似乎记忆犹新。当年中国移动迎合年轻人感情上的需要——自立自主，聘请当年的人气巨星周杰伦做形象代言人——满足他们对成功的期望——酷、有个性、有才华。加上各种互动活动以及相关联的增值服务，使“动感地带”成为中国移动成长最快的业务。

2. 扩展策略

拓展体验，开发关联产品，给客户创造更多的机会，让他们以购买其他东西的方式来享受你所提供的感情上的联系。这样的策略在电影产业体现得尤为突出。当年电视剧《还珠格格》热播之际，商家借用小燕子、紫薇等剧中人物形象效应，生产了一系列副产品，如 T 恤衫、杯子、笔记本、人物玩偶等，都得到热卖。电影《功夫》的流行，使得电影中的棒棒糖也销量大增。

3. 重复策略

创造一种客户和员工都想重复的体验。这类策略多以节目形式体现，在中国电视娱乐节目中也是比比皆是。早期央视的《同一首歌》，到现在各大卫视都有的娱乐节目，像《中国好声音》《爸爸去哪儿》等，都已经连续举办多届，创造着观众和演员都想重复的体验。

4. 升级策略

说服客户在购买了一件东西以后，继续对这件东西投入更多的钱。成功的商业影片都会不断推出续集，了解漫威电影的都知道，漫威公司的超级英雄电影不断有续集推出，如《绿巨人》《美国队长》《雷神》等，且慢慢地已经升级成了一个体系——《复仇者联盟》。毋庸置疑，这一策略是成功的，让漫威公司在电影产业赚得盆满钵盈。

5. 更新策略

如果你与客户在感情上建立了联系，他们也将期待体验再次更新。保持神秘感，不断创新是持续成功的关键。在音乐界，王菲被誉为百变天后，这么多年来，一直主导着华语乐坛，因为每次她的演唱会都会有很多的大胆的创新，她不断地塑造自我，创造了一连串自己独有的形象，使我们总是对她很感兴趣，我们想知道她接下来还会做些什么。正是这种更新策略让王菲非同寻常。

12.11.7　娱乐营销的 4C 原则

从企业应用的角度分析，娱乐营销应该注重以下 4 大原则(内容、传播渠道、整合和互动性)。

1. 内容

娱乐化的内容一定要与企业品牌或产品相关联，这样才能对品牌的提升有促进作用，不能只强调了娱乐，而忽视了自己最初营销的目标。要充分理解娱乐营销的作用，而不仅仅只是娱乐性。

2. 传播渠道

传播渠道可以有很多种，但是选择适合自己企业的很重要。只有那样，才能让娱乐营销活动达到事半功倍的效果。没有可以复制的模式，每一个渠道选择都要经过深入的分析和研究。

3. 整合

为了让活动取得最好效果，企业要懂得整合各方面的资源，在有效分担成本的情况下，又可以扩大活动的影响力。

4. 互动性

娱乐营销与其他营销方式最大的不同，就在于强调在营销过程中与消费者的互动。只有在活动中互动才能加深消费者对品牌与产品的了解。媒体在娱乐营销过程中承担的角色不仅是信息传播平台，更是一个互动平台。

从宏观的角度看，企业要成功运用娱乐营销，应该对时尚潮流、消费者娱乐心理保持高度主动性和敏感性，密切关注社会潮流的发展动态、焦点事件及新生现象，整合电影、电视、音乐、体育等各方面的娱乐资源，找准娱乐载体与企业品牌的嫁接性，打好娱乐营销的基础。

在一个娱乐色彩越来越浓厚的时代，娱乐对于市场各个层面的渗透几乎是无所不在。从产品销售、品牌塑造到市场推广，娱乐营销成了无往不利的武器。利用明星的娱乐性力量去拉动营销，已经成为许多企业进行营销推广时经常使用的手段。

“想卖东西？搞培训？抓管理？调动积极性？首先，你必须让人家高兴。在今天这个变幻莫测的世界上，娱乐被认为是日常生活中必不可少的一个因素。”——约翰·奈斯比《大趋势》

【案例 12-7】加多宝与《中国好声音》的三季姻缘

加多宝、王老吉备受关注的商标之争，让中国第一凉茶品牌一度陷入危机。如今，加多宝已成功占领凉茶市场，勇夺凉茶霸主的宝座，相信其中少不了《中国好声音》的鼎力相助。当竞争对手还在守着传统的营销模式，以生硬的广告对消费者进行“轰炸”时，加多宝已开始在娱乐创意营销的道路上奔跑。在营销这条路上，加多宝可能真的不如王老吉那么“正宗”。

在第一季“好声音”的投标中，加多宝豪掷 6 000 万元，当时舆论一片哗然；而在第二季加多宝投出两亿元时，人们好像静默了，没有了质疑。因为所有人都明白了加多宝才是娱乐营销的大师级选手，没有人为两亿元感觉不值。2014 年，2.5 亿元冠名费和连续两年的操作经验，让加多宝与“好声音”的“恋爱”再次升级。至此，加多宝和《中国好声音》的缘分已经“天注定”。

一、一季结缘

举办第一季“好声音”的时候，加多宝预言它将是全国人气最高的电视娱乐节目。事实证明，加多宝对了。当时的加多宝长期陷于与王老吉的商标战中，一度丧失了品牌的影响力。于是，在这场娱乐风暴中，加多宝要向观众传递一个概念——“全国销量领先的红罐凉茶改名为加多宝”。零点调研公司的数据显示，消费者对加多宝凉茶的知晓率高达 99.6%，这一数据可以证明加多宝品牌的成功。第一季“好声音”中，加多宝虽然获得成功，却准备得不够充分，但这并不影响结局，接下来才是真正的热恋。

二、二季热恋

在第二季“好声音”中，不难发现虽然节目内容不变，但是加多宝却深入地开展了娱乐营销。此时，将企业对正宗品质的严谨态度传递给消费者，让消费者感知到这个品牌的内涵与厚重成为使命。广告词变为“正宗好凉茶，正宗好声音”，二者都是以“正宗”为核心诉求点，强调品牌的正宗性，为品牌提供了价值导向。“正宗好凉茶，正宗好声音……”当数万观众自发模仿华少 350 个字的广告词时，背后的质疑者们也不得不承认，加多宝凉茶已经是行业第一。

在第二季“好声音”中，加多宝准备充分，通过多平台合作，强化线上线下的互动营销，在提升品牌影响力的同时带动终端销售。线上，在好声音开播前，加多宝就通过“唱·饮加多宝，直通中国好声音”专题活动网站、微博等平台，从全球学员遴选到天价门票，从上届学员专辑发行到导师段子，不断制造关注话题，使节目尚未正式播出就引起了一股对加多宝的关注热潮。

“好声音”开播后，加多宝不但在官方微博举办“好声音”话题的高互动活动，每周该话题发布总量占总发布量的一半，而且还开展“红罐随手拍，玩转好声音”的微博互动活动，活动上线第一天就有上万网友参与。在微信平台，加多宝推出“微信好声音”，将好声音“你唱我评”的互动模式搬到微信上，让观众变成“参与者”，“微信好声音”推出首日，3 小时内就吸引近 500 人次参与。

而与此活动同时进行的是，加多宝发挥渠道优势推出红罐促销装产品，将销售和节目做预期绑定，消费者不仅可以凭借促销装拉环上的“加油码”为自己喜爱的好声音选手投票，还可以赢得 2013 年加多宝《中国好声音》总决赛门票及观赛奖金等大奖。据悉，此番促销装产品上市设置了近 2 000 万个奖项。

三、三季融合

在第三季“好声音”中，加多宝推出了好声音 V 罐凉茶，在这种营销思维的指导下，加多宝与“好声音”的合作不断升级，共生共赢。加多宝利用自身的渠道优势为“好声音”造势，好声音 V 罐凉茶成为自己的活广告；品牌与节目绑定，在消费者心目中将两者等同起来；培养好声音，扩大其覆盖人群广度和影响力，打造其标志性的符号——V 形标志；利用品牌与节目之间的“共生关系”，将节目的标志性符号——V 形标志移植到品牌外包装上，同时给品牌注入新的内涵。

尽管第三季《中国好声音》完美落幕了，但娱乐盛宴不曾停止，一股以 V 为名的全新消费力量正在左右市场。好声音 V 罐凉茶在第三季横空出世，意味着加多宝与“好声音”联姻合作已由冠名的资源交换进入深度融合的阶段，以 V 为抓手的 V 文化塑造取得成功，实现了品牌积累和销量的提升，“看好声音，喝加多宝”由前两季培育出的消费习惯升级为流行的生活模式，加多宝从品牌娱乐营销到商业变现华丽转身。

一种成功的模式能成就一个品牌的行业格局。玩娱乐营销的不少,但让人记住的很少，借助娱乐营销实现品牌重生的只有加多宝。这是因为一种正确的模式能够保证品牌在泛滥的资源中精确制导，命中目标人群，找到适合自己的借势平台，科学利用，因势利导，让自己站到时代的风口，扶摇而上。

案例来源：朱玉童. 中国品牌营销十三战法[M]. 北京：企业管理出版社，2015.

12.12　借势营销与消费者行为的关系

美国的一个出版商有一批滞销书久久不能脱手，他忽然想出一个主意：“给总统送一本书。”他三番五次地去征求意见，忙于政务的总统不愿与他多纠缠，便回了一句：“这本书不错。”出版商便借总统之名大做广告：“现有总统喜爱的书出售。”于是，这些书被一抢而空。不久，这个出版商又有书卖不出去了，又送一本给总统，总统上过一回当，想奚落他，就说：“这本书糟透了。”出版商闻之，脑子一转，又做广告：“现有总统讨厌的书出售。”不少人出于好奇争相抢购，书又售完。第三次，出版商将书送给总统，总统接受了前两次的教训，便不做任何答复，出版商却大做广告：“现有令总统难以下结论的书，欲购从速。”居然又被一抢而空，总统哭笑不得，商人却善借总统之名发财。

翻开人类历史，王者以借取天下，智者以借谋高官，商人以借赚大钱，不善于借助外力的人，一定是一些一生平庸的人。中国古代法家治天下，讲的就是“法、术、势”三者结合，把借势、造势当做治理天下的三大要点之一。治理天下尚且需要“借”，营销策划更是必不可少。不懂得借势或者不愿借势，是很难做好策划方案的。

12.12.1　是借势，又怎样借他山之势，坐顺风车

“好风凭借力，送我上青天”。借势营销不只是一种术，更是一种道，是指企业能够及

时抓住广受关注的焦点新闻、营销事件和明星效应等，并与企业和产品相结合而展开的一系列相关活动。企业借助人们关注的焦点，顺势搭车，让更多的人认识、关注自己，以此提高企业及产品的知名度，同时也对形象进行提升、维护。

说到借势，这里不得不说借势伟大而经典的营销理论——“植田 T 理论”。这个理论来源于山树牌内衣借助名人希拉里成功促销的案例。山树内衣制作株式会社公司生产的内裤大量积压，卖不出去，且同类产品在当时的日本市场已经很多了，公司账上只剩下了 3 000 万日元。用 3 000 万日元打广告，在日本这样一个信息爆炸的国家很可能泥牛投海，连个浪花都掀不起来。于是，山树内衣求助植田。

植田找到在《读卖新闻》驻纽约记者站的摄影记者，追踪采访希拉里。在希拉里穿着套裙坐在沙发里高谈阔论时，被抓拍了套裙特写。

3 个月后，克林顿夫妇访问日本。在抵达东京的当天，日本各大报纸均以整版广告登出希拉里套裙特写的照片，广告词只有一句话：“希拉里穿的是山树牌……”相关报道一拨又一拨，山树内衣被炒得不亦乐乎！山树内衣销路顿开，财源滚滚。

希拉里是世界名人，她的一举一动都包含着极大的新闻价值，她与山树内衣的知名度比较起来，其间的差距有多大不言而喻，把希拉里作为广告宣传中用以取势的借助物是产品广告策划中的巧妙运用。

12.12.2 借势营销如何“借东风”

势就是势能，从某种意义上可以将其理解为一种资源。善于借势也就是善于整合资源。在营销活动中，企业利用自身资源以外的其他资源或渠道进行营销，能够在营销过程中取得较高的关注度和更好的营销效果。那么，谁的势可以借？哪些资源可以整合？

首先可以借事件之势。在新产品推广中，可以借助一些突然发生的事件举办特定的活动，在活动中达到营销的目的。然而，借事件造势往往需要策划者有前瞻性，可以提前预知的事件要提早行动，以便抢占先机；突发的事件要具有迅雷不及掩耳的反应速度。

一般可以借势的事件基本分为以下几种。

1. 政治事件

社会上发生的一些政治事件，如政策、运动、战争等，但是利用这些事件时必须谨慎，要从人们对事件良好发展的方向出发，要避免卷入政治争议，或者引起人们的反感。统一润滑油借用 2003 年美伊战争话题，做得就比较恰当。“多一点润滑，少一点摩擦”的创意贴合人们向往和平的心理，给人留下极深的印象，也改变了“统一”这个名字在人们的脑海中只是方便面的刻板记忆，统一润滑油进入人们的脑海。

2. 自然事件

一些自然灾害或喜事、非人为制造发生的事件都可以恰当地运用，因为这些是大型的、关乎民生的、常受到人们关注的事件,正确利用会取得很好的效果。在 SARS 早期，威露士洗手液以“防止病从手入，请用威露士洗手液”系列广告在各大媒体同步报道，而后又捐出 6 万瓶洗手液，一举奠定了其在消毒市场的霸主地位，在公众心中留下良好的印象。

3. 社会事件

利用社会影响大、波及群体多的事件，人为地加入营销元素，将社会事件的特点或爆点与企业利益诉求点相融合，引发目标消费群的共鸣，达到宣传营销的目的。例如蒙牛借助“神舟五号”事件的成功营销，先声夺人，借“神舟五号”之势再次加深消费者对“蒙牛”的记忆，同时以“为中国航天喝彩”“健康才能强国”的主题情感诉求再次丰富了“蒙牛”的品牌内涵。

4. 娱乐事件

最好借用最能吸引人们的注意力和兴趣的话题，轻松愉快的事件最受大众欢迎和追捧。加多宝对《中国好声音》的赞助和营销，华少用极其特别的快语速多次提及加多宝，引起网友的好奇以和极大的关注，不仅转移了它与王老吉官司的视线，也逐步成就了它在凉茶市场的巨大成功。虽然很多事实证明老名字在消费者心中有很深的印象，名字更换或改变是大众较难接受的，但加多宝通过借势“好声音”和一系列营销活动成功地传达了“加多宝”这个名字，并使其深入人心，甚至在市场上有超越王老吉的势头。当然可以借势的事件远不止列举的类别，只要有敏锐的洞察力和好的创意，借助其他优势资源也可以获得营销的成功。

借势的关键在于发现和挖掘与产品、产品价值、品牌价值相关联的事件，同时要把握好时机。对势的把握是否及时，将直接影响最终的势能。

12.12.3 找准世界热点，一夜成名

通过“植田 T 理论”我们了解到借势在营销活动中有巨大的作用和好处，但是如何做好借势这件事，怎样“利用总统帮我们卖一回书”呢？

1. 要敏锐把握可以借势的社会热点

“大事件”本身就是媒体关注的焦点，把产品和品牌与大事件联系在一起，就会吸引媒体的关注和大众的眼球，传播效应也会数倍增大，这就是站在巨人的肩膀上更容易成功的道理。拥有敏锐的市场触觉的企业，总能充分利用并形成热点事件。社会热点来得快去得也快，怎么在极短的时间内利用社会事件吸引关注、扩大传播力呢？大量关注社会新闻和话题必不可少，同时能够快速地做出反应，认为有话可说、有点可抓，然后再与自己的产品联系起来。

与热点结合、快速反应、坚持原创的神段子手杜蕾斯将这种能力发挥得淋漓尽致。2011 年杜蕾斯借用北京的一场暴雨占据新浪微博热点话题排行榜榜首。6 月 23 日 17 点 58 分，网友“地空捣蛋”发布了一条“北京今日暴雨，幸亏包里还有两只杜蕾斯”的微博和将杜蕾斯当做鞋套的照片被转发了 100 多次，而后速度增快。18 点，@杜蕾斯官方微博转发评论，而后的一个小时，杜蕾斯的回复人员非常忙，因为每分钟的转发和评论都以数百条计算，根本无暇回复。截至 6 月 24 日 13 点，这条微博被原文转发 75 644 次，评论 13 562 条。

2. 寻找大事件和产品的关联度

从长期来看，事件营销成功与否，其内在关联度至关重要。所谓内在关联度，是指事件营销的三个当事人——企业、事件、消费者之间是否紧密关联，即我们通常所说的公众的关注点、事件的热点与企业的诉求点之间的关联程度如何。大凡成功的事件营销，其内在的关联程度必然高。只有企业生产出来的产品与事件本身所带来的意义高度相关，才能在吸引消费者眼球的同时提高企业的知名度和美誉度。

企业的借势营销能不能做好，与对“势”的判断有直接关系。综观成功的借势营销案例，

无不是事件本身与产品有着千丝万缕的联系。当然借势营销中总免不了盲目跟风的现象，仅凭事件的高关注度就积极地投身其中，不管产品与“势”能否搭上关系，就将二者硬拉到一起，最终反而受到大家的质疑、嫌弃，落个“画虎不成反类犬”的结局。

所以，借势营销必须考虑“势”与产品相关性问题，大事件的营销往往需要投入大量的资金，而一场与企业产品风马牛不相及的赞助无疑是对资金的巨大浪费。前些年，神舟飞船的噱头很热，蒙牛的成功也带来了很多的跟风者。就像广东大印象公司签约三年的中国航天事业赞助商，其产品乾隆御酒又被选为“中国航天专用庆功酒”，大印象除了给产品安上“航天庆功酒”的名号，牵强地带上航天的帽子，但没有在内涵的关联性上给消费者一个答案。在“神舟六号”飞天前后，乾隆御酒的市场宣传做得风风火火，又是在媒体上频频投广告，又是“万里送御酒”的炒作，可等“神舟六号”返回后，就很少见大印象有多少关联性的动作。大印象的产品当然也未能如意地“火一把”。

如何比较聪明的借势？2010 年中秋，电影《山楂树之恋》热映期间，配合电影宣传的山楂月饼——限量的 3 000 套早已售罄。相比赤裸裸的植入式营销，张艺谋的山楂月饼既合情又应景，为电影营销开创了一条新的道路。从山楂月饼销售一空来看，张艺谋十分擅长“借势”，尤其会借具有中国人共性的“势”。张艺谋推出“山楂月饼套装”，不仅有山楂馅的月饼，还包含了电影衍生的元素、收藏品、工具，还有能在数十家影院看电影的票。在应景的中秋推出，不仅极富新意，还刺激了很多电影迷的收藏欲望。

借势不是单纯地借春风，想要搭顺风车还要看这辆车驶向的方向是不是符合产品或品牌想要到达的目的地，顺风车也需要看顺不顺路才行，这样才能事半功倍，不然只能误入歧途，在错误的路上越走越远。

3. 策划借势营销的引爆点

引爆点就是借势营销过程中能引起公众和媒体关注的事件和产品之间的“绯闻”。“床前明月光，疑是地上霜。举头望明月，我是郭德纲”。这是“非著名相声演员”郭德纲出名以前营销自己的段子之一。

透析郭德纲的营销创意，最重要的有两点：一是采用“非著名”策略将自身区隔于那些“著名”的相声演员；二是善于运用比附手法，将“非著名”的自己尽量嫁接在“著名”的旁边。这一点正是借势营销中所要寻找的热点。借势的热点和引爆点必须是有新闻价值的事件，通俗地说，就是能吸引眼球、大家喜欢看、喜欢知道，而且喜欢传播的事件，在自媒体时代，社交分享和转发是很重要的传播方式。具备这种新闻爆点潜质的有娱乐新闻、公益事件、社会焦点等。

借势营销成功与否，引爆点至关重要。捕捉引爆点的准确性和新闻媒体对引爆点的传播、理解程度决定了借势营销的风险性。如果捕捉的引爆点不准确，或者过度借势，就会变成炒作；如果企业缺乏资源、营销水平不高，借势不但不能给企业带来经济效益，甚至会变成一颗定时炸弹，随时带来灭顶之灾。大家都知道秦池借势标王一飞冲天，也因为标王引来了一则关于“秦池白酒是用川酒勾兑”的新闻报道，令秦池彻底退出了历史舞台。正所谓“成也萧何，败也萧何”。

能不能看到美丽绚烂的烟花取决于能不能点燃烟花，且点燃时还不能出事故，不然没有机会欣赏烟花绚烂绽放的那一刻，只能救灾了。因此，捕捉引爆点也罢，点燃导火线也罢，每一步都要小心谨慎，从长远打算，从全局出发。

4. 借势的营销组合推广

即便挤上车也未必有座位；即便嫁给皇帝也未必能做皇后；即便和大事件有密切联系也未必能借助事件提升品牌、提升销量。有联系、有引爆点未必成功，没有强有力的营销组合推广就不可能使借势营销达到目的。“单丝不成线，独木不成林”，独树一帜虽然也是一种美，但是远没有成林的气势和影响力。商业营销要的不是昙花一现，一闪而过，要的是营造浓厚的氛围，让大多数消费者知道和了解，并形成话题，全方位地出现在消费者周围，并让其认为这很重要。形成这样的氛围只靠一种营销方式和手段是难以达成的，需要多种营销工具的组合。营销组合是企业针对目标市场的需要，综合考虑环境、能力、竞争状况，对自己可控制的各种营销因素(广告、定价、促销、公共关系等)进行优化组合和综合运用，使之配合协调、扬长避短、发挥优势，以取得更好的经济效益和社会效益。有效的市场营销组合能够通过各种方式使消费者了解、喜欢、选择并长期使用该产品。在实施市场营销组合策略时，根据营销环境和客户需求的变化，对原有的产品策略、定价策略、促销策略和渠道策略等不断进行改进和优化，使之适应新的市场需求，最大限度地占领市场。

除了传统的营销组合方式，互联网时代(营销 3.0 时代)更要采取多媒体传播策略，拓宽受众面，增强互动性。互联网环境下的借势营销，打破了传统媒介的限制，扩大了受众面，同时利用文字、相册、视频等多种表现形式传播信息，打入用户社交圈，使更多的用户更容易参与事件讨论，具有较强的互动性。联络需求已经成为现代人的重要需求，微信、陌陌、微博等社交工具的运用已成为必不可少且更有影响力的手段，既能增强与消费者的互动性，又能增强用户黏性和忠诚度，同时，也在潜移默化中使得受众吸收了企业所要传达的品牌信息。

5. 强有力的执行落地

这是决定借势营销结果最有效的武器。执行力决定结果。很多企业一想到借势就是借助大事件做广告。结果广告频次很高，却没有取得自己想要的结果。为什么？因为广告落不了地，一切都没戏唱。在借势事件营销的实施过程中，传播策略是非常重要的环节。营销的实施就是一个事件本身的传播过程，借助事件这一载体传播企业所希望传播的关键诉求点。要对事件营销进行全面、细致、操作性强的策划，明确透过事件营销所要传播的主题，如公司形象、品牌理念等。企业内涵、品牌理念和事件要有合适的对接点，再根据主题制定完善的媒介宣传计划，从全局上把握宣传的关键点。因此，完善的计划和周密的部署是事件营销成功的重要前提。

在“神舟五号”升空之前，世界上发射过载人飞船的国家只有两个：苏联和美国。两个超级大国在冷战年代，用载人飞船震撼了世人。现在，中国，一个第三世界的国家，开始踏足载人航天事业，自然吸引了全球的眼光。现在大家都知道 2003 年蒙牛的牛奶是“航天员专用牛奶”，然而为了将“中国航天事业合作伙伴”这一荣誉争取到手，活动负责人孙先红赶到北京与航天部门接洽，并多次组织航天载人工程研究所的专家到蒙牛考察。考察非常仔细，包括公司的奶源、生产设备、市场流通等环节，并进行多次物理、化学、微生物学的分析。最后经中国载人航天工程严格筛选、检验、认证，认定蒙牛乳制品符合航天员专用标准。2003 年 4 月，蒙牛被确定为中国航天员专用乳制品，且在“神舟五号”飞天前几个月，蒙牛就已经开始运作，从创意、拍片到媒介计划和购买进行得有条不紊。所以，“神舟五号”早上 7 点成功落地，蒙牛的广告在 9 点就发布了。如果没有前期的紧密筹备、中央电视台广告部的大力支持，肯定无法在第一时间与飞船“对接”。在这次事件营销全过程中，蒙牛把握住了执行力的精髓。蒙牛的航天梦之所以能在“神舟五号”成功落地的两个小时后遍布大江南北，就是因为事前做了完善的计划，每一个细节都考虑得清清楚楚，发挥了传播的主动性，深入挖掘了传播资源。

“事件营销力=策划力×执行力，再好的事件营销构思，一旦遭遇很差的执行力，结果也不会令人满意。事件营销的事件往往具有新闻时效性，因此，广告、媒体报道如何在最短的时间内出来，随事件传播，甚至达到与事件同步传播的程度，也是一个关键因素。蒙牛无论是借势“神舟五号”还是赞助《超级女声》，它的成功经验告诉我们，快速的反应和执行能力在事件营销中很重要。在瞬息万变的市场中，速度有时候就是胜利。

6. 注意对风险的把控

借势营销本身是一把“双刃剑”：借势虽然可以以短、平、快的方式为企业带来巨大的关注度，但也会起到反作用，就是企业或产品的知名度扩大了，但没有提高美誉度，而是带来负面的评价。所以，要准确判断所借的势是否有利于企业或品牌发展，而不是一味地吸引人的眼球。马航失联事件无疑是全民关注的社会热点，于是有企业就动念头，有圈内名人在微博上写了一段话：“这年头，说不准呀。飞机也能失踪！已通知行政部在 xxx.com 上订 100 份 XX 保险，最新航意险两百元可保一年飞行，保额 1 000 万元。万一飞机失踪了，家人也有保障，总不能因为飞机会失踪就不出差了!”

明眼人一看就知道这是借马航失联事件为保险公司做营销，带来的不是 XX 保险订购量的持续增加，而是铺天盖地的谩骂声和谴责声。不考虑企业品牌建设大局的借势营销，不仅会伤害企业的品牌形象，甚至会毁灭一个品牌。

借势营销的利益与风险并存，企业既要学会取其利，又要知道避其害。对于借势项目，首先要做好风险评估，这是进行风险控制的基础。风险评估后，根据风险等级建立相应的防范机制。事件营销展开后还要依据实际情况，不断调整和修正原先的风险评估，补充风险检测内容，并采取措施化解风险，直到整个事件结束。

【案例 12-8】7-Eleven 借势美国大选，推出 2012 美国大选咖啡

7-Eleven 向来是美国大选最热衷的参与者，当大洋彼岸的奥巴马和罗姆尼的总统之争进入最后的关键阶段，7-Eleven 联合美国《洋葱报》在全美 7-Eleven 便利店内推出了 2012 美国大选咖啡，如图 12-21 所示。

咖啡分两种包装，蓝色代表奥巴马，红色则代表罗姆尼，消费者可以通过选择不同的咖啡杯来表明自己的立场。为了实时监测咖啡杯的政治导向，7-Eleven 专门搭建站点，对各州售出的咖啡杯进行监测。此外还包括一系列黑色幽默风格的视频，可供下载的 Facebook 背景图，以及免费咖啡派送活动。

图 12-21　7-Eleven 创意广告

蓝杯的“奥巴马咖啡”，红杯的“罗姆尼咖啡”，你会选哪一个？不必等到美国大选正式开锣的那天，你就可以提前投上一票，支持心仪的对象。你甚至不用填写一张问东问西的调查问卷，就是这么简单：咖啡杯代表你的心！只要你买一杯咖啡。

那么，7-Eleven 的“美国大选咖啡”如何借势？

美国大选如火如荼，奥巴马与罗姆尼你来我往，营销大战好不热闹。营销人向来崇尚借力借势，不禁要想：自己又有哪些难得的机遇?于是选择在美国大选关键时刻，7-Eleven 乘机推出“2012 美国大选咖啡”，还给严肃的大选添加一些娱乐，水到渠成！

除了口味外，咖啡还可以有哪些不同？如何找到顾客感兴趣的新鲜卖点？或许是全天下咖啡品牌都在关心的话题。星巴克塑造的是一种处于家庭与办公室之外的“第三空间”的消费体验，而 7-Eleven 则是 2012 美国大选。你在这里除了可以喝到常见的卡布奇诺、拿铁等，还可以喝到“奥巴马咖啡”、“罗姆尼咖啡”，绝对让你有种不一样的新鲜感，难免会有种参与的冲动。

其巧妙之处还在于：事实上你购买哪一种咖啡，都不再是寻常意义上的喝咖啡，而是在参与民间的票选活动。你在表达自己的立场，亦在支持心仪的偶像与派别。

本章小结

本章主要研究在企业营销创新大环境下消费者行为的变化。

绿色消费是一个广义的概念，它是指消费者意识到环境恶化已经影响到其生活质量及生活方式，要求企业生产并销售有利于环保的绿色产品或提供绿色服务，以减少对环境伤害的总体消费活动和方式。绿色消费者购买行为是一个复杂的过程，很大程度上受到年龄、收入、教育水平、生活方式、观念和爱好等因素的影响，不同的因素影响不同的消费行为，表现出不同的消费模式。影响消费者购买行为的一般因素，可分为四个方面：文化、社会、个人和心理。绿色消费者的购买行为是一个持续的过程，包括在引起绿色消费需要、形成绿色购买动机、收集绿色信息、评价绿色方案、决定购买和购后感受等几个阶段。

体验营销既有体验者的参与，又必须以营销为中心。与产品营销、服务营销相对应。体验营销是指企业根据顾客的要求，通过精心设计，利用情境和事件的安排，创造和传递有价值的顾客体验，从而实现企业目标的营销活动。体验营销下的消费者具有以下特征：消费者情感需求的比重增加；标准化的大众产品日渐失宠，个性化、人性化产品需求上升；消费者从注重产品本身逐渐转移到注重接受产品的过程；消费者由被动接受产品转变为主动参与。

口碑就是顾客推荐，是指关于某一组织的信用和可信赖程度、经营方法、服务等方面的信息，它可以通过社会公众相互之间的传达，从一个顾客传播到另一顾客，形成的对某一产品或服务长期的、统一的、稳定的看法。而口碑营销是以满足顾客多种需求、赢得顾客满意、与顾客建立起良好关系、提升企业和品牌形象等为目标、以顾客积极的口碑传播为途径的营销方式。按时间阶段划分，口碑营销的发展可以划分为萌芽、早期、发展、相对成熟和新的快速扩张五个阶段。口碑营销会对消费者忠诚产生影响，以虚拟社区的出现为标志，口碑对于消费者决策的影响可以分为传统环境下的影响和虚拟社区下的影响两个部分。

品牌是一种商品的名称、商标、标记、符号或图案的相互组合，用以为某个消费者或某群消费者识别和购买所需的商品服务，并使之与竞争对手的商品相区别。因此，品牌是一个复合概念，它由品牌外部标记、品牌识别、品牌联想、品牌形象等内容构成。品牌营销体系由品牌定位、品牌加强、品牌延伸、品牌更新四个部分组成。在品牌构建过程中，消费者行为的作用不可忽视。消费者行为在受品牌营销广泛影响的基础上，其“抵制行为”也对企业开展营销行为产生了反作用。

事件营销，是企业通过策划、组织和利用具有名人效应、新闻价值以及社会影响的人物或事件，吸引媒体、社会团体和消费者的兴趣与关注，以求提高企业或产品的知名度、可信度、美誉度，培养消费者的忠诚度，树立良好的品牌形象，并最终促成产品或服务销售目的的手段和方式。事件营销的着眼点在于制造或者放大某一具有新闻效应的事件以期让传媒竞相报道进而吸引公众的注意。

情感营销绝不仅仅是给品牌虚构一个故事，或是给消费者提供一个美好的憧憬，是为了消费者感情上的满足、心理上的认同。情感营销赋予品牌灵魂，打造独特的品牌魅力，并获取消费者价值认同，实现长期忠诚追随。一旦消费者认同了品牌传递的情感，就不再会为其他品牌买单。品牌将超越生产原料、研发技术、科技创新、使用习惯，成为同行业竞争中的最佳壁垒。

缝隙营销，就是利用市场缝隙，通过创新诉求视角和原创性产品激发细分市场新的利润增长点。缝隙营销，首先要选择一个焦点市场，找出在这个市场存在的市场缝隙点，并针对自身品牌的资源状况细分这些市场缝隙并选择适合自己的细小市场，即细分市场，然后从横向、纵向扩大产生刺激，最后成就小市场的大品牌，在缝隙中开辟出一条属于自己的品牌大道。

营销的戏剧性，具体地说，是指在营销广告或活动内容本身因素：文字、画面、声音、情节等与品牌、产品、目标消费者的日常生活趣味性及广告媒介载体之间制造冲突，将由冲突引起的诙谐、幽默、趣味性传授给目标受众，吸引受众的注意力，形成记忆，最终促成购买行动。

时尚营销就是利用人类对群体认同的渴望，兜售虚荣美梦；就是要了解消费者所想的(认知)，他们所体验的(情感)，他们乐意去做的(行为)以及能影响这一切的事情和地方(环境)。通过分析当前时尚的特点，把握消费者的心理，从而设计出适合市场的时尚产品，研究消费者信息和时尚信息、科技成果信息，并将这些信息最终纳入产品，进而形成的一种新型营销方式。

娱乐营销，就是将娱乐的元素或形式与整合营销的精神及其规则结合起来，与消费者实现互动。让消费者在娱乐的体验中，对企业以及产品或服务产生好感和联想，感化消费者的情感、感动消费者的心灵，从而达到既销售了产品又建立了客户忠诚度的目的。娱乐营销以消费者的娱乐体验为诉求，通过愉悦消费者而有效地达到营销目标。在产品严重同质化的情况下，人们只感兴趣哪一个品牌能提供更多的精神价值，或者说更能够取悦他们。而对于企业而言，把握消费者的消费心理，通过娱乐化的方式与消费者进行情感互动，在欢声笑语中将品牌精神与品牌信息潜移默化地传达给他们，这无疑是最佳的营销选择。

借势营销不止是一种术，更是一种道，是指企业能够及时抓住广受关注的焦点新闻、营销事件和明星效应等，并与企业和产品相结合而展开的一系列相关活动。企业借助人们关注的焦点，顺势搭车，让更多的人认识、关注自己，以此提高企业及产品的知名度，同时也对形象进行提升、维护。

案例分析

里外的笑容——田七里外白系列牙膏戏剧性营销策略

“你能想象鲨鱼照镜子的表情么？可爱的，还是龇牙咧嘴、露出锋利的牙齿？田七里外白牙膏告诉你答案。你从小听过关于魔镜的故事，你有想过王后会关心自己的牙齿么？田七里外白牙膏想过。”

采纳在为奥奇丽公司服务的过程中，为田七里外白项目制定了一系列整合传播策略，采用了戏剧性的营销战法，借用鲨鱼、猩猩、斑马魔镜的元素，用异样的方式诠释了“欢笑”的主旨。

一、戏剧营销第一步：寻找产品与生俱来的戏剧性

通过外部市场环境、竞争者、消费者的分析，我们认为作为牙膏类日化企业成功的关键要素是要有自己的符号。结合田七独特的产品特性(独特卖点 USP)、田七对应的目标消费群体及其认识与形态特征和象征符号，顺理成章地引导出田七的品牌核心价值——**专业、健康、富有情趣**。牙膏，除了常规的物理特性外，更有着给人欢乐、提高生活品质的精神内涵。田七牙膏就秉执这一立意基点，主张了“专业、健康、富有情趣”的核心价值。

因此，我们找到了田七的产品利益——拥有好牙的人是一个会生活、懂享受并令人羡慕的形象，一口好牙，一生欢笑。田七牙膏与生俱来的戏剧性也清晰可见——**欢笑**。

用田七牙膏，犹如与欢笑握手，从使用的第一天开始，就用欢笑来诠释着好牙，诠释着生活。

我们创新，但不舍弃传统。我们追求专业品质，却不脱离生活。

笑声与欢乐，是对我们专业的认可和品质的信赖。

亲和力，是我们的特征；生活趣味，则是我们的风格取向。

我们始终坚持，一口好牙，一生欢笑。

二、戏剧营销第二步：戏剧性演绎，传递“欢笑”

如何演绎好田七牙膏的“欢笑”，需要整合信息，整合传播。如何输出“里外美白”的功能和“大声笑”的精神利益诉求？如何利用整合传播工具，把“大声笑”类别做深做透？如何将诉求“里外都美白，大声笑出来”的快乐传递出去？

看田七里外白是如何唱这出戏的。

【电视广告】《魔镜篇》——借用童话，巧设波澜。

选用全民熟知的童话故事形象“魔镜”作为载体，以动漫为表现形式，已经先吸引眼球，引起兴趣。同时，在故事情节设置上，巧妙的转折，自然地引出产品，也传递了产品的价值诉求——一口好牙，一生欢笑，如图 12-22 所示。

魔镜里，一靓女露齿的笑容，特写洁白的牙齿。

魔镜说：“你的牙齿很白”。

镜中靓女得意地把头往左一偏，眼中露出得意的神情，继续展露洁白的牙齿。

魔镜说：“这个样子不错。”

镜中靓女把头往右一偏，展露另一侧洁白的牙齿。

魔镜说：“好看。”

镜中靓女把头微上偏。

魔镜说：“很好看。”

镜中靓女把头微下偏。

魔镜说：“又白又好看。”

靓女兴奋地大笑，嘴定格，靓女牙齿里面的斑渍触目惊心。

魔镜说：“呀，你牙齿里面太难看了。”

魔镜“啪”的一声，碎了。

靓女难堪地露齿笑，画面虚化，出田七产品。

旁：为何不试试田七里外白牙膏呢？

PVP分子与植酸分子在一排牙齿上欢快地跳动、渗透(字幕：加速渗透)，牙齿上的斑渍一扫而落。

旁：田七里外白牙膏独含PVP和植酸，使牙齿里外均能有效美白。

靓女开怀大笑。

旁：田七里外白牙膏，里外都美白，大声笑出来。

奥奇丽八角形图案。

字：一口好牙，一生欢笑；旁：Ogreen

图12-23　田七广告魔镜篇

【报纸广告】趣味、夸张，意料之外，却在情理之中。

田七里外白牙膏的报纸广告，选了鲨鱼、猩猩、蜥蜴、斑马及人物作为画面主元素，用动物形象做牙膏广告已经让消费者意外，看到它们洁白整齐的牙齿和可爱的笑容，整个画面有了趣味儿，但当动物画面的海报与人物的海报放在一起的时候，配上那一句“里外不一样，笑容就不一样”，让人不免动容，会心一笑，原来也在情理之中，具体如图12-23-～图12-26所示。

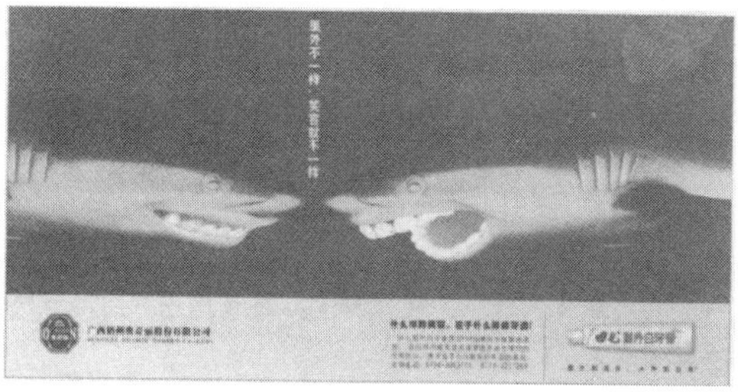

图12-23　里外白牙膏报纸广告系列之《鲨鱼篇》

图12-24　里外白牙膏报纸广告系列之《猩猩篇》

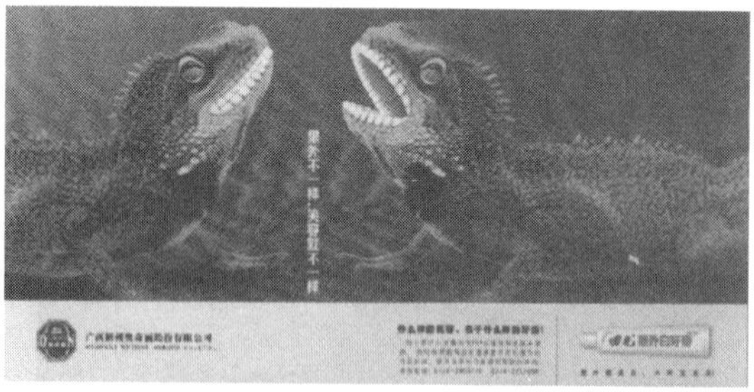

图12-25　里外白牙膏报纸广告系列之《蜥蜴篇》

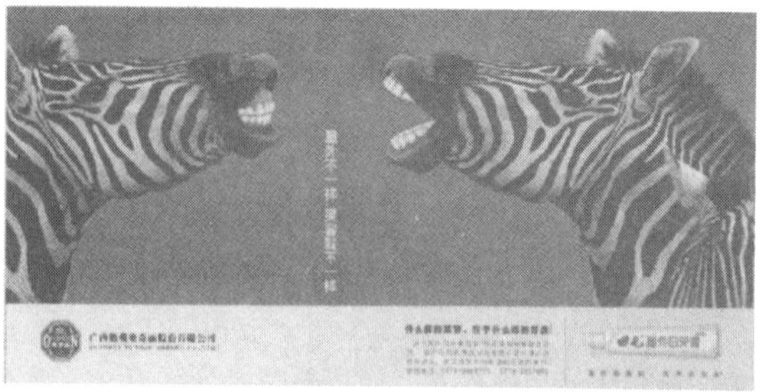

图12-26　里外白牙膏报纸广告系列之《斑马篇》

【线下活动】兜售参与感，让消费者在游戏中体验“欢笑”。

线下活动，以核心诉求“传递欢笑”为中心，通过和“欢笑”“牙膏”相关系的元素为载体，举办了“镜子”“大笑牙”“大声笑”等活动。

1．镜子篇

活动内容：在田七大型卖场进行精致化妆镜的派发，并详细介绍化妆镜的使用方法。同时，此镜在消费者购买田七牙膏的同时可以作一元钱使用，每日限送 500 个。凡购田七产品者均有赠送，如图 12-27 所示。

2．大声笑活动

活动内容：周末在大卖场门外广场上进行，鼓励消费者进行大笑展露。凡参与者均送镜子或一支里外白牙膏，表现良好者送半年牙膏用量。活动期间，里外白牙膏特价销售。

3．大笑牙活动

活动内容：以社区宣传的方式，将比赛信息发送出去。选定一社区幼儿园进行绘画(笑脸)比赛，对绘画作品进行评比。评比出前 3 名，奖金为：田七大声笑金奖、田七大声笑银奖、田七大声笑铜奖，以及为三等奖获得者免费提供全家全年田七牙膏，二等奖获得者为孩子提供 5 年的牙齿保健费用，一等奖获得者获得笑笑牙玩具及孩子 5 年牙齿保健费用。

【终端】童趣、同乐、生动化。

采用哈哈镜、卡通挂卡的形式传递信息，运用堆头、辅助堆头达到应有的特殊效果，如图 12-28 所示。

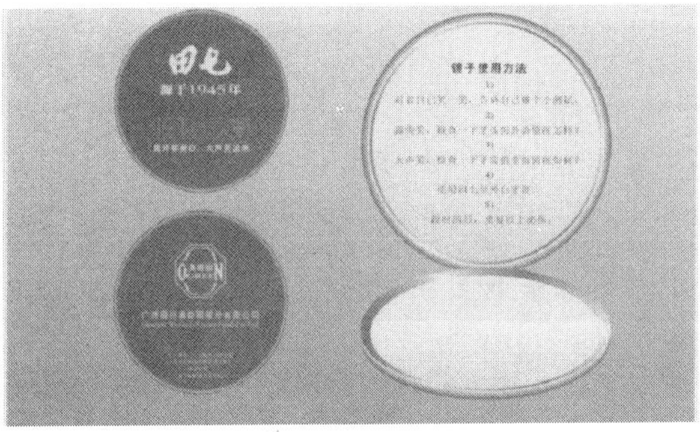

图 12-27　田七墨镜镜子篇

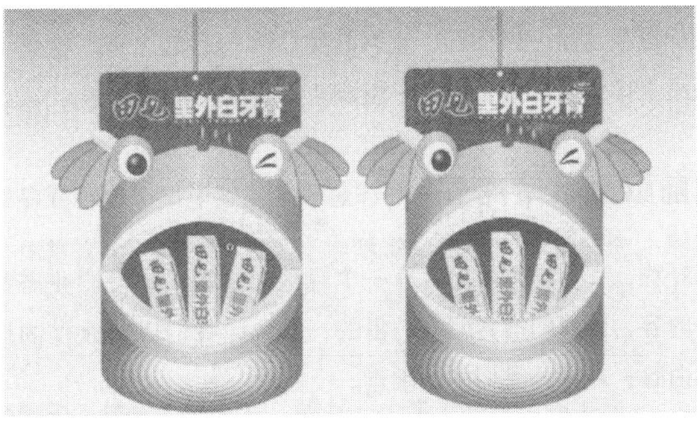

图 12-28　田七终端

(案例来源：朱玉童. 中国品牌营销十三战法[M]. 北京：企业管理出版社，2015.)

思考题：

1．田七里外白系列牙膏戏剧性营销的成功与其对消费者行为的密切把握是不可分的，在案例中体现出了那些消费者行为趋势?

2．田七里外白系列牙膏戏剧性营销体现了哪些营销创新?

思考练习题

1．影响消费者绿色消费行为的因素有哪些？绿色消费的原则是什么？

2．体验营销下消费者的行为有何特征?

3．传统环境与虚拟环境下口碑营销对于消费者决策的影响有何不同?

4．消费者行为是怎样参与到品牌建立过程中的?

5．消费者抵制行为有哪几类?

实验十二　绿色营销与消费者购买意愿

一、实验目的

1．了解消费者的绿色产品消费需求。

2．掌握绿色营销理念对消费者消费行为的影响。

3．学会绿色营销的实施方法。

二、实验内容

1．聆听实验指导教师的总体介绍。

2．选取绿色营销的研究行业与产品，设计“绿色营销与消费者购买意愿”调查问卷。

3．调查样本不少于200份。

4．对调查结果数据进行整理、录入、统计、分析，并撰写《绿色营销与消费者购买意愿调查研究报告》，总结调研结论。

5．组成小组讨论研究报告的主要结论及其所具有的营销意义。

6．撰写实验报告。

三、实验设备与材料

个人计算机、SPSS统计软件

四、实验步骤

1．选取绿色营销的研究行业与产品

阅读本教材及其他文献的相关知识，确定易于调查实施和分析研究的行业与产品，如大学生比较熟悉的手机、笔记本计算机、数码相机等产品。

2．确定调查方式和抽样方法

样本获得通过互联网的即时通信工具(QQ、MSN等)中同学、同事、朋友之间滚雪球的方式。

3．设计调查问卷

为了更加准确地测量，我们选取手机、笔记本计算机或数码相机这一大多数人熟悉或拥有的产品为实验产品，以产品的绿色概念、产品价格和产品促销三个要素作为产品属性，设计不同的属性水平。产品的绿色概念水平分为行业领先水平、行业中等水平和行业落后水平三种属性水平；价格分为比期望低、与期望相似和比期望高三种属性水平；促销分为满足需求和不能满足需求两种属性水平。如果将以上三种属性各水平组合，我们可以得到18种可能的虚拟产品($3\times3\times2$)。为减轻被调查者的负担，我们采用正交实验设计(Orthogonal Experimental Design)，形成9种虚拟产品，表12-2给出了它们的属性水平组合。要求被试者根据各自的偏好对9种产品打分：1表示决不购买，4表示不一定，7表示肯定购买，从1到7购买意愿越来越强。

表12-2　9种实验产品的属性及属性水平

产品编号	绿色概念水平	价格	促销
产品1	行业领先水平	比期望低	不能满足需要
产品2	行业领先水平	与期望相似	满足需要

续表

产品编号	绿色概念水平	价　格	促　销
产品 3	行业领先水平	比期望高	满足需要
产品 4	行业中等水平	比期望低	满足需要
产品 5	行业中等水平	与期望相似	满足需要
产品 6	行业中等水平	比期望高	不能满足需要
产品 7	行业落后水平	比期望低	满足需要
产品 8	行业落后水平	与期望相似	不能满足需要
产品 9	行业落后水平	比期望高	满足需要

问卷中的产品绿色概念水平从 5 个方面进行评价：节约资源，减少污染(reduce)；绿色生活，环保选购(reevaluate)；重复使用，多次利用(reuse)；分类回收，循环再生(recycle)；保护自然，万物共存(rescue)。

4．实施问卷调查

发放问卷不少于 200 份，剔除被访者随意填写、空项等无效问卷，回收有效问卷不低于 150 份，对回收的问卷进行整理、编码、录入 Excel 表格。

5．撰写调查研究报告

对录入的有效数据进行统计、分析，撰写调查研究报告，重点解析绿色营销概念与消费者购买行为之间的相关性。除此之外，还应分析消费者在购买手机、笔记本计算机或数码相机时考虑的要素重要性次序及相对重要性权重，在 3 个产品绿色概念水平中的效用值排序，根据每位被试者在产品绿色概念水平、价格和促销各个水平共 9 个属性水平上的效用值，采用快速聚类方法对被试者分群，最终确定将整个样本分为几类比较合适。

6．对调查结果进行研讨

小组对每个组员的调查过程与调查主要结论进行研究讨论，分析绿色营销概念与消费者购买行为之间存在怎样的相关性。在此基础上，深入探讨当下的消费者有着怎样的绿色产品消费需求？随着产品绿色水平的增强，人们的思维方式、价值观念乃至消费心理和消费行为都发生了怎样的变化？

五、实验数据整理

1．对调查数据进行编码和录入，注意在录入之前需要纠正回收问卷中的技术性错误。

2．采用 SPSS、Excel 等统计软件对调查数据进行统计分析，统计方法为频数分析、因子分析、聚类分析、联合分析等，数据结果以图表形式展现。

3．通过用 SPSS 15.0 软件的 Categories 模块进行联合分析；采用 SPSS 15.0 软件的快速聚类方法对被试者分群，最终确定样本分类个数。

4．提出您对本次实验训练效果的感受和改进建议，不少于 1 500 字。

六、思考题

1．在营销过程中，“绿色产品”是否可以作为产品的核心利益点？如何成功地运用这一利益点开展绿色营销活动？

2．预测未来绿色营销的趋势。

参 考 文 献

[1] 张理. 消费者行为学[M]. 北京：清华大学出版社，北京交通大学出版社，2008.
[2] 荣晓华. 消费者行为学[M]. 大连：东北财经大学出版社，2009.
[3] 江林. 消费者行为学[M]. 北京：科学出版社，2007.
[4] 王曼，等. 消费者行为学[M]. 北京：机械工业出版社，2007.
[5] 杨树青. 消费者行为学[M]. 广州：中山大学出版社，2009.
[6] 李晓霞. 消费心理学[M]. 北京：清华大学出版社，2010.
[7] 甘瑁琴，等. 消费者行为学[M]. 北京：北京大学出版社，中国农业大学出版社，2009.
[8] 吴斌. 我国零售商自有品牌消费者行为影响因素实证研究[D]. 同济大学，2008.
[9] 胡维平，都市消费者行为[M]. 上海：上海财经大学出版社，2006.
[10] 符国群. 消费行为学[M]. 北京：高等教育出版社，2004.
[11] 卢泰宏. 消费者行为学[M]. 北京：高等教育出版社，2005.
[12] 王旭. 消费者行为学[M]. 北京：电子工业出版社，2009.
[13] 姚山季，张立，等. 消费者行为学[M]. 天津：南开大学出版社，2009.
[14] 余禾，等. 消费者行为学[M]. 成都：西南财经大学出版社，2008.
[15] 苏勇. 消费者行为学[M]. 北京：高等教育出版社，2009.
[16] 王小广. 2010 年中国宏观经济形势分析及 2011 年展望[J]. 企业管理，2011(1)：14-16.
[17] 刘晓昆. 我国消费环境对消费者行为的影响及对策[J]. 经济纵横，2008(2)：64-66.
[18] 王宁. 消费行为的制度嵌入性——消费社会学的一个研究纲领[J]. 中山大学学报(社会科学版)，2008(4)：140-145.
[19] 张梦霞. 象征型购买行为的儒家文化价值观诠释概念界定度量建模和营销策略建议[J]. 中国工业经济，2005(3)：106-112.
[20] 姜楠. 消费者决策型态中的文化因素影响研究[D]. 北京邮电大学. 2010.
[21] 郝燕蓓. 东西方文化差异对消费者决策的影响[J]. 管理科学文摘，2007(3)：109-111.
[22] 汪彤彤. 消费者行为学[M]. 上海：复旦大学出版社，2008.
[23] 王官诚. 消费心理学[M]. 北京：电子工业出版社，2010.
[24] 付春丽，李群梅. 流行文化与大众文化消费[J]. 商业文化(学术版)，2007(11)：153-154.
[25] 王芳. 流行文化对消费者行为的影响[D]. 厦门大学，2006.
[26] 董娅. 青年消费行为特征与现代消费流行[J]. 青年探索，2001(1)：41-42.
[27] 贾鹤，王永贵，刘佳媛，马剑虹. 参照群体对消费决策影响研究述评[J]. 外国经济与管理，2008(6)：51-58.
[28] 代琪，周庭锐，胡培. 情境视角下从众与反从众消费行为研究[J]. 管理科学，2007(4)：38-46.
[29] 梁承磊，李秀荣. 参照群体对冲动性购买行为的影响[J]. 山东财政学院学报(双月刊)，2010(3)：84-88.
[30] 姜凌，王成璋，姜楠. 消费行为中参照群体影响研究述评[J]. 江苏商论，2009(8)：25-27.
[31] 李幸. 阶层主观认同的参照群体选择[J]. 湖南医科大学学报(社会科学版)，2006(04)：4-6.
[31] 姜凌. 参照群体影响下奢侈品牌消费行为研究[D]. 西南交通大学，2010.
[32] 张丽莉. 消费心理学[M]. 北京：清华大学出版社，2010.
[33] 倪清燃，张根荣. 网络消费者购买行为分析[J]. 经济师，2008(2).
[34] 张淑蘅. 商业空间色彩对消费者的导向作用[J]. 中国商贸，2010(19)：249-250.
[35] 张明祥. 我国网络购物者群体的消费心理透视[J]. 河南科技，2010(5)：28-29.
[36] 安蓉. B2C 电子商务中消费者信任的影响因素分析[J]. 未来与发展，2010(6)：55-58.

[37] 邓丽娟，谢宁，古林海. 影响消费者网络购物决策的实证分析[J]. 时代金融，2010(8)：66-67.
[38] 李华敏，崔瑜琴. 影响消费者行为的情境因素分析[J]. 西安邮电学院学报，2010(3)：73-76.
[39] 张淑蘅. 商业空间色彩对消费者的导向作用[J]. 中国商贸，2010(19)：249-250.
[40] 张明祥. 我国网络购物者群体的消费心理透视[J]. 河南科技，2010(3)：28-29.
[41] 钟燕. 网上零售业消费者行为分析[J]. 经营管理者，2010(15)：253.
[42] 裴思远. 网络消费者行为研究：综述与评析[J]. 中外企业家，2010(4)：154-155.
[43] 吴聪治. 浅析情境因素对消费者心理的影响[J]. 牡丹江大学学报，2008(12)：64-65.
[44] 庄贵军，周南，李福安. 情境因素对于顾客购买决策的影响[J]. 数理统计与管理，2004(4)：7-13.
[45] 温鹏飞. 决定顾客抱怨行为的消费情境因素研究综述[J]. 市场周刊(理论研究)，2007(12)：65-68.
[46] 胡正明. 市场营销学[M]. 济南：山东人民出版社，2002.
[47] J·保罗·彼德，杰里·C·奥尔森，消费者行为与营销战略[M]. 韩德昌，主译. 大连：东北财经大学出版社，2000.
[48] 武永春，绿色营销促成机制研究[M]. 北京：经济管理出版社，2006.
[49] 王方华，张向菁. 绿色营销[M]. 太原：山西经济出版社，1998.
[50] 李晓霞，刘剑. 消费心理学[M]. 北京：清华大学出版社，2010.
[51] 贾月梅. 网络时代消费者行为特征及营销策略[J]，现代财经，2001(08).
[52] 朱小勇. 绿色营销理论研究[D]. 长安大学. 2009.
[53] 王文正. 体验营销的要素、策略及模式[J]. 销售与市场(管理版)，2010(3).
[54] 张浩. 浅议基于消费者行为特征的体验营销及其在企业中的应用[J]. 交流论坛，2009(3).
[55] 于鑫伟，刘军. 消费体验情境下口碑营销研究综述[J]. 现代商贸工业，2009(22).
[56] 陈蓓蕾. 基于网络和信任理论的消费者在线口碑传播实证研究[D]. 浙江大学. 2008.
[57] 陈晓剑，杨成中. 品牌营销体系研究[J]. 运筹与管理，1997(12).
[58] 王长征. 消费者抵制与品牌营销范式创新[J]. 外国经济与管理，2004(8).
[59] 李秀丽，王云. 浅析新消费者消费心理特征[J]. 商场现代化，2006(6).
[60] 申科. 消费者行为学[M]. 北京：高等教育出版社，2015.
[61] 罗立彬. 文化市场营销学[M]. 北京：高等教育出版社，2013.
[62] 朱玉童. 中国品牌营销十三战法[M]. 北京：企业管理出版社，2015.
[63] J·保罗·彼德，杰里·C·奥尔森. 消费者行为与营销战略[M]. 韩德昌，译. 大连：东北财经大学出版社，2000.
[64] 张理. 消费者行为学[M]. 北京：清华大学出版社 北京交通大学出版社，2013.
[65] 周斌. 消费者行为学[M]. 北京：清华大学出版社，2013.
[66] 李开，等. 消费者行为学[M]. 北京：高等教育出版社，2014.
[67] 盖伊• 钱普尼斯，等. 20 分钟打造用户新身份 [J]. 哈佛商业评论，2015(1-2).
[68] 邓纯雅，等. 电商时代的店商突围[J]. 市场营销,2014(9).
[69] 谢园，等. 内容的绩效指标[J]. 市场营销,2014(7)
[70] 乔纳• 伯杰，等. 破译在线内容病毒性传播的密码[J]. 中欧商业评论,2015(9).
[71] 程新友. 奢侈品消费进入中国时代[J]，检察风云，2011(15).
[72] 姚新庄. 事件营销[J]. 企业管理, 2006(3).
[73] 王德胜. 新编消费者心理学[M]. 济南：山东人民出版社，1996.

反侵权盗版声明

举报电话：（010）88254396；（010）88258888
传　　真：（010）88254397
E-mail：　dbqq@phei.com.cn
通信地址：北京市海淀区万寿路 173 信箱
　　　　　电子工业出版社总编办公室
邮　　编：100036